U0509141

国家社科基金丛书
GUOJIA SHEKE JIJIN CONGSHU

中国节日影像志：
静观与诠释

Chinese Festival Image Records：
Contemplation and Interpretation

刘广宇　等著

人民出版社

目　　录

第一章 绪 论

"节日,这是人类文化起码的、不可毁灭的范畴……在节日中,'太阳在天上游戏'。"——巴赫金

尽管由于诸多原因(当然,也毫无实际意义),我们难以统计出世界上究竟有多少个节日,但我们却可以通过对以下不同版本的中国节日辞典去整理出中国有多少个节日:

——1990 年,《中国民间节日文化辞典》(莫福山主编)共收录了中国节日 1572 个①。

——1993 年,《中国民族节日大全》(高占祥主编)共收录了中国节日 1662 个②。

——2002 年,《中华节庆辞典》(范建华编)共收录了中国节日 3045 个③。

这些数据的显示,让我们的研究有了一个基本的价值指向,即对建基于 70 个左右的中国节日影像志(以下简称"节日影像志")作品做全面、深入和系统的解读和研究,它的效力不仅对余下的 100 多个节日影像志创作团

---

① 莫福山主编:《中国民间节日文化辞典》,职工教育出版社 1990 年版,第 1 页。
② 高占祥主编:《中国民间节日文化辞典》,知识出版社 1993 年版,第 1—27 页。
③ 范建华编:《中华节庆辞典》,云南美术出版社 2012 年版,第 1 页。

队有直接的帮助,更在于对世界及中国的数以千计的节日的影像表达有着潜在的理论价值和方法论启迪;而一个国家能对自己的节日进行摸家底式的发掘和学术整理,其蕴含的文化逻辑和文化价值——储存文化拟子,加固文化记忆,传递文化薪火,增强文化自觉和文化自信,输出文化软实力等,对于一个正在走向伟大复兴的国家来说,都是极其重要和重大的。本书就是对节日影像志所做的一个学术反思与探索。

一、研究缘起

在我国,"传统节日"已成为一个既承载着诸多物质与精神文化遗产、又负荷着当下国家、民族和地方社会各种振兴计划的重要文化事象,不断为人们所重视并加以专门的研究。其中,以影像方式记录与传播节日文化也日益受到国际、国内社会的普遍关注和认同,并产生了强大的传播效力。节日影像志就是这一宏阔时代背景下的产物。

节日影像志是"中国节日志"的有机组成部分。

"中国节日志"(以下简称"节日志")由文化和旅游部民族民间文艺发展中心(以下简称"中心")规划实施,项目内容与成果形式分为三部分,分别为"节日志(文本)""节日影像志""中国节日文化数据库"(以下简称"节日数据库")。

第一部分:节日志(文本)。根据传统节日普查情况,挑选各民族、各地区有代表性的传统节日 150 个左右,分卷编纂、出版节日志书。节日志(文本)由科研院所、高校的专家按照统一的学术要求和体例进行调查和书写,撰写结构以传统志书方法,并结合人类学田野调查报告方法,形成综述、志略和调查报告三位一体的形态,充分发挥文字书写的优势。

第二部分:节日影像志。旨在通过影视技术手段记录中国各民族各地区的传统节日,以客观反映节日现状为特征,是中国国内第一次系统的进行传统节日拍摄记录的重要研究工作。按照纪录片的要求拍摄节日影像志,一方面供传播中国节日文化之用,另一方面供学术研究之用。节日影像志预计成片150部,影像资料时长达3000小时。但实际情况却是,截至2020年,已立项182个,故而,成片会接近200部,影像资料时长也会相应增加到4000多小时。

第三部分:节日数据库。运用现代科技手段对以上所有的节日文本资料、图片资料及影像资料进行管理,形成中国节日文化数据库,内容包括我国传统节日文化的相关文献资源,主要有新中国成立前的地方志、文人笔记等;传统节日调查的调查报告;传统节日的图片及影像等。数据库在网络上免费向政府部门及社会公众提供浏览、检索服务。

通过以上介绍,我们清楚地知晓了"节日志(文本)""节日影像志"和"节日数据库"三个成果的各个面向,以及由此面向所可能提供给人们的一个关于中国传统节日在当下存在的总体状貌。它成为我们研究节日影像志的事实基础。下面我们仅就节日影像志的展开情况做一简要梳理。

第一阶段:项目的预研究和试点项目探索期(2005—2009年)。

从2005年起,节日影像志进行了为期4年的预研究和试点项目探索过程。在这个阶段,"中心"采取了"中心"自行组队和委托两种方式进行。《姊妹节》(苗族姊妹节子课题)①和《鼓藏节》(苗族鼓藏节子课题)就是由"中心"自行组队完成。

《姊妹节》从2005至2007年,在同一田野点,针对同一节日的田野调查和拍摄记录;《鼓藏节》从2006年至2007年在同一区域对同一节日,针对在不同村寨的"鼓藏节"进行了田野调查和拍摄记录。以上两个项目的展开都严格依据人类学民族学田野调查要求,进行了足够长时段的跟踪在地拍摄,记录了

---

① 鉴于该课题研究主要以中国节日影像志成果成片为案例,故论著中凡涉及到文本分析的均作如下统一处理:一是第一次出现成果成片名时,在书名号后都以括号形式把相关子课题信息补充进来;二是其后再次出现该成果成片名时,将不再出现括号信息。此说明对在本论著中所有以中国节日影像志成果成片名形式出现的描述或阐释有效。

节日前、节日中和节日后的过程和各仪式环节,并最终剪辑形成成片,形成了节日影像志项目最早的两部样片,成为日后节日影像志项目培训会中多次讨论和学习的范本。

而另一个试点项目是以委托方式展开,委托给当时还在北京大学社会学系人类学专业攻读博士研究生的朱靖江,由他负责拍摄记录新疆哈萨克族诺鲁孜节。尽管项目最终没有剪辑成形,但所积累的前期素材也是极有价值的。而与此同时,"中心"也处于"非明确指示状态",在面对节日这种繁复庞杂的文化事象时,"单兵作战"可能未必如理想所愿,故而,也为下一步节日影像志在全国范围内的招投标提供了借鉴。关于这一点,我们会在"节日影像志:一种新形态纪录片"中作进一步的反思。

第二阶段:项目"立项"与项目规范的出台(2009—2013 年)。节日影像志从一开始就接续"节日志"的总体使命,即"盛世修志,垂鉴未来"。因此,经过"中心"四年的不断探索和经验总结,并在各方条件成熟的前提下,于 2009年顺利完成国家社科基金特别委托项目节日影像志立项工作。伴随立项而来的三个重要事项就是节日影像志编辑委员会的成立、节日影像志编辑部的成立和节日影像志项目实施规范(以下简称《规范》①)的产生。它们分别从学术审查、组织实施和操作规范上给即将全面展开的节日影像志以基本要求和基本保障。而在第一批项目的实施过程中,"中心"仍处于小心推进,及时调整之中。据笔者了解,作为初期立项项目,项目编辑部对每一个项目都实施了集中中期检查。检查内容为每一个项目实际田野调查拍摄后的粗剪影片或小样,这一点有点类似纪录片提案创投阶段的 Pitch,但目的不同。通过对这批项目的中期检查,与子课题组负责人、专家进一步讨论如何用影像记录节日?如何在有限时长内结构出一部以影像语言表述节日的纪录影像?一个节日影像志项目的成果构成如何?同时,项目编辑部人员还选取部分子课题所拍摄

---

① 中国节日影像志体例,https://max.book118.com/html/2017/0519/107643472.shtm,2017-05-19/2020-06-16。

的节日,与子课题组团队共同进行田野调查和拍摄,一是实际了解项目实施过程,二是通过田野调查进一步完善《规范》内容,并进一步核定了单个子课题的精分数。经过这一段的工作,《规范》中的"结构""要素"和项目成果形式部分得到基本稳定。

节日影像志的具体成果要求共分为三大部分。第一部分是一部不低于45分钟的成片;第二部分是不低于20小时的拍摄素材;第三部分是依据拍摄素材填写的详细场记单。通过对项目成果的要求,我们可以看到节日影像志与一般传播意义上的纪录影像不同,它除要求一部成片外,还对素材时长和素材场记单进行了较为细致的要求,并与成片放于同样重要的位置。这三大部分在结项评审时将同时进行审查。关于《规范》的进一步阐释,我们留待后面去讨论,此不赘述。

第三阶段:大规模的实施阶段(2013—2019年)

节日影像志进入第三阶段后,项目整体运行平稳,每年新增子课题数不低于10项,从2013年至2019年逐年递增,但上限不超过30项。随着课题的增多,"中心"也建立健全了一套相对完善和稳定的管理体制。同时,"中心"还利用新媒体平台建立了一个节日影像志的学术联盟。从而从刚性制度到柔性管理两个方面积极推动项目从申报、培训、初审、结项等各个环节的工作开展。为此,"中心"编辑部负责人之一许雪莲总结道:"中国节日影像志自2010年底在全国范围内启动以来,不仅探索了节日影像的拍摄结构,也完成了大量丰富文化事象的记录,目前已立项拍摄160余个节日,将积累超过3000小时一手影像资源。节日影像志成果目前获得了业界的广泛肯定,多次入选中国影视人类学学会、中国纪录片协会、澳门国际数字电影节、英国皇家人类学学会、国际人类学与民族学联合会世界大会等相关影展并获得奖项。"①

---

① 许雪莲:《差异求真——中国节日影像志和中国史诗影像志的理念与实践》,《民族学刊》2019年第5期。

2013 年,笔者也成功通过招标申报获批一项子课题:四川省石棉县江坝村蟹螺堡子尔苏藏族还山鸡节,自此,笔者就与节日影像志结下了不解之缘。作为项目负责人,笔者经历了节日影像志从开始到完成的各个环节的锤炼,同时,还催生出了一篇创作后记①刊发在《民族艺术研究》上。创作并将这一创作引向一种新的思考,思考并将这一思考拓展到全面、系统和深入地面对所有节日影像志,使它不仅成为对国家文化工程的一个脚注,不仅沉浸在理论与方法的辨析之中,更在于通过这种学术工作,可以更好地展示节日影像志之于"多元一体"民族国家形象建构的可能性和可行性。

以影像志的方式反映和诠释传统节日,这是笔者的研究对象;而从其反映、诠释和传播中发现新的实践价值和理论洞见,这是笔者的研究动力。因为,我们深信,这样一个继上世纪 50 年代"中国少数民族社会历史科学纪录电影"之后的又一个国家文化影像工程,一定能因更多学科团队(近 3000 人)介入,更新创作理念、更新技术条件和更新社会力量的保障而产生出无愧于这个时代的新的影视人类学作品。

二、研究视野

正如上面我们所说,节日影像志就是以"影像志"的方式反映和诠释传统节日。那么,在全文展开之际,我们首先要对其后所使用到的核心术语"影像志"和"传统节日"分别做一个界定。

所谓"影像志",即以人类学的文化整体观和文化相对主义为框架②展开对某一文化事象、事件所做的影像反映和诠释。这一界定适用并统摄全书对"影像志"概念的指称。所谓"传统节日",即指世代沿袭,哪怕已消失的,或者

---

① 刘广宇、焦虎三:《口述与呈现,叙事与风格——尔苏藏族"还山鸡节"影像志创作后记》,《民族艺术研究》2014 年第 6 期。

② 微信采访:被采访人:庞涛,中国社会科学院研究员;采访时间:2019 年 10 月 2 日;采访人:刘广宇。

再恢复的节日,它可以是地方性的、也可以是全民性的。这一界定适用并统摄全书对"节日"概念的指称。故,全书中所出现的"(中国)传统岁时节日"、"古代节日"、"少数民族节日"、"中华传统节日"以及"节日"等,均指"中国传统节日",而除此之外的节日表述,我们会加相关前缀予以限定。比如洋节、西方节日或者新兴节日等。

下面我们就对与节日影像志研究论题关系密切的学科进行一次扫描式的梳理,以期得到各种学科理论与方法的襄助。

(一)民俗学是节日影像志研究的基础学科

民俗学是节日影像志研究的基础学科,主要体现在:

一是节日作为一种民俗事象被民俗学所关注和成为其学科研究的对象之一。陈勤建在对"民俗学研究的对象和边界"思考时指出:"民众日常生活中反复出现的传承性的生活文化是民俗学研究对象和边界的核心内容。"[1]这一说法,基本代表了国内民俗学界的主流观点。而传统节日就是民众日常生活中,周期性出现的,可传承的生活文化之一种。对此,高丙中有个更直白的表述:"节日研究从来都是民俗学的基本内容。很少有从事民俗学专业而没有做过节日研究的学人。任何一本民俗学概论都必然有中国古代节日的系统介绍,我们也不乏学者专心研究古代节日。"[2]

二是民俗学理论与方法是节日研究理论与方法的支撑。高丙中在关于中国民俗学理论与方法变迁的学术综述中曾一再强调:"中国民俗学界一条主要的学术思路:首先通过采风或文献检索发现某种奇风异俗,然后探讨它是哪一种原始文化的遗留物并推测它的原型和本义,或者推断它有怎样的传播路

---

① 陈勤建:《民俗学研究的对象和边界——民俗学在当下的问题与思考之一》,《西北民族研究》2014 年第 3 期。

② 高丙中:《中国民俗学三十年的发展历程》,《民俗研究》2008 年第 3 期。

线和演化历史。这种状况持续到八十年代末,逐渐凸显出民俗学的学科危机。"①进而,他提出,90 年代以后中国的民俗学理论就是超越这个主流传统的一系列新的理论与实践的尝试:"学者们在民俗学恢复以来完成的最重要的基本理论建设就是论证了民俗学从人文学科(偏重文艺学和历史学)向社会科学的转型……这就是越来越自觉追求的、越来越充实的以当代社会为对象的日常生活文化研究……其中最关键的是从采风向田野作业的转变。扎入一个较小的社区进行持续的参与观察,不再限于记录那些体裁分属明确的民俗事象,而是把它们与社区生活的一般的方面联系起来,作为理解社区群体的路径。"②与高丙中关于民俗学理论与方法的回溯式阐释不同,刘晓春在《从"民俗"到"语境中的民俗"——中国民俗学研究的范式转换》一文中,则以大量详实的学术案例回应和验证了民俗学理论与方法在当代的转向——"20 世纪 90 年代中后期以来,中国民俗学学者开始从单纯的民俗事象研究,转向在语境中研究民俗,强调田野调查,强调在田野中观察民俗生活、民俗表演的情境、民俗表演的人际互动、民俗表演与社会生活、社会关系、文化传统之间的复杂关联等等,呈现出民族志式的整体研究取向,时空、人、社会、表演、变迁、日常生活等系列关键词,表明在语境中研究民俗的学者具有共同的问题、方法以及学术取向,初步具备学术范式的意义。"③而节日研究也明显受到这一转型的影响。除萧放、刘宗迪、刘晓峰、张勃、黄涛等继续在古代节日研究中深耕之外,很多学者走出书斋,走向田野。对庙会的研究尤其如此。不仅传统项目"妙峰山"不断分化出新的研究领域,比如张青仁的《行香走会:北京香会的谱系与生态》,而且还产生出了以"安国药王庙"和"泰山"等为田野点的新的学术成果:《安国药王庙会》和《泰山庙会》等,它们又一同汇入"节日志"成为节

---

① 高丙中:《中国民俗学的人类学倾向》,《民俗研究》1996 年第 2 期。
② 高丙中:《中国民俗学三十年的发展历程》,《民俗研究》2008 年第 3 期。
③ 刘晓春:《从"民俗"到"语境中的民俗"——中国民俗学研究的范式转换》,《民俗研究》2009 年第 2 期。

日研究的新范本。在民俗学理论与方法拓展方面,还有一支学人的努力也不可忽视。继高丙中在上世纪 90 年代提出"民俗文化与民俗生活"这一概念之后,催生了两个路径的研究趋势,一个是上面已提到的走向田野,走向境遇的民俗学理论与方法的运用,另一个则是由吕微、户晓辉、王文杰以及高丙中本人展开的实践民俗学的探索之路,其主旨在于为民俗学理论与方法找到一种超越经验现象的研究,从而为民俗学学科及理论找到一种坚实的、自洽的理性基础。

当然,在民俗学理论与方法的不断积淀和转型中,有一个学科力量给予了它最重要的支持,这就是人类学的理论与方法。对此,高丙中曾以《中国民俗学的人类学倾向》为题予以辨证:"民俗学的理论方法问题在根本上是由于几十年脱离了世界学术的发展,致使恢复后的总体水平停留在上半个世纪。它要获得新的生机就必须寻找新的生长点。当代人类学的理论方法无疑是有效的选择之一。例如,吸收当代人类学的实地调查方法和理解意义的理论有助于纠正民俗学的历史主义和形式主义的严重偏向。"①

(二)人类学是节日影像志研究的支撑学科

人类学是节日影像志研究的支撑学科,主要体现在:

一是人类学的文化整体观与文化相对主义是认识和理解节日的首要原则。文化整体观与文化相对主义是人类学的两种基本学科观。人类学的文化整体观是指,把人类及其社会视为一个有机系统,在整体观的关照下去了解这个多面性的整体,了解人类的各种行为及生产、生活中的所有层面,包括经济、政治、文化教育、生产技术、宗教信仰、道德法律等方面,并从地域及时间等多个维度综合考量,它强调研究时应将研究对象放置于更广阔的社会文化矩阵中去思考各文化现象之间的有机关联。这样一种整体观对于节日影像志的研

---

① 高丙中:《中国民俗学的人类学倾向》,《民俗研究》1996 年第 2 期。

究来说，就是要将节日置于其历史背景之中，置于其现实的生成之中，置于其未来走向之中去考察和研究。不仅如此，这样一种整体观还要求我们不把节日从各种民俗文化事象中孤立出来，不把节日从民俗生活中抽离出来，并在此基础之上，探求其构成节日文化的整体的意义之网。它既是面面俱到，但它更需要我们找到"面面俱到"之下的作为节日文化象征符号的文化硬核。只有这样的整体观才是节日研究所需要的，同时，才能发掘出节日文化正是以象征符号或者象征资本反作用于社会的方方面面。

文化相对主义最早是在18世纪上半叶作为一种理论批判工具而出现的。它由欧洲反启蒙运动的先驱维柯阐发，随后此观念进一步被继承与发挥，并扩散至整个社会思想领域。其主张各文化均有其自身的价值与独特性，极力反对在不同的文化之间作价值比较和排序，强调一切文化的价值都是相对的、平等的。值得重视的是，这种"相对"与"平等"并不意味着放弃批评而全盘接受某种文化，而是将文化放置于具体的社会环境与历史大背景下加以评估和对待。这样一种文化相对主义在人类学的实践运用和成为一种研究立场与方法，则是在美国人类学创始人博厄斯那里得到了进一步的明确，并由其后的一大批弟子加以发扬光大。在中国，最能表述这个观点和主张的话，是由中国社会学、人类学的开创者费孝通先生在20世纪90年代初所概括："各美其美、美人之美、美美与共、天下大同"①的十六字箴言。当然，费孝通先生在此已经对其做了更富中国文化意味和更富全球时代变迁意义的阐释。显然，这一文化相对主义的观念促使了整个人类学理论与方法的转变，它直接启开了对人类学研究伦理的深刻反思并将这一反思带到人类学的各个分支学科那里作为其研究的基本律令加以贯彻和运用。

二是民族志理论与方法是节日影像志理论与方法的工具箱。民族志不仅是人类学重要的研究方法、叙事方式，也是人类学理论产出的重要标志性成

---

① 费孝通：《人的研究在中国——个人的经历》(1990年12月，费老80大寿主题演讲)https://www.jianshu.com/p/b0cf53c785d9，2019-06-01/2019-10-27。

果。它是现代人类学学科得以诞生的前提。由英国人类学家马林诺夫斯基所开创的民族志理论与方法有这样几个基本原则：1. 离开"摇椅上"的人类学而走向田野中的人类学；2. 去文化中心主义，也就是我们前面提到的坚持以文化相对主义立场去对待"他者"及其"他者"的文化；3. 长时段的田野作业，熟悉并使用当地人语言；4. 访谈和参与式观察法的确立；5. 也是最重要的一点，坚持以文化本位观去理解当地文化；6. 产生出一部"科学"的民族志。自此之后，田野及其民族志成果，就成为人类学家的"通过仪式"。这种情况一直持续到 20 世纪 60—70 年代，并产生了大量的，可称之为教科书式的理论成果。但也正是在这个时候，建立在田野之上并信守功能和功能—结构主义的科学民族志开始受到挑战。自格尔茨、特纳以及西方世界对马克思的重新发现之后，民族志遭遇到"表述"的危机，而随着后现代主义思潮的全面渗透，民族志写作终于呈现出全新的范式转型——从科学的文化表述走向了解释的和相互解释的文化表述。尽管人们在"如何写""写什么""谁来写"甚至"写给谁"的诸多问题上还存在着巨大的争议和分歧，但一个牢固的事实却是，"田野"仍是每一个人类学家念兹在兹的地方。对此，张小军在《三足鼎立：民族志的田野、理论和方法》中所强调的："我为什么讲三足鼎立？田野、方法和理论在一个完整的民族志中缺一不可。像庄孔韶的《银翅》，田野是一部分，但在理论和方法上，它与林先生的《金翼》有一个对照。林先生用的是功能主义方法，这一点他在最后一章里特别强调了。庄先生用的是直觉主义的方法。这两本书在叙事方式、理论关怀以及使用的方法上都有差异，所以我们在看的时候感觉也不一样。任何一个完整的民族志这三个方面缺一不可。"①对节日影像志的生产和研究是极富启发意义的。也即我们不能光去记录节日的表象，我们得有方法去深入节日内部，去看这些节日事象与节日中的人有怎样的关联，以及由这些关联所建构起的各种情感关系、精神关系和社会关系等，最后我们还

---

① 张小军：《三足鼎立：民族志的田野、理论和方法》，《民间文化论坛》2007 年第 1 期。

得有理论的聚焦，梳理出不同类别的节日形态所呈现出的文化模式及其这些模式对日常生活的影响等。

三是人类学仪式理论是考察和分析节日仪式的基础理论。"仪式理论在当下已经成为一个非常重要的专门知识，甚至学术界还出现了从事该领域研究的刊物，如《仪式研究学刊》(Journal of Ritual Studies)。使不同学科的学者可以在同一个学术平台围绕同一个社会现象发表各自的见解。"①正所谓："仪式无时不有、无所不在，是建立一个群体所必需的最基本的社会组织方式。"②为此，美国社会学家贝格森(Albert Bergesen)把仪式行为划分为微、中、大型三个层次。而这样一种泛仪式化，也给人类学乃至社会学提供了创建仪式理论的丰饶田野，并的的确确产生了许多经典的仪式理论。比如涂尔干的"神圣与世俗"理论、范·盖内普人生的"通过仪礼"理论、特纳的"社会剧"理论和象征理论、道格拉斯的"精神交往"理论、列维—斯特劳斯的"游戏"理论、格尔茨的"象征符号"理论，等等。无疑都将为节日仪式研究提供坚实的理论支撑。而我们知道，仪式恰恰又是节日中最为重要的组成部分："节日之所以能区别其它日子被称为'节日'，形成节日文化，它至少含有三个要素：显性文化层面的节日仪式、节日器物，隐性文化层面的节日精神，并由这些要素融合成完整的节日仪礼体系。"③故而，节日也可以说是仪式的集大成者。它可以小到对一句话、一个举止、一个物件的仪礼规定，大到对整个社区、民族乃至国家的仪式规范。而对节日影像志而言，我们不仅要去观察研究这些仪式，更重要的意义还在于，我们要从影像的角度去探究节日仪式的文化景观构成以及它对节日文化传达乃至传播的积极价值和负面影响。

四是影视人类学所积淀的各种理论、方法和技巧是节日影像志创作实践所必须遵循的基本原则。关于这部分内容，我们将在其后的"第三章""第五

① 彭兆荣：《人类学仪式研究评述》，《民族研究》2002年第1期。
② 王霄冰：《文化记忆传统创新与节日遗产保护》，《中国人民大学学报》2007年第1期。
③ 徐爱华：《春晚：传统节日的现代仪式变迁》，《青海社会科学》2021年第3期。

章"中有将专门介绍,这里暂不展开。

(三)民族学、社会学和历史学是节日影像志研究的重要学科

民族学、社会学和历史学是节日影像志研究的重要学科,主要体现在:

民族学的认同理论、族群交际理论、中心与边缘理论、民族发展理论等将成为我们分析和解读少数民族节日影像志成果的重要理论武器。

社会学关于社会秩序、社会冲突和社会结构——过程的理论将对我们认识节日的社会功能——即通过节日的展开所体现出的参与者如何在节日中协调好社会身份与节日角色以及由这种协调而达到消弭分歧再造一种新的社会秩序,有最为直接的影响;而与民俗学关系紧密,并成为民俗学研究的重要范畴的民间信仰,也是宗教社会学和政治社会学重点研究的对象。由民间信仰所形成的众多大型节日集会,对区域文化、区域经济乃至区域社会稳定所起到的正向与负向的作用,都将成为它们的研究议题;社会学的国家理论将主要用于节日的象征与整合研究。

近年来,历史学所倡导的几个重要转向,即在微观史研究、地方史研究、口述史研究和集体记忆、社会记忆和文化记忆等方面的研究所产生的理论知识,将对我们理解节日作为一种文化传统、节日作为一种文化记忆和节日作为一种文化再生产机制等有着巨大的启示意义。

(四)艺术学和传播学是节日影像志研究的必要学科

艺术学和传播学是节日影像志研究的必要学科,主要体现在:

1. 艺术学将从艺术表现的内容和形式两方面给予节日影像志创作以必要的理论指导,而与此同时,如何评价和判断一部完成了的节日影像志成果——人类学纪录片,它的人物、叙事、结构、节奏乃至风格等,也会在一定程度上借助其审美与艺术的批评标准予以检视。

2. 传播学的媒介镜像理论、跨文化传播理论和传播仪式观都将深深嵌入

节日影像志的研究之中。

综上所述,本研究无疑将是一个跨学科的交叉研究。它也提醒我们注意这样几个问题:第一,要具有多学科的研究视野;第二,也不泛化这种研究视野;第三,针对具体成果中的具体问题展开研究,同时,在这种展开中找到属于本论题研究的理论和方法的创新点。只有这样,我们的交叉才是为研究而交叉,而不是为交叉而研究。

三、研究方法

如果说研究视野给我们以理论和知识的给养和拓展,那么研究方法则是我们研究的行动指南。就我们的研究对象来说,节日影像志是关于节日的人类学纪录片,对于这样一个由节日影像志课题而产出的节日影像志成果或者作品进行研究,将会涉及这样几个层面的问题:第一,该成果是如何产出的? 第二,该成果是以什么形式体现出来的? 第三,我们将如何研究这个成果? 第四,我们将如何使用好这个成果? 一言以蔽之,鉴于我们研究对象的复杂性和多面向,我们的研究方法也必然是多路径的。具体来说,我们采取了这样几种基本的研究方法。

(一)创作经验累积法

也许,这对于纯粹的学术研究是难以想象的,但它的确是笔者进行此次研究所采取的重要研究方法。

在本课题未产生之前,也即 2013 年,笔者就开始了节日影像志子课题——四川省石棉江坝村蟹螺堡子尔苏藏族还山鸡节的创制工作。作为项目负责人和影片导演,经历过从课题申报、课题培训、团队组织、现场调研、课题拍摄、后期场记、后期编辑、课题终审乃至随后的各种影展的全过程。而关于该课题的经验和理论总结可参见笔者和课题组民俗学者焦虎三撰写的论文《口述与呈现,叙事与风格》,在该文中,我们已就节日影像志创作得失有过一定的反思:"以创作后记的形式去检视尔苏藏族'环山鸡节'节日影像志的创作得失,通过这种反思,可以获得对一般节日影像志创作的某些启发。经由口述、呈现、叙事及风格形成所构成的层级性创作思路进行摄制,并在这一创作过程中对其功能性价值进行展现,是节日影像志作品达至对一个民族文化底蕴揭示的可行路径。"①

与此同时,笔者也在进一步思考,国家花这么大的代价,动员和投入这么多人力、物力和财力来做这么一件事,它的价值和意义该如何充分地体现出来呢? 这是一;二则是如何让每一部节日影像志都能最完备、完美地展示和表达节日本身,这个议题是否更迫在眉睫? 正是基于这样两个简单的问题意识,笔者启动了对本论题研究的申报工作。可问题也随之而来,因为,当时节日影像志尽管已在国内全面展开,但其结项成果仍然很少,所以,笔者便在第一次课题作品结项后,于2015年又继续再次成功申报了四川省茂县曲谷乡河西村羌族瓦尔俄足节子课题。面对新的课题,笔者采取了完全不同于第一次课题的创作思路,当然也是建立在对该节日性质认识的基础上所进行的。这就让我想到朱靖江在最近的一次讲演中所提到的:"必须充分认识节日的社会功能。"②这一观点与我当时的思考极为相似。也即任何一个节日都有它特定的社会功能和文化价值,如果我们率先不在这个问题上思考透彻,或者说大而化之地按照所有节日的共同性来处理每一个具有特殊意义和价值的节日,那么,其结果是可想而知的。因此,在羌族瓦尔俄足节的创制过程中,我就一直在想,如何让节日中的人物活起来,而不是一台台展示文化的机器。而根据题材本身的特殊性,这个节日是为羌族祭祀传说中的先祖母萨朗姐而设的,于是,我就考虑找一个参与节日活动的女性,她既是节日参与者,同时,也将作为萨朗姐在人间的典型予以还原,更一进步,我还将所有参与节日的女性都视作

① 刘广宇、焦虎三:《口述与呈现,叙事与风格——尔苏藏族"还山鸡节"影像志创作后记》,《民族艺术研究》2014年第6期。

② 朱靖江:《节日影像志:人类学的理论思考与田野介入之道》,未刊稿(2019年)。

萨朗姐的化身,以一个群体的形象回到节日庆祝的原初——羌族母系文化在今天的遗留和继续。经此处理,出来后的作品应该比第一次创制的作品有较大的进步。从目前的社会反馈来看,《觉颂》(尔苏藏族还山鸡节子课题)获得过2017年第二届中国民族博物馆馆藏荣誉的通知书,《萨朗颂》(羌族瓦尔俄足节子课题)获得过中国影视人类学专业委员会优秀影片入围证书,参与过2018年文化和自然遗产日非遗影像高校巡展,入围并在中国首届音乐民族志影展中荣获提名奖。

经过前两个节日影像志创作实践之后,笔者发现,尽管作为一个较为资深的影视从业者和研究者,我的影像表述能力以及基本的学术思考和追求都在其中,但离一个特殊类别的人类学纪录片的较高要求似乎还差那么一点点的距离。这是一个什么距离呢?时间固然是一个重要的因素,但我认为不能简单地把问题归都结到一个因素上去,它必定是多因一果。经过反复的,也可以说是苦苦的思考,笔者认为,尽管我的态度是全心全意,但全心全意并不能代表其收获就一定十全十美。这里面就涉及一个比时间因素更为重要的因素,即,尽管我们可以熟悉节日文化,熟悉节日中的每一个环节,但我们不熟悉节日中的人,或者说,不可能熟悉节日中的大多数人群,不熟悉节日中的语言,更不熟悉某些节日符号对这个民族的深层价值。这些都是人类学所最为强调的。因此,找一个最熟悉的环境,最能进入的人群,最能有彼此的文化共鸣。一句话,就是我从他们的胸腔中都能听到他们的需求和欲望的声音。于是,笔者又着手第三次节日影像志的申报工作,并于2017年开始了一个长达9个多月的跟踪拍摄,这就是自贡灯会子课题。拍摄伊始,笔者就从各方面按力所能及的最高标准进行:4K画质,长期驻扎,深蹲一个点,跟踪相关田野点,阶段性航拍灯会制作现场,对所跟人物最后的去向有交代……经过一年的后期编辑,该片于2019年8月顺利通过节日影像志编辑部的中期审查,目前正在继续修改和完善之中。而仅从现有的反馈来说,该片被自贡彩灯博物馆原馆长张方来所称赞,他说,这是他几十年从事彩灯行业看到的最好的关于自贡灯会的纪录片,没有之一;该片也在小范围进行过展映,由四川大学人类学教授李锦和中央民族大学朱靖江共同主持,参与看片的观众说,他们想去看自贡灯会;最后,该片也被峨眉电影集团相中,决定由他们组织申请国家电影局的公映许可证,让更多的人看到这部由无数小人物构筑的以自贡灯会为代表的"中国梦"的艰辛和荣光。尽管如此,结合李松主任及其他专家的意见,我们认为,在文化的总体把握方面,在对节会的多层次展开方面,该成果仍有待于进一步反思和提升。

以上就是笔者在进行本论题研究之前和之后参与节日影像志创制实践的基本经历和经验小结,它必将对本论题的研究以最内在的动力支持和最真切的体验。

（二）现场观察法

要对节日影像志研究有一个总体的、全面的观察与思考,仅凭个人的经验也是难以得到更为科学的结论的。为此,笔者曾先后七次亲赴其他节日影像志课题组的拍摄现场,进行现场观察和了解,甚至参与到部分课题组创作团队中去协助拍摄。

2016年春节前后,笔者先后赴河南和福建对吴效群负责的"河南豫西花馍里的春节"子课题和朱靖江、甯元乖负责的"福建宁化夏坊村七圣庙会"子课题进行了现场观察研究。

在吴效群组,笔者了解到花馍作为初二回娘家的重要礼物在节日中的民俗意义。花馍不仅是北方面食文化的审美结晶,也是北方农耕文明的重要表征,它蕴含了一年的艰辛和喜悦。所以笔者也特别同意吴效群的创作理念,从大年初一上坟时,展开的对青苗的航拍,可以加深人们对一年希望就寄望在这片田野上的意象表达。在吴效群组,笔者还担任过一次拍摄指导,因为他要跟踪拍摄剧中主人翁,就难以分身,笔者就带一个小团队,提前去舅舅家蹲点拍摄。在河南田野点这几天,笔者与团队一起在大年三十深夜守候在零下几度的田间地头等待年节交替时刻的新春爆竹。但结果，没有等来想象中的热烈，这也从一个侧面见证了北方春节的年味在逐渐淡化；同时，在这里，笔者也看到了村子里基督教堂在春节仍然在进行正常的祷告活动……而从后面影片成片来看，笔者认为由于导演在对人物设置和构想中过于理想化，而与这种理想化形成鲜明对比的是人物关系以及人物与花馍并非很典型的结合在一起，从而导致从设想的浓烈诗意到成片的过于清淡之间的反差。

在朱靖江和甯元乖组，笔者深感甯元乖作为一个地方文化名人在片子中所起到的重要作用。他既是节日影像志的创作者，又是具有地方文化属性和地方身份的当地人。所以，他更为容易地进到节日事象的内部，去逐渐揭开节日背后的一些故事和传说。有此基础，作为一个外来的学者和导演，朱靖江才可能从各种小径岔口去思考这个小传统是如何形成的，它在今天的现实意义和功能价值何在？故而，从成片看，这样一种追问和思考就从未停止。也正是这种持续的思考，才使得朱靖江在之后又陆续写出了对这个节日事象更进一步的思索。而笔者在其中也收获到另一个田野现实，就是在庙会期间，当地人一天要为到家客人准备无数次饭菜……这是一种客家礼仪，它表征着这家主人在节日期间的社会关系和社会资本的真实情形。这是节日的社会学。

2017年大年初二，笔者去安徽绩溪考察正在拍摄中的安徽绩溪伏岭镇春节。这是西南交通大学一位年轻教师杨达维担纲负责的一个节日影像志课题。田野点正是安徽到杭州徽杭古道的起点。这里是徽菜的发源地，据说也是徽戏的发祥地……而摄制组要重点跟踪拍摄的"舞犭回"是该村的春节大戏。笔者一边在山脚遥听遗留在徽杭古道崇山峻岭间那一阵阵急促赶路的脚步声，一边走村串巷，瞻仰徽派建筑的点点墨迹。而"舞犭回"这个还在延续的春节大戏是否会成为徽派文化浓重乡愁的最后余音？还是会在每年进行的"值年"规矩中一直坚守下去？它和春节构成了一种怎样的互生互助的关系？

2017年8月，笔者赴广东梅县与正在那里拍摄广东梅县"中元节"的雷建军组汇合。这之前，笔者曾看过该组摄像杨宇菲在此田野点拍"斋堂生活"的纪录片《姑婆》。正是带着固有的记忆,笔者想去看看,VR 的节日影像志现场将如何去拍摄?经过实地观察,剧组把"中元节"中的各种节日事项按其既定的秩序分成几个大的单元,然后分别对这些单元进行 VR 录制。录制之前剧组会根据人物与事件的线路和活动展开的空间情况,选择一个 VR 放置点,然后待摄制组和节日中各事件都准备好了的情况下导演就开始倒计时……正式拍摄的时候,摄制组是无法控制,甚至难以观察到正在展开的节日事项的。因为此次剧组使用的是 24 个镜头的 VR 机器,它意味着,任何一个方向上都能被摄录进去。因为,剧组人员在开始拍摄前都必须立即离开拍摄现场。对于这样一种新技术的进入,笔者后来也多次与负责人雷建军以及另一个节日影像志 VR 实验点广州龙舟节子课题的负责人叶枫进行过探讨。它以场为单位,而非以镜头为单位进行连接,最终给观者带来一种沉浸式的体验和触摸。自广东梅州项目的观察后,笔者倒觉得,VR 也许对节日仪式的拍摄会超过现在常规的拍摄方式,甚至笔者都有个想法和建议,希望国家对现有传统节日中那些大型仪式都用 VR 方式去完整的记录一次,以待时日为后来的研究者和广大群众提供一种可以进入其中体验的节日盛况。这个话题,我们留待后面"第七章:第四节:节日影像志的多元探索"去再加以讨论。

2017 年 9 月,笔者来到刘湘晨所在的田野点新疆沙雅县塔里木河流域的一个村庄。在这里,笔者切身体会到刘湘晨与拍摄对象所建立的那种长期的田野关系对他影片的成功所起到了巨大作用。在塔里木河边,用大河水熬煮"羊羔娃子"的浓香到现在都令笔者回味。而随同湘晨去到每一处少数民族兄弟的家时,那种被热情接待的情景至今都萦绕在脑海。在与湘晨的交谈中,笔者能感受到他巨大的文化使命感。节日影像志以及他所参与的中国史诗百部工程子课题不过是他从整个新疆镜像史诗中摘下的一颗颗耀眼的明珠,最终它们将回到整体中去,为中国乃至世界提供一幅镜像中的新疆民族文化全息图。而另一个感触颇深的是,就在剧组的临时住所里,湘晨整洁的房间和茶几上摆放的几本大部头人类学专著,告诉笔者这样一个事实:他不仅是影像表现的大师，而且也正在自觉地向影像人类学大师看齐。从充满灰土的田野能一下进入到这样一个安静的空间，其所内敛的品质完全能从他对整个影像系统和影像风格形成的强大的驾驭力和掌控力上得到明证。

2019年的春节，笔者又驱车奔袭500多公里来到贵州榕江一个侗寨村落。这里是西南民族大学吴定勇教授的家，也是今年他负责拍摄的侗族祭萨子课题的田野点。因为该课题从申报到具体展开，笔者都十分关心。不仅协助他组建了创作团队，而且他也真诚地邀约笔者加入剧组并为其指导拍摄。在这里，笔者第一次尝吃了侗族的牛瘪，据说是大清热。当然，在这里，剧组也遇到了很难见到的"吃相思"。据说距上次两个村"吃相思"已过去十七年了。显然，这为严肃而神秘的祭萨仪式带来一段少有的活泼和欢快。尽管项目负责人是定勇，但对作为已经有过几次创作经验的笔者来说，其压力也是巨大的。所以，笔者一边在思考当下的事件时，一边在努力想从人物、结构上如何讲述这个节日上下功夫……

从2015年本课题获批起，笔者就十分注重与不同节日影像志项目组加强沟通和联系，不仅从自身的创作中总结经验得失，更希望从其他团队的创作现场获得一手的经验材料。这之中，参与现场观察最多的，还是对就近的成都春节子课题项目所进行的跟踪。可以说，从这个项目开始，到结束，乃至到最后的编辑成片，笔者与项目负责人李家伦都有着较为密切的交流和沟通。而正在这个项目的进行中，邱家祠堂原居民要搬迁的事，进入李家伦的关注视野，他以新闻人特有的敏感，默默地从2017年的春节拍到了2019年的7月。是成都春节子课题的契机，让他见证了居住在闹市春熙路背后的一批成都新老居民从合到分的种种纠结和由此带出的各色人物的命运起伏。它将成为21世纪之初，生活在锦江边上最普通的成都人世俗生活的影像见证。而春节无疑是其中最出彩的篇章。

现场观察法最重要的几点收获是：可以增进对不同节日拍摄特点的观察与总结；结合自我创作，从而在理性上增进与这些节日的比较研究；现场观察的亲在性可以拓宽对节日文化氛围的总体感受;增进和牢固了笔者与这些项目组各创作者的友谊和关系,为获得更多的写作素材和思路奠定了基础。

(三)作品分析法、文献研究法、多媒体采访法等

把这几类方法并置在一起,是基于这些方法都是以作品解读为基础的研究所必须具备的方法。下面我们就一一简要陈述之。

1.作品分析法。节日影像志作为成果体现最重要的内容之一就是人类学纪录片。那么,笔者的自身创作以及去其他节日现场观察其他创作者是如何展开创作,其最终目的是要汇集到对作品本身的深度解读,也即从一部完成了人类学纪录片中去梳理他的创作得失和理论总结。因此,作品分析法就成为笔者进行该论题研究的第一步。业界常常有句俗话是:让作品说话。那么在对作品进行解读中,我们采取了那些方法和技巧呢?

首先,通看一遍作品,而且是不参考任何文字文献,它有利于我们从直觉上判断该作品是否构成一个较为完整的影片。

其次,参考任务合同书,去检视其作品是否较为严格地按照其合同书所提到的那些关键节点去展开的影像表达。

再次,查找与该节日相关的文献研究,从节日文化事象上对照作品所展示的文化事象的知识点是否准确到位,并进行细心甄别和归类处理,为其后的内容研究打基础。

最后,就作品人物、人物关系、叙事方式、口述及其进入方式、仪式表现特点、同期声、结构模式和象征符号的发现等方面去仔细分析这些元素的展开是否充分与节日主题、节日社会文化功能相匹配,是否从总体上有机地形成了属于这个节日文化特殊意蕴表达的影像风格。

2.文献分析法。这是所有研究都必须具有的功夫。针对本论题,笔者从2015年开始就着手这方面的文献搜集和整理。从目前所做的读书笔记看,笔者主要从人类学、民族志、民俗学、节日研究、节日传播、非遗及非遗影像研究、

影视人类学、纪录片理论与创作研究等方面归类建档，几乎每一类别下面所整理的文摘字数都在 10 万字左右。其中影视人类学和节日研究文献文摘近 20 万字。为其后的研究提供了较为扎实的理论基础和理论视野。

关于本论题研究的国内外理论文献的综述工作将放在各个问题点上去进行，此不再集中呈现。

3. 多媒体采访法。实地采访或者半焦点访谈是社会学研究的一种方法与工具。笔者的现场观察法类似于实地采访，这里不再复述。而对于半焦点采访，因为我们针对的是具体分散在全国各地的节日影像志项目组，所以，也难以形成一个较为集中的人群，加之我们也不是就某一问题所展开的问卷调查，所以，我们这里就将自己的另一特色研究方法介绍一下。笔者把这种方法称之为"多媒体采访法"。所谓"多媒体采访法"就是充分利用现有媒介工具所进行的多次采访。在这种方法中，我们首先还是借助传统的影像工具，对国内较为知名，且参与过节日影像志课题相关工作的学者进行采访。目前完成了范华、张跃、郝跃骏、郭静、傅永寿等人的采访。但对于更多的学者我们则采取了微信和 QQ 聊天的方式进行采访。笔者组建了一个节日影像志微信群，邀请凡是主持或者参与过节日影像志的国内学者和导演加入该群，目前进群人数 132 位，可以说是节日影像志的专业群。在群里，笔者随时关注着各个项目组的拍摄进展情况，然后通过群，再私加微信，点对点就相关问题进行充分的交流与沟通。目前笔者已通过微信方式，发起过对 20 多人的直接采访。他/她们或留言、或打字、或发邮件、或通过语音聊天等形式将其对节日影像志的创作经验，创作成就和创作心得与笔者进行分享；也通过微信和 QQ 方式，搜集到近 30 个剧组的田野照片，累积照片（一般剧组会提供 3 张以上）近 100 张。这些文字和图片笔者均会作为附件和插图与本论题的最终成果一同出版。

除了上述研究方法的运用外，笔者自 2015 年之后，就自觉参与到中国影视人类学专业委员会组织的各种研究论坛和相关的学术活动之中。从北京到贵州,从贵州到河南、从河南到云南、从云南到山西……不仅如此,笔者也是整个节日影像志项目学术活动的积极参与者。2016 年,由笔者牵头,"中心"在西南交通大学举行了第一次节日影像志的学术论坛并与学校成立了校部共建研究基地:西南人文纪录影像研究中心。因笔者的持续关注以及本论题部分研究成果的刊发,"中心"多次邀请笔者作为其他节日影像志项目评审专家参与其结项和立项会议。正是在这些会议和学术活动中,笔者也与中国影视人类学界和节日影像志各项目团队的同仁们建立了良好的学术关系和个人友谊。这些都是笔者能很好进行本论题研究的充分条件。

四、研究框架与研究创新

以民俗学对节日研究所打开的全部研究为视野,以人类学及影视人类学所倡导和坚持的基本原则为指引,对节日影像志内容、形式、意义、模式和传播情况做较为全面、系统的梳理和阐释是本论题的主要任务。下面我们就其基本的写作框架予以说明,并在最后指出本论题研究的创新所在。

(一)研究框架

本论题研究由以下八个章节所组成:

第一章:绪论——本章由"研究缘起、研究视野、研究方法和研究框架及研究创新"等五个部分所构成。较为清晰地梳理了本论题研究对象产生、研究对象界定和核心学术视点的切入;在研究方法上,既有传统的研究方法,又结合实际从自身创作和对其他节日影像志现场观察中提炼观点,这样一种研究方法的实施为本论题写作创新提供了源头活水。

第二章:民俗学视野中的节日及其研究——本章由"节日形成、节日特征、节日类型、节日功能和节日研究现状与意义"等六个部分所构成。从民俗学的视野较为充分地梳理和阐释了节日产生的前提和历史脉络;节日渊源与节日特征的关系;节日类型带来的不同节日的功能产生以及人们对这些功能所做的价值判断;节日研究现状及其节日研究对社会各方的影响和贡献。而正是这样一种在大量文献综述基础上形成的关于节日的总体认识,奠定了我们其后对节日影像志新视界拓展的可能性。因为,节日是我们的出发点和落脚点。

第三章:节日影像志:一种新形态纪录片——由"现状、困境和回到节日本身的理论自觉"等三个大的方面所构成。这是本论题对节日影像志性质、特征和方法所进行的创新性阐释,将从创作与理论两个方面给予人类学纪录片以丰富和拓展。

第四章:节日影像志内容要素研究——本章由"主体、景观与流程、神显与禁忌、宴饮与服饰、审美与竞技"等五个大的方面所构成。在此,我们紧紧围绕节日影像志中各类具体的节日文化事象展开归类和分析,试图找到其基本的逻辑关系和内在的连接线索,为后续的形式研究和意义分析找到基本的立脚点和升华点。

第五章:节日影像志形式要素研究——本章由"媒介介入、看与听、叙事、风格及剪辑"等六个大的方面所构成。这是本论题研究的难点和重点。其难点在于围绕内容和意义方面的研究我们都可以以节日为中心来展开,但形式研究中的许多要素却可以面对几乎所有的纪录片和人类学纪录片范畴。其重点在于,如果我们能以节日影像志新视界中所规定的各种特质和内容要素中所归纳的基本类型为基础,并对所有节日影像志作品以精读,那么我们就有可能获得一些基本的形式规则和方法论提炼。这无疑对未来的节日影像志创作有直接的帮助和指导。

第六章:节日影像志意义要素研究——本章由"时间与空间、权力与秩序、象征与认同、历史与现实、文化与生活"等五个大的方面所构成。这一章,我们一方面以节日影像志内容要素为基础,另一方面,我们又将节日影像志中的文化事象以更广阔的拓展,在较为宏观的视野中为节日影像志的各类节日事项插上意义的翅膀,以实现节日对人类社会诸多美好愿望的满足。

　　第七章：节日影像志创作模式探索——本章由"分类的必要性与原则、学术型（科学主义创作动机）、故事型（功利主义创作动机）、诗意型（审美主义创作动机）、实验型（多样性探索动机）"等五个部分构成。任何一种艺术生产，如果以大规模形式出现，其结果就必然带来人们对其创作模式的思考。尽管节日是我们统一的题材，但节日是万象纷呈的，而参与节日研究的创作团队也是多学科背景，所以，不同的节日与不同的创作团队就一定会生产出不同形态的节日影像志作品。而对这些不同形态的节日影像志作品以归类和总结，又是任何一个理论工作者所必须面对的事。如果说万象纷呈的节日总有其较为稳定的结构形态，那么，创作者却是个性十足。所以，我们在此便认定是创作者的创作动机对形塑一种创作模式至关重要。

　　第八章：余论——本章由"融媒体时代影视人类学写作新动态、'多元一体'民族国家形象建构新途径、节日影像志的跨文化传播（现状与前景）"等三个大的部分所构成。显然，我们正处在一个融媒体时代，各种媒介的变量都会影响到节日本身的变化，影响到我们对节日的观察与思考以及影响到节日的传播和跨文化交流等。如何坚守学术的知识生产，并由此产生出更大的社会效益，这是对节日影像志成果的综合考量。

　　（二）研究创新

　　首先，本论题研究的论题域属于影视人类学创作与理论的研究范畴。因此，它必将对该学科问题域以基本回应，也即经由本论题研究发现的所有理论与方法的论点都应该与影视人类学创作与理论的问题域相呼应，并将这些呼应延伸到影视人类学的功能和价值显现上。

　　其次，这些论点应在三个不同层次上加以体现。第一个层次是关于节日影像志理论与方法运用的一般描述性总结；第二个层次是以大量案例为基础，归纳和总结出节日影像志在内容、形式、意义、模式和传播等方面所形成的特色观点；第三个层次是围绕节日这个特殊题材节日影像志所可能产出的一些新的创作方法和理论预期，它们不仅对于节日本身的反映与诠释有直接的效力，而且还可拓展至对与节日有类似特征的凡公共性事件题材的表现上。以上三个方面：即实践运用，特色形成，理论提升都将对影视人类学理论与方法有积极的反馈作用。

最后，我们来看看本论题研究将在哪些方面归纳和演绎出节日影像志对学科及学科价值延伸的主要创新点。

第一，在实践运用方面：节日影像志以"志"的方式参与建构出一个相对完整的节日文化事象。这就超越了一般影视人类学对人类学纪录片的理论界定。不论是李德君的界定，还是庄孔韶的表述，他们都将影视作为一种手段，然后再辅之以人类学的目标。而节日影像志一开始就将"志"内嵌在整个表述系统里加以严格规定。而且正如我们在其后还会涉及的关于"志"的多元性阐释那样，它以"民族志"为绝对立场，以地方志为功能设定，以"志"的传播为价值延伸。因此，体现在节日影像志成果方面，它就会产生出多种效力。

第二，在特色产出方面：节日影像志将以影像志的方式反映和诠释节日，并形成一整套有别于文字和一般影像介入方式所生产的节日知识体系。它更讲究对节日人物、节日时空、节日仪式和诸多节日文化事象在一个时段内，在多个空间下的完整展示。它是活态的节日文本，它所有的"美"与"不美"都将以整体的方式让节日"自动"呈现，而非片段式的曝光和为其他主题服务的拼接和组装。而与此同时，本论题研究还将这些不同的节日呈现进行了归类处理，以形成一种彼此照应和内在关联的逻辑阐释。

第三，在理论提升方面：围绕节日，不仅要找到每个节日的文化属性和特殊价值，还必须找到节日作为人类自己给自己的馈赠，它所具有的普遍特性：在公共空间下，被广泛人群所参与的一次（周期性）密集的，充分自由而又高度规范的表演。公共性、群体性、一次性（周期性）、密集性、自由性、规范性、表演性等。故此，节日影像志必须从一开始就要清楚地意识到节日的这种特殊性,它们不是文字意义上的限定,而是对拍摄本身的限定。那么如何突破这些限定或者说如何遵从这种限定,就成为每一个节日影像志课题组成员所要面对的事实。作为理论预想,本论题研究明确提出了如下观点:用"身体观"统摄"深描观"和"戏剧观"回到"节日本身"。对这些观点的详细阐述,可参见本论题"第三章:节日影像志——一种新形态纪录片"研究。而这样一种富含逻辑的理论提炼是节日影像志创作实践回馈给学科的独特贡献,也是本研究论题的独特发现。

第四,作为对影视人类学学科功能价值的延伸解读,本论题研究还明确指出了这样两个基本事实。即,一是通过节日影像志所记录的丰富多彩的传统节日,我们可以从纷繁复杂的节日文化事象中找到"多元一体"民族国家形象的影像见证,它从节日影像的视角促进、加深和铸牢中华民族共同体意识;二是通过节日影像志多种跨文化传播实践,对内可以起到消除文化隔阂,增进民族文化认同的作用,对外可以以整体的和有深度的节日文化影像群,传播和输出中华优秀传统文化,使之在国际文化的交流和传播中发出中国的声音。

第二章 民俗学视野中的节日及其研究

节日是民俗学研究的重要范畴。这不仅体现在其学科教材体例的编写上,譬如国内最著名的两位民俗学大家钟敬文先生和乌丙安先生分别在其《民俗学概论》[①]和《中国民俗学》[②]中均有专章、专节加以铺陈介绍;也体现在民俗学深厚的研究传统之中,比如顾颉刚先生的妙峰山研究以持续半个多世纪专注之力成就了民俗学的经典著述《妙峰山》,比如闻一多先生的《端午考》开创了节日研究的经典范式;更体现在当下民俗研究范式转型和民俗实践运用中出现的以节日研究为突破,以国家节日制度建设为推手的一系列重要成果和重大变化上。本章主要围绕节日的形成与特征考察、节日的类型与功能分析、节日研究的现状与意义等六个方面来展开,以期形成对于节日渊源、流变、观念和实践等有一个较为完整而系统的学理认识和掌握。

第一节 节日形成与特征考察

世界上任何一个事物都有其产生、发展、演变、衰竭和新生的过程,节日也

[①] 钟敬文:《民俗学概论》,上海文艺出版社 1998 年版,第 131—155 页。
[②] 乌丙安:《中国民俗学》,辽宁大学出版社 1985 年版,第 292—312 页。

不例外。但考察中国传统节日,我们却发现,我们民族的一些重要、重大的节日已持续了上千年之久,不仅没有衰退的迹象,而且还处于新的生长期。比如春节,随着中国人的全球移动而被带到了世界各地,形成与当地文化融合渗透的新的节日盛况。本节主要介绍中华传统节日的产生、流变、形成和它的基本特征,并对其主要的文化内涵予以辨析。

一、节日产生与形成

在通常意义上我们说一个国家或民族的文明史总是以有确切文字记载为开端的。迄今为止,我国于 1899 年在河南安阳发现的批量殷商甲骨文即成为中华民族有书写历史的重要证据。而在这些甲骨碎片中,我们便能找到与中国传统岁时节日关系最紧密的"岁"、"时"、"年"三个字的最初字形以及后来学者们对它们的基本释义:古"岁"字的字形像一把石斧,是一种斧类砍削的工具,用以收割成熟的庄稼;古"年"字则是人负禾字形,会谷熟收成之意(《说文解字》:"年,谷熟也")﹔"时",甲骨文"止",表"行进",加"日",表"太阳运行"(《说文解字》:"时,四时也。从日,寺声。"),时从日,说明"时"是根据太阳一年的变化而形成的不同季节。"据于省吾《岁、时起源初考》考证,原始人通过观察和经验的重复,借用某种自然现象的周而复始作为岁年或节候的标志。因社会生活的需要,从一岁中划分为春秋二时,再从二时划分为春秋冬夏四时。"①而萧放在《中国上古岁时观念论考》中对此又做了进一步阐释:"从岁与时的原义看,它们都是人们在实际的生产生活经验中逐渐生成的时间观念。岁是年度周期,时是年度的季节段落,岁与时的配合,构成中国古代社会的时间标志体系。'连月为时,纪时为岁。'(王充《论衡·难岁》)月、时、岁的吻合关系在今天看来,十分简易,但在历法体系初创时期,它经历了一个漫长的阶段。'岁时'作为时间名词,在上古社会创立以后,始终为中国传统社会所

---

① 刘礼堂、李文宁:《中国古代岁时民俗文献研究》,《武汉大学学报》2014 年第 3 期。

沿用。"①

但如何从时间单位发展出岁时年节来,却仍需要跨越一段事关古代历法和王法制定与完善的艰难历程。这里我们先从更为本原的意义去追溯一下节日产生的内驱力究竟何在,明白了这种内驱力,也许会对后来的节日出现及其体系的建立有更深刻的了解和理解。

我们始终认为,人类一切活动的开展都与其需要密不可分。而人的第一需要则是生存下去,这个需要在原始时代一定也是最困难的事——"原始人面临恶劣的自然环境,防治疾病的条件极差,他们的平均寿命极低。人类学家对北京人的 38 个个体的年龄进行过认真研究,发现死于 14 岁以下的 15 人,30 岁以下的 3 人,40~50 岁的 3 人,50~60 岁的只有 1 人,其余 16 人死亡年龄无法确定。"②那么,除了非正常死亡之外,能够维持且稳定维持躯体继续存活下去的唯一办法就是不断地从外界获取食物且能稳定地获取食物以保证他们的生产和再生产能力。这种需要就促使他们必然要对其所获之物表示感恩且对未来注满预期,它交织着这样几种基本的情感元素:欢乐与感激——对所获之物和带来所获之物者;憧憬与焦虑(甚至恐惧)——期待心理本身的两面性所致。当这些持续的原始感情与稳定的农耕文明相遇的时候,一年一度的谷熟之季就是这些感情的显露和爆发之时。这些原始情感可以说到今天都仍然是节日的主基调:"即人们祈望五谷丰登、人畜两旺、岁岁平安。无论是年节的鞭炮驱傩,还是社祀的春祈秋报;无不表现出人们对人寿年丰、如意吉祥的不倦追求。"③

那么,在节日的产生过程中,又有哪些基本因素使我们把某个时间点或者时间段确定为节日的时间的呢? 张勃在新近《节日的定义、分类与重新命名》一文中,把节日定义为:"节日是以历法为基础的、在社会生活中约定俗成的、

① 萧放:《中国上古岁时观念论考》,《西北民族研究》2002 年第 2 期。
② 宋兆麟:《中国原始社会史》,文物出版社 1983 年版,第 32 页。
③ 钟敬文:《民俗学概论》,上海文艺出版社 1998 年版,第 135 页。

具有特定习俗活动的特定时日,是特殊名称、特殊时间、特殊空间、特殊活动、特殊情感的五位一体。"①结合此定义,我们可以从如下几个关系事实来加以确定:第一是历法之于节日;第二是民俗之于节日;第三是空间之于节日等。也即,什么时间? 什么人? 在什么地方? 做什么事?

第一,历法与节日。历法是一种推算年、月、日的时间长度和它们之间的关系,制定时间的序列的方法。简单说来,就是为方便人们从事社会生产需要而创立的短、中、长时(段)间的记时系统。世界上任何一个历史悠久的民族都会有一套自己的历法系统来安排自己民族的生产与生活。而且这样一套历法系统也不仅仅出于纯自然的科学目标和目的,它往往还包含着一个民族早期的世界观、宇宙观乃至统治阶级的意识形态等因素在里面。

历法一般分为三种:阴历、阳历、阴阳历。我国的农历属于阴阳历(尽管在民间它有多种称谓:阴历、夏历、汉历、华历、旧历和黄历等)。创制于战国初期,行用于周考王时期的"《历术甲子篇》就是中国最早的一部阴阳合历的历法宝典。"②其最大的特点在于:把日的昼夜周期、月的圆缺周期和年的四季周期与太阳、月亮和地球的天体运行周期进行了完美的对接,也就是说,将朔望月与回归年进行了完美的组合,并通过设置二十四节气以及闰月以使平均历年与回归年相适应,构成"阴(月亮)阳(太阳)"混合历。我们常说,中国传统历法是一部比较精致的历法,是指它既解决了平年与闰年之间相差一个月所引起的季节方面的问题,还可以很好地服务和指导于老百姓的农事生产。当然,对于从节气到节日的演变而言,历法的节日设定与节气的自然衍生的确存在一定的冲突,就像萧放一再指出的那样,传统中国的岁时节日是一个逐渐从自然时间让位于人文时间的制度安排③。而这恰恰也应和了历法本身的演

---

① 张勃:《节日的定义、分类与重新命名,节日研究》,学苑出版社2018年版。
② 黄潇:《博大精深的中国古代历法——读〈中国古代历法〉有感》,《才智》2010年第25期。
③ 萧放:《传统节日与和谐社会》,《政工研究动态》2007年第5期。

变规律，即几乎所有的历法最先都是物候历，之后才到天文历和最后的成文历。它是从区域物候与气候走向更普遍广大的天体观察和特殊地缘政治结合的必然产物，它的根本宗旨就是"顺时"与"授时"。如《汉书·律历志上》曰："时所以记启闭也，月所以纪分至也。启闭者，节也。分至者，中也。节不必在其月，故时中必在正数之月。故〈传〉曰：'先王之正时也，履端于始，举正于中，归余于终。'履端于始，序则不愆；举正于中，民则不惑；归余于终，事则不悖。"①

当下学者刘宗迪和刘晓峰都不约而同地把节日看成是一年历法时间链条上的一个个有意义的节点和一颗颗璀璨的珍珠。刘宗迪在《从节气到节日：从历法史的角度看中国节日系统的形成和变迁》中曾开宗明义地指出："节日系统和历法系统密不可分……随着成文历法的创立……庆典的(节)日期被按照阴历纪时周期固定下来，而节气则按照阳历安排，从而导致了庆典周期和农耕周期、节日和节气的分离，因此形成了与节气系统并行不悖的传统节日体系。"②而刘晓峰在对以《荆楚岁时记》、《古今图书集成·岁功典》、《中华节日风俗全书》等三种代表性岁时文献为统计对象进行考察时总结道：中国古代历法中的节日排列重前半年轻后半年、重春秋轻夏冬、重奇数月轻偶数月、重前半月轻后半月的排列法则等，而这些现象又与中国古代阴阳观念、自然界的阴阳变化、古代农耕生活的生产方式以及中国古代文化精神有重要关联③。这样的研究才刚刚接续起百年前葛兰言在《古代中国的节日与歌谣》中所开创的历法与节日关系的研究传统，这是节日研究的一片深蓝之地。

第二，民俗与节日。节日离不开民俗，节日本身不仅是诸多民俗事象的集大成者，而且还将这些民俗事象有机地编织进它立体而系统的活动序列之中，

---

① 邓可卉、周世基：《中国古代历法的星占学基础》，《自然辨证法通讯》2019 年第 3 期。
② 刘宗迪：《从节气到节日：从历法史的角度看中国节日系统的形成和变迁》，《江西社会科学》2006 年第 2 期。
③ 刘晓峰：《论中国古代岁时节日体系的内在节奏特征》，《河南社会科学》2007 年第 6 期。

成为节日祭祀和庆典的丰富内容和外显形式,使节日本身又成为"一宗重大的民族文化遗产"①。以春节"民俗"为例,我们知道,它不仅传承久远,而且内容丰盈,承载了相当丰富的民俗文化:从腊月二十三的祭灶神开始,各种春节的民俗活动就竞相上演……"其中,能够包括的非常典型的民俗活动就有:团聚、禁忌、祀神、祭祖、娱乐、宴饮、放爆竹祛邪、贴春联祈福等独具特色的各种民事活动。除此之外,春节还包括敬老慈幼、走亲串友、拜年贺岁,逛庙会、走花会等深入到家家户户的特殊民俗,以节日庆典的形式极大地促进了人们的包容、和谐的社会意识。"②一个节日因为有了民俗的支撑,它才会成为一个异彩纷呈和气韵生动的节日,而诸多民俗事象也因为有了节日的汇集,它们才成为一种活的民俗和充满特殊意义的民俗。而这样一种在境遇中生成的民俗,也正是民俗学家们当下最希望遇见的民俗。节日就成为民俗研究的开放田野,等待人们的侧身进入……

第三,空间与节日。空间既包括场地、场所和环境,也包括方位、方向,甚至还包括想象与超验的天堂和地狱。不论是实际空间还是想象空间,它们的存在是节日庆典必不可少的,而且其存在的意义也绝非惯常所谓的时空概念所指称的那样,我们必居于其中,对于节日来说,它每一处的存在都是有特殊意指的。比如春节的祭灶,灶还是那个灶,但此时的灶已与天相连,人们想象中把灶王爷通过烟囱送达天庭以告慰天帝,获得天帝的首肯,期待来年好的福报,正所谓"上天言好事,下界降吉祥";再比如那些平常为我们所依的环境——山、水、树、石等,也常常在节日中为我们显灵,成为我们膜拜的对象。而这样的事例不胜枚举。从世俗的空间变为神圣的空间,这是节日空间的最大特点。也正因为这个特殊空间的存在,我们的节日民俗才会超拔和庄严,同

---

① 萧放:《传统节日:一宗重大的民族文化遗产》,《北京师范大学学报(社会科学版)》2005年第5期。

② 方志新:《节日与时代——北京高碑店村对传统民俗节日的记忆》,中国书画出版社2007年版,第22页。

时,我们的节日民俗也才会自由和潇洒。目前,我们看到许多对节日空间的理论思考和少量对构成节日局部空间的意义阐释,比如堪舆学对方位、方向的研究、社会学对空间阶层、阶级区隔的研究、人类学对仪式空间的研究、传播学对节日空间建构研究以及艺术学对表演空间的研究等,但少有对一个节日空间整体的实证研究,尤其是各个空间的意符生成及其相互关系的研究,进而在整体上把握节日空间在特殊的情感逻辑和信仰逻辑引领下所形成的特殊空间秩序和空间结构。

上述历法、民俗与空间共同成为节日产生的前提,而这些因素在先秦时代已具备雏形,对此,我们可以从《夏小正》《诗经》《礼记·月令》《管子·幼官》《尚书》和《汲冢周书》等先祖典籍中找到大量的歌谣、辞令、庆典和祭祀等事例加以验证。但作为一个个特定节日的初步形成,却是到了汉代才出现的。

有汉以来,历经400年的历史沉浮和岁月汰洗,我国部分传统岁时节日已基本定型。这些节日有:除夕、元旦、元宵、上巳、寒食、清明、端午、七夕、重阳及春秋社日、冬祭腊日等。

汉朝是中国历史上第一个进入到较为稳定且拥有高度中央政治集权的国家。经过汉初的文景之治,到汉武帝时期,它已是一个幅员辽阔,国力较为强盛,思想日趋统一,民生日渐兴旺的王朝帝国。稳定的政治局面,稳定的经济发展和"独尊儒术"的大一统思想给节日成型奠定了坚实的基础。尤其是《太初历》的颁定,首次将二十四节气引入历法之中,这为许多源起于上古节气的节日提供了重要的律法保障。尽管如此,对节日产生影响的另外一些因素也必须纳入我们的考量之中。从国家管理的角度,汉承秦制,皇权不下县,所以民间社会仍然享有较大的自由度;从意识形态的管控看,阴阳五行、巫术、萌芽中的道教等都使得两汉时的谶纬神学大行其道。

正是上述这些因素的影响,两汉时期的节日总体呈现出这样几个特点:第一,部分节日节期的最终确定。比如太初历的改定,使春节有了固定的节期,这为春节习俗的最终定型奠定了基础;第二,节日的道德教化进一步加强。比如,介子推之于寒食节,屈原之于端午节等,把儒家的忠孝义礼节日化;第三,节日起源的附会之说大兴。比如,汉武帝与西王母相会故事之于七夕节,汉武帝甘泉宫祭祀"太一"之于元宵节等,把节日起源神秘化;第四,节日的娱乐性日益明显。这分别体现在对"腊日"和"上巳节"的记载里:"腊明日,人众卒岁,一会饮食,发阳气,故曰初岁"①"岁时伏腊,烹羊炙羔"②;"官民皆洁于东流之上,曰洗濯祓除去宿垢疢为大洁。"③"三月上巳,张乐于流水,如此终岁焉。""三月上巳日,大会宾客,宴于洛水。"④把节日祭祀与庆典世俗化。

东汉末年至魏晋南北朝期间,佛教传入中国、本土道教成型、百年战乱频仍、人口迁徙与文化大融合,中国传统岁时节日带着这些烙印进入到一个新的大发展时代——唐宋时期。

唐宋时期,是我国封建社会蓬勃发展的时期,也是古代经济的黄金时代。大唐王朝,在经过"贞观之治"和"开元之治"后,成为当时世界上最先进的国家之一;"华夏民族之文化,历数千载之演进,造极于赵宋之世"⑤,宋人张择端《清明上河图》真实地描绘了京城开封繁荣的商品经济。由于政治、经济和文化的繁荣,唐宋时期的节日习俗也得到极大的发展和丰富,这一时期成为中国传统岁时节日的高峰期。

影响唐宋节日达到高峰期的主要因素有:一是国家的统一和稳定;二是政治日渐开明,经济日益强大,商业气息日渐浓厚;三是各民族的大融合以及对外交流的不断增强带来的文化大融合;四是官僚统治从门阀贵族到士大夫阶层的急剧扩展,使得文人集团成为上层文化与下层文化的中介;五是城市规模的扩大和人口的大量集聚等。这样一些因素使得唐宋的节日表现出这样几个

---

① 《史记·天官书》。
② 《汉书·杨敞传》。
③ 《后汉书·礼仪志四》。
④ 《后汉书·周举传》。
⑤ 陈寅恪:《陈寅恪文集之三金明馆丛稿二编》,古籍出版社1980年版,第245页。

特点：第一，新兴节日的产生成为一大亮点。比如，随着隋朝皇帝而起的诞节在唐宋时期就多达 35 个[1]。还有因佛、道的盛行而产生的"佛日"、"道日"以及其他佛、道传说和科仪成为诸多节日的新兴民俗事象等。第二，官民同乐成为一道风景。比如，从唐时的"公子王孙意气骄，不论相识也相邀"[2]，到宋朝的"拦街戏耍，竟夕不眠，更家家灯火，处处管弦……深坊小巷，绣额珠帘，巧制新装，竞夸华丽……公子王孙，五陵年少，更以纱笼喝道，将带佳人美女，遍地游赏。"[3]第三，节日民俗的文化杂糅性突出。节日中不仅有传统的百兽舞、五禽戏，还有极具异域风情的民族艺术表演："羌笛陇头吟，胡舞龟兹曲。"[4]第四，节日的市井气、烟火气日益浓厚。从唐明皇"遣宫女于楼前缚架，出眺歌舞以娱之"[5]的记载，到宋徽宗时元宵"猴呈百戏，点跳刃门，使唤蜂蝶，追呼蝼蚁。其余卖药、卖卦、沙书地谜，奇巧百端，日新耳目……"[6]的热闹阵势，都足以证明之。第五，节日的诗词歌赋成为经典名作汇入到中国文学的灿烂星河之中。春节（元日）："爆竹声中一岁除，春风送暖入屠苏。千门万户瞳瞳日，总把新桃换旧符。"[7]元宵节："东风夜放花千树，更吹落、星如雨。宝马雕车香满路。凤箫声动，玉壶光转，一夜鱼龙舞……"[8]（二月二）龙抬头节："把酒祝东风，且共从容……今年花胜去年红。可惜明年花更好，知与谁同？"[9]春社："鹅湖山下稻粱肥，豚栅鸡栖半掩扉。桑柘影斜春社散，家家扶得醉人归。"[10]寒食

---

① 魏华仙：《官方节日：唐宋节日文化的新特点》，《四川师范大学学报（社科版）》2009 年第 3 期。

② （清）曹寅：《全唐诗 2》卷五四崔湜《上元六首》，第 667 页。

③ （宋）吴自牧：《梦粱录》卷六《除夜》，第 3 页。

④ 薛道衡：《和许给事善心戏场转韵诗》。参见（唐）徐坚等：《初学记》卷第十五《杂乐》，第 374 页。

⑤ （后晋）刘昫：《旧唐书》卷二八志第八，第 1052 页。

⑥ （宋）孟元老撰，王云五主编：《东京梦华录》卷六《元宵》，第 109 页。

⑦ （宋）王安石：《元日》。

⑧ （宋）辛弃疾：《青玉案·元夕》。

⑨ （宋）欧阳修：《浪淘沙·把酒祝东风》。

⑩ （唐）王驾：《社日》。

节:"春城无处不飞花,寒食东风御柳斜。日暮汉宫传蜡烛,轻烟散入五侯家。"①清明节:"清明时节雨纷纷,路上行人欲断魂。借问酒家何处有?牧童遥指杏花村。"②端午节:"疏疏数点黄梅雨,殊方又逢重五……"③七夕节:"七月七日长生殿,夜半无人私语时。在天愿作比翼鸟,在地愿为连理枝。"④中元节:"曾经沧海难为水,除却巫山不是云。取次花丛懒回顾,半缘修道半缘君。"⑤中秋节:"中庭地白树栖鸦,冷露无声湿桂花。今夜月明人尽望,不知秋思落谁家。"⑥重阳节:"独在异乡为异客,每逢佳节倍思亲。遥知兄弟登高处,遍插茱萸少一人。"⑦除夕:"暮景斜芳殿,年华丽绮宫。寒辞去冬雪,暖带入春风。"⑧

中国传统岁时节日从先秦的萌芽、经过汉代的基本定型,到魏晋南北朝的融合蝶变,直达唐宋的峰值期。唐宋以后,节日的发展比较平缓,辽、金、元时期,融入了一些少数民族习俗。明清时期,节日风俗出现了三种变化:一是更加讲究礼仪性和应酬性;二是明代资本主义萌芽出现以后,一些以农业生产为基础的节日风俗逐渐被人们所淡忘,如祭土地神习俗已不像先前那样受到重视;三是游乐性节日继续发展,如元宵节观灯,从宋代的 5 天增加到 10 天,昼市夜灯,热闹异常。清军入关以后,又增加了舞狮、舞龙、旱船、高跷、秧歌、腰鼓等"百戏"活动。但从总体说来,这一时期的节日风俗没有太大的变化。我国传统岁时节日形成体系之后就逐渐成为人们调节人与自然、人与社会、人与人乃至人与自我等多重关系的重要文化手段,它是人们年度时间生活的重要段落标志,也是人们时间生活的社会依据。

---

① (唐)韩翃:《寒食》。
② (唐)杜牧:《清明》。
③ (宋)杨无咎:《齐天乐·疏疏数点黄梅雨》。
④ (唐)白居易:《长恨歌》。
⑤ (唐)元稹:《离思》。
⑥ (唐)王建:《十五夜望月寄杜郎中》。
⑦ (唐)王维:《九月九日忆山东兄弟》。
⑧ (唐)李世民:《守岁·暮景斜芳殿》。

二、节日文化内涵与特征

近年来，随着社会各方的不断努力，传统节日的复兴也日见成效。尤其是2007年国家以制度的形式把中国几大传统节日"清明节"、"端午节"和"中秋节"纳入法定假日之后，人们对传统节日的感受和态度也越来越浓烈，而正是在这样的背景和氛围中，另一种声音"传统节日缘何越过越淡？"①"拿什么拯救你，我的'年'"②"中国传统节日，不该披戴'黄金甲'"③"有多少'年味'可以重来"④等才会显得刺耳和醒目，进而引发社会和学界的高度重视和反思。对此，早在2005年，高丙中在《民族国家的时间管理——中国节假日制度的问题及其解决之道》中就有过深深的焦虑："直接地看，节日文化通常是一个民族的生活文化的精粹的集中展示。间接地看，现代国家的节假日体系是反映一个国家根本的价值取向和民族精神状态的风向标，是反映政府与人民、国家与社会的关系的重要指标。国家对节假日的制度安排应该考虑如何把节假日作为展示民族文化、增强民族认同的机制。从这种思想出发，我们看到我们国家对于节假日的制度安排存在认识上的偏颇和技术上的一系列问题。"⑤而与此同时，刘魁立在《文化内涵：传统节日的灵魂》中也表示"有人建议将春节改在立春，我以为完全不妥……所谓'春节科学定日'的建议，在我看来更多是考虑节日作为时间的物理性能。而文化内涵却是节日的灵魂、节日的本质所在。"⑥由此看来，不论是浅层次感叹年味不足，还是深层次聚焦文化精粹和节日灵魂，一个不争的事实在于人们都期望对节日文化内涵的关注——挖掘、发

---

① 张玉胜：《传统节日缘何越过越淡？》，《杭州（我们）》2013年第4期。
② 张鑫宇：《拿什么拯救我，我的"年"——以春节等传统节日为中心的讨论》，《社科纵横（新理论版）》2012年第1期。
③ 袁瑛：《中国传统节日，不该披戴"黄金甲"》，《政工研究动态》2008年第7期。
④ 谢保杰：《有多少"年味"可以重来》，《北京观察》2007年第2期。
⑤ 高丙中：《民族国家的时间管理——中国节假日制度的问题及其解决之道》，《开放时代》2005年第1期。
⑥ 刘魁立：《文化内涵．传统节日的灵魂》，《节日文化论文集》2006年，第141—145页。

现和弘扬节日背后更多、更深的东西,只有这样,不论是老百姓的一般感受,还是国家制度的设计都会朝向一种理想的状态进发。

那么什么才是节日的文化内涵呢? 也即节日文化的内涵包括哪些内容呢? 从目前我们所搜集的文献看,大致有这样三种表述有着较为明确的中心意旨:一是萧放在其系列文章中所主张的"节日传统的三大层面(物质生活层面、社会层面、精神生活层面)与五大要素(信仰、人伦、传说、饮食、娱乐)……(这样一些)'文化资源与文化资本',应该积极开掘利用,以服务建设我们的新生活"。① 二是周文在节日仪式传播建构时提到的"我国传统节日的文化内涵主要应该体现在三方面:自然文化、社会历史文化、个体生命文化。这也是我国传统节日文化的三个重要属性"。② 三是王文章和李荣启在对传统节日文化内涵的归纳时所总结的"一是中国传统节日是农业文明的缩影,是先人追求天人和谐的产物;二是中国传统节日是中华文化的重要载体,体现着中华文化的丰富性和多样性;三是中国传统节日是民族精神的写照,蕴涵着中华传统美德;四是中国传统节日是民族情感的凝结,是增强民族文化认同、维系国家统一、民族团结和社会和谐的重要精神纽带"。③ 而据此,我们认为,萧放的节日文化内涵更多是从文化定义而来,即对文化理解遵从物质性、制度性和精神性以及由此出发所做的多面相考察;王文章和李荣启的节日文化内涵观则是从节日文化渊源、节日文化表象和节日文化负载的精神与情感蕴意所做的描述;周文的节日文化内涵观则是从节日文化的关系结构中提炼出来的。以上三种表述各有千秋,都可以推导出许多有意义的问题域,同时,在很多问题上也会形成交织。而从精炼和准确的角度看,本书将以周文的观点来做进一步的阐述。

① 张勃:《探求传统节日的真与善——评萧放教授〈传统节日与非物质文化遗产〉》,《民俗研究》2012 年第 3 期。
② 周文:《传统节日:文化,仪式与电视传播》,《中国地质大学学报(社会科学版)》2010 年第 5 期。
③ 王文章、李启荣:《中国传统节日的文化内涵》,《艺术百家》2012 年第 3 期。

首先，节日是一种自然文化。它本身就是先民"观象授时"的产物。如《日知录》所录："三代以上，人人皆知天文。七月流火，农夫之辞也。三星在户，妇人之语也。月离于毕，戍卒之作也。龙尾伏辰，儿童之谣也。"①它也是先民顺应自然与自然和谐相处的深层文化心理结构的表征。如《礼记·乐记》所言："大乐与天地同和，大礼与天地同节，和故百物不失，节故祀天祭地。"②正如李松在《节日的四重味道》中所表述的那样："以农耕文明为主的中华文明，在漫长历史发展进程中在历法上多有创造，像夏历、殷历、周历和众多少数民族历法等，都在努力遵循尊重自然规律、服务生产生活的基本原则……（而）几乎所有的传统节日，都将处理好天人关系作为节日的首要文化功能，与自然和谐相处，对自然长存敬畏、感恩之心，养育了努力认知自然天象、但求和谐相处的科学态度。"③

其次，节日是一种历史社会文化。一方面，它是统治阶级对社会实施管理的一种手段，一种时间制度的安排，如上古的《月令》就是"政治性质在社会管理与社会服务上得到（的）具体体现"。④ 另一方面，它也是人试图通过节日来解决自己安身立命之重要良策——在历史的层面，通过图腾崇拜、祖先崇拜，以及对应着人事的各种神灵崇拜等，冀望得到祖先、神灵的确认和护佑；在现实层面，通过走亲访友，参与社群的公共活动等，积累和建立自己的社会资本。对于这样一种历史社会文化，张士闪用"礼俗互动"这个关键词给予了很好的提炼："礼俗互动，是集权与民意之'巨动'中的'微动'，是官民之间'大动'中的'小动'。作为一种社会治理之策的'政教风俗观'，在于以官民之间的'小动''微动'，缓释可能的'大动''巨动'，使郁积的社会冲突因素在获得释放后循'礼'导入社会常态……这种自我生成的'规范'力量，与国家集权间

---

① 《日知录》。

② 《礼记·乐记》。

③ 李松：《节日的四重味道》，《光明日报》2019年2月2日。

④ 萧放：《天时与人时——民众时间意识探源》，《湖北大学学报（哲社版）》2004年第5期。

的规范意志之间,既有分立又有合作,既有纷争又有对话,并谋求在对话、合作中从日常规范上升为公共价值。"①

最后,节日是一种个体生命文化。从伦理的维度看,它是每个个体参与其中并能获得明确身份意识的一种文化;从审美娱乐的维度看,它又是每个个体忘记自我释放激情的一种狂欢文化。尤其是后者,其所创造出的灿烂的节日文化保存着一个民族最强大的审美娱乐基因。春节的贴窗花、挂门神、写春联、放焰火、跑旱船、踩高跷、扭秧歌,元宵的做灯、赏灯、猜谜语,清明的踏青、放风筝、荡秋千,端午的划龙舟、香包、五彩丝,七夕的女红、磨喝乐,中秋的赏月、诗咏会、观潮、桂花酒,重阳的登高望远、菊花酒、重阳糕……等等,不一而足。各少数民族在节日中的审美娱乐方式更是异彩纷呈:彝族的火把节狂欢、藏族晒佛的唐卡艺术、苗族的芦笙歌舞、羌族的萨朗歌舞、傈僳族的上刀山下火海表演、傣族的龙舟竞渡等。而从某种意义上说,正是因为这些历经世代优秀卓异的审美娱乐事象,才使得节日更加深入人心和赢得更广泛的参与。伽达默尔曾在《作为游戏、象征和节日的艺术》中指出,人类存在着时间的两种基本经验,一种以钟表为标尺用繁忙或空虚去填满,时间是作为必须"排遣掉的"或已排遣掉的东西而被经历到的,而不是作为真正的时间来经历的……真正的时间是实现了的时间或特有的时间,它既与节日又同艺术有着最深刻的亲缘关系。因为,节日的每个瞬间都是实现了的,时间是节日般进行的,即通过它自己的庆典而预付时间,因而使时间停滞和延搁——这就是庆祝②。而个体生命在节日中的参与和沉浸就是对节日文化最充分的见证与诠释。

以上我们对节日文化内涵进行了简单的梳理,接下来,我们将进一步追问,什么是节日的特征呢? 经过文献整理,我们发现,凡涉及节日特征的文章,

①　张士闪:《"礼俗互动":当代国家正与民间缔结新契约》,《联合日报》2016年4月12日。
②　[德]伽达默尔:《美的现实性:作为游戏、象征、节日的艺术》,上海远东出版社2003年版,第67—69页。

几乎都有一个前缀词，那就是"文化"，而它从一个侧面证明了所谓的节日特征，其实指的是节日文化的特征——"传统节日的主要文化内涵与特征"①、"传统节日文化特征探索"②、"试析民族节日文化的特征"③，等等。那么节日文化内涵与节日特征之间究竟是怎样的关系呢？如果说节日文化内涵是对隐性的节日意义和价值的提炼与抽象的话，那么节日特征就是对显性的节日活动与表现的概括和总结，它们是节日的一体两面。

目前关于节日特征的概述也是林林总总：钟敬文《民俗学概论》中有"一、鲜明的农业文化特色，二、浓厚的伦理观念与人情味，三、节俗的内容与功能由单一向复合性发展。"④三个特征；陶立璠《民俗学》中有"时间性、地域性、民族性、活动形式的多样性"⑤四个特征；金毅在《试析民族节日文化的特征》中有："一、周期性特征，二、民族性特征，三、群体性特征，四、地域性特征，五、复合性特征，六、稳定性特征，七、变异性特征。"⑥七个特征；杨景震在《中国传统节日风俗的形成及其特征》中总结了"礼仪性、理想性、时代性、民族性、传承性、变异性、群众性、地方性"等八个特征⑦……客观地说，上述研究有部分是混淆了内涵和特征之别而对意义和价值进行了挪用，当然，要想对节日特征研究作学术上的超越也是极其困难的，这里我们将结合自己对节日特征的认识对上述特征加以合并和重新排序。

第一，时间性特征。这是节日最重要的特征之一，它确定节日的节期。此时间性与历法的时间性唯一的差异是历法规定着全部的日常生活，而节日时间则是在历法基础上对重要节点时间的制度安排。而依据上述我们提到伽达

---

① 杨江涛：《中国传统节日的美学研究》，中国人民大学 2008 年硕士学位论文。
② 刘开：《传统节日文化特征探索》，《社会科学探索》1991 年第 1 期。
③ 金毅：《试析民族节日文化的特征》，《黑龙江民族丛刊（季刊）》1998 年第 4 期。
④ 钟敬文：《民俗学概论》，上海文艺出版社 1998 年版，第 150—153 页。
⑤ 陶立璠：《民俗学》，学苑出版社 2003 年版，第 248—252 页。
⑥ 金毅：《试析民族节日文化的特征》，《黑龙江民族丛刊（季刊）》1998 年第 4 期。
⑦ 杨景震：《中国传统节日风俗的形成及其特征》，《中华文化论坛》1998 年第 3 期。

默尔对节日时间的解释,这个时间性也是真正属于人的时间,是一种自由自在的时间,是一种庆祝的时间。

第二,人文性特征。这是赋予节日以内涵的特征。不论是上古人们更多被外在自然所支配,还是有汉以来人们更多按照社会历史规律来实施,节日总是人与所有外部事物建构和解构各种人文关系的重要文化事象,这就把民族性甚至世界性涵盖进来了。所以,它不是哪一个民族的问题,而是所有民族都会共生共享的文化经验,在这种经验中,每个民族只处理自己内部的人文关系而已。

第三,公共性特征。节日是全民参与的文化事件。从一个村落、社区,到区域、民族和国家,人们在这约定的节日时刻都会自觉、自主地参与到这样一个公共文化事件中来,去寻找一种身份认同和文化归属感。也即上述我们所说的人文性,是每个群体的人文性,是属于该群体的人文性,它从中区隔和建立出一个有边界的公共性。在这种公共性之中,人们可以在节日瞬间打破阶层、阶级的壁垒,而进入到社区、族群、民族和国家的公共文化的建设和传承中来。俗语云:“有钱无钱,回家过年”,说的就这个道理。所以,这种公共性实际上是身份认同和文化认同的重要参照框架,而非一般的公共活动,它是节日的公共性,是这个村落、这个区域、这个民族以及这个国家的公共性。

第四,复合性特征。复合性有三层意思:一是因节日的复合性功能而催生出的多样态文化事象;二是各民族、各区域文化的交流、交融而产生的一种多元文化杂糅;三是这种复合性是有机的、动态的,而非静止的。

第五,仪式性特征。节日最重要的文化事象都以仪式的形式体现出来。关于这一点人们的论述已经很多,不管是从宏观上所说的通过仪式,还是微观的每一个节日流程和事件安排,它都有基本的仪礼和仪轨,而仪式本身则是人文性内涵按程序建构起来供人们模仿学习并以此内化为一种集体文化记忆加以传承和接续的。所以,节日的仪式性有两大功能:一是以假定性为前提,实现维克多·特纳的“结构与反结构”演练,从而让人们在节日中实现一种秩序的重建,以维持一种秩序的平衡和稳定;二是以遵从为前提,通过对仪礼、仪轨的模仿学习而再生产着一个民族最内在的文化意蕴和最外在的文化表达。

第六,周期性特征。时间是线性的,但在历法和节日的时间中又是循环的。这是大自然运行的周期性规律在人世的投射。在节日周期性特征下,我们可以衍生出节日的稳定性、可预期性和创新性等次属特性。因为稳定和可预期,人们就会把节日作为祈福还愿以及还情的一种重要时刻而铭记于心,因为稳定和可预期,人们会把节日过得一年比一年好,进而增加创新的动力。总之,节日的周期性轮回使得一个社会最基本的文化因子因不断重复而得以保留、传承、传播和创新。

第七,娱乐性特征。"在节日中,'太阳在天上游戏'"。这是巴赫金对节日的诗意描述,同时,笔者也把这句话作为整本书的引子放在了绪论之前。关于节日的娱乐性,西方学者如伽达默尔、约瑟夫·皮尔等都各自从不同的视角论述了节日与人的关系,节日与审美的关系,节日与休闲的关系等。在中国,节日则往往被引向社会教育与文化传承等一些较为沉重的话题上去了。但实际的情况也并非表明中国人不善娱乐,不想娱乐,或者是没有娱乐。娱乐恰恰一直是中国人过节的一大追求。正如萧放在很多文章中提到的那样,中国传统岁时节日是逐步从祭祀走向世俗,从娱神逐步走向人神共娱的境界,走向官民同乐的天地。春节大戏"闹元宵"就是明证,一个"闹"字活脱脱地把春节的喜庆和欢愉推向了高潮。而娱乐性在许多少数民族节日中更是得到了淋漓尽致的展现。下面我们就会对"交游娱乐类"节日作专门的介绍,此不赘述。

第二节　节日类型与功能分析

上一节我们对节日的产生、形成及文化内涵和特征进行了初步的考察,其中我们提到节日的文化内涵和节日特征是节日的一体两面,那么在节日中另外一对关系紧密的概念则是类型与功能。因为不同的节日类型不仅是源于人对节日文化的不同需求所产生的,而且,也反过来满足人的这些不同需求,服务于人的不同需求,这也是文化功能主义最基本的观念。正如马林诺夫斯基所说的那样:文化的价值"都是直接地或间接地满足人类的需要。"①萌芽于先秦,成型于汉魏,繁荣于唐宋,稳定于明清的中国传统岁时节日是中华民族博大精深传统文化之重要载体,它不仅在过去 2000 多年以风姿各异的节日形态满足于各个时代、各个阶层/阶级人们的不同情感和精神需求,而且,在当代仍焕发出勃勃生机成为新时代中华优秀传统文化的一个有机组成部分被党和国家所大力倡导:"深入开展'我们的节日'主题活动,实施中国传统节日振兴工程,丰富春节、元宵、清明、端午、七夕、中秋、重阳等传统节日文化内涵,形成新的节日习俗。"②下面我们将对节日类型及渊源,节日功能及价值进行综述和分析,以最终完成对传统节日的整体性认识和掌握。

一、节日类型及渊源

尽管钟敬文先生主编的《民俗学概论》中没有对节日类型以专门的梳理,但他把节日的由来与节日的形成联系起来进行介绍,其实说的就是因由来而产生的不同类型的节日。而这也是我们在上一节说节日的产生,仅仅是条件,而非渊源的道理一样。因此,节日类型一定是与其渊源分不开的。所以,那种非常笼统的划分节日类型的做法,原则上是不可取的。正如很多人在论述节日分类时提及乌丙安先生的"按性质分,节日可分为单一性节日和综合性节日。"③其实,这个说法是不成立的。因为任何一个节日都不可能是单一的,都是综合的。这是由我们前面论述到的节日的复合性特征和公共性特征所规定了的。任何一个节日哪怕因单一诉求而起,但与节日而来的文化事象却是复

---

① 马林诺夫斯基:《文化论》,中国民间文艺出版社 1987 年版,第 13 页。
② 中共中央办公厅《关于实施中华优秀传统文化传承发展工程的意见》,《国务院公报》2017 年第 6 号。
③ 乌丙安:《中国民俗学》,辽宁大学出版社 1985 年版,第 298—299 页。

合的,它与一般的人生仪礼还不一样,它是一群人围绕着许多节日事象而展开的对一群人有特殊意义和价值的公共文化活动。

目前对节日分类因标准不同,而产生了不同的分类结果。大体来说有这样几种典型的分类方法与结果:一是如上已提到的乌丙安先生按节日性质来分类的方法和结果;二是乌丙安先生还根据节日内容的不同而划分出"农事节日、祭祀节日、纪念节日、庆贺节日、社交游乐节日。"①而以内容来划分节日类型是比较通行的做法。这其中就包括赵东玉划分出"生产类节日、宗教祭祀类节日、驱邪祛病类节日、纪念类节日、喜庆类节日、社交娱乐类节日。"②也包括杨景震提出"有的是有关生产方面的;有的是祭祀类的;有的是表彰、庆贺性质的;有的是礼节往来性质的。"③三是基于节日来源和诉求的不同而产生的混合分类。比如杨江涛提出的"传统节日大体可以分为三种类型:一是基于自然时令变化、以反映这种变化为主的节日……二是祭祀祈求禳除类的节日……三是宗教型的节日。"④四是根据节日组织的不同而区分出不同的节日类型。比如张泽咸先生在对唐代节日分类的处理时就有"官方规定和民间传统二大支派"⑤的说法;最后,张勃在新近文章中对节日分类进行了概略性的归纳:"从节日的发生学上分类,可以分成建构型节日和自然型节日;从节日流播区域上分类,可以分成地方性节日、区域性节日、全国性节日;从节日的民族性上分类,可以分为单一民族节日、多民族节日等等。"⑥

针对上述分类结果,我们认为,从节日起源意义上去建立类型是一种较为可行的办法。理由有四:一是可以追踪到节日最初的创制动力;二是可以确定其主导性需求和文化事象的偏重;三是可以确保类型建立的统一标准;四是可

---

① 乌丙安:《中国民俗学》,辽宁大学出版社1985年版,第300—312页。
② 赵东玉:《中华传统节庆文化研究》,人民出版社2002年版,第11—18页。
③ 杨景震:《中国传统节日风俗的形成及其特征》,《中华文化论坛》1998年第3期。
④ 杨江涛:《中国传统节日的美学研究》,中国人民大学2008年硕士学位论文。
⑤ 张泽咸:《唐代的节日》,中华书局1993年版。
⑥ 张勃:《节日的定义、分类与重新命名》,《节日研究》2018年第1期。

以以前人丰厚的节俗文献作支撑。据此,我们可以将我国传统岁时节日以及部分少数民族的节日纳入分类序列来予以观照。

(一)庆贺类节日

百节年为首,中国的春节无疑是庆贺类节日中的典型。它以年度自然时间的新旧交替之际为庆祝节点,延展出从腊月二十三的"小年"开始,至正月十五元宵节为止的大春节时间段。而这个时间段正是谷熟农闲以待春天复苏万象更新的时节。因此,春节的最初创制动力就是对"有年(指农业有收成)"、"大有年(指农业大丰收)"的庆贺、感恩和对新一年的期望。总之,辞旧迎新贯穿年节的首尾。在这个过程中,我们可以看到对旧事物的扬弃(扫尘)、对天地(祭灶)、祖先(上坟)的祭祀,也可以看到对不好事物的提防和回避(挂门神、放鞭炮),但喜庆却是节日主基调。故"在中国历史上,每逢年节,上自帝王宫廷,下至荒村鄙野,都要进行庆祝。在人们的吃喝、穿戴、娱乐、居住、用品等各个方面都有所体现。每一朵生活的浪花,无不浸透着节日欢庆的气氛。世世代代勤劳智慧的中华儿女,给自己最盛大的节日挂满了色彩缤纷的民族传统的花环。"①

这种庆贺年节的习俗在很多少数民族地区也十分盛行,只不过在时间推算和节期选择上各有差异。"按照高占祥主编的《中国民族节日大全》的材料逐一统计,目前,春节已经成为我国包括汉族在内的 39 个民族的共同节日。"②藏族、蒙古族、满族等大致与汉族的春节时间较为接近,彝族的年节则放在十月,尔苏藏族的还山鸡节是在秋收后的八月中旬举行,塔吉克族的奇地前笛尔节在每年的三月间过,水族的端节,每年的九月下旬至十一月上旬之间……"在我国各民族生活中,过农历年或本民族历法的年节占绝对优势。

---

① 韩养民、郭兴文:《中国古代节日风俗》,陕西人民出版社 2002 年版,第 40 页。
② 陈连山:《春节风俗的历史渊源、社会功能和文化意义》,学苑出版社 2006 年版,第 17—43 页。

这个过年的大节虽然也有祭神、祭祖等项目，但主要是一年到头喜庆丰收、预祝来年吉祥、幸福，万事如意的大庆大贺、迎喜接福内容。"①

（二）节气类节日

"二十四节气"是中华民族贡献给世界的宝贵文化遗产。从先秦的萌芽到西汉的定型，数千年来一直为中国人所遵从，它是典型的中华农耕文明的产物。尽管有部分节气并不为我们所祭奠，但一些重大的节气转变却成为我国传统岁时节日的重要篇章。比如清明节、端午节、中秋节、重阳节等。而从这些节气类节日中又催生出两类性质不同的节日，一类与农事生产有关，一类与祈禳灾邪、驱恶避瘟有关。

清明节就是一个由重要农事节气演变而来的重要节日。"雨打清明前，洼地好种田""清明前后，种瓜种豆""清明谷雨两相连，浸种耕田莫迟疑""清明忙种麦，谷雨种大田。"等流行的农事谚语足以证明它在农业生产中的重要性。当然随着现代社会各种技术的保证，节气在农业生产中已很难再发生重大的作用。所以，从总体意义看，农事生产类节日日渐萎缩，而被其他节日事象所取代。比如现在的清明节就融合了寒食节、上巳节的部分内容而成为人们在春天上坟祭祖、纪念英烈、踏青郊游和休闲娱乐的节日了。

节气不仅用于指导农事生产，在古代，甚至到现在它仍然是人们昼出夜伏所必须参照的气候表和温度计。端午节就是夏至节气演变而来的重要节日。它创制的原初动力是与夏至前后气候变化所可能引起的疾病预防有关。关于端午节起源有四种说法②：一是起源于纪念屈原；二是起源于吴越民族举行龙图腾崇拜的活动；三是起源于恶日；四是起源于夏至。显然，前两种说法都是很后来的事了。从流行至今的端午风俗我们可做大致还原，除吃粽子之外的其他行为方式：采菖蒲、艾草等、制作香包、佩戴五彩丝、喝雄黄酒、划龙舟等

① 乌丙安：《中国民俗学》，辽宁大学出版社 1985 年版，第 307 页。
② 韩养民、郭兴文：《中国古代节日风俗》，陕西人民出版社 2002 年版，第 179—180 页。

等,都直接与祛邪避灾,强身健体有关。它与另一个靠近寒露节气的重阳节有一定的相似之处。寒露也是一个反映气候变化特征的节气,是气候从凉爽到寒冷的过渡。它们都是因气候变化而与人的生命保全相关。如农谚所说"九月,'初一飞霜侵损民','月中火色人多病。''九月万物毕尽,阴气侵寒。"①等,这一点对医学极不发达的古代来说尤为重要。它必须以人自身的预防为主,并兼顾一种积极的心理暗示来对待之。比如,重阳节的登高望远、佩戴茱萸和喝菊花酒等均是与此有关。回到端午节,笔者所拍摄的中国节日影像志羌族"瓦尔俄足节"汉译过来就是(农历)"五月初五",那么这个节日在当地的起源传说也是与他们的女神萨朗姐下凡给他们传授各种生活、生产技能和教他们唱歌跳舞有关。但在节日当天,每家每户的妇女就早早的出门来到田间地头手拿毛巾"打露水"(撸草上的露珠,然后擦洗脸颈和双手)。据说这样就能洁净身体和防止蚊虫叮咬,而在田间地头他们也喝雄黄酒,然后再把艾草扯回家挂门上。这些防病洁身的节俗其实与汉族同出一源。不仅如此,云南哈尼族在端午节还有专门的草药开市……也许,随着现代医学的进步,这些民间的"防病驱瘟"节俗事项可能更多只具有象征意义,而那些原本具有象征意义的历史和神话传说倒变得越来越具有现实的教育意义而成为某些重要的纪念对象。如同屈原、曹娥、伍子胥等之于端午节那样。

(三)宗教类节日

在中国有这样几句话常常被人们提及:"未知生,焉知死","子不语怪、力、乱、神","敬鬼神而远之","敬神如神在"等,这些均出自《论语》的片言只语一再被用来证明中国是一个缺乏宗教传统的国家,是一个只注重"天行健,君子以自强不息"去实现生命价值和追求使命担当的国家。其实,在上古时期,祭祀却是国之大事:"国之大事,在祀与戎。"②又如《礼记·祭统》说:"礼

---

① 孙秉山:《为什么过节:中国节日文化之精神》,世界知识出版社2007年版,第176页。
② 《左传·成公十三年》。

有五经,莫重于祭。"①而"祭祀"所要处理的恰恰就是现实中的人所希望得到上帝、祖先和鬼神的福佑之事,这是人对超验之事的一种普遍经验。随着这些经验的逐步增多,对应于各种信仰系统的祭祀也就逐步完备和发达。当然,并不是所有节日中的祭祀就能自动生成为宗教节日,只能说祭祀作为一种人与超自然连接的介质展示了一种人所具有的内在的与普遍的信仰情愫。那么在节日形态中,这种信仰情愫的充分表达一般会集中体现在如下两类节日之中:一以浴佛节为代表的制度性宗教节日;二以妙峰山庙会为代表的民间信仰节日。

汉魏佛教的传入和本土道教的成型,给后来的帝王们提供了坚实的信仰体系。从后汉明帝"感梦求法说"开始,到后秦姚兴开"中国佛教史上僧官制度的滥觞",再到"菩萨皇帝"梁武帝以及大唐李世民"一生崇法护法,礼遇高僧,促使唐代佛教兴盛。"等史料来看,作为纪念佛祖诞生的浴佛节在中国的盛行,是与中国帝王们对佛教本身的译经护持密不可分的。这是制度性宗教节日产生的首要前提。当然,从浴佛节在中国民间的广泛传播和民众的参与度来看,它内涵的精神价值与中国的传统文化和中国人普遍的信仰诉求也有极大的关联。孙秉山在《为什么过节:中国节日文化之精神》"浴佛节"篇中分别从"浴佛节在中国历代的活动概况、浴佛节与中国的岁时、浴佛节与中国文化、浴佛节与求子习俗、关于'生殖崇拜'"②等六个方面对此进行了较为详细地勾连和证明。

民间信仰是民俗学研究的一个重要范畴。周星在《民间信仰与文化遗产》③中,对民间信仰的定义、特征及其合法化路径做了较为前沿性的阐释。这里结合对节日分类的理解,我们认为其所列举的特征均与妙峰山庙会比较吻合。即:1. 通常不受国家管理,也不被国家所承认;2. 组织化程度不

---

① 《礼记·祭统》。

② 孙秉山:《为什么过节:中国节日文化之精神》,世界知识出版社 2007 年版,第 67—87 页。

③ 周星:《民间信仰与文化遗产》,《民间文化论坛》2013 年第 2 期。

高;3. 往往是在地域共同体的基础之上和范围之内,经由历史性传承而来;
4. 有很强的生活气息,为几乎所有中国人程度不等地信奉着;5. 原生性特
征非常突出。当然,在短短的一个节日分类中要对妙峰山庙会的研究文献
做完全的搜集、整理和比较研究,绝非现实。我们仅以比较权威的研究者的
观点来与上文周星的界定对比一下。

　　首先国家的态度:妙峰山庙会自顾颉刚先生在 20 世纪 30 年代关注以来,
命运是几经沉浮。民国时的衰败,新中国后的取消……直到最近"妙峰山庙
会得以重新兴办,确实取决于政府的旅游经济的考量与决策。"①其次,组织化
程度不高:我们仅以其中的一个香会来说,"'众友同心中幡圣会'……其松散
的地缘结社特征,以及为了维系众人不得不依赖收徒仪式、收干儿子仪式以求
建立拟亲属关系。如是,该会表面的热闹、庄严并无法掩饰骨子里的重重矛盾
和四伏危机。"②再次,地域共同体之基础和范围:"妙峰山庙会是一个曾经吸
引京津冀数百里范围的几十万民众参与的大舞台,它的信仰、空间、仪式过程
把大家'结合'在一起,让个人感受到了与一个大社会的联动,让大家同时感
受到了社会共同体的存在。"③最后,我们把"很强的生活气息和原生性特征"
合并一起来看:"朝山进香是他们生活中的一个重要部分,决不是可用迷信二
字一笔抹杀的。我们在这上,可以看出他们意欲的要求,互助的同情,严密的
组织,神奇的想象;可以知道这是他们实现理想生活的一条大路。"(顾颉刚
语)④"妙峰山的主祀神是碧霞元君,但是兴盛的香火从来不会被一个神所独
享。妙峰山上还供奉儒、释、道和民间信仰的众多神灵……妙峰山的信仰是一
个民间信仰的格局,这个格局不是按照佛教或道教的规范所布置的,而是民间
根据自己的需要搭配起来的,吸收了多种来源、多种功能的神灵,构成更有包

---

① 　高丙中:《妙峰山庙会的社会建构与文化表征》,《文化遗产》2017 年第 6 期。
② 　岳永逸:《妙峰山的光——〈行香走会:北京香会的谱系与生态〉序》,《民族艺术》2017
年第 1 期。
③ 　高丙中:《妙峰山庙会的社会建构与文化表征》,《文化遗产》2017 年第 6 期。
④ 　高丙中:《妙峰山庙会的社会建构与文化表征》,《文化遗产》2017 年第 6 期。

容性或更广泛的代表性的民间体系。"①

总之,以多元的民间信仰为基础,以各种行会组织为推动,以不同的影响力为辐射半径,且以不同的时间节点为契机,民间信仰节会遍布于中国的大江南北,它们从满足民众的基本信仰意愿到跨社区、跨地区经济、社会与文化交流,再到协调社会与国家之间的紧张关系等方面都做出了一定的贡献,产生出了一定的积极效果。

（四）交游娱乐类节日

乐感文化是与西方的罪感文化和日本的耻感文化相对而提出的一个概念。对此,李泽厚先生在他的《实用理性与乐感文化》书里有一个感性的表述:"从古代到今天,从上层精英到下层百姓,从春宫图到老寿星,从敬酒礼仪到行拳猜令（'酒文化'）,从促膝谈心到'摆龙门阵'（'茶文化'）,从衣食住行到性、健、寿、娱,都展示出中国文化在庆生、乐生、肯定生命和日常生存中去追寻幸福的情本体特征。尽管深知人死神灭,犹如烟火,人生短促,人世无常,中国人却仍然不畏空无而艰难生活。"②这看上去的确与《清明上河图》中所描绘的繁华市井生活相类似。但我们在汉民族的节日里却很难找到那种较为纯粹的交游娱乐节目类。中秋最为近似,但也常常发出"此事古难全"的叹息。不过这类节日倒是在我国少数民族地区比较多见。"例如各民族各地举行的传统歌节、歌会、歌圩活动都属于这一类。"③

西北有甘肃汉、回、东乡、保安、拉撒等族的六月六莲花山"花儿会",西南地区少数民族则有云南大理白族的"绕三灵",贵州剑河侗族的"赶歌会",贵州凯里舟溪的"芦笙节"和广西壮族自治区每年农历三月三的壮乡歌圩盛会等;除了这些歌会之外,还有以体育健身为目的的交游盛会,如蒙、藏民族多地举行的"赛马节",

---

① 高丙中:《妙峰山庙会的社会建构与文化表征》,《文化遗产》2017 年第 6 期。

② 李泽厚:《实用理性与乐感文化》,三联书店 2005 年版,第 104 页。

③ 乌丙安:《中国民俗学》,辽宁大学出版社 1985 年版,第 310 页。

西南民族地区的各种"爬山节"、"斗牛节"等;最后还有从口头文学传统中产生出的各种书会,比如"马街书会"、"胡集书会"等。

以上,我们对节日类型作了大致梳理,它基本上可以涵盖多数传统节日。当然,就如我们在前面所陈述的那样,节日本身就是一个综合性的文化事象。一个节日可能同时有喜庆、有农事、有辟邪、有各种祭祀乃至最后都有许多歌舞、竞技和交游甚至狂欢在里面。这也是许多节日很难加以严格限定的原因,但从渊源上给予节日以基本区分仍不失为一种好办法。尽管如此,节日总是我们协调天、地、人关系的重要文化手段,它最终将以其强大的文化功能反作用于我们。就像需要刺激我们创造出文化,而文化又反过来满足并刺激着我们再生产出新的需要一样。节日也是这样。

二、节日功能及价值

功能与价值是二而一的关系。也即功能是现实层面发生的作用,而价值则是对这个作用所作出的评价。而正如我们上面谈到的类型那样,类型产生于不同的需求,所以,不同类型的节日原则上也最终回馈给这些需求。此其一。其二,节日又是综合性文化事象,所以一个节日又总会满足很多的需求,以此而论,那种狭隘的"需求—节日(功能)—满足需求—再生产新需求"的线性思维模式就一定不适合用来解释文化与人的关系的议题。那么,我们如何来理解节日的功能呢?我想可以从这样三个方面去做进一步的思考。一是从纵向上考察人类学家对功能本身的理论见解;二是目前学界关于节日功能的基本认识;三是就人们着墨不多但又与功能发挥有直接关联的几个议题予以补充说明。

首先,关于功能的认识,其实从来都与学术范式转型连在一起的。比如,功能在马林诺夫斯基那里是直接与需要满足为前提的。它也是评判一种文化是否有价值的标准,也即没有一种文化的产生不是与其功能相对应的。这样一种功能观,我们可以称之为经验主义的功能观;博厄斯是文化相对主义理论的创建者,在他这里,功能具有相对性,也即任何一种文化功能都很难推及到普遍化的程度，所以，某些文化事象在此有正向的作用，也许在彼就会走向反面；从拉德克利夫·布朗的结构—功能主义到斯特劳斯的结构主义，功能超越了一般的经验主义解释，而进入到一个更为复杂和系统的结构中去发挥超稳定的作用；而从特纳、萨林斯乃至利奇等人理论出发，功能是在过程中不断生成和变异着的，也就很难用一套超稳定的结构来解释了；如果用格尔茨的象征理论或者意义生成理论来看，任何一种文化的功能发生绝非外界所看到的那样，它很可能是那些纵横交织的地方性知识经过多次权力/权利博弈的结果。上述的文化功能观是我们认识节日文化功能的理论基础。

也许在节日研究中，"节日的功能与价值"被人们研究得最多。这是因为，每一个节日到最后总会追问到功能与价值上，此其一；其二，节日功能与价值与社会时代变迁关系最密切，它就必然要涉及最具有现实性和前瞻性的话题；其三，因为功能的多样性，促使人们可以从跨学科、多角度对其进行交叉研究。因而，接下来的研究综述只能是大略概括，其中必定会有许多优秀的论文、论著难以一一列举。

目前国内学界对节日功能与价值的认识主要集中在这样三个方面：一是宏观的功能与价值阐释，而且价值阐释多于功能界定，或者说功能与价值阐释相混同。这类文字多见于文化政策制定者和部分学者的研究中。比如王文章主编的《弘扬传统节日文化现状与对策——中国传统节日文化调研实录》①，纪宝成《中国传统节日的价值在哪里》②，萧放《传统节日：一宗重大的民族文化遗产》③，邢莉《民间节日文化：我们智慧和创造力的源泉》④，景俊美《中国

① 王文章：《弘扬传统节日文化现状与对策》，文化艺术出版社 2012 年版，第 35—49、248—254 页。
② 中国民俗学会、北京民俗博物馆：《节日文化论文集》，学苑出版社 2006 年版，第 136—140 页。
③ 萧放：《传统节日：一宗重大的民族文化遗产》，《北京师范大学学报（社会科学版）》2005 年第 5 期。
④ 邢莉：《民族民间文化研究与保护（第二辑）——节日仪式卷》，世界图书出版公司 2012 年版，第 2—22 页。

传统节日在当代的精神价值》①等；二是以"节日功能"为主要议题所展开的研究。韩晓莉的节日与政治动员研究②，李峰的节日与社会秩序合法化研究③，姬娟的节日与协调功能、教育功能、道德情操的培养研究④，王霄冰的节日与公共空间的培育研究⑤，朱思虎的节日与审美功能研究⑥，高雅的少数民族节日与地方经济发展研究⑦，李保强的节日与生命意义及教育价值研究⑧，于桂敏等的民族节日与交际研究⑨，等等，还有许多以功能（社会功能或文化功能）研究为题的综合性研究，恕不赘述；三是最多呈现形式的，以具体节日为个案展开的功能与价值研究。这类研究可集中参见李松、张士闪主编的《节日研究》（1—13辑），邢莉编著的《中国少数民族重大节日调查研究》、邢莉主编的《民族民间文艺研究与保护（第二辑）——节日仪式卷》和国家社科基金特别委托项目"中国节日志"已陆续出版的部分专著成果等。

作为节日研究的重头戏，节日功能与价值研究迄今为止可以说涵盖了各个领域，上至节日对人的精神信仰的塑造，下至节日对饮食消费的拉动，也许凡能想到的议题都能找到相关的文章或报道加以验证。这里，我们仅作如下补充，以希望其功能与价值研究能够在深度和广度上有所拓展。

第一，加强中国传统节日在跨文化交流中的作用和意义研究。它基于如下动力：一是作为非物质文化遗产的重要资源，它和世界的对话能力和影响能力，这是国家文化输出战略的重要部分；二是中国传统文化在亚洲的辐射

---

① 景俊美：《中国传统节日在当代的精神价值》，中国艺术研究院2013年博士学位论文。
② 韩晓莉：《革命与节日：华北根据地节日文化生活》，社会科学文献出版社2019年版，第2页。
③ 李峰：《节日的功能及其社会学隐喻》，《河南社会科学》2016年第4期。
④ 姬娟：《文化要素分析与中国传统节日研究》，陕西师范大学2011年硕士学位论文。
⑤ 王霄冰：《节日：一种特殊的公共文化空间》，《河南社会科学》2007年第4期。
⑥ 朱思虎：《节日审美性刍议》，《湖北民族学院学报（哲社版）》2016年第5期。
⑦ 高雅、刘彦青：《贵州的少数民族节日》，《初中生辅导》2014年第14期。
⑧ 李保强：《中国传统节日：生命意义的生发及其教育价值》，《山东社会科学》2011年第2期。
⑨ 于桂敏、程绍华、马虹：《民族传统节日的特性及其交际功能探究》，《大连民族大学学报》2016年第4期。

及其所形成的与近邻国家和地区的文化交流、交汇和彼此的渗透；三是随着共建"一带一路"的纵深发展，也随着移居世界各地的中国人口的增加，必然带来节日文化的传播与扩散。

第二，加强中国传统节日在个人生命涵养、生命体验和生命释放等方面的功能与价值研究。这是节日文化的重要内涵之一。而目前绝大部分研究仍停留在很宏观的层面去建构功能和价值体系，或者微观到社区治理的研究，很少到个体层面去做突破性研究。对此，部分西方学者的研究成果是可以为我们所借鉴的。比如伽达默尔的"作为游戏、象征、节日的艺术"，巴赫金的节日狂欢化理论，约瑟夫·皮柏的"节庆、休闲与文化"等。

第三，加强中国传统节日文化符号的提炼和再建构对节日文化传播力和影响力的研究。文化符号的提炼与再建构是中国传统节日得以更新延续的重要基础，它将以最具核心力的竞争态势去与"洋节"和其他新兴节日争夺新的人群。所以，这样一种研究就不能停留在传统节日内部去进行自我循环，而必须从新的社会时代语境中去更新节日文化符号和建构适应更多人群的节日符号，起到一石二鸟的效果和作用。

第四，加强中国传统节日与区域及社区生态功能及价值的研究。尽管这一议题经常被提及，但到目前为止，仍未见到有分量的重要成果面世，以至于萧放在主持关于"二十四节气"研究的栏目时都曾感叹："我们应该利用节气文化，开展多种形式的活动，让人们直接感知与节气相关的知识与文化，从而把节气作为生活的一部分。它本来就是我们生活的一部分，只是我们对此缺乏足够的认识与了解。"①不仅要对这种整体性的宇宙观、自然观有所阐释，更急需学者们深入田野发掘和整理出每个节日与当地社会和社区的自然、环境和生态的各种适应，以及由这种适应所产生出的许多地方性知识，进而在现代社会条件下如何学会与自然的和谐相处，从自然那里获得自然的力量，不仅是

---

① 萧放：《传承二十四节气的价值与意义》，《民间文化论坛》2017 年第 1 期。

神力,更是一种现实的技术、技艺的能力。这才是至关重要的。

第三节　节日研究现状与意义

前两节,我们就节日形成与特征、节日类型与功能、节日价值和意义等做了较为全面的梳理。这一节,我们将对新时期以来我国节日研究现状及其研究意义做一个简要概述,以认识和了解节日知识生产和建构的历史、机理及其在节日实践和在政治、经济、社会、文化等方面的影响和贡献。

在"绪论"中,我们曾提到高丙中对节日研究与民俗学关系的一个基本评述:"节日研究从来都是民俗学的基本内容。很少有从事民俗学专业而没有做过节日研究的学人。任何一本民俗学概论都必然有中国古代节日的系统介绍,我们也不乏学者专心研究古代节日。"[1]尽管这段话是把节日研究放在民俗学的视野中来说的,那么,我们也可以用来反证民俗学有多重要,节日研究就应该有多重要。

从 20 世纪 80 年代起,我国不少民俗学者开始给予岁时节日文化以一定的关注和思考,岁时节日文化的科学探索与学术研究工作也随之发展起来,并逐渐地被除民俗学以外的更多学科纳入自身的研究范畴之内。下面,我们就从节日研究的阶段性特征、节日研究的理论成果、节日研究的应用及其所产生的巨大的社会效力等方面来展开。

一、节日研究阶段性特征

任何一个学科的发展都有自身的发展规律和变化特征的。伴随着历史学、社会学、人类学、民俗学和民族学等人文社会学科的勃然兴起与发展,节日研究也走上了专门化的道路,并取得了显著的成就。

---

① 高丙中:《中国民俗学三十年的发展历程》,《民俗研究》2008 年第 3 期。

匡野、陆地在《20世纪80年代以来我国岁时节日文化研究述略》中将岁时节日文化研究分成三个阶段：1980~1989年：岁时节日文化研究的恢复期；1990~1999年：岁时节日文化研究的发展期；2000年至今：岁时节日文化研究的突破期。① 巩宝平也以新中国成立和改革开放为两个分界点，将从二十世纪初至今（2006年）节日研究大致分为三个阶段：第一阶段（上世纪初至新中国成立），学界以考证单个节日的历史渊源为主，同时运用一些西方人类学、民俗学和民族学等学科知识进行了初步的理论分析；第二阶段（新中国成立至七十年代末），各种人文社会学科在曲折中前进，节日研究在史学和民间文学的夹缝中取得一些成就；第三阶段（八十年代初至现今），人文学科经历了复兴与繁荣的空前发展时期，节日研究也取得重大进展。② 我们在中国知网（CNKI）中以1979年1月1日至2019年1月1日为时间范围，以节日为主题进行搜索发现有文献总数24955篇，得到以下总体趋势图③：

总体趋势分析

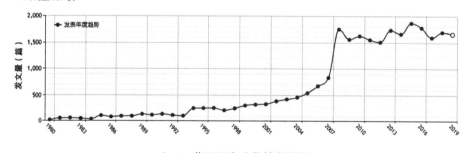

2-1 节日研究阶段性变化图

---

① 匡野、陆地：《20世纪80年代以来我国岁时节日文化研究述略》，《民间文化论坛》2015年第5期。
② 巩宝平：《论两汉的节日及其历史走向》，山东大学2006年硕士学位论文。
③ 数据来源：中国知网可视化分析文献总数：24955篇；检索条件：发表时间between（1979-01-01,2019-01-01）并且（主题=节日或者题名=节日或者v_subject=中英文扩展（节日，中英文对照）或者title=中英文扩展（节日，中英文对照））（模糊匹配），专辑导航：全部；数据库：文献跨库检索。

针对上述趋势图,我们尚且可以把它分成三个阶段。分别是:1979 年—1992 年的起步期,1992 年—2007 年的发展期,2007 年至今的井喷期。

我们看到 1979 年—1992 年是在平稳的低速中发展,这个阶段年论文发表量在平缓中增长,可以说是节日研究的起步期。形成这种趋势的原因很大程度上是国家政策。萧放在其论文《文化复兴与传统节日的回归》中说到:"随着国家大政方针的历史性改变,人们逐渐改变了此前将近百年的对待民族传统的激进政策,重新评估民族传统的内涵价值"①。自 20 世纪 80 年代开始随着改革开放这一基本国策的推进,由于中国经济实力不断增长,我们对传统文化的态度发生了重要变化,传统节日逐渐成为中华文化复兴的标志与成果。

1992 年—2007 年这一阶段我们可以称为节日研究的发展期。这一阶段节日研究迅速发展,论文发表量呈现出陡增的趋势。一是主要得益于国际组织采取了对文化多样性的保护。传统节日作为世界文化的重要组成部分,联合国教科文组织通过了一系列实施规则来保护它。"1998 年联合国教科文组织执委会在第 155 次会议上通过了《人类口头和非物质遗产代表作宣言实施规则》,号召各国政府、非政府组织和地方社区采取行动对那些被认为是民间集体的保管和记忆的口头及非物质遗产进行鉴别、保护和利用。"②二是教科文组织的"非物质文化遗产"的保护计划与保护行动,也对推动中国传统复兴运动有着重要的促进作用。萧放对"非物质文化遗产"保护计划做出了很高的评价,他认为:2004 年 8 月十届全国人大常委会第十一次会议批准了联合国教科文组织《保护非物质文化遗产公约》,标志着中国在保护非物质文化遗产的进程中迈出了重要一步。③ 三是随着中国改革开放政策的深入,中国加入到世界贸易组织(WTO)这个大集体中,日益成为世界现代化的重要组成

---

① 萧放:《文化复兴与传统节日的回归》,《中国德育》2017 年第 2 期。
② 萧放:《传统节日:一宗重大的民族文化遗产》,《北京师范大学学报(社会科学版)》2005 年第 5 期。
③ 廖明君、萧放:《传统节日与非物质文化遗产保护》,《民族艺术》2009 年第 2 期。

部分,开放的中国面临着全球化浪潮的强劲冲击,中华民族传统文化价值也日益显现出来,有关于我们的"宝藏"——传统节日的研究就显得尤为重要。

2007 年至今,节日研究进入井喷期。年发表论文量均在 1500 篇以上,节日研究成果不断增长,这与节日文化学者、政府、媒体、中国民俗学会等做出的努力密不可分。一方面来自于国家和政府的推动。"节日文化通常是一个民族的生活文化的精粹的集中展示。现代国家的节假日体系是反映一个国家根本的价值取向和民族精神状态的文化指标。"[①]2008 年国务院确定春节、清明、端午、中秋为国家公共假日政策的正式实施,系列传统节日成为公共假日一定程度上反映的我们国家对于传统节日的根本价值取向,让节日研究学者看到了更多的希望。另一方面,媒体的参与加速了传统节日文化的传播。2012 年央视制作播出 14 集电视片《我们的节日》分别就端午节、春节、元宵节、清明节、中秋节、重阳节以及少数民族的主要节庆,它们的来历与承载的民族记忆、文化内涵是什么等内容为观众细细解读,将趣味、知识、审美与思考融汇在每集 90 分钟的内容里。旨在"振荡中老年观众的记忆与思考,引领青少年观众的新奇与向往"[②]。此外,民间协会对节日研究的发展也做出了重要贡献。"中国民俗学会及其成员积极参与其中,资政备询,引领助推,做出了不可磨灭的历史贡献。学会也藉此锻炼了自己的学术队伍,提高了学会组织的影响力和显示度"[③]。

二、节日研究成果及理论热点

上面,我们指出了节日研究在不同阶段的特征体现。接下来,我们将探讨

---

① 高丙中:《节日传承与假日制度中的国家角色》,《绍兴文理学院学报(哲学社会科学版)》2009 年第 5 期。

② 纪录片《我们的节日》简介,http://tv.cctv.com/2012/12/15/VIDA1355571238871761.shtml/2012-12-25。

③ 萧放、张勃:《中国民俗学会与国家文化建设——以传统节日的复兴重建为例》,《民间文坛》2015 年第 1 期。

形成阶段性特征背后的重要研究成果及其理论热点。

通过对相关文献与研究的梳理,我们发现,其重要的研究成果主要体现在:

第一,对古代节日民俗文化和民俗史做深度结合的研究。民俗和节日是不可分割的,在民俗史的视野中研究和传承我国古代节日文化又分为以下几类。

一类是对古代岁时节日民俗史的研究。在众多研究中,萧放对《荆楚岁时记》的研究揭开了传统节日民俗史研究的先河,堪称典范。《荆楚岁时记》是我国第一部岁时民族志的开山之作①。萧放先后发表论文对《荆楚岁时记》作者、注者与版本源流做了详细考述,也对《荆楚岁时记》的学术意义进行了探讨。张勃师承萧放的研究理路,主要研究唐代节日,曾出版过关于唐代节日研究的重量级的专著《唐代节日研究》②,此外张勃还出版了《明代岁时民俗文献研究》③一书,该书是民俗学视野下我国古代节日专题性历史民俗文献的断代研究,对明代岁时民俗文献中的岁时记、地方志的岁时民俗记述等进行了专门研究。张宏梅也出了一本关于唐代节日风俗的著作《唐代的节日与风俗》④,韩养民、郭兴文的论著《节俗史话》⑤是国内首次系统研究节日文化史的通俗读物。

二类是节日民俗志范畴的著作。如李露露《中国节:图说民间传统节日》⑥一书整理了数十个有代表性意义的中国民间传统节日,精选了540幅清末民初以前的珍贵历史图片,以图文结合的形式,生动再现了中国民间节日盛

---

① 萧放:《地域民众生活的时间表述——《荆楚岁时记》学术意义探赜》,《北京师范大学学报(人文社会科学版)》2000年第6期。
② 张勃:《唐代节日研究》,商务印书馆2011年版。
③ 张勃:《明代岁时民俗文献研究》,商务印书馆2011年版。
④ 张宏梅:《唐代的节日与风俗》,山西人民出版社2010年版。
⑤ 韩养民、郭兴文:《节俗史话》,社会科学文献出版社2011年版。
⑥ 李露露:《中国节:图说民间传统节日》,福建人民出版社2005年版。

典和精彩瞬间,使人们对中国传统民间节日及其民俗有一个较为整体的了解。李玉臻《中华民俗节日风情大观》①是一部以反映中华民族 56 个民族的传统节庆风俗为内容的民俗文化著作。对 56 个民族的节日文化起源、传说、娱乐喜庆、饮食风俗等内容,都有较为全面的反映。此外还有邢莉《中国少数民族节日》、张勃《中国民俗通志·节日志》、季诚迁编《少数民族节日》、王文章主编《中国传统节日》等这些著作都侧重于对节日风俗的描绘。2009 年至 2013 年由北京三联书店出版系列丛书《节日中国》,推出了《春节》(萧放,2009)、《清明》(张勃,2009)、《重阳》(杨琳,2009)、《端午》(刘晓峰,2010)、《中秋》(黄涛,2010)与《七夕》(刘宗迪,2013)等。萧放评价这些系列丛书为传播岁时节日文化,在促进传统节日的大众化和审美性起着不可忽视的作用②。而真正在大规模范围内,举全国之力所做的"节日志"研究则是由文化和旅游部民族民间文艺发展中心组织实施的国家社科基金特别委托项目:"中国节日志"工程的展开。关于这一点我们在绪论中有过专门介绍,此不重复。到目前为止,该项目已出版了《节日志》(文本)87 部,评审结项的节日影像志近 70 部。

　　三类是对富有代表性的节日民俗事象所作的研究,如庙会等。庙会作为与农耕文明、乡土中国相匹配的精神性存在,在其生发、传承的地域有着浓厚的节庆色彩,"是在乡土中国民众日常生活世界中活态的、间发的、周期性的民俗事象。"③

　　新时期以来,关于庙会的研究日趋多元。岳永逸曾这样描述到:"改革开放后,虽然将庙会与庙市混同起来,进行简单的功能描述分析不少,但对庙会的研究则日趋多元,并逐步走向深入。"④我们在中国知网以庙会为主题,以

---

①　李玉臻:《中华民俗节日风情大观》,黑龙江人民出版社 2006 年版。
②　萧放、董德英:《中国近十年岁时节日研究综述》,《民俗研究》2014 年第 2 期。
③　岳永逸:《精神性存在的让渡:旧京的庙会与庙市》,《民俗研究》2017 年第 1 期。
④　岳永逸:《庙会》,《民间文化论坛》2015 年第 6 期。

1979 年 1 月—2019 年 1 月为时间范围,搜索到 2465 篇论文,在主题方面进行计量可视化分析时得到以下分布图:

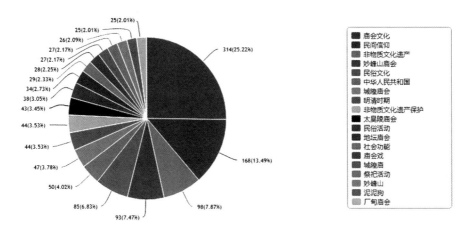

2-2　庙会研究主题分布图

　　从图中可以看到,学者对庙会研究主要集中分布在对庙会文化、民间信仰、非物质文化遗产、妙峰山庙会研究上,对这四部分的研究超过了百分之五十。研究庙会的新锐学者岳永逸先后出版:《妙峰山庙会》①是对北京妙峰山庙会风俗的综合考察与再现,在田野中国系列丛书——《举头三尺有神明——漫步乡野庙会》②书中,他把理论研究之余的边角材料呈现给读者,《行好:乡土的逻辑与庙会》③详细呈现因应不同生活空间的家中过会、村落型庙会、跨村落型庙会等不同层次的乡村庙会各自的样态、相互之间的关联以及相互之间可能有的升降起伏。

　　此外,吴效群的《妙峰山:北京民间社会的历史变迁》④是新时期承续顾颉刚先生妙峰山研究传统的代表作之一;赵世瑜《狂欢与日常——明清以来的

①　岳永逸:《妙峰山庙会》,光明日报出版社 2014 年版。
②　岳永逸:《举头三尺有神明——漫步乡野庙会》,山东文艺出版社 2018 年版。
③　岳永逸:《行好:乡土的逻辑与庙会》,浙江大学出版社 2015 年版。
④　吴效群:《妙峰山:北京民间社会的历史变迁》,人民出版社 2006 年版。

庙会与民间社会》①从动与静，常与非常的民众生活韵律来考察庙会；高有鹏《庙会与中国文化》②探究了庙会的起源及嬗变轨迹及功能等；彭笑芳《庙会》③、刘铁梁《安国药王庙会》④、魏阳竹《庙会：传承新态》⑤等都对庙会进行了深刻的解读。

第二，对我国节日文化价值和意义的研究，探索并展示我国节日文化的现实价值。如萧放《传统节日与非物质文化遗产》中提到传统节日的文化价值有：家庭伦理的养成、社会伦理的培育、历史伦理的教育、自然伦理意识的建立⑥。刘铁梁《民俗文化的内价值与外价值》中提出从"内价值"与"外价值"这样两个方面来理解，内价值是指民俗文化在其存在的社会与历史的时空中所发生的作用，也就是局内的民众所认可和在生活中实际使用的价值。外价值是指作为局外人的学者、社会活动家、文化产业人士等附加给这些文化的观念、评论，或者商品化包装所获得的经济效益等价值⑦。王文章《弘扬传统节日文化现状与对策：中国传统节日文化调研实录》、李占伟《非物质文化遗产的当代道德价值探究》、朱振华《以民众为本位：当代节日志的价值旨归与实践追求——以"传统节庆文化论坛"相关讨论为核心》等都或多或少对节日文化的价值进行了探讨。

第三，对节日传播的研究。对于我们而言，传统节日既是文化的传播，也是传播节日本身的仪典。随着大众传播的发展，人人都可借助数字科技成为制作、复制、发布、传播信息的媒介。萧放在其论文《传统节日的全媒体传播》提出中国社会进入了全媒体时代。从收集到的资料来看，目前关于节日传播

---

① 赵世瑜：《狂欢与日常——明清以来的庙会与民间社会》，北京大学出版社 2017 年版。
② 高有鹏：《庙会与中国文化》，人民出版社 2008 年版。
③ 彭笑芳：《庙会》，中国铁道出版社 2015 年版。
④ 刘铁梁：《安国药王庙会》，光明日报出版社 2014 年版。
⑤ 魏阳竹：《庙会：传承新态》，中央民族大学出版社 2013 年版。
⑥ 萧放：《传统节日与非物质文化遗产》，《艺术评论》2012 年第 7 期。
⑦ 刘铁梁：《民俗文化的内价值与外价值》，《民俗研究》2011 年第 4 期。

研究可分为三类。

一类是从传播学理论出发讨论中国传统节日在大众传媒中的具体实践。陈文敏从媒介场域的视角来看传统节日的视像传播与多屏互动,深入地反思了当下文化和技术的关系。她认为以电视生产叠加多屏重构,以在线仪式补充电视仪式,化"大传播"为"微传播",传统节日的媒介记忆与文化记忆将进一步深入人心①。

二类是随着网络的发展,对传统节日的传播也产生了影响。张露在《中国传统节日文化的网络传播研究》中提到"人们在传承传统节日文化时,巧妙地利用了网络这一新载体,使传统节日的民俗活动延伸到了网络"②应运而生的网络拜年、抢红包、网络祭祀等"新民俗"。袁丽媛和王灿发从网络传播创新对传统节日影响做了深入探究,他们认为传播者运用互联网的传播思维,打造并显示出网络文化的创新性传承,并由此推动了中国传统文化的精神传递和现实影响③。

三类是以某一节目或文化现象为样本尝试进行规律性总结。如:《春节节庆报道传播策略研究——以〈人民日报〉(2013—2015)为例》④《中国传统节日文化媒介呈现的实证分析——以〈中国青年报〉为例》⑤《传统节日的电视媒体呈现——以央视〈新闻联播〉对重阳节的传播为例》⑥等论文均以某一权威主流媒体为研究对象,从报道基调、主题、体裁、篇幅、版面、消息源等指标细化采集分析其报道过程中各项数据变化与特征等。

---

① 陈文敏:《媒介场域视角下传统节日的视像传播与多屏重构》,《郑州大学学报(哲学社会科学版)》2019 年第 1 期。

② 张露:《中国传统节日文化的网络传播研究》,南京师范大学 2014 年硕士学位论文。

③ 袁丽媛、王灿发:《中国传统节日文化的网络传播创新》,《青年记者》2019 年第 24 期。

④ 李娟:《春节节庆报道传播策略研究》,山西大学 2016 年硕士学位论文。

⑤ 王安中、刘雪、龙明霞:《中国传统节日文化媒介呈现的实证分析——以〈中国青年报〉为例》,《新闻与传播研究》2008 年第 2 期。

⑥ 王强:《传统节日的电视媒体呈现——以央视〈新闻联播〉对重阳节的传播为例》,《青年记者》2018 年第 11 期。

第四,对节日研究方法的不断丰富与发展。一方面传统的节日研究方法仍然适用,如史料收集法。张勃认为:"史料搜集与释读是民俗史研究中的重要问题,围绕一个乃至多个民俗史话题,分别由感兴趣的学者共同搜集史料,共同释读分析,并自觉探讨多种类型史料的搜集与释读方法,对于民俗史研究的深化应当是一个可行且有益的方法"①。当然节日文化学者除了将比较法、文本分析法、文献法等方法相互印证使用,也创新性地引入了一些新的方法。张勃在其《唐代节日研究》中,创新性地引入节日生活微观研究方法,选取几位唐人为个案,对他们在节日生活中的行动及其影响进行深入考察。高丙中在谈到民俗志的写法时认为:谈民俗志要把三个东西处理好:方志、民族志和民俗志。② 此外,受民俗学理论与方法的影响,节日研究也逐渐走向田野。"20 世纪 90 年代中后期以来,中国民俗学学者开始从单纯的民俗事象研究,转向在语境中研究民俗,强调田野调查。"③节日研究走向田野后,民俗研究学者也开始从单纯的事象研究转向整体研究。

三、节日研究的价值与意义

党的十九大报告指出:"文化是一个国家、一个民族的灵魂。文化兴国运兴,文化强民族强。没有高度的文化自信,没有文化的繁荣兴盛,就没有中华民族伟大复兴。要坚持中国特色社会主义文化发展道路,激发全民族文化创新创造活力,建设社会主义文化强国。"④而节日作为一个国家、民族或地区的标志性文化,其具有凝聚人心、传承文化、丰富生活、推动经济发展、促进社会

---

① 张勃:《端午龙舟竞渡习俗至迟出现于唐代考——兼谈民俗史研究中史料的搜集与释读问题》,《民族艺术》2019 年第 4 期。

② 高丙中:《在古今中外的格局中探讨民俗志的写法》,《节日研究》2014 年第 1 期。

③ 刘晓春:《从"民俗"到"语境中的民俗"——中国民俗学研究的范式转换》,《民俗研究》2009 年第 2 期。

④ 习近平:《决胜全面建成小康社会 夺取新时代中国特色社会主义伟大胜利——在中国共产党第十九次全国代表大会上的报告》,人民出版社 2017 年版。

和谐、缓释心理压力、满足情感需求等多种功能①。在本章第二节中,我们探
讨过不同学者对于节日功能的诸种说法,或许节日的作用可能还远不止这些。
也正是由于节日的巨大功能,节日研究的价值也成为众多学者必然会涉猎的
议题。

就目前的研究取向看,节日研究的意义主要体现在以下几个方面:

第一,从经济层面来说,其研究成果推动着社会经济的发展和社会文化的
再生产。迈克尔·波特(Michael E.Porter)认为,"某些信念、态度、价值观确
实有助于经济繁荣和发展";"文化对于经济的作用,这是没有疑问的"②。节
日作为一种文化,在推动经济发展中起着很大作用。在节日研究的应用和实
践操作中,一部分研究者从传统节日的传承性保护和"社会再生产"利用两方
面进行,主要集中在节日旅游、节日休闲娱乐、节日表演等带有"商业"色彩的
节日运作方面。如在知网中可以看到其中较有代表性的有陈燕《论云南民族
节日旅游资源的开发》③,吴芙蓉《民俗旅游语境中的民族节日表演艺术——
以大理白族节日表演艺术为例》④,钟宗宪《民俗节日氛围营造与文化空间存
续——以台湾民俗节日与商业性文化游乐园区为例》⑤,覃章梁、覃潇《关于恩
施土家族传统节日"女儿会"品牌建设的思考》⑥,杨政银、戴泽仙《发掘打造
中国著名节日经济品牌——土家族"摆手节"》⑦,陈炜、黄达远《传统节日文

① 张勃:《建构时代的中国节日建设》,《民俗研究》2015 年第 1 期。
② [美]塞缪尔·亨廷顿、劳伦斯·哈里森主编:《文化的重要作用:价值观如何影响人类
进步》,新华出版社 2010 年版,第 43 页。
③ 陈燕:《论云南民族节日旅游资源的开发》,《云南民族大学学报(哲学社会科学版)》
2007 年第 5 期。
④ 吴芙蓉:《民俗旅游语境中的民族节日表演艺术——以大理白族节日表演艺术为例》,
《云南社会科学》2011 年第 6 期。
⑤ 钟宗宪:《民俗节日氛围营造与文化空间存续——以台湾民俗节日与商业性文化游乐
园区为例》,《河南社会科学》2007 年第 4 期。
⑥ 覃章梁、覃潇:《关于恩施土家族传统节日"女儿会"品牌建设的思考》,《湖北民族学院
学报(哲学社会科学版)》2010 年第 1 期。
⑦ 杨政银、戴泽仙:《发掘打造中国著名节日经济品牌——土家族"摆手节"》,《贵州民族
学院学报(哲学社会科学版)》2009 年第 2 期。

化中的宗教文化因素及其在旅游开发中的运用》①，徐明《西藏的民族节日与传统体育文化》②，这些论文主要从节日与民族经济发展出发详细论述了节日的应用研究如何推动了当地经济的发展，其研究意义也延伸到了节日的现实生命和活态传承。

第二，从政治层面来讲，其研究意义在于推动了国家参与节（假）日制度建设与文化建设。2007 年 12 月，通过的国务院《关于修改〈全国年节及纪念日放假办法〉的决定》，正式将清明节、端午节和中秋节三大传统节日纳入国家法定年节体系，在标注放假时有公历农历区分③。在中国传统节日法定化道路上，许多学者对中国传统节日的重视，对传统节日复兴的不懈努力，使中国传统节日拥有国家法定的休假时间，让中国传统节日在民众的生活中拥有重要的地位，推动民众参与国家节日建设和文化建设。高丙中在《节日传承与假日制度中的国家角色》中提到："节日文化通常是一个民族的生活文化的精粹的集中展示。现代国家的节假日体系是反映一个国家根本的价值取向和民族精神状态的文化指标。"④此外近些年来国家非物质文化遗产保护运动的兴起和"中国节日志"项目的推进，节日研究越来越成为中国学术界尤其是民俗学界的热门话题，相关的研究项目和学术成果大量涌现。节日作为非物质文化的重要组成部分，董晓萍在《民俗学与非物质文化遗产保护》中认为：民俗学与非物质文化遗产学有相近的学术目标，有相似的历史保护形式和社会

---

① 陈炜、黄达远：《传统节日文化中的宗教文化因素及其在旅游开发中的运用》，《青海社会科学》2007 年第 3 期。

② 徐明：《西藏的民族节日与传统体育文化》，《西藏民族学院学报（哲学社会科学版）》2004 年第 3 期。

③ 2007 年 12 月 14 日发布的《国务院关于修改〈全国年节及纪念日放假办法〉的决定》（中华人民共和国国务院令第 513 号）第二条"全体公民放假的节日"为：新年 1 天（1 月 1 日）、春节 3 天（农历除夕、正月初一、初二）、清明 1 天（农历清明当日）、劳动节 1 天（5 月 1 日）、端午节 1 天（农历端午当日）、中秋节 1 天（农历中秋当日）、国庆节 3 天（10 月 1 日—3 日）。

④ 高丙中：《节日传承与假日制度中的国家角色》，《绍兴文理学院学报（哲学社会科学版）》2009 年第 5 期。

认同基础。从民俗学的角度说,将两者共同讨论和交叉研究,有助于实现三种提升:一是有助于将部分本国文化杰作塑造为人类共享文化产品,二是有助于促进开展大众遗产学教育,三是有助于在人类多元文化差异中保持自身文化权力。①

　　第三,从文化方面来说,其研究意义在于推动大众正确地处理好文化传承、保护与利用的关系。全球化背景下,西方节日文化对我国传统文化的冲击不可避免。美国学者弗兰克·宁柯维奇在《文化外交》一书中指出的:"文化手段和政治、经济、军事手段一样,不但都是美国外交政策的组成部分,在大国间军事作用有限的情况下,特别是在现代核战争无法严密保护本国不受报复的情况下,文化手段尤其成为美国穿越障碍的一种更加重要的强大渗透工具。"②传统节日文化日趋淡化和西方节日的盛行情况下,节日的氛围和味道不再像以前那样浓烈,人们开始反省与思考。正如金民卿在其书中所写到:"(全球化的趋势下)世界性的民族意识迅速觉醒,人们开始以自觉的或自发的态度来寻找迷失的民族文化自我,于是,民族文化受到空前的重视,开始在全球化的大环境下寻求对内求得团结和统一、对外则要求独立和差异的这样一种适合自己民族特色的文化发展道路。"③文化研究学者、电视媒体、政府、民间组织等对传统节日的研究,对民众的思想和行为产生了一定的影响,对于树立民众对中国文化的责任感和文化自觉意识与自信意识有着关键的作用。如蔡燕《外国人中国传统节日认知与参与情况研究——以山东大学来华留学生为例》④、高丙中《圣诞节与中国的节日框架》⑤、刘锡诚的《重建国学与节日

---

　　① 董晓萍:《民俗学与非物质文化遗产保护》,《文化遗产》2009年第1期。
　　② 张骥、韩晓彬:《论美国"文化霸权"的历史渊源与现实基础》,《当代世界与社会主义》2001年第2期。
　　③ 金民卿:《文化全球化与中国大众文化》,人民出版社2004年版,第78页。
　　④ 蔡燕:《外国人中国传统节日认知与参与情况研究——以山东大学来华留学生为例》,《民俗研究》2015年第4期。
　　⑤ 高丙中:《圣诞节与中国的节日框架》,《民俗研究》1997年第2期。

文化——继承与弘扬传统节日断想》①等论文对于我们正确认识传统节日文化与外国节日、了解国家文化安全、国家文化软实力输出等方面都起着重要的作用。

第四，从社会发展方面来说，其研究所提炼出的节日内涵和意蕴将有力地促进和谐社会的建构。我国传统节日内涵丰富，是民众精神生活的集中体现，是人们沟通、调节、天人关系、人际关系，以及安抚、表达人们内在情感的时机②。对节日研究的逐步深入，对我们创建和谐社会发挥着巨大的作用。中国传统节日文化中倡导和谐精神，这是构建和谐社会的重要基础。民俗学会会长刘魁立曾发表论文《传统节日与构建和谐社会》③，萧放也对其做了专题研究并发表论文《传统节日与和谐社会》。弘扬传统节日文化，有利于保持和促进人与人、人与社会、人与自然的和谐相处，对巩固民族团结增强民族凝聚力也有着巨大的作用。

第五，对节日的研究，有助于生态文明建设。被称为中国"第五大发明"的二十四节气，于 2016 年 11 月 30 日，在联合国教科文组织保护非物质文化遗产政府间委员会第十一届常委会上被列入人类非物质文化遗产代表作名录，这是中国古代时间制度与民俗文化研究的一件大事。刘晓峰参考考古学、历史学、文献学等相关资料对于古代二十四节气观念的形成过程进行了较为深入和细致的研究。他认为：年节时间的循环，是自然时间的基本特征。二十四节气的形成过程，是中国古人立足大地对于太阳周年运行规律的不断深化过程④。刘宗迪也对二十四节气制度进行过专门的研究，他认为：节气制度自始至终就是农事历法，与农耕生活相始终，在此意义上，它无法保护，也无需保

---

① 刘锡诚：《重建国学与节日文化——继承与弘扬传统节日断想》，《民间文化论坛》2010年第 4 期。

② 萧放：《传统节日与和谐社会》，《政工研究动态》2007 年第 5 期。

③ 刘魁立：《传统节日与构建和谐社会》，《领导之友》2008 年第 2 期。

④ 刘晓峰：《二十四节气的形成过程》，《文化遗产》2017 年第 2 期。

护。但节气制度在漫长的历史演变过程中,被赋予了丰富的文化内涵,体现了中国人尊重自然秩序、追求天人和谐的古老智慧,这为它在现代化条件下的继续传承和文化创造提供了契机。① 正因为二十四节气尊重自然、农业、生态等等,对二十四节气的相关探讨,有助于更好地践行"绿水青山就是金山银山"的生态理念。

　　新时期以来,节日文化研究者一路风雨兼程,其在推动节日文化传承、传播和促进节日文化产生各种强大效力的同时,也面临着一系列新情况、新问题的挑战。比如,伪节日、伪民俗层出不穷,一些地方为了政绩去打造所谓的新节日,丢掉了传统文化的内涵和价值;一些商家为了追求纯粹的商业目的而倾力打造所谓的"洋节""网络节日"等,致使一些人价值迷失,文化根脉难续。在这些新的节日呈现态势下,中国传统节日文化如何立足本土走向世界,在各种文化相互交织下,如何更好地取长补短为新时代文化兴国强国战略做出更大的贡献等,这些都将是更加艰巨和严峻的课题。对此,我们在"第六章:节日影像志'意义要素'研究"中会给予进一步的讨论。

---

① 刘宗迪:《二十四节气制度的历史及其现代传承》,《文化遗产》2017 年第 2 期。

第三章　节日影像志——一种新形态纪录片

　　朱靖江在《新世纪影像志十大代表项目》中曾对节日影像志有这样一个基本评述:"《中国节日影像志》项目是我国首次系统地对传统节日拍摄记录的重大研究项目,也是我国继20世纪50至70年代'中国少数民族社会历史科学纪录影片'影像实践后,再次由国家发起的影像文献拍摄行动,是迄今为止国内规模最大、建制最完备、参与者最多的大型影像志工程,产生了百余部纪录片及其海量影像素材,是21世纪以来最重要的国家级影像文献工程之一,具有显著的开创新与示范性,以一种既有学术规范性,又适当彰显创作个性的方式,试图为时代留存中国传统节日影像化历史典籍。"[1]而与节日影像志同时被称为"影像志"的其他项目有:"中国百部史诗工程","乡村之眼"计划及其他参与式社区影像志,"学者电影"系列影像志,"民间记忆影像计划","家·春秋大学生口述史影像计划"等口述史影像志,"中国记忆"影音文献项目,"中国民族题材纪录片回顾展"与"中国民族影像志摄影展"项目,广西民族博物馆"文化记忆工程"项目,"中国唐卡文化档案"项目,"故乡的路"——中国少数民族摄影师大赛,"隐没地"与"影观达茂"等实验性民族摄影项目。

---

　　[1]　朱靖江:《新世纪影像志十大代表项目》,《中国民族》2016年第7期。

笔者在引述了这"十大影像志"项目后,立即就 2016 年由央视打造,2017 年正式开播的"中国地方影像志"是否可作为新的影像志项目罗列其中请教了朱教授,朱回复说:1. 当时央视中国影像志立项不久,没有作品可判断。2. 中国影像志拍摄模式延续央视发包公司的方式,按单干活,没有清晰、统一的指导原则,接拍公司以盈利为目的,学术文化属性较为次要。3. 摄制组在地方拍摄周期短,按照事先通过的脚本拍摄,没有田野调查基础,也没有长期研究的文化底蕴。4. 影片大多蜻蜓点水,缺乏深度,套路化严重,意识形态为纲。5. 审片没有学术团队,以电视台播出标准为原则,最终仍是央视体制中的系列专题片。6. 片子没有对当地文化真正起到保护和发展的作用。① 而从反面来看,学术理论意识、田野方法运用与服务地方社会就成为评判一个影像项目是否具备"影像志"属性的三个基本原则。而这也正是庞涛和鲍江分别在对节日影像志项目评价时所特别肯定的。

庞涛指出:"第一,(节日影像志)首次系统地、有目的地对具体文化事象进行影像记录时以人类学的整体观作为影片遵循的基本观念,并在体例中分别在基本观念原则和具体方法中得以体现。这就区别于以往集成类和其他非遗类纪录片把文化事象抽离于文化语境描写的做法,带有典型的影视人类学文化整体观和文化相对主义的观念。第二,(节日影像志)强调田野工作,项目立项是首先考察项目申报者的田野内容和对对象的研究深度而不是影视工作能力和作品影响力。从实际成果来看,得到各方认可(学术与非学术)的作品都有很好的田野基础,较好地展现了节日仪式对当地人的意义。而专业影视工作者以现成的文化资料为基础制作的影片则成功很少,一般通病是作者的文化中心主义视角和绝对化的描写,忽略地方视角和地方知识的逻辑。"②鲍江认

---

① 微信采访:被采访人:朱靖江,中央民族大学副教授;采访时间:2019 年 10 月 2 日;采访人:刘广宇。

② 微信采访:被采访人:庞涛,中国社会科学院研究员;采访时间:2019 年 10 月 2 日;采访人:刘广宇。

为："节日影像志继承了民纪片的学术传统。其一，影片为目标成果。其二，纪录片指向。其三，整体观。其四，拍摄制作以长期田野工作为基础。"[①]

以上三位均是当今中国影视人类学界最为活跃的中青年学者，他们的评价在一定程度上代表了学界的主流声音。那么，对于节日影像志创作实践与理论的反思还应该从哪些方面去提升？朱靖江明确表达了"需要进一步反哺学术"[②]，这恰恰与鲍江提到的"缺失对抽象概念与音像之间关系的深入、彻底的思考，进而提出具有普遍指导意义的二者之间的转化机制。"[③]相呼应。而这也就是本章要展开的话题。

第一节 现状、困境与反思

如何对已产出的 70 余部作品进行全面评估和认真反省，及时总结和提炼出超越一般非遗影像生产规范和超越节日影像志一般体例要求的理论观点，是一项亟待展开的学术工作。回溯其相关研究文献，我们发现，多数学者在高度肯定其产出成果的同时，鲜有根本性的洞见，从而导致学术反思难以对其实践困境以彻底"解救"。从节日本身的规定性出发，从节日内含的文化结构和社会张力出发去进行理论观照，才有可能获得对创作实践以真正推动的理论创新。

一、节日影像志研究综述

如绪论中介绍的那样，目前节日影像志已立项 182 项，但完成却不及一半，说明其推进并未按预期的节奏进行。这一方面是项目本身的难度所致，另一方面也说明，仅仅出台一个规范体例和实施一次组织培训是不够的。它急

---

① 鲍江：《音像志初探——兼评三个相关课题》，未刊稿（2019 年）。
② 朱靖江：《节日影像志：人类学的理论思考与田野介入之道》，未刊稿（2019 年）。
③ 鲍江：《音像志初探——兼评三个相关课题》，未刊稿（2019 年）。

需在面上以各种形式加强其创作实践与理论的对话,以帮助各个项目团队能尽快在创作理念和创作方法上找到一个最佳的切入口,带着明确的学术自觉和创作激情深入节日田野。但遗憾的是,围绕该项目在全国各地的广泛展开,许多实践问题和理论难点还未得到足够的关注和重视,创作团队更多是各行其是,各自以自身的学科背景在进行某种探索和拓展。

　　从目前我们所搜集到的研究资料来看,能集中体现该论题命意的论文、论述可谓寥寥。《节日研究》曾以"节日影像志的价值与意义"、"节日影像志的案例分析——《纳人和他们的山神》影片简介"、"节日影像志的方法与实践"三个议题展开过较为宽泛的讨论①。多数是只见观点未见论证;只见呼吁,未见措施;只见普同性原则,未见节日志创作要领,等等。倒是蔡华、刘湘晨二位教授就自身的创作实践给出了节日影像志创作经验的个别技巧性、技术性解决方案。从 2013 年开始,我们陆续见到与该论题相关的少量文章出现:《论人类学影片在传统文化保护和旅游发展中的作用——以〈傈僳族刀杆节影像志〉为例》(王旺,2013),《互动、共享与变迁——傈僳族上刀山下火海仪式变迁研究》(高志英、杨飞雄,2013),《口述与呈现,叙事与风格——尔苏藏族"环山鸡节"影像志创作后记(刘广宇、焦虎三,2014),《论民俗活动田野调查的影视表达——以河南灵宝"骂社火"为例》(朱舒杨,2016),《节日影像志创作实践初探——以〈那达慕〉为例》(刘广宇、刘星,2016),《"中国节日影像志"的庙会拍摄实践省思——夏坊村七圣庙个案》《二郎神崇拜与袄教"七圣刀"遗存比较研究——对福建宁化夏坊村"七圣祖师"源流的再思考》(朱靖江,2017,2018),《呈现新疆——影视人类学视域下刘湘晨纪录片研究》(罗旭永,2018),《在场与不在场的转换——围绕当地人对二维影像和 VR 影像观看体验的个案研究》(杨宇菲、雷建军,2019),《文化互动、地方社会与国家治理:腾冲傈僳族刀杆节叙事解读》(高朋,2019),《差异求真——中国节日影像志和

---

　　①　李松、张士闪:《节日研究(第九辑)》,泰山出版社 2010 年版,第 46—51 页。

中国史诗影像志的理念与实践》(许雪莲,2019)。从刊出形式看,这 11 篇文章有研究生论文 2 篇,期刊论文 9 篇。从写作内容看,有 3 篇文章仅仅是从创作题材出发展开的文化阐释与想象(朱靖江,2018;高志英、杨飞雄,2013;高朋,2019)。而对余下来的 9 篇文章进行考察,我们发现,如果按照与本议题接近性原则来归类的话,大体有这样几种情况及观点呈现:一是泛化或边缘论述:罗旭永将刘湘晨的节日影像志作品纳入其整个人类学纪录片创作之中进行观照:"2011 年,刘湘晨正式入职新疆师范大学民族学与社会学学院的影视人类学教授,这种职业上的变动进一步促进了他的人类学思想的发展。在他参与完成的中国节日影像志作品《开斋节》《献牲》《祖鲁节》三部纪录片中,已经完全自觉运用影视人类学的理论,除了节日的仪式及过程记录完整,刘湘晨还敏锐地挖掘当地人所在的状态,经历的心旅和即将面临的社会的变革,让文化事象记录的体量、意义负荷达到很高的饱和度,作品也愈发具有文化参考和研究价值。"[1]而对文字所提到的这三部节日影像志作品均未作专题研究;杨宇菲和雷建军则主要从制作形式的差异化到传播效果的差异化来证明分享人类学的重要性和建构性[2],而未能就节日影像志创作本身进行深入的探讨。二是关联概念延伸:王旺将"傈僳族'刀杆节'"的创作与传播延伸至"其在丰富、发展人类学学科理论和方法上发挥了重要作用,同时影视人类学也为文化的保护和旅游产业的发展提供了新型媒介。"[3]朱舒杨对河南灵宝"骂社火"的个案研究还基本上停留在常识性描述和阐释阶段,他把问题引向了民俗影视表达的科学性与艺术性之间如何平衡? 同时,针对"目前影视民俗片的制作和民俗学研究是脱节的。艺术家关注的只是作品的艺术表达,而

---

① 罗旭永:《呈现新疆——影视人类学视域下刘湘晨纪录片研究》,西南交通大学 2017 年硕士学位论文。

② 杨宇菲、雷建军:《在场与不在场的转换——围绕当地人对二维影像和 VR 影像观看体验的个案研究》,《北京电影学院学报》2019 年第 8 期。

③ 王旺:《论人类学影片在传统文化保护和旅游发展中的作用——以〈傈僳族刀杆节影像志〉为例》,《保山学院学报》2013 年第 6 期。

民俗学研究者只关注自己的调查"①等问题,呼吁"把影视制作和民俗学这两者统一起来……如果民俗学者能够更有效地利用影视记录工具,获益的将不仅是民俗学者本人,整个民俗学甚至全人类的文化传统都会受益。"②三是某一技术与技巧实践的理论探索:刘广宇、焦虎三在尔苏藏族"还山鸡节"的创作后记中,较为深入地阐述了"口述"的功能与价值并试图与其后的三个主要论点"呈现"、"叙事"与"风格"相联系,进而建立起节日影像志创作的一种模式:"(按照)经由口述、呈现、叙事及风格形成所构成的层级性创作思路进行摄制,并在这一创作过程中对其功能性价值进行展现,是节日影像志作品达至对一个民族文化底蕴揭示的可行路径。"③四是整体性反思:尽管刘广宇、刘星的《节日影像志创作实践初探》是以"那达慕"节日影像志个案分析为基础,但其总体立意却是全局性的——"如何以'体例'为基础,以'探索'为动力,以'深描'为路径积极创作出更多、更好、更新的节日影像志作品,是当前及今后一段时期内,国内节日影像志作者所必须面对的问题。"④朱靖江把"宁化七圣庙会"放在中国节日影像志体系中进行观照,由对具体拍摄实践的总结上升到对"节日文化细节与'影像深描'"和"影像口述史与七圣巡游的社会功能"的分析,从而得出"中国节日影像志是由中国文化部门发起的影像文献摄制行动,它制定了一套较为严谨、规范的摄制准则,影视人类学为中国节日影像志提供了重要的理论框架,使其超越民俗影像的猎奇层面,力图揭示节日的仪式特征、文化内涵,特别是凸显节日主体的主位文化立场。"⑤的结论;许雪莲

①　朱舒杨:《论民俗活动田野调查的影视表达——以河南灵宝"骂社火"为例》,河南大学2016级硕士毕业论文。

②　朱舒杨:《论民俗活动田野调查的影视表达——以河南灵宝"骂社火"为例》,河南大学2016级硕士毕业论文。

③　刘广宇、焦虎三:《口述与呈现,叙事与风格——尔苏藏族"还山鸡节"影像志创作后记》,《民族艺术研究》2014年第6期。

④　刘广宇、刘星:《节日影像志创作实践初探——以〈那达慕〉例》,《新闻界》2016年第7期。

⑤　朱靖江:《"中国节日影像志"的庙会拍摄实践省思——夏坊村七圣庙个案》,《民族艺术》2018年第1期。

在《差异求真——中国节日影像志和中国史诗影像志的理念与实践》中，从人类学一般理论和方法论立场"对这两项国家项目的基本情况、理念、方法进行梳理，综合阐释为'尊重差异性真实'、'注重影像场域'、'让文化持有者发声'、'以影音研究为导向'四种学术理念，并对其调查、记录、叙事、著录等方法进行了归纳和提炼，藉此提出影视人类学研究可借鉴的理念和方法。"①该文是迄今为止立意最高，视野最广，且有部分实际案例为支撑的学理反思，但也正因为如此，该文对节日影像志议题的论证就显得空疏并难以起到对创作实践以真正的指导作用。

那么，怎样从"节日"本身的特殊性出发，从"影像志"所具备的规定性出发，从当前创作所反映出的实际问题出发，找到一个从理念到方法的原则性、规范性乃至操作性的对策和办法，是本论题研究的逻辑起点。

二、节日影像志现存的主要问题

作为一项专题研究，笔者对已送审参与结项的70余部节日影像志均一一细读，但个人的视角毕竟有所局限。这里我们将以"中心"对部分作品的结项评审意见为素材，整理出47部作品所存在的主要问题，并在此基础上对这些问题作延展性的揭示。鉴于本节议题所限，我们对评审意见中所提到的一些"技术、技巧"问题就留待"第五章：节日影像志'形式要素'研究"中去做进一步讨论和辨析。

问题的产生与说明：一是基于实际评审意见所做的提炼；二是根据一个作品本身应该具备的基本要素所进行的归纳；三是往往一部作品可能会有多个问题的出现；四是基于学术伦理，我们没有将问题与作品直接勾连。下面我们就来一一审视之。

---

① 许雪莲：《差异求真——中国节日影像志和中国史诗影像志的理念与实践》，《民族学刊》2019年第5期。

（一）片名与主题

有 12 部作品被提到"片名"问题：1. 片名不加限定，往往用一个田野点的节日代表了整个节日；2. 片名与节日主题不够契合；3. 片名与内容呼应不够，或者难以涵盖全部内容；4. 更多的情况是片名直白缺少韵味；5. 或者过度意象化，完全用外部人的视角代替了原住民母语的本义。片名问题的实质是对节日主题提炼不够，甚至可能对节日主题的理解都较为模糊。而一个意象化的片子不仅是《规范》所要求的，更是导演对主题表达最精准的概括。它可以传递出节日最基本的指向，也能在第一时间渲染出节日的浓重意蕴。

有 7 部作品被提到"主题"问题：1. 主题偏差；2. 主题不够凝练；3. 主题不突出；4. 很多内容与主题不太吻合。主题问题的实质是对节日定位认识不够。一个传统节日能延续到现在，或者说在现在被重新发掘，一定是这个节日满足了节日中的人的各种现实需求和诸多理想诉求。那么我们的主题也就是对这个节日的核心价值和主要意义的提炼。尽管我们知道节日的功能往往是多元的，且随着社会时代的变迁而变迁。但正是如此，我们才会特别强调对节日定位的准确把握，而也只有准确地把握了它的定位，我们的主题才不会游离或者暗淡。

（二）文化事象与民俗细节

这部分的提炼较为困难，因为其表述用语不太一致。根据我们对具体问题的对应，发现这样几个说法都可以归到这一类来。比如，节日内容、民俗事象、文化事象、文化符号等。而且这一类问题最多，大约有 34 部作品均存在这样、那样的问题。其具体体现在：1. 必要文化事象缺失，重大文化事象遗漏；2. 重要节日节点展现不够充分，重要文化事象表现不充分；3. 文化事象分散、碎片化，重点不突出；4. 文化特征和文化符号表现不明显；5. 民俗文化细节的介绍或解释不够；6. 文化事象混杂、错置，或解释不准确；7. 部分重要的文化事象关联性较为模糊,或者有关联的文化事象缺失;8.文化事象的深层结构揭示不足,或民俗事象的象征意义和关键作用未能解释清楚。上述问题的出现,可能是多种原因导致:可能有技术原因未能及时捕捉到的民俗细节,也可能有认识上的选择偏差或者认识深度不够,还可能因为前期的预案疏忽等,但我们认为不管是哪种原因,如果出现严重的"缺失"和"错误",这就是前期的文献搜集、田野调研、现场拍摄乃至后期的文案整理不扎实带来的。而一个节日是否丰满与鲜活,一个节日的内涵与意义能否扩展和升华,都离不开节日中的各种文化事象与民俗细节的滋养和孕育。

(三)人物与生活

在评审意见中,除了上述"文化事象与民俗细节"存在问题较多外,人物及其节日的生活气息问题也常常被专家们所诟病。为何把人物与生活气息并置处理呢? 这是因为在构成节日的生活气息方面,专家们说得最多的是:1.缺少节日参与者的日常生活细节描写;2.节日事项过多,普通人的世俗生活过少;3.缺少普通人对节日生活的感受采访等。而有12部作品被提到人物处理不当:1.人物形象不鲜明,印象不深;2.人物过多,没抓住对重点人物的刻画;3.人物身份与人物关系交代不清楚;4.核心人物缺失;5.当地文化学者出镜过多,淹没了老百姓的声音;6.女性视点和普通人视点缺失。

节日是人的节日,节日与人在节日中构成一幅"神圣/世俗"互惠与互助的情景。节日因人而生动和精彩,人因节日而兴奋和充满期待。处理好节日中的人,及人与人的关系,人与组织的关系,人与各种文化事象和各种生活细节的关系,是节日影像志成功与否的关键。

"片名"是一个人的颜面,"主题"是一个人的灵魂,"文化事象和民俗细节"是一个人的血肉,而"人物与生活"是一个人的骨骼。因此,知晓了上述大类的主要问题,就基本能判断一个节日影像志的成与败。当然,结项评审还就节日背景交代、节日时空转换、人物口述、节日组织以及各种前、后期技术、技巧处理等存在的问题都有比较明确的意见,此不赘述。要解决上述问题,回到《规范》以及对《规范》作必要的补充阐释,是笔者自第一次参与"尔苏藏族还山鸡节"到第三次参与"自贡灯会"这5年来所一直致力思考的事。

三、反思起点:超越《规范》的新视界

就书写的"志"来看,在中国的语境中,常常是与中国的方志文化传统相连。它起源于周"掌道方志,以诏观事,以知地俗"(《周礼·地官·序官》)。成型于宋"宋元丰七年(1084)苏州人朱长文撰元丰《吴郡图经续记》,在该志《序》中云:'方志之学,先儒所重。'具有系统的'方志学'雏型的概念,这就是'方志之学'"。① 那么,作为方志学的主要支撑,"地方志"所书写的文本内容又是什么呢?"地方志是记述一定地域自然和社会的历史与现状的资料性著述"。② 就中西方比较而言,在西方还没有哪一种文本体裁与中国的地方志可以画等号:"通过对汉语和西方语言两种文化语境的考察,可以发现中国文化的'(方)志',在西方人看来和他们的(地方)编年史、地理词典有部分接近的成分。"③但与西方语义所指的编年史和地理词典仍有较大区别的是,中国的方志,至少是历史上的方志就像皇权那样,很少下县的。那么这就不像西方可能一个教堂或者社区都会产生大量的地方编年史。这是其一;其二,中国方志从来都以"达道义、章法式、通古今、表功勋、旌贤能"④为标榜。因此,方志中的"志"是高高在上的,是注重教化的。而节日影像志从其宏观命意来说,也是秉承了"盛世修志,垂鉴未来"的传统思想:"《中国节日志》丛书秉承国家'盛世修志'的文化传统,力图对传统节日的历史和现状进行准确、真实、全面地记录。"⑤如果就"节日志"(文本)而言,它可以分为:综论、志略和田野调查

---

① 王广荣:《试论我国方志学研究的历史和发展》,《广西地方志》1996年第1期。

② 石磊、傅振伦:《方志理论研究》,宁波大学2010年硕士学位论文。

③ 吉祥:《中西方文化语境中"方"与"志"的比较研究》,《史志学刊》2017年第5期。

④ 来新夏:《中国方志学理论的发展与现状》,《中国地方志》1995年第2期。

⑤ 参见:http://www.cefla.org/project/journal,2007-05-18/2021-05-21。

三个部分,那么对影像而言,这样一种策略就必然失效。因此,方志的"志"在实际的运作策略中就变成了民族志的"志"。这样,议题就自然转向人类学民族志的理论与方法层面了。前此,我们曾提到的《规范》就有过比较明确的界定和规制。

《规范》共 2376 个字数,从宗旨、原则、结构、成果形式和注意事项等五个方面进行了全方位的设计。其中,仅"结构"就有 1490 字数,占《规范》总体的一半以上。"宗旨"说明了我们的工作目标和价值意义;"原则"为我们提出了方法论规制,而"结构"则为一个片子的基本成型提供了较为完善的创作思路和关注重点甚至关注细节等。其实,如果严格按照规范去实施,那么,以上多数问题都是可以避免的。但为什么一个集中了人类学、民俗学、民族学、传播学和众多影视工作者的创作团队在制作节日影像志的时候,仍然会带出这么多的问题呢? 也许,对《规范》的延伸性解读就显得十分必要了。

节日影像志是纪录片,它遵从纪录片创作与理论的一般性规范原则,即客观性和真实性;但它又是人类学纪录片,因此,它也就必然以人类学的文化整体观和文化相对主义的基本义理去从事其创作,也即将人类学的学术观照和学术伦理奉为圭臬;最后,它是关于"节日"的人类学纪录片,因此,它更要关乎节日的特殊性,或者说它必将因节日的特殊性而生产出一系列具有"节日属性"的纪录片,不仅与其他类型的纪录片区别开来,而且以富有"节日属性"的纪录片方法与理论的产生而贡献于影视人类学。惟其如此,我们才能更好地回答为何仅仅基于一般影视人类学理论与方法的反思仍难以促动对节日影像志实践困境的解决,以及这样一个汇集了众多人类学、民俗学、传播学和影视制作人团队的宏大影像工程仍没能从根本上超出传统的学术与创作思维而催生出更多、更好的精品名作。因此,回到节日本身,从节日题材的特殊性出发,从节日文化的结构内涵和社会张力出发——以空间性对时间性的凝缩,表演性对日常性的超越,身体间性的峰值呈现等节日规定性出发,经过不断的实践与探索,我们就一定能够生产出许多如同节日般绚烂的丰富多样且形态各异的节日影像志作品来反哺学术,致敬传统,回馈社会与时代。

第二节 回到节日本身的理论自觉

本节将超越前此的阐释理念,从理论生长点的视角将节日文化属性、节日社会结构等有机地与记录方式和记录行为相结合,从而凝练出属于节日影像志特有的创作理念和路径,并在实践和理论上达成:一、对正在进行中上百个节日影像志创作团队以实际的指导和引领;二、完成对我国影视人类学理论与方法的部分丰富和补充。而这一切,都将以我们回到"节日本身"的理论自觉为前提。

一、意义网——打开节日的时间褶皱

时间性是一切非商业纪录片要解决的首要问题。张同道用十二年时间创作《零零后》,就是试图用时间的长度去揭示"零零后"部分人物跌宕与反转的命运;而顾桃以十余年的时间去跟踪玛丽娅·索奶奶一家的欢乐与悲伤,也是想在时间的长度中展示我国北方最后一个狩猎民族"鄂温克人"如何从大山林走向定居点并过渡到现代生活方式的文化变迁。对于时间的认识,二位导演都给出了自己的说法。张同道说,"纪录片是时间编出来的戏剧"[1],而顾桃说则说:"没有时间的长度,也出不来时间的重量。"[2]那么,对于节日影像志而言,我们如何在节日这个被浓缩了的"时间装置"里去完成一种有深度的文化表达? 这个问题可以说是所有拍摄团队自始至终都会面对和纠结的问题,它也是节日影像志创作特色的生长点。

---

[1] 中美纪录片论坛在洛杉矶举办,电影眼公众号,2019-10-19。
[2] 良崴、顾桃:拍纪录片,没有时间的长度,也出不来时间的重量,拍电影网公众号,2019-10-18。

（一）节日影像志中的时间计量

节日影像志的时间大致包括这样几个部分：一、节日影像志的田野时间。这是人类学田野所要求的，对节日田野点所做的文化整体性观照时间，它是所有节日影像志展开的前提。二、就某一节日事项所做的拓展性处理。比如，黎小锋在拍摄"节日影像志·定仙墕娘娘庙花会"时，为达到一种纪录的深度"在花会召开前半年就多次往返陕北开始拍摄用于祭祀而专门供养的'羊'。"①笔者也因"节日影像志·自贡灯会"的方案预设而从灯会开始前的大半年就持续跟踪各个人物线索。三、《"中国节日影像志"项目实施规范》（以下简称《规范》）所规定的节日前、节日中与节日后的节日时间。四、在特定的节点，节日时间的多义性将完全释放出来。历史的时间、神灵的时间、祖先的时间和未来的时间等。五、节日仪式的程序性时间和局部细节的展开时间。六、节日时间的共在性为我们在不同的空间中体验时间的同一性提供了保证。七、节日时间是周期性重复时间。它打破了线性的时间观，建构着一种生命的循环甚至轮回的时间意识，而这种周期性的时间特征，还见证着节日文化的变迁与流变。八、摄录时间、表述时间、成片时间和观者的时间感等。也许从单个的节日本身来说，它的时间不够长，也不是所有的节日都能拓展出与某个节日事项相关的较长时间的意义连接，但对于节日中的人而言，所有的时间都盛满意义，且意象缤纷。王宁彤在处理节日中的时间时曾说："节日是隐藏着丰富文化内涵的褶皱，我们要做的就是如何去一层层打开这个褶皱。"②这个褶皱，就是时间的褶皱，它表征出来就是文化的意义之网，而一切富含生命韵味的时间线最后都交汇在这个文化的意义之网中，并在节日时刻为我们竞相绽放。

---

① 微信采访：被采访人：黎小锋，同济大学教授；采访时间：2019 年 9 月 30 日；采访人：刘广宇。

② 微信采访：被采访人：王宁彤，中国传媒大学助理研究员，CCTV6 电影频道兼职导演；采访时间：2019 年 9 月 16 日；采访人：刘广宇。

（二）"深描"是节日影像志的点金术

"时间的炼金术"①，是樊启鹏等人在一次就黎小锋、贾恺几部影片对谈时用到的题目。它说的是时间与纪录片的关系，这里，我们借用并改写成"'深描'的点金术"，用于表述节日影像志的创作肌理。它指的是，意义之网与节日影像志的关系。

"深描"对于大多数从事人类学纪录片创作的人来说都不陌生，因为这是阐释人类学最核心的一个术语。它的本义其实也并不复杂和神秘。笔者在写作《新中国成立以来农村电影放映研究》时曾有过专门注释②。笔者认为它是解读文化意义之网的方法论与认识论。所谓方法论，就是将"深描"作为进入对象内部的方便之门，而所谓认识论，就是不仅将"深描"作为一种认识工具，更是将它作为一种知识生产的"主位"世界观保证。因为，"深描本身就是向理解者提供更多的符号，理解者的意义团状会不断扩大，从而使理解者的自由想象不断向深度发展。"③影像的全息性特质为深描提供了物质基础，那么，我们有什么理由不像纪录片对待时间的虔诚那样去对待"深描"呢？这是节日影像志克服时间难题的唯一法宝，也是节日影像志创造新知，丰富学术实践的重要责任。

关于"深描"，朱靖江和笔者都在反思节日影像志创作时笼统地提到和呼吁过，但这远远不够。这里，笔者拟从以下几个方面对"深描"进行一个原则性的描述，更充分的解读留待"第五章：节日影像志'形式要素'研究"去处理。

"深描"的第一个层面，是多机位问题。它有两个功能：一是在大的空间

---

① 黎小锋：《时间的炼金术——关于黎小锋、贾恺几部纪录片》，《艺术广角》2016年第3期。
② 刘广宇：《新中国成立以来农村电影放映研究》，文化艺术出版社2015年版，第8页。
③ 王成善：《特质、深描和理解——解读〈文化的解释〉的路径》，《中南民族大学学报》2006年第6期。

格局上解决了时间的共在性难题。这也是杨正文在微信采访时提到的"一只眼和多只眼的关系问题"[①]；二是在较小的视域范围解决行动者的关系问题。这就是我们常常说到的正反打镜头。

"深描"的第二个层面，是多景别问题。它可建立在不同机位的基础上，解决局部的共时性反映，也可以以一个机位的推拉进行处理，以达到对事件微进程的展示。而景别最重要的功能在于以它的变化建构并揭示出人与物、人与人的各种关系。这些关系包括，心理、认知、社会和审美等。

"深描"的第三个层面，是多运动问题。它主要用在跟拍中，以表明摄像机永远在场，见证和诠释着一路的所见所闻。

"深描"的第四个层面，是多视点问题。谁在看（说/听）？看（说/听）什么？以及怎么看（说/听）？被谁看（说/听）？等等，这些都包含着可深可浅的意义关联。它将构成叙事的主体框架，进而充分展示出节日的内在张力。

"深描"的第五个层面，是多声道问题。在刘湘晨的《献牲》（柯尔克孜族"古尔邦节"子课题）里，你可以在同一个场景中听到六七种声音的立体交汇：交流对话声、嘈杂的寒暄声、衣服悉索声、门帘声、舀水声、牛羊的叫声，甚至牛走路的踢踏声等。声音是有方向、有距离、有情绪、有情感，甚至是有身份的，而恰恰声音问题又最容易被人们所忽视。

"深描"的第六个层面，是特技、特效问题。随着航拍技术的日益完善和广泛使用，关于航拍的起始、运动轨迹、方向、高低、远近等都需要专门研究。而另一个新技术的出现更可能带来对节日仪式记录的一种全新替代。"节日影像志·广东梅县中元节"和"节日影像志·广州番禺龙舟节"的 VR 实验已经完成。而对于其理论和方法的研究也才刚刚开始。

当我们身处一个影像可以提供一切可能性的时代，还会去坚守玛格丽

---

① 微信采访：被采访人：杨正文，西南民族大学，教授；采访时间：2019 年 9 月 9 日；采访人：刘广宇。

特·米德固定的、远距离的全景拍摄吗？影像"深描"既是一套技术体系，更是一种意识形态，它是这二者的合为一体。大规模的节日影像志应该为其实践和探索贡献出自己的新理论与新方法。

二、节日的"戏里""戏外"

2011 年 12 月，由李松和张士闪主编的《节日研究》出版了"节日与戏曲"专辑。该书由"聚集·节日与戏曲"和"特稿"两个部分组成。从刊出体例来看，这两个部分分别代表了"节日与戏曲"的宏观与微观关联研究。从研究的总体观点来看，与该专辑主持人张刚在主持人语表述的认识基本一致："纵观中国戏曲发生发展史，始终与节日有着密切的联系，特别是早期的演戏活动，几乎就是在节日的这个大背景下发生、发展的……"①而这一结论在《节日视阈下的戏曲演艺研究》得到了更为详实的证明："节日祭祀为戏剧表演的最初渊源，在宗教祭祀仪式中戏剧要素开始萌芽，宗教迎神与驱傩活动为后世民间的文戏与武戏提供了两种范型，而随着节日的宗教色彩减少、世俗色彩的增多，仪式变成宴飨用乐，成为一种独立的表演形式，在不断的磨合和交流中，戏剧最初脱离原始宗教而形成一种独立艺术……另一方面，节日又是戏曲传播重要的时间载体。"②显然，这样一种思维或研究思路是与伽达默尔所提到的"真正有思想的历史学家必须把注意力集中在戏剧的节日特征上，正是在这一点构成了戏剧的本质特征。"③的观点极为契合。而我们这里想表达的，恰恰是反其道而行之的主张，即我们是否可以把注意力集中在节日的戏剧特征上呢？因为，正是某种戏剧的特征构成了节日的社会张力。下面，我们将从三个方面做进一步的说明。

---

① 李松、张士闪：《节日研究（第 3—9 辑）》，泰山出版社 2011—2014 年版，第 1 页。
② 陈建华：《节日视阈下的戏曲演艺研究》，长江文艺出版社 2016 年版，第 33 页。
③ ［德］伽达默尔：《伽达默尔集》，上海远东出版社 2003 年版，第 547 页。

(一)节日格局与戏剧结构的异曲同构关系

这一观点为王长安在《民俗节庆格局与中国戏曲结构》一文中所提出和加以验证。在王长安看来,这种同构主要在体现在两个方面:一是节庆的布局与戏曲的结构有同构关系:"一般说来,节庆是相对以'年'作为总体单位的'段落'安排的。如果说'年'是一个独立的完整的总体形态的话,那么,其所包含的诸多节令就是其基本的结构布局。藉此将时光一步步推至终点。我们知道,具体的一出戏剧,也是一个包含着诸多段落的总体单位。为了将演出一步步推向结局,亦需注重每个段落的有机安排。"[1]为此,他把中国的五个节气与以元杂剧为代表的中国戏曲的五幕(含楔子)联系起来,并认定"中国人的主要民俗节庆,也呈现了'五部'段落的结构格局。依次为'端午'、'中秋'、'重阳'、'春节'和'元宵'。其中以春节(年)最为热闹隆重,堪称一年中全部节庆活动的高潮和总结……有趣的是……年之后连缀上一个'元宵',正如同元杂剧在第三折高潮出现后又延展出一个第四折一样,是一种情绪的延伸,力的缓冲,释放性的收一煞。假如静心体会一下中国人民俗节庆的情绪发展及隆重程度,就不难发现,其延展曲线与元杂剧一类的中国戏剧如出一辙。"[2]二是王文还进一步深入到戏曲内部,去证明中国古典戏曲的主要功能与节日功能有一种同构的关系:"它们同为快乐仪式,同为技巧化了的宣情载体,而处于节庆与戏剧中的人(在前者为人们,在后者为人物)又都有强烈的表现欲望。在自娱自宣娱人,又在娱人中强化自娱,升华自选宣。为此,他们不惜厚积(物质与情感的)薄发,呈现出一种结构固定的情绪节奏。正是这种民俗心态与戏剧心态的重合和民俗精神与戏剧精神的一致,造就了节庆格局与戏剧结构的异质同构。"[3]

---

[1] 王长安:《民俗节庆格局与中国戏曲结构》,《戏曲研究》1994年第1期。
[2] 王长安:《民俗节庆格局与中国戏曲结构》,《戏曲研究》1994年第1期。
[3] 王长安:《民俗节庆格局与中国戏曲结构》,《戏曲研究》1994年第1期。

　　尽管上述观点从外到内都给予了一种看似合理的推测,但显然,我们认为,外部的推测过于主观,且为了迎合元杂剧的五幕戏,而把清明排除在外,甚至把一年中的几乎一个季度都排除在外,这个论证一定是值得商榷的。与其同时,我们反倒认为,仅仅从戏剧本身的特征和功能出发,就完全可以充分论证,节日与戏剧在某种程度上具有高度的契合性。比如,戏剧的虚拟性与节日的假定性,戏剧的程式性与节日的程序性和节日仪式的仪轨性,戏剧的集中性与节日中各种仪式的密集展开,戏剧的表演性与节日公共展演和大众狂欢,戏剧的冲突性与节日的攀比和竞赛等,都能在结构上得到相互的说明,而从功能角度看,也是有许多相近的地方,除了上文提到的娱乐、宣情之外,戏剧的教化与节日的纪念,悲剧的肃穆与节日的祭奠,中国戏曲的大团圆与中国节日的团圆理想,等等。总之,我们以内部的视角看,无论是戏剧之于节日,还是节日之于戏剧,都可以得到一种建立在现实性基础之上的相似性,而非一种孤本的猜想与推演。

　　(二)戏剧观下的节日:戏里戏外

　　由于篇幅所限,以及议题本身的走向,我们就不再去对上述各种特征和功能的相似性做进一步展开。下面我们就节日中的各种戏剧性要素和戏剧性特征深入节日内部去看看,人们究竟是怎样在节日这个特定的时间节点上上演着各自的年度大戏的?

　　年为"百节之首"。从春节看节日的"戏里戏外",也许是一个比较合适的范本。因为,春节的时间长度,保证了"戏里戏外"各种活动的充分显现。它既有生活的情趣,也有戏剧的热烈;既有和睦的交往,也有暗中的攀比;既有严肃的祭祀,也有散漫的休闲。而这一切又在春节的元宵时刻得到总的爆发——闹腾归于平静,竞争归于团结……于是春节就将戏剧的"三一律原则"加以扩展——时间由一天,扩展为小年 23 日到大年 15 日;地点由一个场景,扩展为家、家族祠堂和社戏、社火等展演地;情节服从于一个主题:团圆兴旺。

总之,戏剧的假定性原则在这里得到了充分体现,它从上述三方面都规定着春节大戏的基本走向。

而从一般戏剧结构的安排来说,我们还可以把春节这个较长时段的大戏再细分为两次戏剧演出:一次是以家和家族为中心的戏剧演出;一次是以家族和村社集体为中心的演出。于是,在第一次演出时,我们便看到以下活动的出场:一、序曲:二十三过小年,春节序曲正式拉开;二、展开:人们开始打扫房前门后、贴春联、窗花和门神,买年货、贮备春节期间所用食品等,俗称"忙年";三、高潮:团年饭、守岁和放鞭炮,以庆贺旧年的顺利终结和迎接新年的来临;四、尾声:初一,穿上新衣,以新的面貌面对祖先,完成对祖先的祭祀并祈求家和万事兴。第二次演出:一、序曲:则仍以初一出门为开端,因为初一出门就意味着人们从封闭的家开始逐步走向一个更为开放的公共空间;二、展开:初二走亲戚,从家的空间进入到家族姻亲空间,然后逐步再扩展到社区空间,耍龙舞狮以及各种表演团队的走街串巷等,为大年十五前后的闹社火埋下伏笔;三、高潮:充满各种竞技性和竞争性的表演终于出场,闹社火、骂社火、血社火等;四、尾声:大年十五前后的观灯、走灯、猜灯、游灯等,又让人们在一片欢乐祥和中结束大年。

那么,什么是节日的戏里戏外呢?笔者把"戏里"界定为:凡是进入公共空间参与主持、表演或者维持,甚至观看与自己身份认同有密切关系的一切节日仪式、仪礼和公共演出活动,均为"戏里"。一言以蔽之,"戏里"解决的是节日中的公共性与身份性问题。而除此之外的节日行动都是"戏外"活动,都是属于私人性和亲缘性节日生活。而节日中的各种社会关系和社会张力均是由戏里戏外的人物穿梭所构成。而我们为什么又把春节的大戏分成了两个阶段呢?其实,大年三十之前的演出属于私性演出,也即我们是在"比附"的意义上把它称为"演出",它满足了戏剧的假定性前提,因为,节日中的人们其实是两次进入到"戏里"的,第一次作为一种假定性前提,他们进入了一个与寻常生活不一样的时间维度,进入到一个对家族和家庭来说,有着特殊意义的时空里,所以,在这个意义上,我们也可以把它称为"戏里",这是就纯粹的个体而言的"戏里",因为,从腊月二十三开始,个体的很多行为都将与家庭和家族的命运共在。所以这个时候,各种禁忌是起作用的,因为他们生活在节日的家庭与家族的"戏里"。而随着公共性展开,节日就越来越与戏剧的各种要素相一致了,所以,这时人们就会第二次进入到节日的"戏里",或者说真正进入到"戏里"。这也是春节的特殊性之所在。而这种现象在其他节日中是不会出现的。我们为什么要执拗地以戏剧观来对来节日呢? 这不仅是因为节日与戏剧本身的密切性所决定,也在于节日影像志要在如此短的时间里揭示出各种社会张力所必然选择的一种创作视角。

(三)镜头前的表演——节日影像志的"戏中戏"

现在我们就来主要关注"戏里"的那些事。谁在戏里? 这是我们首先必须确定的事。因为"戏剧的中心要素是演员的表演"。[1]

谁认识他/她? 影响力;为什么是他/她出场? 资历、背景、声望、权力、资本、知识、能力和信仰;为出场他/她都做了哪些努力和准备? 血缘、亲缘、地缘、人缘和业缘;他/她为何出场? 动机、目的和意义;他/她代表了谁? 团队利益;他/她能否代表他们? 关系程度;能不能找一个和他/她一样,甚至压过他/她的人出场或者作为对手一同出场? 与其他竞争群体的关系;他/她什么时候? 在什么地方出场? 时间和空间对于他/她出场的重要性,或者彼此的重要性,因为他/她出场,所以这个时空点显得重要,或者因为这个时空点很重要,他/她必须在这个时空点出现;他/她以何种方式出场? 隆重、盛装、虔诚、喜悦或者平淡;谁陪他/她一起出场或者护送他出场? 个人或团队;他/她来干什么(扮演了什么角色)? 做法事、做主持、表演或者维持秩序;他/她和谁一

———————————

① 周玲:《论戏剧艺术的基本特征》,《辽宁教育学院学报》2003 年第 3 期。

起参与行动（主角/配角）？几个人？还是一个群体？与合作者的位置关系、话语关系、行为关系和互动关系；他/她用什么器物？即法器、香火、各种道具；他/她表演给谁看？神灵、祖先、鬼怪、同伴、对手和围观群众；他/她的行为举止是否得体？自我评价、他者评价和神灵感应；他/她的表演是否达到了预期的效果（角色扮演是否到位）？个人和群体的不满意、满意、超满意；他/她如何退场？自主与非自主；谁陪他/她离开？个人和团队；他/她的下一个目标是什么？新的计划……

上面，我们以较为抽象的形式表述了节日中"戏里"人物的角色扮演和表演，虚拟出了各种社会关系和社会评价在其中的作用和效果。也许在现实的节日中，一定会出现超过上述设计的角色想象。但以围绕节日"表演"而展开的拍摄活动，是可以较好地揭示出节日本身的戏剧状态及其这种状态所呈现的各种社会关系与社会张力的。

"个体在普通工作情境中向他人呈现他自己和他的活动的方式，他引导和控制他人对他形成的印象方式，以及他在他人面前维持表演时可能会做或不会做的各种事情……舞台呈现虚假的事情，生活却可能呈现真实的和有时是排练不充分的事情。"①

"为什么会理所当然地把被拍摄者的行为视为一种表演，并把催生被拍摄者表演的责任推给了没有机会辩解的被拍摄者，以及不能说话的摄像机？为什么我把被拍摄者在摄像机前的行为称为表演的同时，却又仅仅把自己在被拍摄者面前做出的各种行为称为知识、经验和技巧？"②

"作为行动者的摄影机和拍摄者、拍摄对象，乃至观看者是发生相互影响的'结合'关系，他们改造被科学遮蔽的现实，使未经察觉的、隐藏的生活纹理（unconscious patterning of behavior）显性化，并通过自我反思、讲求对话

---

① ［美］欧文·戈夫曼：《日常生活中的自我呈现》，北京大学出版社 2008 年版，第 1 页。
② 陈学礼：《被隐藏的相遇：民族志电影制作者和被拍摄者关系反思》，社会科学文献出版社 2017 年版，第 8 页。

式的合作和发展、拍摄者—拍摄对象—观看者的互动尝试,建构新的真实世界。"①

　　上述三段话,显现了这样一种逻辑关系:表演是日常生活中的一种常态;所以所有在镜头前的行为都应该被视作一种表演,而不是贬低一方,隐藏另一方或者伪装另一方;甚至不仅不隐藏、不伪装,彼此还可以借助镜头去刺激相互的表演。而这也同样适合于运用到对节日,尤其是对节日仪式("仪式是一种通过表演形式进行人际交流和文化变迁的'社会剧'。"②)的表现中来,通过它,节日影像志就一定会为我们演绎出一幕幕自由自在且异彩纷呈的"戏中戏"。

三、"身体间性"的峰值呈现

　　我们在"绪论"中曾给节日的普遍特性以界定:在公共空间下,被广泛人群所参与的,一次(周期性)密集的,充分自由而又高度规范的表演。当然,节日不会一直都处于表演之中,它也有如同寻常的"吃喝拉撒睡",但就是这些日常的情形,它也被节日的氛围和节日的规范所笼罩。所以,观察和研究节日,不仅要观察和研究节日的文化事象,它更需要我们去观察和研究节日中的人,研究节日中的人的身体处于何种状态,而只有透过身体的状态我们才能看到更多的社会及文化支配的力量,从而更充分地了解和理解节日文化事象,以及它们之间的相互关系。而它与记录节日这一行为本身又构成了一种怎样的关系呢? 下面,我们将从这样三个方面去做进一步阐释。

　　(一)追问纪录片的语言表述系统

　　"纪录片不具备区别于剧情片的独特的表意形式,和剧情片一样,纪录片

---

　　① 富晓星:《作为行动者的摄影机.影视人类学的后现代转向》,《民族研究》2018 年第5 期。

　　② 彭兆荣:《人类学仪式的理论与实践》,民族出版社 2007 年版,第 15 页。

的表达也离不开虚构。'一切影片都是剧情片'。"①这是电影理论大家克里斯汀·麦茨的观点。

"每部电影都是一部纪录片。即使是最荒诞怪异的故事片也带有孕育其文化的痕迹，并再现了在其中进行表演的那些人的特征。实际上，我们可以把电影分为两类：(1)达成心愿的纪录片；(2)再现社会的纪录片。"②这是纪录片理论大家比尔·尼可尔斯的主张。

显然，上述二位大家都是各执一端在说事。一个用"纪录片的表达也离不开虚构"，注意"也"字，就说明，在也之前它是有自身的特殊性的；一个用"故事片也带有孕育其文化的痕迹……"注意"也"字，就说明，在也之前它也是有自身的特殊性的。那么这个特殊性在哪里呢？比如我们通常将故事片定义为"虚构"电影，但它"也"会有记录的痕迹；把纪录片定义为"非虚构"电影，但它"也"会有虚构的成分。那么，更进一步，我们还可以回到原点去追问，电影是什么？或者说，我们把电影拿来干什么？——"每种类型的影片都是在讲故事，但这些故事（或者说叙述）又有所不同。"③因此，如果说尼可尔斯指出了纪录片和故事片最大的区别在于，一个是"达成心愿"的电影，一个则是"再现社会"的电影，那么，麦茨的观点主旨就是，一个是"虚构"的电影，另一个则是"非虚构"的电影。尼可尔斯从电影诉求上解释了二者的区别，而麦茨则从如何达到这个诉求的手段上指出了二者的不同。而正是在手段上，也即在形式因上，我们才能见到显的区别。因为，一切理念和意愿，乃至逻辑的内涵都是不可见的，而惟有表述和用以表述的介质才是可感的。

那么，我们从故事片与纪录片的表述介质上能找到二者的明显区分吗？但遗憾的是，到目前为止，还没谁在做这个工作，至少在国内纪录片的学术界

① 王迟：《纪录片究竟是什么？——后直接电影时期纪录片理论发展述评》，《当代电影》2013年第7期。

② ［美］比尔·尼可尔斯：《纪录片导论》，中国电影出版社2007年版，第9页。

③ ［美］比尔·尼可尔斯：《纪录片导论》，中国电影出版社2007年版，第9页。

还没有谁明确提出一个基本的区分原则,更不用说,按这一原则去做更细致的研究工作。尽管,在多年前笔者就曾提出过"纪录片的语言学之问",但由于没找到一个合适的切入点,这个问题也就成了"天问"。

(二)纪录片:用身体丈量人与现实的距离

应该是身体这个介质才是故事片与纪录片显在分野的起点。下面我们来看看二者在身体方面的主要区别:

一、就人物塑造而言:(1)故事片的身体是被剧情控制了的身体,纪录片的身体是被生活控制了的身体;(2)故事片的身体在表演区展开,纪录片的身体在生活中展开;(3)故事片的身体行为可以重复多次,纪录片的身体行为一般就一次;(4)故事片的身体与导演的身体保持着职业的距离,纪录片的身体与导演的身体保持着朋友的关系;(5)故事片的身体是无禁区的身体,纪录片的身体是难以进入的身体;(6)故事片的身体是与本人分离的身体,纪录片的身体是与本人同一的身体。

二、就人物被观看而言:(1)故事片的身体是虚构的身体,纪录片的身体是真实的身体;(2)故事片的身体是经过装扮的身体,纪录片的身体是未经修饰的身体;(3)故事片的身体是可以全部打开的被凝视的身体,纪录片的身体总是自我掩饰或者半遮半掩的身体;(4)故事片的身体唤起的是对于人物形象的认同,纪录片的身体唤起的是对本人的认同;(5)故事片的身体是一种有距离的被观看的审美的身体,纪录片的身体是一种无距离或者近距离的被尊重的社会的身体;(6)故事片的身体不能显示其与后台的关系,纪录片的身体随时会显现其与后台的关系。

上面我们分别从人物塑造和人物被观看两个维度找到了12个主要差异。那么,从所有这些差异性上看,它们又被另一个总体事实所规定:那就是故事片只有角色而无身体,纪录片除了身体就一无所有。而在这之前,我们也曾说,唯有可感的介质才能在形式因上成为被表述的材料。因此,纪录片唯一的介质就是身体，它规定并统合着纪录片的语言表述系统。也正因为如此，我们才看到尼可尔斯在讲述纪录片时，第一章就以"为什么道德问题对于纪录片的制作很重要？"①来展开。而故事片的道德伦理常常却是从最后的传播效果上来调查和反思。现在，我们还必须完成第二次转换，即从作为记录对象的身体，到作为创作者的身体。创作者的身体被记录对象的身体所规定和限制，因为他全部的工作只能是围绕着记录对象的身体而行动。你可以刺激他，让我们在镜头中看到某一瞬间的情绪变化，但你不可能（在短时间内）从根本上改变他。因此，从镜头呈现来看，所有的机位、景别、运动、方向、视角都是为能充分展示记录对象的身体而产生的，且充满了记录对象身体的随意性。所以在纪录片里，表面上我们看到的镜头画面与故事片没有差异，都是受制于视听语言的基本规则在呈现，但其实，我们从这些被呈现的画面上，看到的不仅是记录对象身体的呈现，也能看见纪录片导演（或者摄制者）身体的呈现，不仅如此，我们还能看到二者的同时出场，通过对话、通过机位设置、通过视线交流、通过第三者反馈……等等，可以说，纪录片中的身体呈现是一种复合的身体呈现：导演的身体被记录对象的行动逻辑所制约，记录对象的身体又被生活逻辑所制约，最后成为多种身体的交互呈现，并通过这种交互呈现展示着导演所理解的生活世界。但在故事片中，我们却看不到任何导演（创作者）的痕迹。因为，故事片是一个完美的缝合系统，它给我们的是，通过角色丈量我们与想象世界的距离。而纪录片却是通过身体丈量我们与现实世界的距离："正是在身体与其生存的世界之间的这种具有'建构'与'被建构'、'向周在世界开放'与'向身体内在世界传送信息'的双重交错过程中，身体及其精神活动获得了生存于世的意义，而身体也和其周在的世界合为一体：身体感知到自身的界限及其生存于世的经验，而世界也因此被感受到它的存在。"②

也许身体作为一个基本前提，早在纪录片创作者那里得到了一种自觉：

---

① ［美］比尔·尼可尔斯：《纪录片导论》，中国电影出版社 2007 年版，第 9 页。

② 高宣扬：《论梅洛-庞蒂的生命现象的价值和意义》，《同济大学学报》2010 年第 3 期。

"小川的纪录片可以被称为身体主义的纪录片,这是我从观看他的纪录片《三里冢·第二堡垒的人们》开始产生的感觉。在这部影片拍摄的三年时间里,小川的摄制组几乎是把摄影机绑在身体上,同时又几乎是把镜头贴在对峙的人们的肌肤上拍摄的,摄影机已完全变成身体的一部分。"[1]但实践的自觉并不能代表理论的自觉,更不能代表纪录片语言表述系统就能自动的生成。当然,要在如此短的篇幅内展开以身体为起点的纪录片语言表述系统的分析,也是不可能完成的任务。在此,我们只是明确提出了这一观点,并对其观点进行了初步论证。它将有助于我们从纪录片"身体介质"出发去完成对节日中的身体及其呈现特性的认识和理解。

(三)节日中的身体及其呈现

身体研究已经不是一个新鲜话题了。但我们在对纪录片语言表述系统进行思考的同时却再次发现了身体,并试图以此为出发点,去建构一整套关于纪录片表述的语言系统。而节日影像志的出现,则又为这一努力提供了历史性的机遇。因为,节日中的身体最集中和最突出地体现了属人的身体的全部感觉经验和文化惯习的汇集与释放。同时,通过节日影像志的实践成果和理论总结,也可以给节日研究,乃至民俗研究中处于长期缺失的身体研究以鲜活的案例分享和理论拓展。

关于民俗研究和节日研究中的身体问题,目前国内民俗学界才刚刚开始加以关注,且大多还停留在引介性、动议性和呼吁性的文字上面。对此,王霄冰和禤颖在《身体民俗学的历史、理论与方法》一文中有过较为全面的总结和回顾:"美国学者凯瑟琳·扬虽然提出了'身体民俗'的概念,但并未对身体民俗学的理论和方法进行系统的建构。中国古代典籍中富含身体民俗的记录与书写资料,早期的中国民俗学者江绍原、黄石等曾利用文献与田野相结合的方

---

① 郭熙志:《行动吧,身体主义的纪录片!》,《读书》2008 年第 6 期。

法进行身体民俗的研究,当代民俗学者刘铁梁、彭牧等又结合中国的学术传统,从对民俗主体的关注出发,提出了民俗学乃身体感受之学等理论观点,为身体民俗学这一学科分支的确立奠定了基础。作为研究与身体相关的民俗事象并关注身体参与民俗文化建构过程的学科领域,身体民俗学特别注重田野调查过程中主客体双方的身体参与、身体经验和身体感受。除了参与观察、深度访谈、问卷调查等常用方法之外,个人叙事和虚拟民族志对于身体民俗研究而言也是极为有效的研究方法。"①在该文中,作者明确提出了身体问题不是单向度去发现生活中乃至节日中的身体民俗,作为一种陈述或者呈现,它需要主客体双方的身体参与、身体经验和身体感受。这一观点表明,任何事物只要进入意义系统被发现或者被转述,它都不可能是一种纯然的、自在的存在,它必将与携带着其他文化印迹的身体进行对话和交流,以达成一种理解与共识,进而才可能在更广泛的群体和空间中展开自己和被外界所认可和接纳。节日影像志,正是以记录者的身体参与的一次大规模的节日民俗文化事象的影像工程。在这个过程中,记录者将以身体为媒介与节日中沉淀了多种民俗文化特质的身体相遇,而我们把这个相遇便称之为"身体间性"的峰值体验。

在节日中,你可以看到身体暗藏的潜流,但你更能看到身体的和谐表达;你可以看到世俗纷争的身体,也可以看到最神圣肃穆的身体;你可以看到被禁忌的身体,被规范的身体,也可以看到癫狂的身体和怒放的身体;你可以看到禁欲的身体,也可以看到放纵的身体;你可以看到某个神秘的身体,也可以看到一群人相互敞开的身体……凡此一切,皆因节日之故。所以,只要有节日来临,人们总是愿意把自己的身体装扮一新,并(常常如春节那样)不顾一切地想回到自己身体熟悉的时空环境下,与自己熟悉的身体一道过属于自己身体的节日。

而这样的节日的身体大观,就无时不刻在考量着以身体为介质的影像志

---

① 王霄冰、禤颖:《身体民俗学的历史、理论与方法》,《文化遗产》2019 年第 2 期。

工作者,他不仅要知晓和熟悉这些身体所表征的节日文化特质,而且还要和这些荷载着节日文化特质的身体达成一种相互理解的备忘录,以便记录者的身体可以从容而迅速地进入节日的身体阵群,捕捉和记录下这节日身体的多彩多姿和尽善尽美。

因此,"身体观"是从纪录影像的基本属性和节日民俗的基本特性两个方面对节日影像志所做的基本规定,而"戏剧观"则是节日影像志展开的骨架,"深描"是节日影像志的血肉。唯此,我们才能真正地"回到节日本身"。

四、生生不息:回到节日本身

《周易·系辞上》曰:"日新之谓盛德,生生之谓易"①,这是"生生"观念最经典的表述。尽管,"生生"一词最早见于《尚书·盘庚》"汝万民乃不生生,暨予一人猷同心。""往哉生生……""无总于货宝,生生自庸……"②而且,后人对这个词还存在着诸多疑问。但《周易》为"生生"灌注的意义则为世代中国人所普遍接受并为其注入了更多的意义阐释:"唐代孔颖达《周易正义》释:'生生,不绝之辞……后生次于前生,是万物恒生谓之易也';明代来知德《周易集注》释'生生'为'始终代谢,其变无穷';当代学人余治平对'生生'进行语义学的诠释,他说:'生生'可以被理解为一种双动词关系,'生'而接着又'生',强调的是'生'作为一种生命活动或生存活动的不间断性,运动与运动之间永远是没有间隙的;也可以被理解为双副词结构,指物的存在情状,物始终'在生成的状态之中'、始终处于'生化变易的过程之中',也就是说,物永远在运动着,不断地生成它自身。"③

"生生之谓易",从"易"之三解来看,所谓"变易"、"简易"和"不易",只是从三个侧面揭示和保证了万事万物的"生生不息"。即,"易"是一种恒常,

① 《周易·系辞上》
② 《尚书·盘庚》
③ 郭明俊:《〈易〉之"生生"观念及其价值意蕴》,《兰州学刊》2010 年第 8 期。

"易"是有规可循，"易"是一以贯之。对照节日，我们可以这样引申开来，即变化是节日的一种常态；但包罗万象的节日又有其内部的结构规则；而贯穿节日始终不变的就是人们对节日内在的精神渴求。如果我们再对之进行抽象的话，就是"回到节日本身"。

作为节日影像志的总牵头人，文化和旅游部民族民间文艺发展中心原主任李松，曾有个较为形象的说法："节日影像志不是拍一个完美的、标准的节日，不是去建构一个经典的节日，而拍具体的节日，不拍想象的节日，节日的现状是什么就记录什么，记录此人、此时、此地、此事，记录节日变化的过程。"[1]显然，这样一种指导思想在很多节日影像志创作团队那里并未得到很好的执行。不仅如此，这样一种指导思想也并未在很多审片专家那里得到自觉的贯彻。究其原因，还是对"回到节日本身"缺乏足够的理解。那么什么是"节日本身"呢？

无疑"此人、此时、此地、此事"是一种节日本身，但它又不是节日本身，它是感觉经验上的节日本身，而不是精神或情感上的节日本身，或者说还不是节日成其为节日的本身。在追问什么是节日本身的之前，我们先清理一下什么是"事情本身"这个重要的哲学命题。

"经验主义论证的基本缺点是，把对返回'事情本身'的基本要求与一切通过经验获得的知识论证的要求相等同或混而一谈。经验主义者通过他用来约束可认识的'事情'范围的可以理解的自然主义限制，干脆把经验当作呈现着事情本身的唯一行为。但事情并不只是自然事实。"[2]在胡塞尔看来，事情本身必定要经过现象学还原而来，即要经过"客观对象与原本的主观的被给予方式之间的先天相关性"这一大片"意向性意识"的还原才可能回到事情本

---

① 李松：《中国节日影像志》项目交流会录音整理，会议时间：2017年7月27日，会议地点：北京会议中心。在巴莫曲布嫫提出的"五个在场"田野工作模型和史诗演述场域概念工具的启发下，许雪莲最早提出了"此时、此地、此人、此版本"的概念，并将之运用到对"中国史诗百部工程"创作实践的指导中。

② 转引自洪汉鼎：《何谓现象学的事情本身？——胡塞尔、海德格尔与伽达默尔对此理解的差别》，http://www.aisixiang.com/data/34310-5.html，2010-06-16/2019-10-26。

身。海德格尔却给"事情本身"找到了存在论基础:"让人从显现的东西那里,如它从其本身所显现的那样来看它"①。因此,事情本身首先就应是那种表现自身为自身的东西。这个事情本身就是"此在",且"必须让此在自己解释自己,在这种开展活动中,现象学阐释只是随同行进,以便从生存论把展开的东西的现象内容上升为概念。"②而伽达默尔则更进一步赋予"事情本身"以历史内涵。他以"能被理解的存在就是语言"为哲学出发点,指出,"理解并不是更好理解……我们只消说,如果我们一般有所理解,那么我们总是以不同的方式在理解,这就够了"③。

上述三位哲学家所说的事情本身,都揭示了事情本身的不同面向:一个是在意向性意识中被不断还原的事情本身,一个是正在生成的事情本身,一个是具有历史局限的、被理解的事情本身。就本议题而言,我们说的面向节日本身,主要是指面向正在生成的节日本身。那么,我们可以很自然的将这个正在生成的节日本身表述为"如其所是的那样展开节日自身"。如其所是,就是从一种"已然"的节日迈向一种"未然的,或有逻辑可能的事态"的节日,也就是说按照节日自己对自己的规定那样所展开的节日。这就回到节日自身的规定性原点了。

刘东在《有节有日》中,以一种文人的意气呼吁道:"节"与"日"应各归其事,各安其命,只有"这样的'有节有日',我们的生活就将重上轨道,更像个'天生蒸民,有物有则'的样子。"④而张祥龙在《节日现象学刍议》中则更为理性和理想地论及"节日是不可规定的,不可强迫的。征服者与被征服者、规定

---

① 转引自洪汉鼎:《何谓现象学的事情本身? ——胡塞尔、海德格尔与伽达默尔对此理解的差别》,http://www.aisixiang.com/data/34310-5.html,2010-06-16/2019-10-26。

② 转引自洪汉鼎:《何谓现象学的事情本身? ——胡塞尔、海德格尔与伽达默尔对此理解的差别》,http://www.aisixiang.com/data/34310-5.html,2010-06-16/2019-10-26。

③ 转引自洪汉鼎:《何谓现象学的事情本身? ——胡塞尔、海德格尔与伽达默尔对此理解的差别》,http://www.aisixiang.com/data/34310-5.html,2010-06-16/2019-10-26。

④ 刘东:《有节有日》,《读书》2001 年第 10 期。

者与被规定者、统治者与被统治者、主体与客体、观念理性与感官欲望……那里都没有真正的节日。节日是生命节奏与命运感受相交和而生发出的赞歌：它们是追忆之歌，又是希望之歌，也是及时行乐、忘怀得失之歌。'浴乎沂，风乎舞雩，咏而归。'它们是人生与天地日月以时相通的'眼'。"①

显然，不论是刘东还是张祥龙，他们提到的这样一种"节日"就是从节日本原意义上，即从节日之为节日的意义上加以论述的。面对不断变化和生成中的节日，我们要做的，就绝不仅仅是在想象中去还原"过去的"节日，或者按照与节日属性无关的"理想"或"计划"去建构节日。我们能做的就是在李松所提到的"此人、此时、此地、此事"的事实基础上，以"如其所是"为理念，在记录的同时去追问、反思和判断……而这也是节日影像志除了满足抢救性资料属性之外的另一个更为重要的使命和担当。

而"回到节日本身"也正是高丙中在《生活世界：民俗学的领域和学科位置》②、吕微在《民间文学—民俗学研究中的"性质世界""意义世界"与"生活世界"——重读〈歌谣〉周刊的"两个目的"》③、户晓辉在《民俗与生活世界》④、王杰文在《"生活世界"与"日常生活"——关于民俗学"元理论"的思考》⑤等相关论文中所表述和追求的：超越一般经验现象的研究，给民俗学理论和方法以理性的内省与自觉。

---

① 张祥龙：《节日现象学刍议》，https://mp. weixin. qq. com/s? src = 11&timestamp = 1572074751&ver = 1935&signature = Bzq98S30KjlfLdmfpRwShxMeTmnJMiAzor1IES9a ＊ KAopOFzlASvk-mqmGExpDjec94exij9O80qoHoTAZlVTjoHmf- ＊ ITXdSdYwdhMu4ZAEX7tiI9Hml4ZQB ＊ 0JV1yq&new = 1,2017-10-06/2019-10-26。

② 高丙中：《生活世界：民俗学的领域和学科位置》，《社会科学战线》1992 年第 3 期。

③ 吕微：《民间文学—民俗学研究中的"性质世界""意义世界"与"生活世界"——重读〈歌谣〉周刊的"两个目的"》，《民间文化论坛》2006 年第 3 期。

④ 户晓辉：《民俗与生活世界》，《文化遗产》2008 年第 1 期。

⑤ 王杰文：《"生活世界"与"日常生活"——关于民俗学"元理论"的思考》，《民俗研究》2013 年第 4 期。

第四章　节日影像志内容要素研究

节日影像志在《规范》中划定了社会自然背景、基本环节、人物与组织和重要事项,共 4 大类 16 个参考要素,通过这些参考要素为子课题参与者划定了一个观察记录节日的重点,采取了一种列出"正面清单"的方式去告诉参与者,如何去记录节日。在参考要素后还有一句解释"在拍摄中勿须拘泥于以下展示方式,鼓励拍摄制作的创造性发挥,以深化表现节日主题。"这表示在"规定动作"外,各子课题负责人也可以视不同节日的具体情况增加"自选动作"。我们作为项目的参与者和研究者,通过自己实践和观看其他子课题的成果影片和相关资料,笔者认为,尽管《规范》特别指出不要拘泥于参考要素工作,但其中有几个要素是记录节日缺一不可的关键要素,如果对它们把握不到位,将无法通过影像展现出节日的样态。因此,本章我们将选择人物、事件、组织、时间、空间、仪式、食物、服饰、艺术表演和体育游艺与竞技,来讨论节日影像志的关键内容要素。

第一节　主体——组织、人物与事件

何谓主体,这是我们研究节日影像志内容要素所必须首先回答的问题。民俗学家刘铁梁、高丙中等都对民俗学的主体问题有过深入的思考。而发现主体,也是民俗学研究中的一个重大转向。即从 20 世纪 80 年代以前,民俗研究更多注意的是对民俗的"俗"的搜集、整理和考证工作,在一定程度上忽视了对民俗之"民"的研究,而民俗之"民"就是民俗的主体。节日影像志的内容研究从"主体"开始,也是题中应有之义。

一、主体及主体的延伸性理解

在《规范》参考要素表中,组织指"筹办节日的传统民间组织,如宗族、会社",随着社会的不断发展进步,能够使人团结起来的不仅是原始的集体意识和集体信仰,还有血缘、宗亲、利益、习俗以及道德法律规范。正如法国社会学家、实证社会学的代表涂尔干所提出的两种社会团结形式——机械团结(前工业社会)和有机团结(工业社会):"在前工业社会这种'机械团结'的社会,人口密度、物质密度、道德密度都处于低水平,集体意识和集体信仰主宰一切,个人意识缺乏。在机械团结的社会中,人们的结合是基于他们的类似性,所以通常使他们能够结合的因素往往是机械的,如血缘、地缘、宗亲等,因而连接人们之间的规范纽带主要是习俗、宗教规范、道德规范等,法律的作用总是局限于刑事法律领域。"①在这一情景语境下,我们便不难解释——节日组织的存在和发展是与世代传承的信仰系统以及集体性的文化认知密不可分的。节日组织的存在即标志着中国民间传统文化可以是一种活态的文化,是由普通民众的生活内容所代表的文化,是由普通民众自身参与、建构和传承的生活实践。对于庞杂而缺乏有机社会团结的广大民众来说,只有在具有公信力的节日组织的影响下,大家才能有热情团结在一起,结成各具特点的组织,各司其责,合作共事,并表现出极大的热情和难得的牺牲精神。王明珂认为,我们每一个人都生活在许多以集体记忆结合的社会群体中。

同时,笔者认为《规范》对于组织的定义过于局限于传统民间组织,作为

---

① [法]爱弥尔·涂尔干:《社会分工论》,生活·读书·新知三联书店 2000 年版,第 113 页。

影像化的直观记录和叙述，我们同样需要面对随着节日的不断发展，节日组织构成也越来越复杂与多元，如雪顿节从最开始单一的宗教内部节日，已逐步发展成为一种现代性节日，在保留传统核心民俗事象基本不变的同时，已顺应地方文化发展和需要，融入了旅游、商贸交流等新元素，组织者也发展为政府为主导、多种企业和社会组织共同参与组织的节日。

《规范》中将人物分为重要人物和其他人物与族群，分别指"在节日活动中扮演重要角色的人物"、"参与节日的普通民众、相关民族或族群"。节日是人参与的，人们通过节日处理人与自然、人与人之间关系，因此人必然是节日的主体，就如黄玲丽在其文章中所表达的"'传统节日'从缘起看，节日本身就是民众基于对自然规律及人伦关系的认知和领悟，在生产生活实践中约定俗成的民俗现象，民众是节日和节日文化的创造主体，而节日则是民众观念、民间文化集合与萃取的结果。"①她认为节日文化关照的是"人"，民众既是节日文化"化"的对象，更是节日文化生成与发展的主体。笔者认为在节日中的人物是多样的，在关注主要人物的同时，也要注意关注参与节日的普通民众，特别是要注意到传统认知中被忽视的群体，因为节日是公共开放的，通过对节日中不同角色人物的观察，才能更全面的反映节日。

事件在《规范》中没有特别明确的对应解释，在基本环节类的"内容要素"中，其指"节日具体活动，包含节日前、节日中、节日后的重要内容"，此条还有一处脚注说明"此项与'重要事项'类有交叉，但强调以时间为线索加以展现"，重要事项类包含了"祭祀/仪式、艺术表演、游戏竞技、服饰、饮食、手工艺品、社交礼仪和亲属关系"，笔者通过查阅文献后，认为重要事项类中各要素基本是在节日这一民俗事象下的民俗事象的亚类，这是从民俗学角度的理解。这一部分笔者将在本章的后面几节单独论述。在笔者的理解来看，"内容要素"的所指既包含了节日中各类民俗事象，也包含了从影像叙事结构考虑的

<hr>

① 黄玲丽：《国·家·人：善用中国传统节日德育资源的三维思考》，《信阳师范学院学报》2016年第5期。

在节日中、节日前和节日后发所发生的事,这二者是既重合又有区别的。笔者认为民俗事象与节日中的事是基于民俗学研究和影像化表达的两种维度出发进行考量。经过研究发现传统民俗学的研究范式已发生转向,《规范》对于此部分的写作受到了当下中国民俗学研究范式转向的影响,在传统研究范式下,民俗学研究对象是民俗事象,随着学科发展,以及受到其他兄弟学科的影响,这样的研究范式发生了变化,由钟敬文教授主编的《民俗学概论》一书中对民俗事象的定义是"民俗事象纷繁复杂,从社会基础的经济活动,到相应的社会关系,再到上层建筑的各种制度和意识形态,附有一定的民俗行为及有关的心理活动。"①刘晓春教授认为"20 世纪 90 年代中后期以来,中国民俗学学者开始从单纯的民俗事象研究,转向在语境中研究民俗,强调田野调查,强调在田野中观察民俗生活、民俗表演的情境、民俗表演的人际互动、民俗表演与社会生活、社会关系、文化传统之间的复杂关联等,呈现出民族志式的整体研究取向,时空、人、社会、表演、变迁、日常生活等系列关键词,表明在语境中研究民俗的学者具有共同的问题、方法以及学术取向,初步具备学术范式的意义。"②王霄冰教授和王玉冰博士认为"民俗学的传统研究范式为事象研究。在人类学理论与方法的影响下,'语境'说、'表演理论'和'民俗整体研究'范式又发展出来,使得民俗学的事项研究从静态转向活态。神灵、崇拜、信仰叙事等传统话题都在'语境'中重获新生,民俗学对于民俗事象的考察与解释能力空前提高"③,她们通过对《民俗研究》期刊刊发文章的数据分析,以民间信仰研究为主题的论文数据进行分析和研究,对此类文章的研究或写作范式进行了分类,将它们分为通论性研究范式、民俗事象研究范式和民俗整体研究范式,并对每一种范式的局限性和具体意涵进行了阐述,从中可以看出"转换"并不代

---

① 钟敬文:《民俗学概论》,上海文艺出版社 1998 年版,第 5 页。

② 刘晓春:《从"民俗"到"语境中的民俗"——中国民俗学研究的范式转换》,《民俗研究》2009 年第 2 期。

③ 王霄冰、王玉冰:《从事象、事件到民俗关系——40 年民间信仰研究及其范式述评》,《民俗研究》2019 年第 2 期。

表完全放弃原有的研究范式,而是让研究范式更加多元化,面对不同对象采取不同的研究方法。王霄冰和王冰玉也在文中指出"以事件为中心,通过跟踪事件过程来研究其中各种民俗关系的调查方法,实际上并不是当代民俗学者的发明。早在20世纪20年代,中国民俗学的创始人顾颉刚在妙峰山香会调查中就使用了这种方法。"①"妙峰山香会,从历史研究和民俗志书写的角度来看,可算是一种民俗事象。然而出身史学的顾颉刚却没有采取史学研究的方法,而是抓住了每年四月香客们'朝山进香'这一民俗事件,通过与香客们一道步行登顶,考察其中实实在在的人所组成的香会组织,他们在进香中的活动,以及在活动中呈现出来的个体的信仰实践"②,可见传统的民俗学研究范式中,民俗学者以往更多的将每一个民俗事象,相对孤立的作为一个单元进行考察和研究,文字记录是主要成果形式。因为我们认为节日影像志一个子课题,很难形成对某一节日进行大而全的宏观性描述,根据节日影像志申报要求必须是以某一具体田野点(村落、社区、城市)的某一个传统节日作为对象,成果影片表现此时此地此节的情况,而整体观的记录任务交给了素材成果,这样通过多元的成果构成,试图采用"拼图"的方法,勾画出当下中国传统节日的模样。二是基于影像叙事的要求,节日影像志的影像形式不是音配像,而是使用影像语言描述节日,这就要求不能将民俗事象剥离于它所发生的语境,那样就失去了节日的有机整体性。

二、语境中的主体及其类型

随着人们对民族志书写的不断反思,科学主义的民族志书写成为众矢之的。也即就算是你亲自到了田野现场,也可能无法看到所谓的完整与真实,因

---

① 王霄冰、王玉冰:《从事象、事件到民俗关系——40年民间信仰研究及其范式述评》,《民俗研究》2019年第2期。
② 王霄冰、王冰冰:《从事象、事件到民俗关系——40年民间信仰研究及其范式述评》,《民俗研究》2019年第2期。

此有人类学者提出"正如已故的彼得·洛伊佐斯(Peter Loizos)指出:民族志不是按真实时间顺序来记录事件的流水账,而通常应是对某段时期的田野调查成果的提炼,其整合了成百乃至上千的遭遇、事件、对话等之后从中'拧出'一个总结。"①影像在这一点上就更为突出,相比于文字缺乏直接式的"在场感",作为用影像手段记录和研究节日,就更不能只关注到一个个孤立的民俗事象,因为影像就是一种在场的记录,它是将人眼看到的内容通过技术手段进行保存并能再复现,而这样的观念在实践中已被一些中青年学者所领悟。张海岚在"发现'事件':民俗影像的实现路径——基于三期影像工作坊的实践反思"一文中,通过自己的田野实践,对影像化记录民俗进行了思考,她认为"民俗学学科范式的纪录片不再是要记录民俗'事实',而是要在民俗事象的多语境结构中发现那些文化意义的'事件',根据叙事原则组织成为'故事',完成'非虚构'的文化表征,"②因此,笔者在此定义的事件,是指一种影像化创作的结构化思维,它是基于田野调查,在一定程度上融入制作者主观性的理解,从而形成的对节日内容展现的叙事单元,并且这样的叙事单元最终拼接在一起,形成完整的叙事结构。假若我们把节日影像志成果影片比喻作一棵大树的话,节日内容是大树的树干,各个要素内容是大树的树枝和树叶,事件就好比树干与树枝之间的连接点,如果没有它,这棵大树的树枝就会掉落,只有一根光秃秃的树干,不能成为一棵枝繁叶茂的大树。

节日是人的节日,人们通过节日表达情感,凝聚人心,维系人与自然的关系,要维持一个节日的常态化运行,除了其存在的根基,最为重要的就是有一个相对稳定的组织,因此,我们可以将节日理解为一群固定的人,在有固定而规律的时间范围内,在同一地点做同一件事。那么记录节日的关键就是记录节日中的人和事,否则就如同记"流水账"一样,只流于形式,无法通过影像将

---

① [英]保罗·亨利:《叙事:民族志纪录片深藏的秘密》,《思想战线》2013年第2期。
② 张海岚:《发现"事件":民俗影像的实现路径——基于三期影像工作坊的实践反思》,《民间文化论坛》2016年第6期。

节日呈现出来。通过对节日影像志已立项项目材料和成果影片的观看分析，笔者认为从类型上划分，可分为组织和人物驱动型、事件驱动型和双核驱动型，前两类比较容易理解，所谓双核驱动即指人物+事件共同驱动，联合运用，下面我将列举具体项目来进行陈述。

第一类是组织和人物驱动型。将组织和人物放在同类中是因为任何一个组织都是由人组成，并由人去发挥组织的作用和功能，因此将其与人物归为一类。在这里所指的人物是具有代表性的人物，他可能是节日的组织者、参与者、观众，在人类学民族学田野调查中，一般将这类人称之为关键报告人，通过询问他们或经过他们的协助，调查者可以获得关键信息，但不是所有在田野调查中的被访谈人，都能成为关键报告人，一般情况下他应该具有某种特别的社会身份，那么在节日影像志中选择关键报告人的第一考量因素是他与节日的关系，我们要选择与节日直接关联，并在其中发挥重要作用的人物，作为影片中的主要人物，往往人物选择恰当，就为工作打下了良好的基础。在《马街书会》（马街书会子课题）选择了张满堂和余书习作为主要人物，张满堂是河南省宝丰县杨庄镇马街村人、马街书会会首，他的家在书会期间为各路民间曲艺人提供借宿、歇脚的场地，每年为了接待他们，张满堂一家都要准备好酒、好饭和被褥提供给艺人们，他的家也成为了节日的重要空间，关于节日空间，我们会在本章的第二节进行论述。作为会首的他对马街书会的发展历史和现状都较为了解，子课题组通过他的对马街书会历史讲述和书会中的行为举止，从组织者的角度表现马街书会；余书习，河南省宝丰县周庄乡耿庄村人、三弦书艺人，从14岁开始参加马街书会，在子课题拍摄时已92岁，《马街书会》通过他曲艺人的身份，从书会参与者的视角呈现马街书会，通过他记忆中和当下参与的马街书会，将马街书会的历史与当下比较全面的呈现出来。《七圣庙》（福建宁化县客家七圣庙会子课题）通过对七圣庙庙会组织者，从节日前的筹备会，讨论如何办今年的庙会，如何挑选哪些人来装扮"七圣菩萨"，如何去募集办会的经费等问题，到节日中"七圣菩萨"巡游，直至最后节日后村民们的欢聚,组织者之间的讨论,这一系列的内容都是通过七圣庙的组织为核心进行记录和展开,通过对组织的跟踪,不仅是展现了节日,也将村落的文化动力机制展现出来。还有一类人物,他有着多重身份,所拍摄记录的节日发生地,正是子课题负责人或成员的故乡,整个成果影片记录了他回乡过节的过程,在这个过程中他又保持着研究者的身份。《火把节》(云南剑川白族火把节子课题)都有这样的情况存在,特别是在《火把节》中,剑川作为子课题负责人和渊的故乡,每年的火把节在他的童年记忆中有着很深的印记,进而采用了一种非虚构的方式,让子课题组成员易思成带着自己儿子,以和渊的身份回到剑川过火把节、探究火把节的历史,以参与式影像的方式进入到成果影片中,整个影片都是以人物在驱动着节日的呈现。

第二类是事件驱动型。即影片结构主要是通过与节日密切相关的事件来呈现。《卯节》(水族卯节子课题)是整体将卯节进行了解构—再结构,子课题负责人张小军教授将卯节分为"卯、卦、祭、宴、情"五个部分,以类似章回体小说的方式将卯节的节日历史,节日前测算过节的日子,节日时的祭祀过程,节日中的宴席,节日中的欢愉活动,呈现出了水族卯节的节日历史、节日过程和节日意涵。另一个事件驱动型为主的是《傣族泼水节》(傣族泼水节子课题),由云南大学徐菡副教授承担,她采用了传统影视人类学影片的叙事结构,通过云南西双版纳傣族自治州景洪市景迈村泼水节的发生时序为主要结构,将节日前、中、后的每一个环节都呈现得较为细致和丰富,根据其任务合同书拍摄方案中"主线:以泼水节期间康朗控主持的各项祭祀活动为主线,按节日发生的时间顺序,分层次、分重点来呈现泼水节期间以佛寺为主的公共空间的集体祭祀,及以家庭为主的私人空间的个体活动",在实际成果影片的呈现中,徐菡也是按照此预设用泼水节中的事件来推动影片内容的展开。虽然在文本设计中,她在事件中有强调以康郎控为主要人物,但由于展现的是事件中的康郎控,对人物的塑造并不丰满,因此,整体结构是以事件来推动发展的。事件驱动型更侧重于文化整体观考量,通过节日中的主要事件构成节日,让观众能从整体上把握住节日的文化意涵。

第三类是双核驱动型。双核驱动对于子课题的要求,在难度上要大于第一类和第二类,因为在前期拍摄和后期剪辑时要把握好人物与事件之间的关系和比例,要以事件为线索,人物为灵魂,像织布一样的经纬交错,实现双核推动节日的记录而不能单一沉浸于人物或事件之中,忘记了这个人物是节日中的人,变成单纯的人物记录,同时,也不能变成事件的堆砌,而没有人物。范华先生拍摄的《妙峰山庙会——四百年的历史》(妙峰山庙会子课题),就跟上文提到的顾颉刚先生在妙峰山的田野调查一样,他采用了与顾先生类似的方法,从香客朝山进香、娘娘庙祭典、各花会在庙会期间的活动等主要事件反映了妙峰山庙会。当下妙峰山庙会香客朝山进香的路线,已与顾先生等前辈记录的妙峰山庙会有了很大的变化,但为了表现原有的情景,范华先生找到了1927年由美国杜克大学社会学家西德尼·戴维·甘博拍摄的妙峰山庙会的影像资料,其中有一段记录了20世纪20年代妙峰山庙会期间,各路香客从山下向山上朝山进香的过程,利用这段宝贵的历史影像,将当年的情景再次展现给我们,在娘娘庙祭典从呈现中,范华先生不仅采用了子课题承担过程中拍摄的素材,也使用了他将近20年来跟踪拍摄妙峰山庙会的影像素材;各路花会在庙会期间的活动中,通过对多个文会、武会的活动记录,呈现出每一个会的特点,以及会与会之间在妙峰山上的交流与竞争,在呈现这些事件的同时,还有老都管(即会首)赵宝琪讲述16堂武会,他结合清代宫廷画,解释各个武会表演的故事及角色,以及妙峰山庙会的历史与故事。在甘肃环县红星村春节子课题中,项目负责人西安工业大学刘磊副教授,以子课题组成员敬晓庆教授为主要人物,以他回甘肃环县老家过年为主要事件,敬晓庆从小因父母在外工作之故与老家较为疏离,自己毕业后工作也留在了西安,这次回老家过年,一是回乡与许久未见的长辈与亲戚团聚过年,二是父母已经年迈,他们有意回老家养老,借回乡过年的机会为安排父母的养老事宜,呈现出了黄土高原上敬氏家族的春节过程,整体结构上比较好的把握住了人物与事件之间的度,用双核驱动的方式展现出了节日状态。在《邱家祠年事》(成都春节子课题)的成果影片中,子课题组负责人李家伦选择了用五姐作为主要人物,通过她在春节期间参与的各种行为事件,比较好的把握住了人物与事件之间的关系,实现了双核推进的结构,向大家呈现了以邱家祠为主要文化空间的老成都市井的春节样态。

第二节　景观与流程

"节日是按照一定的历法和季节顺序,在每年特定的时间或季节举行的仪式、庆典或行为活动。它被用于庆祝、纪念、重演、预演某些重大事件——农业的、宗教的或社会文化的。它赋予个人及其宗教的政治的或社会经济的集团以凝聚力和存在意义"。① 在这一节笔者将从"流程与景观"两个要素来展开。这里所提的"流程与景观"是具体化的,如节日中的关键时间节点和地点,而抽象的时间与空间将在"节日影像志'意义要素'研究"中进行讨论。

一、空间、景观与场所

根据节日影像志所关注的内容来看,节日景观是根据节日的主题和重大庆典的内容进行创作设计而成的应节、应时的浓缩型综合性景观。② 简单而言,节日景观是与节日相匹配的各类神性环境、建筑、场所,而一个活动得以开展的基础便是这些场所,只有合适的场所,节日活动才能顺利开展,并将传统文化传承下去。在关于节日景观的表述中,常常会提到有关文化空间的讨论。亨利·列斐伏尔在1974年出版的《空间的生产》一书中提出了"文化空间"概念。"亨利·列斐伏尔(H.Lefebvre)在《空间的生产》中列举了众多的空间种类:绝对空间、抽象空间、共享空间、具体空间等,其中也包括'文化空间'一

---

① 盖晓明、谭朝炎:《中国传统文化概述》,浙江大学出版社2013年版,第134页。

② 陈满祥:《浅析园林景观表现的新形式——节日景观》,《群文天地》2012年第1期。

词,这大概是语义学上'文化空间'的最早出现。"①但他并未对其进行较为详细的阐述。联合国教科文组织于 1998 年 11 月第 155 届执行局会议宣布的《人类口头和非物质遗产代表性条例》第一条宗旨中的第一款指出"这一口头和非物质文化遗产(文化空间或民间传统表现形式)将被宣布为人类口头非物质遗产代表作",第三款进一步指出:"为本《条例》之目的,'文化空间'的人类学概念被确定为一个集中了民间和传统文化活动的地点,但也被确定为一般以某一周期(周期、季节、日程表等)或是一事件为特点的一段时间。这段时间和合一地点的存在取决于传统方式进行的文化活动本身的存在",在同年发布的《人类口头和非物质遗产代表作申报书编写指南》中,在界定口头和非物质遗产的种类时,再次描述了文化空间的概念,"宣布人类口头和非物质遗产代表作针对的是非物质文化遗产的两种表现形式:一种表现于有规可循的文化表现形式,如音乐或戏剧表演,传统习俗或各类节庆仪式;另一种表现于一种文化空间,这种空间可确定为民间或传统文化活动的集中地域,但也可确定为具有周期性或事件性的特定时间;这种具有时间和实体的空间之所以能存在,是因为它是文化表现活动的传统表现场所。"联合国教科文组织北京办事处的文化官员爱德蒙·木卡拉对于文化空间的表述是:"文化空间指的是某个民间传统文化活动集中的地区,或某种特定的文化事件所选的时间。在这里必须清醒认识到文化空间和某个地点的区别。从文化遗产的角度看,地点是指可以找到人类智慧创造出来的物质存留,像有纪念物或遗址之类的地方。文化空间是一个人类学的概念,它指的是传统的或民间的文化表达方式有规律性地进行的地方或一系列地方。"②他的表述中将文化空间与具体的某一个地点进行了区分,可以看出文化空间中所指的地点与日常的地点并非是一个意思。而在国内学者中,辽宁大学乌丙安教授认为:"'凡是按照民间

---

① 陈虹:《试谈文化空间的概念与内涵》,《文物世界》2006 年第 1 期。
② 乌丙安:《民俗文化空间:中国非物质文化遗产保护的重中之重》,《民间文化论坛》2007年第 1 期。

约定俗成的古老习惯确定的时间和固定场所举行的大型综合性民族、民间文化活动，就是非物质文化遗产的文化空间形式。'有了这样的理解，就会自然而然地发现，遍布在我国各地民族的传统节庆活动、庙会、歌会（花儿会、歌圩、赶坳之类）、集市（巴扎）等，都是典型的具有各民族特色的文化空间。"①北京大学高丙中教授认为文化空间从概念上进行阐述的话，"文化空间是体现意义、价值的场所、场景、景观，由场所与意义符号、价值载体共同构成。"②同时，他还指出"文化空间的关键意旨是：'具有核心象征的文化空间。'核心象征是指一个社会因其文化独特性表现于某种象征物或意象——通过它可以把握一种文化的基本内容。有核心象征的文化空间应区别于一般的文化空间，它具有集中体现价值的符号，并被成员所认知，是共同体的集体意识的基础。"③从二位对文化空间的定义和概念描述中可以看出，他们认为"文化空间"是指具有某种象征意义和功能的场所，这种意义和功能可以是其自身功能所赋予，也有可以是被人为附加，另有一些学者认为"文化空间"的定义更为广泛，不单单指看得见的场所，还应包括某些观念或观念中的场所，但由于此类看法已将空间抽象化，与本节关系不大，就不再列举。笔者在这里采用"文化空间"实际指涉的概念，它是自带或在特定时间范围内被赋予功能或意义的地点和场所，它是时间与空间并置之后的具象表现，并具有集体意识的认知基础，节日中的文化空间比如马街书会的麦地，苦扎扎节的磨秋场，水族卯节、端节的卯坡和端坡。

二、空间构成类别

经过上文的论述，通过对文化空间概念的梳理，让我们通过节日影像志成

---

① 乌丙安：《民俗文化空间：中国非物质文化遗产保护的重中之重》，《民间文化论坛》2007年第1期。

② 关昕：《"文化空间·节日与社会生活的公共性"国际学术研讨会综述》，《民俗研究》2007年第2期。

③ 关昕：《"文化空间·节日与社会生活的公共性"国际学术研讨会综述》，《民俗研究》2007年第2期。

果来看看节日的文化空间及场所,节日主体通过对场地的使用,使某些固有场地成为节日进行和文化传播的文化空间。"场"在《说文解字》中写道:"场,祭神道也",由此可见,场所在原始时期的主要功能为祭祀天神,时代的变化使场所的主要功能发生了变化,但其特质依然是对精神的追求。因此场所定义为:"场所是具有清晰特征的空间,人的文明、场地以及人与场地产生的关系构成了场所。"清明节的主要节日场所应当是祖先的墓地或宗族祠堂,因为过节时民众会到墓地拜谒已逝的亲人,为其扫墓,在乡村的家庭中,人们还会在堂屋祖先牌位或祠堂前举行活动,祭奠先祖。

首先,从宏观视角来看节日的文化空间,节日作为一种复合形态,其发生的文化空间是节日长期发展而固定下来的典型性场所,它们承载着节日的文化内涵,所以,节日的文化空间从整体上看也是复数形式。在一个节日过程由多个场所共同组成了节日文化空间,一般来说依据某一个节日整体发展顺序。传统意义上节日从日常生活—神圣时刻—回归日常的三段式顺序,文化空间也是从神圣向世俗过渡。笔者经历羌族瓦尔俄足节子课题的实施过程,发现其节日文化空间即是从山顶山王塔到山下羌族村寨转换,无论从物理空间,还是观念空间,都呈现出一种自上而下的过程,山顶处的白塔具有神圣性,作为节日的神圣性开端要由此开始,而作为大众的节日,在山王塔的祭祀结束后,就要回到村寨唱跳与"萨朗"密切有关的歌舞,这两个场所共同组成了瓦尔俄足节的文化空间,有着类似空间转换的,还有嘉绒藏族看花节、香浪节等节日;而像二郎山花儿会的节日空间,并非从字面上理解的仅有二郎山一处,而是以二郎山为圆心覆盖周边区域,"二郎山花儿会时间跨度为每年农历五月初九至十九共十一天,辗转八个不同地点展开,分别为'前奏'的五月初九夹滩庙花儿会、五月十三麻子川花儿会、五月十四麻石头花儿会;五月十五至五月十七岷县县城二郎山花儿会(花儿会正日子);五月十八人民桥和东照村花儿会;五月十九'关门'。节日期间,各地乡民辗转前往各个主会场和分会场。每一阶段都围绕着祭祀神灵、唱花儿、浪山、逛庙会进行。其中尤以五月十七岷县县城二郎山花儿会最为隆重,形成了岷县城区一年中规模最大的节日欢庆活动。"①以上这些都是二郎山花儿会的文化空间,这些不同的场所共同组成了一个节日的文化空间;其次,另一些节日的文化空间是在同一空间中,或者在同一空间的不同位置运行,蒙古族敖包祭、裕固族祭鄂博,其发生的节日空间都是在敖包、鄂博前,以它们为圆心展开节日内容;妙峰山庙会,从整体来看,节日从每年农历四月初一至四月十五,由妙峰山顶娘娘庙内的仪式开始向庙外扩展,是一个从内向外扩展的过程,但从参加庙会的各路花会和朝山的百姓的视角来说,节日空间又附加了从山下向山上的过程,正所谓"朝山进香",从这里可以看出节日空间内部,伴随着节日的发展和参与者的身份不同,都在发生变化。同时,我们发现此类节日的文化空间都具有同一个特点,其发生的场所本身就具有相应的功能和象征意义,如庙会中的庙宇、敖包、鄂博,它们本身自带的功能就有神圣性功能。第三,在以社区、村落和家庭为单位的节日中,节日文化空间的发展是反向发展的过程,从家庭(私)空间向公共空间发展,比如山东昌邑烧大牛作为当地正月十五的代表性活动,在节日过程中每户人家按分工各自在自己家中进行准备,待到正月十五要"烧"的竹编大牛准备好后,来到村落中孙膑庙前,将其一把燃净,节日空间也随之从一个个独立的家户走向了村落中的公共空间,那时也把节日推向了最后的高潮;而我们熟知的春节也是同样,从我们的每一个家庭空间的欢聚,走向公共空间的公共性活动,如祭拜祖先、逛庙会等。第四,还有一些节日的文化空间本身是不具有相应功能和象征意义,它们被人们赋予了节日的功能和意义,比如水族卯节、端节中的卯坡和端坡,苗族花山节中的花坡,贵州德江火龙节中德江县城的中心街道,花儿会的发生场地,它们在非节日期间只是一个普通的场所,但在节日期间被赋予了特殊的功能和意义,与日常形成了鲜明的对比,当节日结束后,这些场所又会恢复往常的平静,节日中被赋予的功能要等待下一次节日的

①　萧璇:《二郎山花儿会》,待出版。

到来才回被再次激活。透过这些节日文化空间宏观视角的分析,可以看出节日文化空间在不同节日中有着不同的组成形式,甚至在同一节日中的不同视角,也有着差异,通过这样的分析,对于节日影像志项目的参与者和节日研究者而言,笔者认为有助于在面对一个节日时,更好地调查和发现节日的文化空间及其构成,有助于我们从整体上结构化的理解节日,更全面的把握住节日的文化空间,避免忽视某些重要的场所信息。

三、空间中的文化景观

接下来我们再从微观层面,看看节日的文化空间,在同一个节日中通过对各地节日文化空间的呈现,能够传达出一个节日在某一地的特色,这种最具代表性的节日就是春节。

首先,春节作为中国具有较为普遍性的节日,几乎在节日期间全体中国人都会在不同地点以不同形式度过。《规范》中强调节日影像志要求只呈现一个田野点某一节日的情况,因此针对这样具有广泛性和普遍性的节日,在立项时通过在不同区域的布置,来尽量完成从总体上呈现这一节日的任务,因此,我们发现对春节的处理正是通过这样多点式的方法来实现的。在节日影像志已立项的项目中,有 39 个子课题与春节直接相关或间接相关,在《家节》(甘肃环县红星村春节子课题)中,子课题组抓住了西北极具特色的窑洞作为节日文化景观的重要一环,通过坐在窑洞外唠家常,节前打扫窑洞,大年三十晚年夜饭时,晚辈们在窑洞内以三叩九拜的方式向长辈们磕头拜年的场景记录,将西北乡村的春节特点展现的准确到位,而经过笔者了解,就在项目完成后的一年,影片中敬家的这口窑洞因修建高铁桥梁的缘故被拆除,他家的窑洞与窑洞中的春节就只能在节日影像志中才能见到。另一个春节是《邱家祠年事》,这个子课题组选择了在成都喧闹的市中心,现代化建筑包围下的一个老成都空间——邱家祠堂,那时的邱家祠堂已成为老成都人与新成都人杂居的大杂院,而子课题负责人李家伦也正利用这个传统与现代对话的空间,展现了居于其中的人们如何在现代化夹缝中过一个传统的春节,这对越来越离散状态的都市文明也构成了一幅反观的景象。而据笔者了解,当时居住在里面的那些新老居民都已搬迁离开,留下一个被参观的文化遗留物。而这样一个其乐融融的"邱家祠年事"(成都春节片名),也就永远定格在我们的节日影像志中了。

其次,对微观的节日文化景观的准确把握,可以避免触碰文化禁忌。在彝年子课题中,根据笔者与子课题负责人武小林副教授的交流得知,他说:"在拍摄彝年时,蔡富莲教授(子课题组学术团队负责人)指出,彝族节日的主要活动空间是外室,里室是住户的居住,有贵重物品和祖先(阿普夸)灵牌,外人不得入内,而外室是家庭主要的活动空间,外室内的火塘位置的安排也有严格的规制,实际了解到彝族的习俗,对于影片的顺利拍摄起到了很好的作用。"

第三,对微观节日文化景观深度理解,可以发现节日发生的进程和其深层结构。在拉萨雪顿节首日哲蚌寺展佛中,在展佛处,其微观视角观察,是有存在内部层级结构的,第一级平台是展佛台,用于巨幅唐卡的展开,第二级平台是摆放释迦牟尼小金像,用于僧人向信众赐福和信众提供供养,第三级平台是哲蚌寺僧众念经以及铁棒喇嘛交接仪式的平台,第四级平台是藏戏表演的"舞台",这样的空间内部层级如果没有观察过节日,并与寺院僧人深度访谈,否则很难观察到;在彝族剪羊毛节中,彝族同胞将羊赶到黄泥坎上,需要在将羊群依次赶入一个小水塘,并且是三遍,而笔者在观看此子课题成果后,又在中国社会科学院民族学与人类学研究所影视人类学研究室庞涛研究员的帮助下,看到了1957年拍摄的"中国少数民族社会历史科学纪录电影"《凉山彝族》中发现了同样的场景,可见这样的过程和场所,并非是当下的创造,而是有历史的延续和文化的传承,50年后的影像又再次捕捉到这样的场景,也是基于彝族学者对民族传统文化的认知和学术训练。

最后,节日文化景观不会凭空产生,就像一棵大树的成长,需要很多必要条件,如土壤、水和阳光等,因此,在节日文化景观外还需要对节日本身和所处地点的自然环境和社会历史环境进行呈现,没有这些作为背景,节日空间中的文化景观形成就不具备条件。在《祖鲁》(新疆蒙古族祖鲁节子课题)的拍摄地点,是新疆巴音郭楞蒙古自治州的巴音郭楞草原上的一个牧民家庭,他们还坚持过着游牧生活,他们的祖鲁节势必与大部分已定居的蒙古族同胞的节日空间不同,因为他们此时正在"冬窝子"过冬,他们所处在的地方是草原中的低海拔位置,这样的自然环境就是必然要交代的,否则让观者很难理解不进寺庙的祖鲁节。《龙州侬峒》(壮族侬峒节子课题),"侬峒",在壮族中直译为"下峒","侬"意为"下、举办","峒"既指平地、平原这样的地形,也指聚落空间和农耕灌溉空间,20世纪以前还是基层行政单位名称。"峒"还指代这个节本身,人们将参加侬峒节称为"出峒"。壮族在"峒"生活,以稻作为生计方式,将水田地称为"峒(垌)那",历史上被称为"峒人","侬峒"是以聚落空间或传统基层管理单位"峒"为节日空间,每年定期举行的大型节庆活动。可以看出"侬峒节"是在稻作生产的生计方式、居住的自然环境和社会组织结构基础上形成的节日。因此,对于"侬峒"的深描就必须要把壮族布岱支系所生存的喀斯特地貌环境和稻作生产予以充分交待,这是节日的文化动力所在。

四、节日时间与流程

与空间景观相对应的另一个概念即是时间与流程。节日本身即是时间制度的产物,但在这里笔者不讨论节日时间的确定,而是要讨论微观的节日中的时间,我们可以称之为节日的时间流程。在《牛津词典》中,流程是指一个或一系列连续有规律的行动,这些行动以确定的方式发生或执行,促使特定结果的实现,节日流程即可理解为在节日开展活动的过程中,每一个环节的时间节点,它们都服务于整体节日的结果。节日流程与节日文化空间一样,它是依据传统基础上确定的,是为一个社区或族群甚至国家所普遍遵守的,在这一点上与假日不同,假日是没有稳定的流程的。在功能上节日流程就像节日的节拍器,由它来决定了节日的节奏,什么时候是开始,什么时候是高潮,什么时候是结束。

节日流程就像是节日的内部时间表,无论是组织者还是参与者都要遵照它来过节,并且不能被随之任意改动。通过节日影像志项目成果,笔者发现大部分的节日流程是线性化的,这其中以各民族的年节最为代表,比如春节是从腊月初八开始到正月十五,有的地区甚至要持续到二月初二,在每一个关键节点上都有固定流程安排或任务,就算在中国城市化的当下,人们也在用新的形式总体上延续着相对稳定的节日流程,但在一定程度上在不同地域、不同家庭的春节节日流程,在非主干节点上又有着区别,这种区别不是质化区别,是形式上的区别。同时,节日流程也不是一成不变,它会伴随着社会的发展而缓慢的演变,春节在 20 世纪 80 年代以前,中国家庭的电视机还没有普及时,除夕晚上是没有春节联欢晚会这档节目,当 1983 年春节联欢晚会第一次通过电视机出现在人们眼前时,它渐渐开始成为春节的一个重要节点,但近年来随着中国人文娱生活的愈加丰富,春晚与春节的黏着度也在降低。因此,在节日影像志有关春节的子课题中,无论是藏族新年、成都春节、甘肃春节等成果中,都能看见电视机里春节联欢晚会直播的画面。

具体到节日流程中的神圣性时刻,一般这样的时间节点往往是新旧交替节点,如我们所说的春节,又把它称为过年,"年"就是一个新旧交替的节点,辞旧迎新是春节中最为神圣的时刻;各类社火的高潮时刻是正月十五,因为跨过那一天,节日就将结束,人们的生活将从节日状态回归日常生活;而世俗时刻往往都是在神圣之后,因此节日流程不可能以狂欢与欢愉开场,因此,节日中的宴席、艺术表演都集中在神圣时刻后,节日也往往就在这样的狂欢中结束。

笔者通过分析还发现,在一些节日中节日流程掌握在少数人手中,它代表着一种权力,这类节日往往是普遍性不强,在某一民族内或与宗教信仰有关的节日,比如卯节的开始要由水书先生通过水书计算今年从哪一卯开始,普通百姓无法掌握这样的节日时间节点,而经过这一环节日也无法开始。

在节日影像志的项目成果中,基于影片结构和时长的关系,笔者发现在一项子课题的成果影片中是无法完整展现每一个时间节点的,但并不代表在记录节日时有所选择,因为项目成果除了一部完整的记录影像外,还要求不低于20小时的素材,更为详细的时间节点信息在素材中应能找到,并在节日数据库形成后能得以查阅。

第三节　神显与禁忌——仪式与规避

传统节日是一个民族历经时间的洗礼沉淀下来的最具有生命力的集体记忆。节日中的仪式与节日相伴相生,是传统节日文化的外在表现与载体,是人类历史长河中最古老、最普遍的文化现象。

一、何谓仪式

仪式是人类学研究的主要对象之一。在《简明文化人类学词典》中将仪式定义为"指按一定的文化传统将一系列具有象征意义的行为集中起来的安排或程序。由此言之,大多数宗教和巫术行为都具有仪式意义。但仪式这一概念并不限于宗教和巫术,任何具有象征意义的人为安排或程序,均可称之为仪式。正如英国社会学家邓肯·米切尔(G.Duncan Mitchell)所指出的那样:仪式的意义在于通过隐喻或转喻来陈述心灵体验。人类社会生活的许多重要场合都是以仪式作为标志的。诸如达成新的契约、缔结或解除同盟、新政体的诞生、权力的正常交接、个人或社会从一个发展阶段进入另一个发展阶段等等。通过仪式,可以调整人与自然、个人与个人、群体与群体之间的关系。"①可以看出,仪式最初被认为是属于宗教范畴的概念,但随着人类认知的不断发展,逐渐将仪式概念世俗化,这与人类学的理论发展脉络有关联,人类学整体

---

① 陈国强:《简明文化人类学词典》,浙江人民出版社1990年版,第8页。

的理论发展从依据神话、传说等信息来解释人类文化，到后来开始对人类文化
进行规律性的阐释。《人类学仪式的理论与实践》作为比较系统介绍和研究
仪式理论的学术专著，彭兆荣教授在书中提到"逻辑性地，人类学对仪式的研
究，特别是对世界范围内的民族志比较成果研究更是自成体系，独树一帜。从
表述和内容方面看，从早期'神话—仪式学派'到后来的'功能主义'、'结构主
义'、'解释主义'，有一个明显的从'宗教'到'社会'的内在变化印记，并形成
了一套可供理解、学习和实践的知识谱系。也就是说，早期的人类学家、宗教
学家基本把仪式置于'宗教'范畴。"①这段论述也印证了仪式研究从宗教向
世俗发展的观点，而后更多的人类学学者越来越关注仪式，英国学者金泽认为
"仪式是一个包含丰富的社会观念和社会实践的象征体系，是一种文化建构
起来的象征交流的系统。"②美国人类学家克利福德·格尔茨将仪式比作一种
"文化表演"，这种文化表演"因其高度的公共性、组织性和历史性而特别适用
于文化记忆的储存和交流。"③仪式是具有象征意义一套规则化、程式化的文
化表演，节日中的仪式能有效地保证节日年复一年有序地进行，通过它既能让
个体获得文化身份的认同，又能获得强烈的集体归属感，从而保证民族传统的
连续性和稳定性，所以，有一种说法节日就是仪式的集合，一个节日就是由一
个个不同的仪式组合而成。

　　关于仪式的分类，每一个人类学者又依据自己对于仪式理论的理解，进行
了相应的分类，如涂尔干从"消极/积极"两个角度对仪式进行区分，维克多·
特纳把仪式分为生命危机/减灾仪式，"前者指生命的过渡仪式，而后者则是
旨在减少神灵降灾影响的仪式"④，彭文斌教授认为这一种分类法是基于"工
具性仪式/表述性仪式"⑤的分类原则。"罗纳德·格莱梅提出16种描述性的

①　彭兆荣:《人类学仪式的理论与实践》，民族出版社2007年版，第2页。
②　[英]鲍伊:《宗教人类学导论》，中国人民大学出版社2004年版，第17页。
③　王霄冰:《文化记忆传统创新与节日遗产保护》，《中国人民大学学报》2007年第1期。
④　彭文斌、郭建勋:《人类学视野下的仪式分类》，《民族学刊》2011年第1期。
⑤　彭文斌、郭建勋:《人类学视野下的仪式分类》，《民族学刊》2011年第1期。

分类:过渡仪式、婚礼、葬礼、节日、朝圣、清洁仪式、公民仪式、交换仪式、献祭、膜拜、巫术、治疗、交流、修行、逆转和仪式戏剧。"①凯瑟琳·贝尔认为仪式类型分为两大类,"即:1)体现社会—宇宙秩序,或多或少有信仰底蕴的行为;2)日常生活中近似仪式的'仪式化'的行为",在他第一大类中,他认为包含了过渡仪式、历法仪式、交换和共享的仪式、消灾仪式、宴会、禁食与节日仪式和政治仪式,他将节日单独作为了一个仪式类型,从描述中可以得知,他所指的是节日中狂欢部分,而我们认为节日中的各类仪式,也包含了凯瑟琳·贝尔仪式分类第一类中的仪式。在《人类学辞典》中对仪式的分类,"仪式大体分为①模仿型,每种仪式表达一种信仰,来自于神话的即为此型;②正面型,献祭和续新的仪式;③反面型,禁止某些举动的仪式;④祭祀型,将祭品部分或整个消毁,其方式可以焚烧、切碎、吃掉或埋掉;⑤生活转折型,通常称为寿命礼仪式过渡礼仪。此外这种形式还包括参加秘密组织和从事宗教活动的仪式。总之,仪式是一种无言的交往方式。"②最后这句话将仪式称之为无言的交往方式,那么仪式要被传承就需要被记录,记录形式可以是文字,也可以是影像的。

二、节日仪式分类

我们认为节日本身是一个大仪式,是由无数仪式聚合而成,节日影像志选择了用影像的方法记录节日中各类仪式,下面我们就来看一看其中的仪式包含了哪些类型。

首先,我们认为节日本身就是仪式的集合,从总体上看节日可以被理解成为一个通过仪式,范·根纳普提出的通过仪式,将仪式分解为三个阶段,分别是"分离、过渡、组合",而节日整体就是从节日前的准备过节,到进入节期过程中,最后节日结束,人们的生活回归日常,等待下一个节日的到来,每一个阶

①　Catherine Bell, *Ritual Perspectives and Dimensions*, NewYoke & Oxford: Oxford University Press,1997,pp.93-94.

②　李鑫生、蒋宝德:《人类学辞典》,华艺出版社 2002 年版。

段当到达一定的关键点,也就达到了所谓的"阈限",向下一阶段进行变化,因此,在整体内容记录时将节日分解为节日前、节日中和节日后。并且,节日中的种种仪式之间是相互关联的,它们之间形成一种仪式链,每一个仪式的展开就像推进剂一样,助推着节日不断的向前发展。柯林斯发展了戈夫曼的互动仪式理论,认为互动仪式是"一种相互关注和情感连带机制",互动仪式有四种主要的组成要素或起始条件:第一,两个或两个以上的人聚集在同一场所,并以其在场而影响对方;第二,对参与者设定了界限;第三,将注意力集中在共同的对象和活动上,并通过相互传达了解该关注焦点;第四,分享共同的情绪或情感体验。①

其次,用涂尔干"神圣/世俗"的观点来看,节日的神圣性需要通过神圣性的仪式来体现,那么,节日中神圣性仪式的代表就是祭祀类仪式和献祭类仪式。祭祀类仪式大量存在于节日当中,有的节日从整体上看就是一个祭祀性仪式,特别是在纪念性的节日,"先秦的祭祀活动是中国传统节日的源头之一,最原始的祭祀为岁时祭祀,是随着季节的推移和物候的转换而举行的与生产生活相关的祭祀活动"②。就祭祀对象而言,有祭祀祖先、祭祀神明、祭祀某种象征物等,这里我们认为需要突出提到的是祭祀某种象征物,比如水族霞节子课题就是这样的例子,"霞"是水语"水神"的意思,它是一块被视为神灵的人形或猪形石头,根据霞节子课题组在任务合同书中的描述,"拜霞神是崇敬与顶礼膜拜之意,拜霞也叫'敬霞',目的是祭祀水神,祈求风雨顺,敬霞是在贵州省南部月亮山区域周边的三都水族自治县九阡地区及与之相连的荔波、榕江县部分地区水族的一种民间信仰活动,水族认为,这些石岩坚硬稳固,其中具有灵魂和强大的生命力。对它们的崇敬和祭祀,可以得到它的庇佑。"而在与祭祀有关的节日中,大都涉及击杀牲畜作为献牲物,献祭于神明、祖先,各

---

① 张洁:《仪式与仪式话语研究的发展与演变》,《现代交际》2018年第6期。

② 向柏松:《民间信仰与非物质文化遗产保护》,《中南民族大学学报(人文社会科学版)》2006年第5期。

种献牲物,根据节日的重大与否进行具体选择,比如苗族鼓藏节,作为中部苗族最为重要的节日之一,在鼓藏节上的献牲物就是水牛,节日中的仪式都在围绕水牛展开,给水牛装扮靓丽一新,在村寨和斗牛场巡游,直至最后在由主人家的舅舅一斧击杀,献祭于祖先,而苗族的其他节日中往往只会用到公鸡、鸭子作为献牲物,比如苗年中请祖先回家过节,就只会公鸡作为献牲物,而不会用水牛;在维吾尔族、哈萨克族、柯尔克孜族、塔吉克族等民族中,他们都过开斋节和古尔邦节,在这两个节日中都有宰羊献于神明的环节,该环节是节日的重要标志之一。陕西省绥德定仙墕娘娘庙花会子课题,负责人黎小峰教授作为一名纪录片导演和教师,特别关注到了花会中的献祭仪式,该花会的核心环节就是要在花会举行当日,向娘娘庙献祭山羊,当地人将这样的羊称之为"神羊",黎小峰教授依据这个献祭仪式,追溯到在花会头一年的农历十月初一,开始负责承担饲养"神羊"责任的三户人家,这三家人希望通过承担饲养"神羊"的责任,求得娘娘庙中神祇能够改变自己某种不好的状态,祈求一种积极的变化和改变,因此,节日中的献祭仪式往往是遵从一种规约和传统,并带有某种特定的功能和需求,它是部分节日的核心仪式,在献祭类仪式中,所用到的献祭物,无论是动物还是植物,均被赋予了一种有别于日常定义的功能性,就如马塞尔·莫斯和昂利·于贝尔在《巫术的一般理论——献祭的性质与功能》一书中所论述的,在献祭类仪式中被献祭物有别于供奉物的区别在于——是否被圣化,"献祭中圣化的独特之处在于圣化的物品充当祭主的媒介,承担献祭的实际效果,献祭是呈现给神灵的。"①因此,献祭物在其中充当了人与神之间的媒介与桥梁,这类仪式体现了人、神、鬼、祖先与动物之间的复杂关系,强调的是相互依存的宇宙观。而对于献牲物的处理,要么是被参与节日的人们共同分享,要么被以某种形式销毁。另一类可见无论是献祭类仪式还是祭祀类仪式,仪式都永远不只是停留于行为的表层结构,而是通过仪式行

---

　　①　益希曲珍:《人,物与社会——读〈莫斯的礼物〉与〈献祭的性质与功能〉》,《西北民族研究》2012 年第 1 期。

为，人们表达出一种情感，而这种情感是节日情感的内核，因此，在记录节日仪式的过程中，我们认为不能仅仅只停留于记录出外显性的仪式过程和环节，而应该通过仪式中组织者、参与者的行为和语言，表现出人们通过节日达到人与自然、人与人之间的关系沟通，献祭类和祭祀类的仪式就是通过一种物的媒介，让人类与某种非物质的存在进行沟通的方式。上文曾提到过的《龙州侬峒》中"求务"仪式即是这样，通过"求务"完成人与自然的沟通，达到"通天告地"的目的。

第三，交接、续新类的仪式。节日作为人们基于时间的一种具象展现，特别是年节类的节日，作为时间新旧交替的节点，交接、续新类的仪式是此类节日中的重点。赛装节子课题呈现的云南楚雄彝族自治州境内永仁县中和乡直苴地区，在每年农历正月十五日过的赛装节，从名字上来看，大家会以为，这就是一个以彝族服装展示为主的节日，但通过子课题组的田野调查和提交的项目成果，我们可以看出这个节日的核心，并非是简单的彝族服装展示，而是直苴村的换"伙头"仪式，子项目组在任务合同书中也描述到，"赛装节起源于彝族从狩猎游牧向定居农耕的过渡时期，是稻作春耕时节的'伙头'交接仪式与祭祀活动，反映了原始部落的政权组织形式。赛装节包括祭祀和赛装两大主题。""赛装节以象征'伙头'权力的'器火'的移交仪式及相关的祭祀活动为载体，由集宗教、军事和政治三权于一身的'伙头'主持，大量原始农耕祭祀的礼仪、民族信仰、文化创造，在赛装节活动中被保留下来。"因为节日的时间是农历正月十五，经过这一天，新的一个农耕劳作周期就将开始，在这个时间点举行这个换"伙头"仪式，选出新一年的"伙头"，他将承担村中公田的种植责任，公田的粮食将用于一年中村中重要节日或事务使用，并掌握村落社区的公共权力，而彝族服装展示、左脚舞等活动则是在这个仪式后的娱乐与狂欢，可见这个节日现在的文化内涵已经发生了变化，它的神圣性大大弱化，而变为更为世俗和娱乐化的节日；而另一种交接、续新的仪式是基于节日组织中举办权力的交接，一般是在节日尾声为新一年节日的举办，选择出一个举办者，人们会通过讨论或选定,并经过一个交接仪式取得大家的认可,达成一种合法的"契约"。这两种仪式均具有周期性的特点,每年在固定时间点进行"重复",是节日中的重要阶段或环节。

第四,祈福、消灾仪式。这一类仪式的分类依据是从仪式的功能角度,它们大多出现在与生活、生产密切相关的节日中,比如广西壮族蚂≧节、西藏尼木县曲果节、纳西族"恒究衬朵或妮"节、蒙古族祭敖包、裕固族祭鄂博等节日,它们均是从农耕生产或游牧生产的角度出发,通过此类节日中的祈福、消灾仪式,保证生产的顺畅,风调雨顺,让庄稼、牲畜不受到自然灾害或人为的破坏。壮族蚂≧节是流传于广西红水河沿岸的壮族村寨的传统节日,"蚂≧"是壮语青蛙的音译,在壮族神话中,蚂≧被认为是掌管风雨的青蛙女神,因此,此地的壮族百姓就将青蛙作为预示丰收的象征,通过找蚂≧、祭蚂≧、葬蚂≧等仪式过程,并通过分析去年埋入的"蚂≧棺"中的蚂≧骨头颜色,来预判今年是否风调雨顺、是否丰收,而后又将今年找到青蛙再次放入"蚂≧棺",待下一年蚂≧节时再取出;西藏尼木县曲果节,是记录西藏拉萨市尼木县桑日乡,由苯教师阿拉主持的曲果节,根据子课题在任务合同书中的描述,阿拉是桑日乡云旦林家族世世代代,父子相传的苯教祭祀者,桑日乡一年一度举行的曲果节,在每年藏历五月举行,节日期间村民们在阿拉带领下,通过转寺院、绕田、煨桑等仪式活动,阿拉要骑上早已准备好的一匹白色骏马,带领群众去绕全乡所属农田一圈,在绕农田时,阿拉要在所有特定的地点停下煨桑、念诵苯教经文与特定地域保护神灵的祈祷文,而群众在阿拉煨桑时跟着念诵祈祷文,当人们转完田地,回到桑日乡打麦场的广场时,就会得到各家接待员代表的们热情款待。从阿拉开始每个人要喝三口一杯的青稞酒,小孩要喝酥油茶,之后,寺院僧人会吹唢呐、诵经,阿拉在打麦场中央煨桑之后,带领人们又一次背上经书在打麦场上转圈,这个圈从外向内顺时针转动,形成巨龙盘绕般的圆形后,又会从内向外逆时针转动,最后解开圆形队列,整个场面非常壮观。这一独特的仪式叫做"罗布尕齐"意即"美妙轮圈",节日的最后是阿拉要在桑日乡主要

"护法神""地域神""出生神"等神灵所在的地方进行煨桑、念诵祈祷文,同时,还要在山上插上"金刚橛",并做一些阻止冰雹的仪式,通过这些都可以看出,此村的曲果节与藏族农区的传统节日望果节,在节日时间和内容上都有所不同,望果节是庆贺丰收的节日,而曲果节是庄稼正在生长过程中,通过这个节日中的祈福、消灾仪式,达到预祝风调雨顺,为农作物祛除病害,祈求即将到来的收获季节谷物满仓的愿望和诉求;云南纳西族"恒究衬朵或妮"子课题,这个节日是每年农历二月初七至初八,是云南香格里拉三坝纳西族乡白地村的传统节日"恒久衬朵或妮","恒久"汉语意为"众神走动、流动的月份","衬朵或妮",汉语意为初八日。白地村的纳西族同胞认为,"恒久衬朵或妮"里众神将降临白水台,届时近万名群众将登上白水台,进行东巴教祭祀仪式、野炊、民间歌舞等活动,欢度这个最盛大的年度节日,二月初七,白地村民要在白水台上举行东巴教祭祀仪式,分祭天、祭自然神"署"、顶灾三个环节,其中顶灾是纳西族为了把恶神"蒙兹卡拉",从天上降下的暴雨、冰雹、瘟疫等灾祸顶回去而举行的仪式,祈求白地村一年庄稼的丰产;裕固族祭鄂博是裕固族人,日常生活中规模最大、参与人数最多传统节日,根据子课题组在任务合同书中的描述,关于祭鄂博的确切由来,"在现存文献资料中无从考究,可以从裕固族的神话故事中窥探一二。裕固族有两则有关祭鄂博来源的神话,《神水》中说:'我们的部落本来非常富裕,但是后来子孙们愈来愈懒惰,遍地的牛羊无人管,连天地神灵也都懒于祭祀。于是,神灵便降灾害于部落,三年的灾害使部落濒于灭亡,神灵的惩罚使部落成员开始变得勤快起来,开始重新祭祀神灵,部落又恢复了繁荣。自此便有了每年祭鄂博';神话《阿斯哈斯》说:'鲍尔得罕王为儿子求娶郑尔斯罕王的公主,难以如愿。拉依尔昂迦神授予鲍尔得罕王的秘诀,就是在山顶上垒起鄂博,按时祭天地神灵'。在裕固族现实生活中,祭鄂博具有标识部落边界、构建生态道德、满足心理调节、整合族群认同、强化民族记忆等具体的意义指向和功能。"祭鄂博有荤素之分,大部分均为素鄂博(也称白鄂博),裕固语称为"阿克乌垒",不能杀生,不能见血,也不能食用肉类,主要功能是祈雨。另一种是荤鄂博(也称红鄂博),裕固语叫作"格孜乌垒",除了敬奉天地、山神、祖先外,主要诉求是保护牲畜,使牲畜免受野兽之害,从中可以看出,祭鄂博中的仪式具有强烈的祈福、消灾属性。在节日中面对此类仪式时,我们认为仅记录下祈福、消灾仪式的过程,那样是很难呈现其在节日中的功能,要反映出此类仪式的文化意义,需要记录者注意观察并发现仪式与生产生活的关系,祈福、消灾仪式具有强烈的功能属性和目的性,它们首先是满足生产生活的某种需求,这就要求记录延伸到日常生活中,而不仅仅把视野局限的放置在节日中,因为我们一再强调节日是日常生活的特殊时段,不是与日常生活对立的,只有通过对日常生活与节日的相互关照,才能将仪式的文化意涵阐释得较为清楚和合理,"即仪式行为是不同于生活常态行为的一种超常态行为。也就是说,和日常生活中正常状态的行为相比,仪式行为无论从行为频率到行为目的都具有超越常态的特征。就行为频率(发生的次数)而言,日常生活行为每天都在发生,而仪式行为只是偶然或定期举行;就行为目的而言,前者是为了基本生理需求(如衣、食、住、行)而进行的实用性行为,后者并非具有生活实用价值,而是表达某种精神价值(如信仰、社交)的行为。"[1]其次,通过祈福、消灾仪式的呈现,同样可以看出这是人类处理人与自然关系的一种方式。

第五,一些近似仪式或仪式化的行为。这类行为在节日中不会那么突出和明显,容易被人所忽略,而且特别容易被熟悉节日的人所忽略,因为他们已经习以为常,这一类行为根据凯瑟琳·贝尔的说法,"可分为正式行为、传统行为、恒定行为、规则支配行为、神圣象征行为、表演等",在节日中这种行为一般会出现在节日中的用语,如人与人见面时或对某一物品的称呼,比如在妙峰山庙会时,各花会相见,特别是武会,两个武会会首相见打招呼,相互致"虔诚",而与日常见面打招呼完全不同,在节日中的很多食物都会被赋予一个特

---

① 薛艺兵:《对仪式现象的人类学解释(上)》,《广西民族研究》2003 年第 2 期。

殊的名字,这一点将在下一节中具体论述。还有就是节日中的禁忌,不能说某些词汇,不能做出某种行为,与仪式是必须为之的行为不同,禁忌是一种不能触发的行为,是需要人们去规避的,比如福建宁化县客家七圣庙会,当扮演七圣菩萨的七个人在吴姓祠堂旧址装扮时,除了装扮的人,别人严禁入内,就算祠堂旧址已经很破旧,也会用红布挡住大门。在云南广南者兔乡壮族三月三子课题组的任务合同书中,子课题组有对节日禁忌的描述,"三月三节要休息五天,不准戴白帽子走村串寨,不得下地劳作。此外,壮族在日常生活中还有很多禁忌:禁未婚女儿领男朋友回家住,出嫁姑娘不能回娘家生孩子。公公不能进媳妇的房间,伯伯不入弟媳卧室。婴儿不满月,禁孕妇等外人入产房,孕妇不能探望孕妇,不能采摘果子,不能从老人面前走过。禁止在灶门前哭泣、骂儿女,忌戴孝帕入别人家门等等。"由于禁忌是不能实施的行为,对于禁忌的记录和呈现往往只能通过访谈获知,通过节日组织者的口头讲述进行表达。

第四节　宴饮与服饰——吃与穿的文化

一、节日食物与宴饮

古语云"民以食为天",中国各民族、各地区的传统节日,从先辈那里就与食物、宴饮密不可分,并世世代代传习不断,节日中宴饮和食物是必不可少的重要部分,如除夕全家吃的年夜饭,端午要吃粽子,中秋要吃月饼,腊八要食腊八粥,其他繁多小节也有相关食品,如祭灶、鬼节等,也有糖瓜、素馔相伴。壮族逢年过节都要制作花糯米饭,互相赠送;苗族、侗族节庆喜食糍粑等糯米食品,瑶族人节日吃油茶、竹筒饭,在这一节的内容中我们不是简单的去关注节日中的食物如何制作,而是要从文化层面去理解节日中的食物和宴饮,怎么通过从食物的视角看待节日。

食物本身具有自然属性和社会文化属性,它的自然属性是满足人的生理需求,为人的机体提供足够的能量和营养,它的社会文化属性是食物被赋予了某种象征意义或功能,因此在饮食人类学的研究范式中,关于如何认知食物的观点中,也存在着类似的二元观点,一方以马文·哈里斯为代表的唯物派,他们主张食物满足人类基本功能的观点,强调人类吃什么不吃什么是由所处的不同生态环境所决定,而不是基于某种历史的偶然、任意性、思维模式,也就是马克思所说的生产力决定了生产关系,经济基础决定了上层建筑;另一方是以列维·斯特劳斯为代表的唯心派,他们将结构主义的观点融入饮食人类学的研究,他们从结构主义是思维模式来看待食物,通过食物本身来探讨人类的是观念。

接下来我们回到本节的主题——节日中的食物和宴饮,首先,我们还是从神圣性开始,那就必然要延续上一节的内容,在上一节研究节日中的仪式时,在祭祀类仪式和献祭类仪式中提到,献祭的几个步骤,先是有祭主或祭师,然后要将献祭物圣化,最后击杀并分食,或通过其他方式销毁。那么对于动物类的献祭物一般都会在当场分食共享,或按参与者的数量平均分配,让参与者带回自己家与家人分享,泰勒认为"在历史的一切阶段上,从低级到高级,一般祭品数量中的十分之久或者甚至更多是食物祭品和圣宴"。这里指的分食共享并不是一个简单吃的过程,而是献祭仪式功能最终实现的最后一个环节,因为在此之前的环节都是通过观念予以附加,只有最终把献祭物吃掉,通过"交感巫术"才能实现其观念中所设想的功能,弗雷泽在《金枝》中提到"吃了神的肉,他就分得身的特性和权力"①,他还认为在这样的场合下吃下献祭物,无论是这样的用餐形式还是食物本身,都与日常的用餐有差异,他认为这就是一种"圣餐",圣餐是"基督教的主要礼仪之一。旨在纪念耶稣同十二门徒共进的最后的晚餐。在最后的晚餐上,耶稣掰饼分给门徒时说:'这是我的身体',又分酒给门徒说:'这是我的血'。后掰饼和斟酒成为耶稣钉死在十字架上的主

---

① [英]詹·弗雷泽:《金枝》,煤炭工业出版社 2016 年版,第 514 页。

要象征。基督教尽管派别众多,教义分歧,但大多数派别都承认,耶稣的身体和血确实是以饼和酒的形式存在着。在圣餐活动中,基督徒通过吃饼和喝葡萄酒(或葡萄汁)来缅怀耶稣基督及其言行。"那么,我们认为节日献祭仪式上的共食献祭物,也是一种类似于圣餐的神圣性宴饮,通过这样的宴饮实现祭祀和献祭的最终目的,同时,通过这样的宴饮达到群体认同,因为只有能够参与到该节日环节的人,才能被接受为群体中的一员。最早对宗教祭祀饮食进行系统和详细论述的,是罗伯逊·史密斯和他那部被频频征引的《闪米特人的宗教》。史密斯通过查阅文献,考查了古代闪米特人的献祭仪式,分析献祭作为一种文化现象的本质。他从多方面佐证如下一些假设,界定了几个关键性的概念:

"动物牺牲(sacrificial animal)是最古老的(且最初是唯一的)祭品形式,动物类祭品的出现早于农业的出现;向神敬献的饮品(drink sacrifice)最初都是动物牺牲的血,后来被酒取代。

献祭宴飨(sacrificial feast)场合,每一位成员都纵情狂欢,旨在强化存在于成员内部,成员与神之间的相互依存关系,参与者分享祭品,由此建立并强化一种神圣的联结关系,动物牺牲的血肉是这一联结的纽带。圣餐(communion)是参与者对相互间的伙伴关系和社会义务的象征和确认,祭祀盛宴中,神与献祭者亦是'领受圣餐者'(communicants)。宰杀牺牲的行为最初对于氏族个体成员来说是非法的,只有当整个氏族对此行为承担责任时它才是正当的,并且,献祭飨宴最初是一种亲属间的宴会。

祭祀共同体(sacrificing community)包括献祭者、献祭对象和作为牺牲的动物,他们被认为共属同一氏族;作为牺牲的动物和原始的图腾动物属于同一种,被认为是氏族的一员。通过集体的宰杀和分享,氏族成员获得更新并保证其与神之间的相似性。此后动物牺牲产生两种分流,一种是人们惯常食用的家畜,另一种是不常见的动物牺牲。最初的牺牲性动物都是神圣的,禁止个人食用;只有在举行全族人都参与的仪式时,大家才可以享用。

图腾动物实质是原始社会的神本身,在人类崇拜人格化神祇之前的历史阶段,人们对图腾动物的定期宰杀与食用一直是图腾宗教的一个重要因素。"①

在云南省广南县者兔乡壮族三月三子课题中,在节日的祭山仪式中,只有男性成员能前往九龙山参与祭山,在献祭和祭祀仪式结束后,所有到场的成员均会参与共享献祭物。在苗族鼓藏节中,节日最后将水牛击杀献祭后,主人家将会把这头牛的肉均分给前来过节的亲朋,如果来的人数较多,还会另选牲口的肉用于回礼。在开斋节和古尔邦节上的宰杀的羊也是同理,从这个共食献祭物的过程,我们可以看出献祭物不仅是给神明的,同时也是给人类的,在仪式过后人们共食献祭物就是一种与神灵共食的行为,"这样的共食行为就是神灵赐福的过程,它的肉食营养就包含了两种:一种是肉食的蛋白营养,一种共食神性的营养,即精神观念中我们得到了神灵的关爱和保佑。"②同时,作为文化研究,我们认为献祭物的"取食"过程也是值得关注的,简单的说就是关注牛、羊、猪等献牲物是从何而来,在历史上商品经济不发达的时候,献牲物往往都是在村落、社区中挑选,挑选的标准有对养殖家户的要求,也有对牲口自身毛色等条件的要求,而在现今商品经济发达的时代,大多通过购买的方式从市场获取,我们要关注的是购买的钱从何而来,通过分析节日影像志成果和资料发现,购买献牲物的钱都来源于节日参与者们,这笔钱的筹措有的以家户为单位,有的是以个人为单位。

第二,神圣的共食结束后,接下来就是人们欢聚的宴饮,"中国传统的以礼治天下,把宴饮植入礼俗规制中,而宴饮礼俗嵌入到上至皇家,种植百官市民、下至乡村黎民的时俗节日、人生礼仪、社会交往等活动。"③宴饮一词最早

---

① 转引自王斯:《西方人类学视域下的祭祀饮食文化研究述评》,William Robertson Smith,*Religion of the Semites*,London,1907.Cf.Sigmud Freud:Totem and Taboo,NY:Moffat,Yard and Company,1919,pp.219-231.

② 吴秋林:《信仰食物:祭品的神性"营养"》,《民族学刊》2017年第3期。

③ 李德宽、田广:《饮食人类学》,宁夏人民出版社2014年版,第167页。

见于《汉书·梁孝王刘武传》，"是时，上未置太子，与孝王宴饮。"意为"聚会欢饮、设宴聚饮"。我们可以把宴饮看作是一种集体用餐的形式，在中国集体用餐的形式有一个从"分餐制"向"共餐制"明显转变的过程，在宋代以前，中国是采用"分餐制"，即聚餐的人席地而坐，每人面前摆放一张小桌案，各吃小桌案上的食物。这样的场景在汉代绘画中都有描写，那时的宴饮是典型的分餐制，那么中国上古的分餐制为什么改为共餐制呢？有学者认为与桌椅等家具的形制变化有关，唐五代时期，由于"胡床"从西域传入，导致家具变革，桌椅开始进入中国人的生活，人们逐渐坐在椅凳上围桌而坐共同进食，进而产生了延续至今的"共餐制"。对于宴饮的理解，有观点认为节日中经典的宴饮就是如春节、中秋节等这类以团圆和欢聚为主题的团圆宴，这一点在节日影像志春节、中秋节、端午节等类似节日的子课题中都表现的比较明显，有家庭内部的宴席，有一个社区内的宴席，都呈现出一种欢聚融洽的氛围，同时，在欢聚之中又能通过宴席中人们相互落座的位置、举动，看出他们相互之间的关系，这也表明宴席在文化层面，能够展现出社会文化秩序。而在一些少数民族的年节中宴饮除了表达一种欢聚，还有另一层的意义，比如在苗族苗年中，一早每家每户都会宰杀一头猪，如果来客较多的还会辅以其他牲畜或家禽，用于苗年当日中午的宴席，宴席将从中午一直延续到晚上，宴席一开始是小家庭内部的家宴，人们在各自家聚餐告一段后，宴席就开始扩展到大家庭或地缘、业缘关系，此时的宴席就成为了以亲属关系和村落社会关系的表现空间，一般一位男主人在那一天要到 4 到 5 家去赴宴串门，多的甚至能到 10 家，在各家宴席上的菜肴几乎全是肉食，这样的宴席就不再是简单的聚餐，因为他去的都是自己的兄弟家、关系较好的朋友家，这样的宴饮与赴宴就如《饮食人类学》一书中提到的那样，"通过举办盛大宴会显示权力和声望、促进群体的内部认同与团结、连接社会网络关系"①，同时，宴席上以肉食为主，也正如马文·哈里斯所

---

① 李德宽、田广：《饮食人类学》，宁夏人民出版社 2014 年版，第 167 页。

说吃肉在一些社群中都是实质性的社会时刻,因为这与在原有社会状态中,日常饮食中肉食的不足或缺乏有关,人们只能通过节日"实际上,人类学家所研究的每一个部落或村落社会都用肉食来加强社会纽带,以使同乡和亲族关系得到巩固,由此而表现出对动物之肉的特殊敬重。动物产品要比植物食品更经常地用于生产者与消费者之间的互惠式分享。"①从节日影像志记录的角度,我们认为这些内容是值得进行影像深描,去记录并呈现的深层文化结构。事实上,礼的起源就是从饮食发端的。礼的初始意义是指一种孰先孰后的饮食顺序,而这种孰先孰后的饮食顺序排次,是直接从人们用食物果品祭神祭鬼祭祖先的祭祀活动中产生的。人们在饮食吃喝之前哪怕是蔬食菜羹,必须先行祭祀,让神鬼、让已逝的祖先先吃;每年新收获的瓜果粮食,不经过饮食祭祀,让祖先首先品尝,自己绝不敢享用。这样,饮食祭祀中让天地鬼神、让祖先亡灵先饮先食而后才是活着的人们,这种孰先孰后即"示有先也"的饮食顺序,便构成了"礼"的初始本义。尔后,"礼"的内涵不断延伸,最终演变成为长幼有序、贵贱有等、亲疏有差、男女有别等一系列对社会成员进行严格身份定位的政治伦理秩序。当然也有学者对此论点进行过质疑。

第三,节日中某种单一食物具有强烈的符号性,它能够在一定意义上作为节日的代表性食物,我们比较熟悉的如春节里的饺子、元宵节的元宵和汤圆、端午节的粽子、中秋节的月饼,在新疆的维吾尔族、哈萨克族、柯尔克孜族、蒙古族、塔吉克族等民族中的多个传统节日中,都有一种叫做"包尔萨克"的油炸食品,当看到它的时候就表明节日的到来,在蒙古族祖鲁节和春节,柯尔克孜族古尔邦节和开斋节,塔吉克族辟力克节的节日影像志成果中都有展现,在当下节日神圣性弱化的情况下,从这样代表性食物的视角入手,能够比较快速和准确的关注到节日的各个环节和内容。从食物象征意义的角度,依据瞿明安的分析,可以将节日中的代表性食物通过其象征意义的不同,他将食物分为

---

① [美]马文·哈里斯:《好吃、食物与文化之谜》,山东画报出版社2001年版,第18页。

吉祥食物、禁忌食物和占卜食物，"吉祥食物是一种以人们的趋吉心理为导向而形成的特定食物，它以满足人们的某些心理需要和社会需要为主要自的，被人们赋予浓厚的感情色彩，寄托着人们迫求美好事物和理想境界的欲望、愿望和要求"①，这样的食物在壮族、布依族的三月三中就是五色糯米饭，五色糯米饭又叫"五色饭"、"花色饭"，是壮族、布依族民间颇有特色的食品，所谓五色，通常是黑、红、黄、紫、白色，用可食用的植物花叶或根块熬成浓汤，再用来浸泡糯米，把不同颜色的糯米蒸熟，再把它们混合在一起，就可以得到五色糯米饭，在节日中食用五色糯米饭认为有以示吉利，祈祷风调雨顺、粮茂棉丰、五谷丰登和六畜兴旺的作用，在稻作民族中，以"五谷丰登、六畜兴旺"作为节日动机的节日还有很多，虽然可能没有吉祥食物，但在现实功能层面，节日就是为了祈求粮食的丰收而过；在北方麦作为主的地区，人们会采用与小麦有关的食物作为节日中的吉祥食物，在豫东春节子课题中，他们认为在河南小麦食品不仅是宝贵的资源，也是人们用来联系和表达重要社会关系的象征物品，在春节里豫东地区的农民们习惯用自家种的麦子做成各种各样的花馍，作为贡品献给神灵和祖先，作为礼物在至爱亲朋间馈赠，根据子课题任务书中的描述"在河南广大地区，农历腊月二十八这天，家家户户女眷们都要蒸做'枣花'和'大馍'。枣花是用小麦面粉蒸制的圆形和三角形的花瓣状或动物如鱼、兔、刺猬等形状的食品，点缀以红枣，称为'枣花'。三角形的枣花又叫作'枣山'，一般用来上供，'枣山'蒸得越大越好，有的还会在'枣山'两边盘两条龙或两条鱼，取富贵和连年有余之意，'枣山'是除夕和初一人们与神灵和祖先沟通最关键的象征物品，直到二月初二才会从家中桌案上撤下，由家人共同分食；'大馍'一般是用发面揉成厚度适宜的瓜皮帽形状，包裹住一个揭掉皮的馒头，用面做成两瓣或四瓣的花型附在上面，再用一颗红枣点缀在中间。用大一点的蒸笼蒸熟，当然也有用整块生面做出整个大馍的。也有的会在大馍里包上一枚硬

---

① 瞿明安：《中国饮食文化的象征符号——饮食象征文化的表层结构研究》，《史学理论研究》1995 年第 4 期。

币,寓意初一吃到硬币的人财运亨通,并且能够当家作主;或是包裹上红枣,或者包上豆沙等馅料。"在山西介休寒食节、清明节期间也有一种这样类似的食物——蛇盘兔,当地人为了纪念忠诚孝义的介子推,用面粉捏成"蛇"和"兔子"的形状,"蛇"代表介子推的母亲,"兔子"代表介子推自己,"蛇"和"兔"缠绕在一起,用来表达孝道之心,并且在介休当地方言中"蛇盘兔"与"必定富"谐音,寄托着人们追求富裕、美好生活的向往,这就是现在流传下来人们一直念叨的老话"蛇盘兔,一定富",食物在节日中除了被人们食用外,还会被作为参加节日的礼物或回赠给客人的礼物,比如苗族苗年,来亲戚朋友家做客的人们都会带上鱼和鸭子作为礼物送于主家,而主人家会用宰杀的猪肉作为回礼送与客人,并且如果回赠的对象是妻子的哥哥或弟弟,就必须是整条带有猪尾巴的猪后腿,在彝族彝年中大家庭之间的成员,相互拜年的礼物即是各家所杀的年猪,作为礼物的猪肉根据赠予对象的不同有部位的要求,要讲究长幼有别,千万不能背错,比如猪头和猪尾巴是不能送人的,给父母的应该是猪前胛的那块肉,这样的行为正体现了"食物分配和交换折射着人类社会特点和文化面貌"①;与吉祥食物相对的是禁忌食物,节日中的禁忌食物,我们可在水族端节中找到踪迹,端节的时间是农历八月、水历十二月开始,此时正是瓜熟蒂落,粮食丰收之时,具有水族年节的意义,在端节祭祖时按照水族习惯要忌荤食,但在他们的观念中鱼虾不在荤的范畴,所以在端节中鱼包韭菜作为重要的食物,在端节祭祀祖先和款待客人,祝福大家健康。

二、节日服饰

服饰是人类在生存和发展过程中的创造物,由于它所具有的明显的使用价值和独特的审美功用,使它成为物质文明和精神文明的结晶,人类文明发展进步的重要参照物。在节日影像志《规范》中对服饰的定义是"节日期间不同

---

① 李德宽、田广:《饮食人类学》,宁夏人民出版社 2014 年版,第 165 页。

性别、年龄群体和不同角色的服饰。"笔者认为节日中的服饰，应该为广义的服饰，即包含服装、鞋、帽、袜子、手套、围巾、领带、配饰、包、伞等。

中国各民族服饰是在特定的地理环境中，基于对不同生产、生活方式的理解与适应，以及在对精神世界的追求中逐步形成的，同时，服饰具有浓郁的地域特征、各异的文化心理品格、独特的审美情趣和迷人的宗教神话色彩。在类型上特别是在少数民族中，依据穿着场合的不同，将服饰分为日常装和盛装，每到节日各民族的同胞均会穿着盛装，所以节日可以说是各民族服饰的博览会。

节日中的服饰，笔者认为可根据节日中参与者身份的不同，分成两大类，第一类是节日中仪式主持者的服饰，他们的服饰有一部分完全与日常服饰不同，根据他（她）们在节日中承担的仪式主持者身份，他（她）们角色需要具备相应的地方性知识，以一种非职业化或半职业化的角色参与到节日的重要环节中，比如祭师、端公、萨满、毕摩等，因此，他（她）们需要穿着相应的"职业"服饰，在外显层面上突出所承担的身份，在内在层面上体现一种认同，区别于日常生活中的身份。还有一部分人或人群，他们的基本服饰与日常差别不大，但会通过某种物品或配饰的佩戴，与其他普通参与者加以区分，如喊天节中，寨老在仪式过程中，头上会戴两块鱼干，以示他特殊的身份。最后有一部分人，他们虽然不是节日仪式的主持者，但他们在节日中角色与日常生活也不同，需要扮演相关的角色参与到节日仪式中，这样的情况在社火类的节日中广泛存在，如《快活》（宝鸡"血社火"子课题）、《七圣庙》中的装扮的人和扮演七圣菩萨的人，经过具有神秘主义意义的装扮，成为传说故事中的某一种角色，当装扮之后他将暂时与日常的身份剥离，因此，在夏坊村内巡游时，在民众眼中，他们都是"七圣菩萨"，受到老百姓的敬重。在三德范"扮玩"子课题中，孩子们要根据各种民间故事、神话传说中的人物，进行装扮，成为一名角色。在那达慕大会上，参加"搏克"（蒙古族式摔跤）的蒙古族汉子，要身着专门的搏克服，"上身为镶有泡钉的皮制（由牛皮、鹿皮或驼皮制成）坎肩，下身为十五六尺的绸(布)料制成的宽大多褶的裤子,外面还有套裤,衣裤都饰有精美的图案,搏克手足蹬马靴,颈上戴着由五色绸带制成的'景嘎'"。① 第二类是节日中的普通参与者,他(她)们会穿着前文提到过的盛装,盛装从衣服样式、颜色、纹样、配饰等多个层面,与日常服饰存在着差别,盛装是节日最为突出的标志之一。节日中的盛装,特别是各少数民族女性盛装,在制作工艺、色彩、配饰都是最为复杂和精致的,如《姊妹节》,作为试点项目,中心在连续3年跟踪拍摄记录节日过程中,专门邀请了服饰研究方面的专家学者,特别就服饰进行过专门记录,因为在姊妹节上,苗族姑娘从头上的银头饰,到颈部戴的银项圈,手上戴的银手镯,再到衣服上的苗绣绣片,都是工艺精湛的一件件艺术品,在姊妹节上能看到苗族施洞型服饰的最美之处。《鼓藏节》中在夜晚,男女青年聚集在跳月场围成圆圈"跳月",那时他(她)们均会身着月亮山地区苗族所特有的百鸟衣,这是百鸟衣为数不多出现的场景,杨正文在《苗族服饰文化》一书中认为,百鸟衣主要在"月亮山型女性苗装的雅灰式、八开式和高隋式中"。② 对雅灰式苗族的描述中,这样写到"盛装,特别是鼓社节仪式服则满身绣饰鸟纹,故又称'百鸟衣'"。③

　　根据节日中参与者性别的不同,可以分成男装、女装,总体而言男装在复杂程度、工艺难度和配饰上,较之于女装,都要简单和朴素很多,但在部分民族的男装中也有制作工艺较为复杂的,如侗族男装采用的亮布,它是"侗族民间染布方法,流行于湖南、贵州、广西等地,用自织白布,经漂、染、晒、捶等工艺处理而成。白布用清水洗涤,晒干,放入染缸(约高3尺,口宽2尺的大木桶)。缸内有用清水和4—5斤蓝靛、1斤糯米酒搅匀,经半个月变金黄色的液体。白布浸3小时后,取出晒干,日复2—3次,称为"除白"。然后再加蓝靛1斤、糯米草灰水30斤,将布染晾多次,变成青黛色,浸泡入牛皮汁内,使布变硬,取

---

①　钟志勇:《搏克传承对蒙古族传统文化发展的启示》,《宁夏社会科学》2009年第3期。

②　杨正文:《苗族服饰文化》,贵州民族出版社1998年版,第96—98页。

③　杨正文:《苗族服饰文化》,贵州民族出版社1998年版,第97页。

出后置于平滑的青石板上捶打，边捶打边洒牛皮汁，使之均匀、布软。再反复多次涂上蛋白，使布色紫亮，经磨耐用。用于制作侗装。"①而女性的盛装则是各民族手工技艺的集中体现，通过盛装上的绣片、银饰、金饰等，我们能看到各民族对美的定义。在《赛装节》中，每一位女性都会穿上她最为华丽的盛装参加节日。同时，还有一个问题值得我们注意，女性盛装的构成比较复杂，盛装的穿着过程值得我们去关注和记录，因为有很多节日盛装穿着有一套相对复杂的步骤，每一件衣服的搭配，每一个饰品的佩戴有的要求，不能有一步的错乱，否则就没法穿好。节日中除了人的服饰以外，在一些神圣物或"偶像"身上也会有服饰，甚至一些动物也会被装扮上。如在妈祖庙会上妈祖像在绕境前，人们会为妈祖装扮上新的一套服饰，打扮一新。在浙江桐乡蚕花会上，马明王（蚕神）祭祀前，众人会为马明王打扮一新，甚至会为她化妆，然后才开始祭祀。而在《鼓藏节》中，在牯牛被击杀前几日，苗族同胞要给每一头用于献祭的牯牛用床单、毛毯等物品为它打扮一番，从各自家出发，一路巡游到村寨中的斗牛场，再回到家门口，在过程中大家还会评判谁家的牛打扮得更漂亮。从上文的描述中，我们可以看出节日中的服饰有一个特点，，笔者认为是"新"，如春节中，在大年初一人们要穿着新衣服，可以是新做一套衣服，也可以是新买一套衣服，特别是小朋友，"穿新衣"是20世纪中叶以后多少代中国人过春节的集体记忆，在一定意义也成为了一种民俗，"新"也与春节辞旧迎新的主题相契合。而在其他民族的年节中节日服饰的"新"，可能不体现是新衣服，但作为盛装，日常生活中不会穿着，因此在节日中穿着时都会保持一种相对崭新的状态，以一种最为亮丽样态呈现给大家，特别是一些配饰和首饰。

关于节日中服饰的功能，一般意义上不会因为节日附加更多的功能，笔者认为是以服饰的功能为基础的，刘军认为服饰有"民族、族群的标志与识别功

① 史仲文、胡晓林：《中华文化习俗辞典：文化习俗》，中国国际广播出版社1998年版。

能、装饰、美化身体的审美功能、性别、年龄和婚否的标志识别功能、财富的标志与象征功能、社会等级、身份、地位的标志功能"。① 这也告诉我们在关注节日中的服饰,除去它外显的审美意义之外,从文化层面,作为记录者,需要有问题意识,思考为什么穿着这样的服饰? 这套服饰为什么是这样的形制? 只有这样我们才能达到节日影像志的要求。从实际情况来,笔者通过对节日影像志子课题成果影片的观看,发现由于服饰自身的研究特性,各子课题组中很少有相关专业背景的学者参与,总体来说对于服饰的记录,特别是有深度的记录难度比较大,呈现的效果基本保持在表层结构,无论是在成果影片中,还是素材和场记单中,从影像语言和文字语言对于服饰的描述都很有限。因此,在服饰这部分需要更广泛的多学科参与,才能更好的完成专业化的记录。

第五节　审美与竞技

这一节我们说一说本章最后的两个内容要素,即表演艺术和体育、游戏与竞技,在《规范》中,将表演艺术定义为"节日期间的戏曲、舞蹈、歌谣、杂耍等艺术表演活动",而在相关辞书中将其定义为"由表演艺术家完成的直接诉诸人的视觉、听觉的艺术种类。泛指必须通过表演完成的艺术形式,如音乐演奏、演唱、舞蹈、曲艺等。专指演员在电影、电视剧、戏剧中创造角色的表演。表演艺术的美学特征主要是,通过演员的表演,把各类艺术的文学脚本所提供的间接形象转化为直观的形象,使人在欣赏演员绘形绘声绘色的表演中,如亲临其境、亲闻其声、亲见其形,产生情感交流,了解作品形象所反映的社会生活和思想内容,获得审美享受。与其他艺术形式相比,表演艺术的直观性决定了它和宣传事业的关系最直接、最密切,宣传效果最快、最易被接受。表演艺术的审美特征还表现为表演者的表演创造过程与观众的欣赏过程同时进行。"②

① 刘军:《中国少数民族传统服饰的文化功能》,《黑龙江民族丛刊》2004 年第 4 期。
② 刘建明:《宣传舆论学大辞典》,经济日报出版社 1993 年版。

一、节日表演艺术

通过观察节日和研究节日特性，我们可以看出表演艺术中的各个门类大多与节日相伴相生，特别是戏曲、音乐和舞蹈，通过这些形式人们表达出敬仰崇拜和欢乐喜庆。现在被称之为表演艺术的行为，最初是在某些仪式的一个环节或表现形式，为节日本身服务，是节日的有机组成部分，大多数情况下表演给神明，有敬神之意，以中国传统戏曲为例，庙宇中的戏台位置就可以看出，戏台大多正对正殿，并且台口高度与正殿中神像的视角高度一致，它们之间处于一种平视状态，而庙戏表演时人们坐在戏台下，人们是一种仰望的状态在看戏，这就是我们常说的艺术起于"娱神"。随着社会的不断发展，这些依附于节日仪式的表演艺术也在不断发展和完善，逐渐形成了固定的表演方法、内容，基于人们对审美的追求，它的功能也开始发展到"娱神"与"娱人"并重，可以独立于节日进行展现，"中国的民间戏曲，大都经历了由神圣仪式发展到世俗戏剧这样一个过程。例如：贵州、江西等地的民间傩戏，就是从古代驱鬼的傩仪走上今天乡村戏台的。又如：盛行于江苏扬州一带的扬剧，直到半个世纪前才从当地古老的民间香火戏（仪式表演）发展为真正的舞台戏曲。"[1]但节日仍然为其重要的表演时空，因此有观点认为，"我国古典戏曲文化的深入传播，主要不是得力于居高临下的宫廷，而是得力于约定俗成的民间节日。'观戏场'是我国人民节日生活的重要内容，节日是连接戏曲艺术消费和声场传播戏曲文化的重要媒介。"[2]我们从记载节日信息的相关历史文献中，可以看出戏曲与节日自古就关系密切，《东京梦华录·正月》载："正月一日年节，开封府放关扑三日……马行、潘楼街、州东宋门外、州西梁门外踊络弓州北封丘开门外及州南一带，皆结彩棚……间列舞场歌谊，车马交驰。向晚，贵家妇女纵赏关赌，入场观看……至寒食、冬至三日亦如此。"《元宵》条载："正月十五

---

① 薛艺兵：《对仪式现象的人类学解释（上）》，《广西民族研究》2003 年第 2 期。

② 郑传寅：《节日民俗与戏曲文化》，《四川戏剧》1988 年第 4 期。

日元宵,大内前自岁前冬至后,开封府绞缚山棚,立木正对宣德楼,游人已集御街两廊下。奇术异能,歌舞百戏,鳞鳞相切,乐声嘈杂十余里……自灯山至宣德门楼横大街,约百余丈,用棘刺围绕,谓之棘盆……内设乐棚,差衙前乐人作杂戏,并左右军百戏。"因为,像戏曲这样的艺术本身是民族文化中一种综合性较强的表现形式,它和人们的日常生产生活密切相关,通过戏曲、音乐、舞蹈等形式载体将文化的抽象观念,包括风俗民情、历史文化、观念信仰等内涵外化出来,让普通百姓能够较为容易理解。

　　从各个节日的特点来说,表演艺术最为集中的节日,我们认为首先是庙会、社火、抬阁这类节日,在各大庙会中汇集了各种民间表演艺术门类,如戏曲、曲艺、舞蹈、音乐,如果依据节日的四大特点——神圣性、公共性、狂欢性、娱乐性——作为线性结构来看待节日的时序发展过程,在此类节日中娱乐性的表演艺术占据很重的比例,甚至有的庙会的组织者就是某一项表演艺术门类的组织,比如河北圈头村药王庙会子课题,该庙会名为药王庙会,庙会地点在圈头村药王庙,但庙会的组织者是圈头村的民间香会组织圈头"音乐会",圈头音乐会在当地叫圈头音乐圣会或药王会。音乐会除了为药王祭祀奏乐祈福外,还祭奠先祖先贤、为村里的白事义务服务。药王庙会期间音乐会主要负责药王祭祀奏乐及相关组织活动:三天祭祀活动每天音乐会在庙里集体吃饭,然后就是在搭建的神棚里演奏祭祀药王的古乐,期间会里其他人负责接待络绎不绝上香的香客,因此,作为以民间信仰为根基的庙会,在神圣之名下,更贴近百姓的是已成为了民间艺术展演的庙市。而另有两个节日,更是以表演艺术的汇集而成节,那就是马街书会和胡集书会,这两个节日因民间曲艺人聚集,经过历史发展逐渐稳定成为固定的集会,根据任务合同书的描述,"马街书会,每年农历正月十三,来自全国各地的民间、专业曲艺艺人云集河南省宝丰县马街村,亮艺会友,马街村周围近百里的成千上万名老百姓也都扶老携幼来此赶会,听书、写书,连带其他民间艺术的演出以及烧香祈拜的民间信仰,在此形成了一个热闹非凡的集会,艺人们参加马街书会的目的,一是把马街村看作曲艺艺术的圣地,进行朝拜;二是可以与同行切磋技艺,提高技艺水平。与此同时,在书会上演出的曲目,还可以以质论价,被人选中,进行演出。"胡集书会与马街书会相比汇集全国各种曲艺不同,胡集书会表演的民间曲艺人以传统鼓曲类为主,如西河大鼓、沧州木板书、乐亭大鼓20多个曲种,作为一个从民间土壤中生长出来的曲艺交易盛会,不管对当地村落民众、地方政府还是民间艺人来说,胡集书会都具有重要的意义与功能,它满足了周边村落民众的娱乐需求,丰富了群众文化娱乐生活,成为山东惠民县胡集镇周边各村落彰显实力与内部凝聚力的重要契机,为艺人加强交流、获取身份认同及处理内部事务提供了一个良好平台,同时也起到了传承传统曲艺的重要作用,对地方民众起到了一定程度的教化作用。因此,这两个书会在一定意义上就像"民间曲艺的交易会",类似于现代的图书展销会,各路民间曲艺艺人每年汇集在马街村和胡集镇,"斗艺"是为了将自己的曲艺才能展示给众人,以便让更多的家户请他去说书,为这一年的生意打下良好的基础。

其次,在少数民族代表性节日中表演艺术也占了很重要的位置,壮族三月三作为壮族的代表性节日,据《太平寰宇记》记载:"壮人于谷熟之际,择日祭神,男女盛会作歌。"经过长期的历史发展,壮族三月三从"娱神"向"娱人"发展,逐渐形成为极具民族特色的歌圩。歌圩在壮语中,有田垌之歌、山岩洞之歌、坡圩、峒市等名称,多在农闲或春节、中秋等节日于山林坡地举行。届时,男女老少盛装赴会,少者数百人,多者上万人,通常以青年男女对唱山歌为主,还举行抛绣球、碰彩蛋、放花炮等文娱活动。广西南宁市武鸣区从1985年起,以"歌节"的形式连续举办了18届"三月三"活动;2003年,为弘扬民族的优良文化传统,打造壮民族文化品牌,促进经贸交流与合作,将"歌节"复名为"歌圩"。南宁武鸣壮族三月三中的歌圩,已经成为一个响亮的文化品牌。

西北地区极具特色的花儿会也是如此,如莲花山花儿会、老爷山花儿会、松鸣岩花儿会、二郎山花儿会,花儿是一种民歌形式,"又称'少年'、'山曲'、'野曲'等。民歌的一种。流传于青海、甘肃、宁夏三省区。这一地区的汉族、回族、土族、撒拉族、东乡族、保安族、裕固族等民族同袍均用汉语歌唱。不同地区、不同民族的唱词和音乐格调各有特色,形成不同的体系和流派,主要分为河湟花儿、洮岷花儿、陇中花儿。过去花儿常被用来唱情歌,现在内容更为丰富。一般每首四句。但曲子只有两句,三四句重复一二句的曲调。其曲调种类很多,常以地方和衬词得名。"①二郎山花儿会子课题负责人戚晓萍在任务合同书中,对花儿会的"会"有这样的描述"'会'是花儿生存的重要文化空间,当前的花儿会从发生学的角度来说,主要有三种类型:一种是原生花儿会,即历史上一直有这么个'会',并且在这个'会'上历来有唱花儿的风俗;一种是次生花儿会,即历史上一直有这么个'会',但是这个'会'上历来有不唱花儿的风俗,近些年在一些好事者的撮合下才逐渐在这个会上唱开了花儿;还有一种是新生花儿会,即历史上原本没有这么个'会',近年在个人或政府的助力下兴起的专门以唱花儿为目的的花儿会。"花儿会上民众唱花儿、听花儿通常围聚成环形,根据环形的中间是几把伞,伞下就是对唱花儿的歌手,听众则围绕着歌手在外围簇拥得层层叠叠。内里越是出色的对唱,外围层叠的人墙就越厚。若要倾听精彩的花儿对唱,就得及时占据有利位置,否则除非受到歌者邀请你才可能中途进入到一组花儿对唱的中心区域。

类似的民歌对唱形式,在水族卯节卯坡上也有发生存在,"卯坡上,人的山,人的海,歌的潮,歌的浪,对歌活动开展得非常热烈,因此,卯节又有'歌节'之称,卯坡又有'歌坡'之名。在卯坡上,男女青年的社交、传情达意全靠对歌来实现,人们常说'不会歌别上卯坡,不会水就别下河',意即不会唱歌的人上卯坡是不受欢迎的,更不用说去谈情说爱了。卯日那天,德高望重的长者先作一番演说,其中有那么两句'未婚的青年男女,今天是你们美好的时光',其后对歌开始了,男女青年只要见到称心如意的对象,可以尽情地与之歌唱而毫无顾忌,倘使双方情投意合,就结交为朋友,由朋友而恋人,由恋人而恩爱夫

---

① 段宝林、祁连休:《民间文学词典》,河北教育出版社 1988 年版。

妻，一般而言男女结为同好，父母是不会阻止的。因为卯节期间的卯坡对歌，使男女青年最易结交异性朋友，故而人们都说'卯节是年轻人的节日，卯坡是年轻人的媒娘，歌声是年轻人交往的桥梁'。"①"在节日公众娱乐活动的变化上，自卯坡确立后，三都九降一带水族卯节的活动，主要以对歌为主，辅之以一些小商品和土特产品的贸易活动。"②由此可见在传统社会中，节日是人们为数不多能突破日常生活空间，到达更广阔的公共空间，并与更多的人交流聚集的机会，在这样的场合下，作为无文字记录的群体而言，选择口头传统的方式传颂历史和表达情感是第一选择，而歌就是这其中的形式之一，歌能够承载群体的历史，又能促成人与人之间的情感交流，进而推动了人的繁衍，从此可以看出节日中的表演艺术不仅仅是单纯的艺术性，"歌之所以能在节日中占一席之地还有一个原因，即社会的需要。在长期的历史发展过程中，尤其是在无文字阶段人们以歌代言、以歌传情、以歌记事，成为传统重要的事件、人物、生产技能、道德观念、社会风俗等途径，是对整个社会而言，它被赋予了某种功能，成为一种聚合人群、互相交际、传播知识的手段。"③

目瑙纵歌是景颇族代表性的传统节日，又称目瑙、纵歌（目瑙是景颇语，纵歌是载瓦语），意为"大伙跳舞"，目瑙纵歌的节期从原有每年节日具体时间由民间文化精英确定，至1983年经政府批准，确定为每年农历正月十五、十六日，董萨、瑙双、瑙巴及全国各地的景颇族，汇聚在木代房、目瑙纵歌场，祭祀神灵，纵歌狂欢，祭祀景颇族最大的天神——木代神。除了隆重的祭祀仪式，数万人汇聚在目瑙纵歌场一起跳舞，排列成阵，舞步有序，节奏鲜明，而这种舞蹈与我们现在所定义的舞蹈存在一定的差异，一部分人在"瑙双"带领下，动作用一退一进，一拐弯，身子一上一下，一伸一直，一手握着铁制长刀，另一只手用手帕握着长刀头，双手同时摆左摆右，另一部分在"瑙巴"带领下跳，整体来

① 韦忠仕：《论水族节日的文化内涵》，《贵州民族研究》1991年第2期。
② 韩荣培：《略论贵州民族节日的地方文化特色》，《贵州民族研究》1990年第2期。
③ 张盛：《水族"对歌"活动中的民族心理》，《北方音乐》2017年第2期。

看舞动的动作样式不多、幅度较小,舞动的过程更是像一种祭祀性动作,而有着类似舞蹈形式的也可以在贵州黔东南月亮山区域的苗族鼓藏节中看到,在节日进行中的夜晚,在皎洁的月光下,村寨中的青年男性身着百鸟衣,手持芦笙,青年女性着盛装,在村寨中几处地方围圈而舞,这样的舞蹈在《苗疆风俗考》中有所记载,"男左女右,旋绕而歌,迭相唱和,举手顿足,疾徐应节,名曰跳鼓藏"。① 从这些信息中可以看出节日中的舞蹈,在传统观念中同样较为强烈具有祭祀和交际功能,它的艺术性是逐步剥离于所存在的文化空间建构而形成的。

雪顿节作为西藏拉萨藏族代表性节日,在每年藏历六月三十至七月初五举行,在此期间藏族同胞前往哲蚌寺、色拉寺朝拜巨型唐卡,在罗布林卡康松思轮楼前藏戏广场观看藏戏表演,根据《民间文学辞典》中的描述,藏戏约产生于 14 世纪,17 世纪定型并盛行于藏族地区,系以民间歌舞形式表现故事内容的综合性表演艺术,17 世纪五世达赖阿旺罗桑嘉措把它从宗教仪式中分离出来,成为有固定剧本的戏剧,并继承"萨呷拉巴"的传统,一般分为三部分:①"顿"(或叫"温巴顿");②"雄",意为正文,即正戏;③"扎西",汉意为"吉祥",藏戏内容一般取材于民间神话、传说、故事,以及历史人物的生平事迹。② 伴随雪顿节从最初的宗教性节日发展到世俗性更强的节日,乃至在当下已经形成现代性节庆的样态,以及藏戏被列入联合国教科文组织人类非物质文化遗产代表作名录,其在节日中承担的角色,无论是在老百姓眼中,还是在政府文化工作层面都越发的重要。

所以,我们认为在看待节日中表演艺术时,不能仅把它们孤立的作为一种表演艺术门类看待,而是将其放在节日文化空间去理解与观察,如果只关注到它们的艺术性,将会失去部分关键信息。作为节日影像志记录,节日中的表演艺术是一项不可或缺的内容,因此,对于他们的在拍摄时需要完整记录,在成

---

① 杨庭硕:《苗防备览风俗考研究》,贵州人民出版社 2010 年版,第 154 页。
② 段宝林、祁连休:《民间文学词典》,河北教育出版社 1988 年版,第 98 页。

片使用时可以只取片段，并不需要对其完整过程进行呈现，它们的文化价值将是作为一种文化数据留存于数据库中。

二、节日体育竞技与游戏

节日与体育竞技，我们首先想到的就是奥林匹克运动会，这里所指的奥林匹克运动会分为古代奥运会和现代奥运会。古代奥运会不仅是一种体育竞技大会，在它延续一千多年的时间里，实际上是古希腊人的一个全国性节日，起初，竞技会只是当地居民的集会，从公元前6世纪开始很快就蔓延到伯罗奔尼撒半岛全境，进而是整个希腊社会。而现代奥运会是在其基础上进一步提炼发展，在奥林匹克主义指导下，以体育运动和四年一度的奥林匹克庆典——奥运会通过体育竞技活动，促进人的生理、心理和社会道德全面发展，沟通各国人民之间的相互了解，在全世界普及奥林匹克主义，维护世界和平的国际社会运动，所以它本身也是一种现代节庆活动。而当我们再来看中国传统节日，也存在这一些体育竞技的成分，甚至在一些节日中体育项目在扮演重要的作用，那达慕就是这样的例子。那达慕是蒙古族代表性传统节日，"那达慕"蒙古语意为娱乐或欢聚，在每年农历七、八月间举行，会期根据那达慕大会的规模而定，一至七天不等。那达慕大会一般与祭敖包同时举行，所以也有"敖包那雅尔"之说。作为以游牧业为生的民族，部落中的每户人家大部分时间分散居于草原各处，日常相互聚集的时间很少，因此一年中选择这样一个水草肥美时段，蒙古族各部落头召集部落内部成员聚集一处，人们互相比赛牛羊膘情，显示本部落赛马、射箭、摔跤三大竞技的集会，这三项是蒙古族成年男性的必备技能，因此也被称为"男儿三技"。

还有一些节日是因某一项体育项目而成节，河北前魏村正月亮拳子课题选择的这个节日是梅花拳拳友的集会，根据子课题组在任务合同书中的描述"梅花拳有文场、武场之分，而且是以文场领导武场，这是梅花拳区别于其他武术拳派的鲜明特色。梅花拳信奉的是'天地君亲师'，梅花拳佛堂及文场弟子家中都要供奉祖师牌位。文场的活动形式主要有设立佛堂、香案、烧香、磕头、念经等;武场在艺术形式上,包含武术、戏曲、工艺、传说、杂耍等因素。每年农历正月初九,前魏村都会组织盛大的'亮拳'武术交流大会,来自广宗、平乡、威县、巨鹿等县的众多梅花拳代表,都会在这天齐聚梅拳圣地前魏村,交流、切磋技艺,参与的人数多达四五百人。同时,梅花拳文场的师父会在提前搭制好的醮棚内行烧香、磕头之礼。即使不练拳的普通民众,也会前来醮棚烧香祭拜,求祖师爷保佑家人平安。在当地村民心目中,梅花拳是一种'信仰',是'梅花拳会',且有文有武。梅花拳贯穿于前魏村日常生活之中,无论是在平时,还是在节会活动中,老一代人总会不厌其烦地讲述梅花拳的神奇功能与历代师祖的传奇故事,并借助于武德的传授影响习武者的生活准则和处世哲学。"可见梅花拳是一种外显的形式,而其文化内核是对人的教化,这也是对体育竞技的一种超越,这样的集会就是参与群体的一种自我强化与认同。

另一种情况是体育竞技在节日中是一种重要的民俗活动,这样的民俗活动起初具有神圣的功能性,而所谓的体育竞技是在发展过程被附加上的,在传统体育研究中有观点将此类体育竞技称之为民俗体育,"民俗体育是为一定民众所传承和享用的一种具有普遍模式的生活化、仪式化的传统体育文化体,它既是一种体育文化,也是一种生活文化。民俗文化是一个具有丰富内涵的文化体,民俗体育是依附于一定的民俗文化母体中,并是这个民俗文化母体中的一个重要组成部分"。① 端午节中的传统龙舟竞渡就是依附于节日中,并且是端午习俗中重要的组成部分,这一点在广府地区端午节表现得最为明显,在当地端午节又被称作龙舟节,番禺石楼龙舟节(VR)子课题的任务合同书中对它进行了描写,"龙舟,广府人称之为'龙船','划龙舟',在粤语和闽南话中为'扒龙船','扒'是划的意思,一个'扒'字表现出岭南划龙船特有的地域文化色彩。"端午扒龙船并不是比赛那么简单,它具有一种模式化的仪式过程,

---

① 涂传飞:《民间体育、传统体育、民俗体育、民族体育概念再探讨》,《武汉体育学院学报》2009 年第 11 期。

共分为起龙、采青、赛龙、藏龙和散龙五个步骤,每个步骤都有"龙船头"(某一只龙船的组织者)带领和分工,中间都有非常讲究的仪轨。"龙船节中,最激动人心的莫过于'赛龙',即赛龙船夺锦标,又俗称'斗标'。斗标是村落、宗族之间的交流与竞争,是龙船的大聚会,数十条龙船齐刷刷,斗靓斗威斗生猛,条条龙精虎猛,斗标,是一种碰撞,也是一种交流。"可见在广府地区人们心中,龙船竞渡不只是单纯个体力量的较量,而通过这样的体育运动形式,展现了村落与村落之间的竞争,并且这样的竞争是有序的,因为赛龙夺锦争得的第一不仅是一幅锦标,一头"金猪"(烧猪)和一份烟酒,更是一份祝福,一份面子和荣耀,是村落、是族群的荣光,无论最后锦标"鹿死谁手",大家都会欢聚在一起共食龙船饭。体育竞技承载了强化村落内部群体认同感,增强凝聚力的作用,谁能在其中获胜,就代表这个村落在此区域中具有较强的实力。只有当这样的形式抽离于其存在的文化空间后,才成为了单纯的体育竞技项目,中国少数民族传统体育运动会中的龙舟竞渡,就是一项独立体育竞赛项目,此时的它与端午节中的龙舟竞渡已无关系,追求的就是速度与力量。类似的情况还有秋千,比如在哈尼族苦扎扎节中的磨秋,"磨秋是'苦扎扎'节举行祭祀活动所用的神圣性的器具,由一根竖立在地上的高约 1.2 米、直径约 30 厘米的柱子('磨秋柱'),以及架在上面的一根长约 7 米、宽约 30 厘米、厚约 15 厘米的横梁('磨秋柱')组成。磨秋梁只在'苦扎扎'节日期间才由咪古们架在磨秋柱子上,祭祀仪式结束后,男性村民要打磨秋。平时要将横梁取下来。"[1]苦扎扎节中的活动大都围绕磨秋场展开,在打磨秋开始前,同样是有持续多日的一系列仪式,因为苦扎扎节的时间在农历六月,那时正是水稻生长,人们农闲之时,人们在这时聚集的现实目的是祈求五谷丰登,期盼秋季的丰收,通过节日的仪式和狂欢驱离可能影响水稻生长的不利因素,故而关于苦扎扎节中为什么要打磨秋的有这样的一种说法,"哈尼人每年六月节祭奠的时候,要高高地架秋

---

① 马翀炜、潘春梅:《仪式嬗变与妇女角色——元阳县箐口村哈尼族"苦扎扎"仪式的人类学考察》,《民族研究》2007 年第 5 期。

千、立磨秋来荡,让野物们误以为哈尼人被'吊死'在半空中,便不再来糟蹋梯田的庄稼。"①从这些信息可以看出,在传统观念中,打磨秋与体育运动没有任何关系,经过发展才被延伸出了体育运动的关系。

通过分析,我们认为节日中的表演艺术、体育竞技与游戏,让节日的神圣性通过具体的形式被外化,让人们更加深刻的参与到节日中来,通过它们让庄重严肃的节日能够最终走向热烈与狂欢。

①　马翀炜、潘春梅:《仪式嬗变与妇女角色——元阳县箐口村哈尼族"苦扎扎"仪式的人类学考察》,《民族研究》2007 年第 5 期。

第五章　节日影像志形式要素研究

今天,我们已步入一个从"无图无真相"到"视频表真相"的数字化、数据化集成的景观社会。然而,我们对视频图像的研究仍停留在大众文化解读和对其文化意义的阐释层面,对它进行专业的深度研究还远远不够。这显然是一种严重的脱节,这个脱节现象当然不是今天才有的,也不为视频图像所专有。以更小的范围来看,如纪录片的拍摄,当微纪录、短视频都以快闪的方式向我们奔涌而来时,作为纪录片的研究者,有多少人能回答纪录片的语言表述特征为何? 我们该如何更好地运用这些语言表述特征为自己的纪录作品加分? 我们又该如何避免作品不会像视频监控那样只作为证据而呈现,更不是去生产许多无谓的垃圾视频,来污染我们的视觉和心灵? 这样的思考自然成为我们研究"节日影像志'形式要素'"的逻辑起点。我们需要有人去不断反思纪录片以及人类学纪录片的伦理问题,更需要有人把这种伦理思考与纪录片的表述特征相连接,还需要有人面对视频能以外科手术刀般的精细去解剖画面和聆听声音,去察言观色,理清线索和结构,体味节奏与风格等。以这样的研究来更好地回应和验证纪录片创制中的伦理问题,并使伦理研究不仅仅局限在想象和实际事务中,而让它成为一种可操作的规范,成为一种内嵌在纪录片语言表述系统中的意义指引并被各方所接受。

第一节　媒介介入——现场、方法与伦理

节日影像志的形式要素受制于它的出场、出场背景、出场所携带的工具以及出场的伦理考量。这一节我们以"媒介介入"为题,旨在说明,对于任何一种表述,媒介的选择与使用,以及这个媒介所与身俱来的优劣属性都将在本质上规定着我们的书写方式、书写程序和书写效果。同时,这种媒介一旦与其所表述的对象相结合,一旦与其所使用媒介的团队相结合,那么它就一定会产生出属于这个对象和这个团队的新特质。那就让我们走进节日田野,走进节日现场去实践和思考。

一、田野与现场

人类学、民族学、民俗学、考古学等诸多学科都会以田野调查或田野研究作为获取信息的主要途径之一。田野研究是研究者以"直接观察法"去直面现实,不仅用以获取第一手材料,还能通过直接观察得出新的假设与新的视角,使得研究更加深入;甚至能用以检验、否定、纠正之前的假设,完善理论体系。

现代人类学田野工作的标准模式由提倡科学主义的马林诺夫斯基开创,后经普理查德、格拉克曼等人完善而成。田野研究要求调查人员以"参与观察"的方式了解和认识"另一个社会"或"另一种文化",具体而言,就是以友善且谨慎的姿态与当地人建立关系,在一定时间的共同生活中,进行深度观察与访谈,获得被研究地区或民族的一手资料。

人类学研究之所谓田野,简言之即调查研究者为探寻人类特质的源头与演变真相而深入其间获取第一手材料的实际生活时空。而随着人类学研究对象的拓展,这种源于西方人类学的田野概念和界限也在不断被打破和被延伸。这表现在如下两个方面:第一,是以费孝通先生等前辈开创的研究本土社区的

中国人类学传统,就并非是对异文化的研究,而恰恰展开的是对自己所熟悉环境和熟悉社群的一种人类学研究,这个传统一直延续到今天,甚至在新时期还产生了为王铭铭、安得明等人所提出的家乡人类学和家乡民俗学的新表述。当然,它也首先引起了人类学家自己的一系列反思。正如王铭铭在《由彼及此,由此及彼——家乡人类学自白》里所坦诚的那样:"故乡的含义,时常来自异乡——如同自我的含义,时常来自他者。"①第二,人类学研究的田野也从单个的田野点向多个田野点迈进。在对位于波利尼西亚西部的汤加王国进行研究时,该地区普遍的社会移民现象引发了马库斯对跨区域、多点田野研究的思考,进而提出了"多点民族志"作为"对人类学面临的全球化挑战和表述危机的回应"。②"'多点'并非人类学家简单地在不同地点之间游走,而是将民族志研究本身看作各种网络运作及延伸的有机知识生产过程。"③与经典民族志选择田野点不同,多点民族志跨越了空间和时间的束缚,田野点的选择更具灵活性和动态性,比较法和多元的研究者角色也与多点民族志相伴而生。总之,无论田野概念如何变化,它始终是人类学、民族学和民俗学,甚至社会学研究中的重要方法和手段。它不是静静地等待我们进入的"诗与远方",它是在民族志理论与方法所规定和指导下的一系列学术实践和学术研究。作为以影像志方式反映和诠释节日的节日影像志同样需要遵循这些基本原则和律例。

(一)节日田野

节日田野一般可以从这样几个方面加以认识和理解:其一,由人类学、民族学和民俗学等专业学者基于自身长期研究的田野范围,发现该田野范围内某些时空区域的节日与《规范》所要求的节日影像志课题较为吻合,于是提出

---

① 王铭铭:《由彼及此,由此及彼——家乡人类学自白》,《西北民族研究》2008 年第 1 期。
② 耿亚平:《多点民族志的提出和发展》,《广西民族研究》2019 年第 1 期。
③ 陈正府、任晓冬:《行动网络、关联性与多点田野:西南少数民族文化遗产研究的新路径》,《贵州民族研究》2017 年第 8 期。

申请,在获批予以立项时,该时空区域即为节日田野。其二,由影视工作者或者传播学者基于对《规范》的理解,发现在他们的拍摄视野和学术视野里某个节日与《规范》要求较为吻合,于是便邀请人类学、民族学和民俗学的相关学者一道参与,这个时候的节日田野就带有比较明显的功利指向性。其三,是当地文化学者或者当地文化持有人,认为自己所在区域和社区的某个节日与《规范》要求相吻合,于是参与节日影像志课题的申请。这时的节日田野就成为一个积极服务地方文化建设的实践场域。

节日田野与节日现场是两个既有区别又密切关联的概念。一般而言,节日现场从节日田野中产生,也即节日现场被内置在节日田野之中;但节日现场又有自己更为专属的要求和规定,它总体小于节日田野,但如果由于某个节日本身的一种区域性或者族群性展开,这个时候,它就会超越专注于一时一地的节日田野而成为跨地方,甚至跨文化的节日现场。一个最明显的例子就来自于张小军团队所主持的水族"端节""卯节"两个子课题。

在水族"端节"子课题中,张小军团队从田野调查了解到,端节为水族的重要节日,主要分布在贵州省黔南州三都县和荔波县境内。水族的端节为地域循环节日,过端节的部分水族寨子分七个批次过节,而过节的次序则是以兄弟祖先及远祖拱登的起源而定。节日分批次的目的在于促进地域共同体之间的社会交换,形成水族地区十分强大的地域联盟。而同样是水族节日的"卯节"与"端节"还形成了过"端"不过"卯"的民俗惯例。因此,从节日影像志拍摄现场的要求来看,它已超越了一个村寨而使节日现场扩展到某个区域中去发现由"端节"所带出的人类学知识生产。

（二）节日现场

节日现场的范围比较广阔,只要是庆祝这个节日的时间、空间区域都可算为节日现场。在做田野调查工作时应厘清其范围,各区域之间是否有不同。前期田野工作时应将调查过程和内容进行影像记录,这些都可作为拍摄现场选择的参考。节日现场包含：

1.具体的时间与时间节点。节日日期的选定是民族历史文化的选择，它应区域或民族的需求而生，同时也满足人的不同需求。了解日期的来源，也可以理解民族的历史文化。因为，"节日是按照一定的历法和季节顺序，在每年特定的时间或季节举行的仪式、庆典或行为活动。它被用于庆祝、纪念、重演、预演某些重大事件——农业的、宗教的或社会文化的。它赋予个人及其宗教的政治的或社会经济的集团以凝聚力和存在意义"。[①]

以《端节》（水族端节子课题）的具体时间为例，影像志开篇便对节日时间进行介绍。端节的节日日期是根据水族历法推算得出。水历每年十二月第一个亥日起至水历新年二月（即农历八月下旬到十月上旬）期间。节日分成七个批次，整个节日要历经四十多天。节日时间跨度大，涉及七个不同村寨，并且每个村寨有严格的过端的秩序。因此如只标注为端节第一天、第二天是很容易混淆的。端节的处理方法是用字幕标注所展示的地区以及过节的公历和水历时间。因此，《端节》在影片开始的第三分钟，展示的是2014年9月14日第一批村寨端节前一天准备过节的情况，且以字幕的方式标注清晰；除了上述像端节这种将具体时间加以详细标识之外，有些节日仪式的举行非常强调时辰的重要性，比如，开耕仪式、祭祀仪式等是必须在某个时间内的时间点上进行。因为，这个时间点有着重要的象征意义和民族文化意义。如《祭月》（湖北咸宁大屋雷村中秋祭月子课题）中"祭月"仪式过程是在一日内完成，而关键的请日月神仪式必须在18:00开始。对这类时间节点的严格规定，是许多传统节日，尤其是宗教节日所普遍存在的现象。而它也成为我们考察现场和拍摄现场所必须给予重点关注的对象。

2.事件进程中的各个空间。与上述时间秩序和时间节点相关联的就是事件发生的各个具体空间。结合前面我们在对"节日影像志'内容要素'研究"

---

① 盖晓明、谭朝炎：《中国传统文化概述》，浙江大学出版社2013年版，第134页。

时,提到的"景观与流程"来看,作为一种拍摄现场的具体空间大致可分为这样几种:

第一,从内到外的神圣性祭祀场所。家庭的神龛,神龛上的祖先挂像,祭祀的供桌、供品和香火以及室内某一角落或者与外界相通的窗户、窗台等,大门和门神;家族祠堂及祠堂景深,祠堂牌匾和雕梁画栋,祠堂桌椅布置以及祠堂天井或者其他一些重要的局部空间,坟地也是家庭和家族祭祖所必然展开的空间;村寨神圣的聚集空间,比如《七圣庙》中七圣的面具所在的空间,它的房屋整体外观和室内陈设;还有就是村寨祭祀神灵的空间,神灵塑像和位置,以及与其相关的祭祀用具和法器,主祭祀者所站定的位置等;最后就是宗教性集会或者民间信仰聚会的空间。这个空间应该是神圣性祭祀空间中最复杂、参与人数最多的地方。它一般由进入的道路、大门和两边的各种摊点与具有纵深感的树木和石碑构成了外部的第一层空间,而牌坊或者大门以及大门两边的建筑构成第二层空间,各种神灵祭祀的诸多小空间构成第三层空间,最后进入主祭祀场所,并由此空间范围的各种物件和位置安排所构成的第四层空间。那么在上述所有空间集合中,还有一个重要的空间线索就是人们在节日中必然要从一个点到另一个点的移动,那么我们在考察这些神圣祭祀空间的同时,就必须把线路空间纳入进来,以便于在具体的拍摄时,我们的机位布置和分工的接续等。

第二,节日影像志是对节日的全程关注,所以,不会只观照节日神圣仪式的举行。如何准备节日,节日如何进行,节日结束后又是怎样的情况都是观照的范围。为此,我们把这一部分的空间现场称之为世俗生活的节日现场。它一般又由如下几个方面构成:家庭生活现场,劳动生活现场,节日祭品准备现场,节日组织活动现场,节日歌舞现场,节日竞技现场,节日盛宴现场,节日散场现场,节后生活与劳动现场等。这其中,最复杂和参与人数最多的是节日歌舞表演现场。在对这类现场空间进行考察时,必须注意这样几个事项:一是掌握整个歌舞表演区域的大小规模和开放封闭状况。二是了解歌舞表演的性质和人数,是集体狂欢还是围观,比如《骂社火》(河南灵宝骂社火子课题)中的最后一场高潮戏,就是台上表演,台下数千人围观。三是考察人群的进入方式。四是考察后台的准备空间和散场方式。五是提前了解所拍摄对象如何参与这样一种集体歌舞表演。要从他/她在家的准备开始予以全程关注和跟踪。

第三,对节日发生地的空间考察。从远处找到对整个节日现场能尽收眼底的拍摄视点;节日发生地周围能目及的山形地势;外部人群进入节日空间的主要通道;节日发生地流经的河流;节日发生地的村落布局、街道布局以及房屋建筑布局;标志性文化符号的发现;部分大型室外节日神圣仪式举行的外部环境等。

节日是周期性与一次性的悖论构成。对于每一个节日而言,每年就举行一次,所以,应在节日仪式前做好充分的节日现场调查,向当地居民(文化持有者)、政府官员、仪式的权威(会首、祭司等)了解流程与注意事项。按前期的调研结构预设观察和拍摄机位,并做好应急事件的活动机位和随机采访准备。

3. 人物活动现场:节日现场并不是"空无"的现场,是有人活动的空间。依据之前对节日现场的把握,通过文献资料和田野调查结果来选择节日影像志中的拍摄对象,这是进入节日现场最重要的工作。按《规范》中拍摄参考要素部分建议,以重要人物,即在节日活动中扮演重要角色的人物为主要拍摄对象,同时如有筹办节日的传统民间组织(宗族、会社)也应予以重点观照。重要人物的拍摄应涉及其在节日中的活动,对其进行跟踪记录以及随机访谈。同时,对重要人物进行深度访谈,讲述其在节日中涉及的职能和节日相关社会组织和社会关系等。节日相关组织的重要集会与活动也应予以跟踪记录拍摄,以及随机访谈。节日影像志的拍摄需注意尽量减少制作者的解说叙述,尽量让当地文化持有者发声,坚持田野性、真实性。但如果全是当地文化权威的发声也是有失偏颇的。如《妙峰山庙会——四百年的历史》以香会会首的视角叙事,关注群体性的进香,更多的是从内部视角进行表述,忽略了个体香客的敬拜实践和游客的游玩,在整体性上有所缺失。因此参与节日的普通民众、相关民族或族群的广角展示和随机采访也是不可或缺的。

另外还需注意的是,除了涉及私人空间的节日,节日的过程现场常常会吸引诸多摄影爱好者前来拍摄、观看。如《妙峰山庙会——四百年的历史》中除了各个香会的参拜和表演人员外,还有非常多的游客。外来者对于当地文化的喜爱或厌恶都对全面了解和研究当地文化有重要作用。

总之,节日现场是节日田野的最后聚焦处,节日田野是节日现场的充分展开地。它们共同构筑起节日影像志现实与想象的文化场域和时空境遇。

上面我们分别从时间、空间和参与节日的人物三个方面对节日现场进行了简要的分析,但节日现场,或者说节日影像志的现场还有一个不可否认的事实就是这些现场都是节日影像志团队进入的现场,而这个团队既非一个传统的民族志工作那样,可以悄悄地来,悄悄地去,也非一个独立纪录片人那样带着一两个人长期的蹲点式拍摄,它至少由 5 到 8 个人,甚至 10 个人所组成。因此,它的进入必然对节日现场有较大的影响和干扰,如何在这种规模团队下既顺利完成拍摄任务,又不影响或者最大程度地减少影响,也是我们要加以认真对待的问题。下面我们将就团队和技术方面的问题予以简要梳理。

二、团队与技术

在绪论中,我们基本上梳理了节日影像志在纵向管理与制度设计方面的情况,这里我们就其具体的制作团队以及技术要件做一个分析。

(一)制作团队

首先,从团队总负责人来看,节日影像志一般以导演为中心展开具体的拍摄。这个导演可以是由学者转换而来,也可以由主摄像兼导演实施,还可以由策划兼导演进行。因此,原则上,节日影像志和许多纪录片及人类学纪录片一样,导演往往会身兼数职。

其次,从目前课题申报的人员构成来看,人类学、民族学、民俗学和社会学的学者领衔担纲的占比达50%以上。这也出现了一个新的问题,要让这些学者在短时间内成为较为称职的导演或者摄像,也是极为困难的。一个明显的事实是,在那些拥有专业学术背景的学者团队那里,尽管学者本人可能学富五车,但由于对实际的节日现场把控不力,加之对采集的影像素材的处理也转包给专业剪辑师,所以,他们的田野经验和学术涵养就未能有效、有机地实现影音视听的转换,最终导致他们的节日影像志成果,在学术含量上也很难与他们的学术身份相匹配。另一端的情况则是,在以影视职业人员为主体的团队里,即使是资深的纪录片导演,也会由于未能从根本上充分理解和认识节日影像志要从节日特性出发去挖掘民俗文化的深层次内涵这一规定,致使其部分成果也不太尽如人意。不过,非常值得注意的是,迄今为止,节日影像志产出的优秀成果,主要还是那些资深导演或者影视工作者,只要他们对某个区域文化有着长期关注和拍摄,那么由于其富于纪录片从业经验,所创生的节日影像志作品的完成度就相对高一些。

当然最佳的制作团队还是那些本身就拥有影视人类学学科背景或者学者兼导演的制作团队。原"中心"主任李松曾在培训会上的一句讲话值得所有从事节日影像志制作的团队认真琢磨:"只有心到眼才能到"。下面我们根据一般影视制作团队的人员构成及分工情况来看看,节日影像志制作团队在实施拍摄时所应该具备的基本配置和任务分配。

一般的影视摄制团队会配备前期文案与编剧(编辑)团队,导演团队(可能包括副导演或执行导演等多个导演),现场摄影团队,后期制作团队。节日影像志的团队也可分为这四部分团队,但在人员学术背景和具体工作分配上有所不同。

1.前期文案。节日影像志的编导首先要带着一定的问题预设进行田野调查。负责前期田野调查的团队需要有学术"资格",严谨科学地进行观察和调查。在田野调查的基础上推翻或发展之前的预设,寻得真实、客观的文化理解与意义。田野调查期间影像志编导应全程参与,了解节日现场空间,参与访谈录制,从而对节日现场做出正确且全面的把握。而后做出拍摄现场的选择,制定拍摄计划,根据现场情况选择拍摄人员数量、拍摄器材与方式等。

2. 导演团队。一般影视摄制团队因为涉及多个拍摄现场同时摄制的情况,因此会有总导演、副导演、执行导演,甚至细分到每个拍摄现场有一个副导演(第一组导演、第二组导演)。影视摄制的导演按照剧本制作拍摄脚本,执行导演按照脚本拍摄即可,可以不需要总导演在场。但节日影像志的拍摄没有剧本,甚至脚本。节日影像志要求导演能以整个事项的全面了解为前提,撰写主要拍摄内容大纲,进行实地拍摄。大多数节日现场都存在多时空交错并置的现象。这就需要总导演和分组导演有高度的协同性。尤其是对分组导演来说,必须对所涉及空间范围内的各种文化事象有高度的文化自觉,总导演要随时掌握各分组导演拍摄进度以及拍摄事项,并将这些事项在脑子里生成后期意识,然后才能及时地指导各分组导演的工作。当然,还有一种情况,比同一空间下的时间并置更为复杂的就是多田野点拍摄。如《灯城春秋》(自贡灯会子课题)。自贡灯会被原国家旅游局定为全国两大民俗活动之一,2008年以"民俗"类项目进入国家级非物质文化遗产代表性项目名单。同时自贡灯会还成为成功"走出去"的民俗文化典范。因此除了"灯会"在自贡当地的民俗意义和民生影响外,它对全国甚至国外的节日灯展都具有重要的影响和价值。在节日现场拍摄中会涉及自贡当地拍摄现场,全国其他省市拍摄现场和美国凤凰城的拍摄现场。经过田野调查,编导将主要拍摄现场定为自贡现场、内蒙古自治区鄂尔多斯市和美国凤凰城。其中鄂尔多斯现场编导没有参与现场拍摄,但是拍摄团队按照事前制定的拍摄要素大纲,以及拍摄过程中随时与编导联系与沟通完成拍摄。在这种多田野点进行拍摄,最重要的是,各分组需要处理一个时间段里所发生的事件,而且许多还是未可预料的。那么导演组就要根据这些新出现的事件与原来预设进行比较,哪些是有利于人物及文化事象展现的,那些仅仅是个案性且对整个表现无益的,这些都需要导演组进行甄别,并对拍摄计划做出相应的调整。

3. 摄制团队。摄制团队的人数与器材的设置都在前期文案的完成或田野调查信息总结归纳后定制出详细计划,但在整个项目开始之前是有预估计划的。这一点影视摄制与节日影像志的摄制安排相同。不同的是,节日影像志主张真实、客观,不干涉当地人生活,不干扰节日流程进行。所以在拍摄方法和器材使用上相对影视摄制简化很多。关于其他技术配置我们留待后面专门介绍。这里,我们先再就摄制团队中的重要事项做一个较为详细的说明。根据我们上面对节日影像志各种现场的描述,除了室外路线空间和舞台表演空间较为开阔,一般室内空间都较为狭小。而且在开阔空间,也要考虑到人群的拥堵,在狭小空间要考虑到仪式本身的禁忌,也不可能有多人进入。那么在这样一种节日特性的规定下,摄制团队就只能保证摄像师和摄像辅助人员 1—2 人去完成现场录制。这就给摄像提出了相当高的难度系数,他/她不仅要保证画面质量的高水准,还要保证画面内涵的丰富性,以及各种画面之间的呼应关系等。而在具体的拍摄时,我们还必须考虑到各种民间摄影爱好者与我们抢机位的情况出现。笔者在拍摄第一部节日影像志《觉颂》时,就遇到了一个地区组织的民间摄影爱好者前来节日现场采风。我们从事后拍回的画面声音中,都听到了多处本摄制组摄像不断提醒其他摄影人员不要挡镜头的"哀告声"。那么出现这种情况时,笔者的建议是,摄像辅助人员这个时候就要有十分清醒的站位意识,并随时引导摄像去抢占最佳拍摄点,保护好摄像能正常的工作。而这个时候,摄像机也一定不要关机,让它保证全程录制的状态。

4. 后期团队。一般影视制作的后期是按照剧本、脚本的标注进行素材组接和效果制作。节日影像志的后期剪辑与拍摄的要求一致,要求客观真实。而且一般叙述顺序会按节日的进行流程进行线性表述,因此在剪辑上不会有过多特效要求,以及复杂的蒙太奇剪辑。需注意一定不要使节日时间、空间顺序混乱或使人识别不清。这一点,我们留待本章"第四节:剪辑"来做较为详细的介绍。

（二）设备配置及需要注意的事项

目前,各种新的技术条件给予节日影像志制作以最为充分的保障,当然,它在带来诸多便利的同时,也会产生一些负面的影响。下面,我们就基本的设备配置及需要注意的事项予以说明。

1.“大空间”的拍摄设备和拍摄方式。这里的“大空间”指的是对节日发生地外部环境和大型节日景观。对于这两类“境况”,我们会选择航拍和固定机位拍摄两种方式来处理。

先说说航拍。无人机是“无人驾驶飞机”的简称(Unmanned Aerial Vehicle,缩写为UAV),是利用无线电遥控设备和自备的程序控制装置操纵的不载人飞机,包括无人直升机、固定翼机、多旋翼飞行器、无人飞艇、无人伞翼机。当前国内外航拍无人机主要以大疆无人机为主。这里,我们不去就更多技术参数作具体说明,仅就节日影像志拍摄来说,它被广泛运用的原因在于,多数节日现场都处在无飞行管制的地方,所以,使得航拍成为对节日外部环境和节日大型景观呈现的最佳选择。但对航拍的使用仍需要我们注意这样几个问题:第一,航拍人员必须经过专门的训练,持证上岗;第二,航拍必须注意飞行安全,对村落建筑物,尤其是节日期间人口密度非常大,所以其起落等都要设置好线路,绝对不能发生对参与节日人群的伤害和干扰节日流程的正常展开;第三,展开航拍时必须考虑航拍的高度、气象、电磁环境等因素对航拍安全的影响。

其次,当需要拍摄村落全貌时,通常选用的景别是远景或者大远景。这种景别除了单纯的描绘。有时幽远辽阔,有时气势磅礴,一般用于段落首尾处。在拍摄器材的选择上,我们首选广角镜头拍摄此类景别,而我们知道越广的镜头伴随的畸变越明显。又由于节日影像志以强烈的纪实风格为基础,在焦段上尽量选择18—24mm这一区间段的镜头,在取景范围尽可能大的同时控制畸变达到纪实目的。拍摄此类镜头一般选高点进行俯拍,选用F5.6以下的小光圈全景深进行拍摄，保证每一个纵深都清晰。若被拍摄体与天空相连时特别注意曝光，因为天空往往比被摄体亮数倍，如果以天空亮度作为正常曝光，被摄体可能欠曝。若以被摄体为正常曝光的话，天空可能过曝。因此摄像师要把握好中间值，在现如今灰度模式（s-log）流行下，少许过曝是允许的。拍摄技法上一般采用固定镜头或缓慢移动的摇镜头。若是固定镜头，在拍摄时每一条须拍摄 10 秒以上，在选用摇镜头表现时，包括起幅落幅的拍摄至少 20 秒以上。如果需要风格化的延时镜头来表现时间变换或天空风起云涌下的村落时按创作者需求拍摄 2 分钟以上固定画面。且都需要上摄像脚架进行操作。

2. 节日现场的音像采集。对节日现场素材的拍摄采集，在此分别从画面和声音两个方面予以介绍。

首先是摄像机的选择。针对节日现场的特殊性，我们一般不会选择那种比较笨重的器材，而会在便携式摄像器材上去考虑相关设备的配置。当今主流纪录片拍摄机器型号分类：佳能：Canon C300、Canon C100、Canon5D 系列；索尼：Sony a7m3、Sony a7s3、Sony PMW-F5、Sony EX1、Sony EX3、AX700、Sony a6500；松下：GH4、GH5；其他机型：Blackmagic Design Pocket Cinema Camera、GoPro Hero、RED EPIC MX、DJI osmo，等等。上述器材最大的优势就在于：轻便、更易于单人使用拍摄、HDR 动态范围、支持 log 模式拍摄，对焦、追焦更智能、支持 4k/6k 拍摄、机身多配备 5 轴防抖画面更稳、iso 低光效果提升、个别机器可达到 10bit；当然，它们的劣势也是明显的：画面质量一定程度上不如 SonyFS7 等大型、重型设备，拍摄气势不足。大多数电影镜头无法使用，CMOS 底较小，在光照条件不好情况下画质较差、无法进行 raw 视频格式拍摄，后期宽容度稍微不足，等等。

一般情况下，我们希望每个制作团队在机型的选择上保持系统与系列的稳定性，如果有不同系统和系列的摄像机使用，那么在拍摄前期就一定要处理好白平衡的统一调试，这便于后期对色彩偏差的校正。

　　其次,录音设备的选择。一个成熟的纪录片团队,都需要有一个专业的录音师,充满质感的声音输出会极大增强纪录片本身的表达力,那么一名优秀的纪录片录音师都会有一套专业录音设备。它们一般包括:录音机:Zoom F4,F4 刚刚升级到 3.0 版本,压限器更好,时码关机也没问题,还提供 Automix 自动混音功能,都是纪录片录音需要的功能;防风减震系统:Rycote Softie/NTG Rycote 是话筒防风减震的创始,在产品上有很强的原创技术及竞争力,Rycote 的 NTG 减震套餐适合 NTG3 与 416,轻便快装设计也适合纪录片的使用;无线麦克:RODE Link Filmaker、Sony UWP-D11、Sennheiser 112P G4 专门为便携式摄像机、单反相机、便携式录音机而设计,可以作为主音频和基准音频的声源、定向紧凑型话筒使收音更为立体、Sony UWP-D11(小蜜蜂)访谈使用主要设备,可以提供干净的收音效果,但是噪音不能有效过滤;时码同步器:章鱼 TentacleSync 纪录片更需要快速精准简单的声画同步方案,而章鱼就是唯一的选择了。如果你使用 Zoom F4,单机拍摄只需配一个章鱼就够了;监听耳机,Sennheiser HD-25 纪录片收音必须戴上耳机监听收音的效果,一副好的监听耳机才能更好的监听采集的声音是否有意外的噪音,为后期提供保障。

　　录音方式可以选择撑杆录音或无线麦克移动录音设备,具体因现场情况而定。小型多人场面可以选择撑杆录音器材,但注意保证主要口述者的声音清晰度。而大型仪式场面、移动空间拍摄和人物访谈拍摄则应使用小蜜蜂类移动录音设备。因为,撑杆录音无法长时间移动录制,而且大型仪式场面也不便声音的收录,而人物访谈使用无线麦克类录音设备对于声音清晰度的满足度高,可以捕捉到人物轻微的语气变化与声音,带来话语以外的表达内容。在选择无线麦克移动录音设备进行收音时,要注意:电磁是否充足、人物移动带来的对收音的干扰、保持耳机的检测等。

　　当然,选择高级别的、专业的摄影/录音器材永远都是视听效果最佳呈现的充分保证。

三、方法与伦理

比尔·尼可尔斯在其具有世界性影响的专著《纪录片导论》(2007版)中,将首章确定为"为什么道德问题对于纪录片的制作很重要?"十分清楚地把纪录片制作中的道德问题放在了首先需要解决的位置。他也因此而提出了关键性的问题:"怎样处理和片中人物的关系? 换一种提法,这个问题就成了'纪录片制作者的行为影响了那些被拍摄的人们的生活,为此他们该负什么样的责任?'"[1]纪录片不是对现实的复制,而是表现,但这种表现是以事实为基础的表达。影像画面呈现的内容与观众认知中的真实相符,即会认可这是真实的反映。然而仅仅通过画面本身我们是不能完全知晓已经发生的一切的。因为,我们看到的事件,在拍摄和剪辑的过程中随时都有可能因某种原因而被改变——制作者可能在拍摄中加入自己的主观意志,甚至可能代表其他人的利益。并且通过真实画面的拍摄与呈现,使人相信真实就是这样的,成为某些个人或团体利益的"证据"。

关于伦理道德的问题,人类学早已思考过。美国人类学理事会于1971年通过人类学职业道德守则,要求"在研究工作中,一位人类学家至高无上的责任是尽心尽力地对他的研究对象负责,当发生利益冲突时,应将研究对象的利益置于首位。人类学工作者在做每一件事情的时候,都必须尽自己的力量来保护其调查研究对象的人身和社会及心理方面的利益,包括维护其尊严和隐私。"[2]

陈学礼在拍摄影片《马散四章》时,曾尝试在民族志电影拍摄时记录下与被拍摄者之间的对话:

中年男子:哎呀,不要拍嘛,不要拍。

小伙子:不要拍,不要拍。

---

① [美]比尔·尼科尔斯:《纪录片导论》,中国电影出版社2007年版,第14页。
② [德]卡尔·海德:《影视民族学》,中央民族学院出版社1989年版,第180页。

小伙子:我们佤族黑啦,不好看。

小伙子:是不是。

小伙子:我们佤族跟非洲人一样黑啊。

小伙子:我们佤族不想拍录像。

小伙子:我们真的黑啦。

小伙子:我和非洲人一样的黑啊。

小伙子:现在你给不给我看嘛。

拍摄者:你过来这里看嘛。

小伙子:不是,这里的人全部都想看。

从这段对话中可以梳理出,拍摄者想要拍摄这些佤族青年,看到现场发生了什么就拍什么。然而对拍摄者而言,不论是拍摄者的眼睛看还是摄像机看,被拍摄者都处于被动一方,知道在被看,却不确定是被看什么,想要知道是被看了什么,最终会被如何呈现。被拍摄者的担心在学者、制作者进入田野时就会遇到,"你们要拍什么? 你们为什么要拍? 要怎么拍?""你们拍的'我'最终会是什么样子?""最后会怎么说我们(的文化)?"因此,人类学家或节日影像志制作者应处理好与拍摄对象之间的关系。一方面节日影像志制作者应向被拍摄者解释自己的意图与拍摄内容及方法,另一方面也可参考弗拉哈迪在《北方的纳努克》的拍摄沟通方式,现场拍摄完成部分场景后将影像分享给被拍摄者,请他们来看是否拍摄正确,是否拍摄真实。需要注意的是,被拍摄对象并不是可以随意被支配的对象,除了拍摄前的沟通,拍摄后也应得到他们是否愿意公开的允许。

任何情况下人类学家或节日影像志制作者都应遵从真实性原则。镜头作为人眼的延伸,对画面的选择和对事件的记录都有可能因为制作者的主观原因或器材限制的客观原因对真实的还原和记录产生影响。特别是节日影像志中涉及很多少数民族的宗教节日,对于宗教仪式的拍摄和再现一定要注意当地民风民俗和宗教习惯,不要因猎奇而过多渲染一些奇观景象。尊重仪式流程,不允许拍摄的内容不要强行拍摄与展示。与当地居民与宗教组织建立平等友好的关系,避免不恰当的拍摄伤害个人隐私和民族情感。比如《祖先归来》(云南西双版纳傣族自治州曼听寨傣历新年子课题)中,节庆前的多个仪式中包含一个"丢腊"被祖先附体的仪式,祖先在节日前回到村庄是一件重要的事。"丢腊"被祖先附体后行为举止会变得奇怪,而且祖先附体也是村寨节日习俗中比较隐私的仪式活动。因此在拍摄时原本拍摄者和当地人一起在等待这个神圣的时刻,突然一下寨子里的人拉开摄影者,让他退到屋外不要再拍摄,祖先突然附体在"丢腊"身上了。于是摄影者立即退到屋外,在屋外拍摄村民集会的房子,观察他们的仪式气氛。这都是非常尊重当地宗教,且在拍摄应急事件中正确反应的例子。

目前,不管是纪录片界还是影视人类学界,对于制作伦理的问题都有较高的自觉意识,但影像的记录与传播还是两回事,所以,节日影像志也必然要面对这个问题。在余论中,我们会就传播的伦理有更进一步的案例分享,此不赘述。

第二节　看 与 听

本节并非以节日影像志的"看与听"的全部要素为展开,只是想就几个最关键的要素环节的探讨来揭示节日影像志的"看与听"的魅力之所在。如果以此立论,那么,节日仪式、节日口述和节日声音,就一定是其中最重要的部分了。节日就是仪式的汇集,口述是节日的知识库,而来自田野的声音则为我们带来节日发生地最率真的告白和最性情的流露。

一、仪式的魅力

我们将节日仪式作为节日影像志形式要素研究的单独篇章来分析,是自有原因的。在上一章"节日影像志'内容要素'研究"中,我们专门把节日仪式放在"神显与禁忌"中加以探讨,甚至在绪论的"研究视野"中,我们也专门提到"人类学仪式研究"给予我们的学理支撑等。这都充分说明,仪式对于节日的重要价值和意义所在。从形式表现而言,节日仪式也往往成为某种视觉奇观而被一般人所关注和重视。但显然,我们的形式要素研究,绝不能以奇观为导向,这就要求我们在对节日仪式的表述中找一些方式与方法,使我们的表述能在充分尊重节日仪式的前提下,有对节日仪式所富含的文化内涵和象征符指作尽可能完美的反映和诠释。"近年在中国'节日影像志'等大型影像文献摄制项目的驱动下,国内涌现出一批新的人类学影像作品,其中仪式影像占据数量上的绝对优势。"①因此,从节日出发,并以此为参照,无疑将推进我们对仪式之影像化表达研究的深化和突破。

(一)仪式影像化的多重叙述

"叙述,是人类组织个人生存经验和社会文化经验的普遍方式。"②作为拥有与神话或传说类同的社会文化经验表述的典型方式,仪式本身就是一种叙述:"从迪尔凯姆到特纳,仪式已被作为一种将社会的强制性标准转换为个人的愿望、创造社会化情绪、引起角色转换、提供治疗效应、制订社会行动的神话宪章、重新整合对立社群的工具来加以分析。仪式几乎一直被看作是一种相对自在的戏剧框架。"③面对林林总总的各类仪式,也即面对那些已经相对稳定和成型的仪式的"戏剧框架",影像将以怎样的方式参与仪式文本的再叙述呢?

1.行动者的表演。仪式是"社会剧",这一出自维克多·特纳的观点为后来的仪式—表演学派所发展。节日影像志也遵循着仪式表演的假定性而呈现

---

① 王海飞、黄钰晴:《仪式影像中的群体记忆与意义建构——基于裕固族仪式影像的实践与思考》,《上海大学学报(社会科学版)》2020年3期。

② 赵毅衡:《广义叙述学》,四川大学出版社2013年版,第1页。

③ [美]乔治·马尔库斯、米开尔·费彻尔:《作为文化批评的人类学:一个人文科学的实验时代》,生活·读书·新知三联书店1998年版,第92—92页。

出多模态的情节推动。

第一,整体推进。此方法适合主旨单一的大型机构、小型社区和小型行会组织实施的节日仪式。《灯城春秋》以自贡灯会指挥部在灯会举办的时间节点上和灯会布展的施工现场进行的全方位联动、监管和协调为叙述架构,有力地突显了大型节会背后的制度机理和冲突聚焦。《七圣庙》则是小型社区围绕社区保护神"七圣"而展开的由相关家族组织的春节游神活动。其中,各家族势力在节日仪式中的博弈和重建新秩序的努力就成为其主要推手。《笙声不息》(河北安新县圈头村药王庙会子课题)由圈头村民间香会承担并组织协调"音乐会"。三天的祭祀活动,吃住在庙里,搭建神棚、演奏祭祀药王的古乐、接待络绎不绝上香的香客等。

第二,局部重点带动。此方法对于深入节日仪式更小组织单位如何参与到整体的节日仪式之中,以及由此而带出整体的节日仪式具有较大的参考价值。《炸火龙》(贵州德江县火龙节子课题)从三个年轻后生以自己社区参与一年一度县城举办的舞龙比赛为切入点,从上山伐竹开始(原材料),整合舞龙队伍(人际关系)、拜师学艺(工艺传承)、制作龙灯(工艺创新)、取得长者支持(社区意见)、了解舞龙规则(政府与行会信息)、舞龙集资(民间祭祀和市场需求)、参与炸火龙比赛(高潮与规模)、资金去向(社区与团队信任)等,构成了点、线、面多方叙述。

第三,家族、家庭或个人推进。尽管节日仪式具有公共性特征,但仪式的参与者往往是以家族、家庭甚至个人为最小单位进入的。如何处理好这一层面的融入,并在此过程中展示节日仪式的整体风貌,是许多创作者面临的难题。它的有机性更多体现在个体在节日仪式公/私领域的角色扮演。刘湘晨在《献牲》(柯尔克孜族古尔邦节子课题)中主要以口述式的机械融入为主,而在《以山为颂》(塔吉克族古尔邦节子课题)中则因吾守尔·尼牙孜老人的次子祖木莱提·吾守尔就是当地宗教人士,便可以自由穿梭于家庭和社区祭祀之间,实现整个节日仪式的有机转换。在郝跃骏的《祖先归来》中,这种有机性得到进一步提升:村寨鬼师之子岩罕约,因父亲突然亡故,如何接手担当节日仪式的主导者,成为他面临的重大考验。影片生动、自然且充满些许悬念地讲述了岩罕约与节日仪式展开的互动故事。另一部将其推向极致的是刘湘晨的《祖鲁》——"《祖鲁》的主人公彭才一家,因为转场而成为祖鲁节常见制度之外的例外,成为所属田野的直接报告人。"①它意味着,不论其家庭祭祀与制度中心相距多远,作为一种信仰体系却深藏于每一个蒙古人的内心,并在其规定的时刻把一种公共的信仰诉诸家庭及个体的行动。

第四,交替推进。所谓交替推进,是从构成体系上指那些具有相对独立的单元交替,而非一般形式的交替组合。节日影像志中,存在着两种交替推进的模式:一是相对独立却彼此不可缺一的单元交替推进;二是相对独立,但彼此松散且多元的单元交替推进。吴效群的《骂社火》以河南灵宝县平阳乡东、西常村每年农历正月十一到十六举行的"骂社火"为题材,由骂阵、拜请、出杆、夜征和集会竞骂五部分组成。除遵守基本公约之外,相关仪式组织单元各自为政,互不知晓对方的"出牌",进而在规定的时间和地点展开"对骂"。这种结构模式适用于竞赛性、攀比性、对垒性的节日仪式;第二种模式则多以庙会上多支香会组织和多个家族或家庭参与的节日仪式为代表。

2.代入者的体验。如果说行动者的表演是我们凭空看见的"客观"表演,那么,代入者的体验,就属于将我们的看见用"举证"的方式来完成一种我们都看见的叙述方式。这里的代入者类似于导游的职能,但由于节日仪式本身的认同指涉,往往选择与节日仪式关系密切的人参与叙述,而不选流量明星或主持人。刘磊的《家节》、吴效群的《豫西花馍里的春节》(河南郸城县丁寨村春节子课题)和何渊、易思成的《火把节》等均采取代入者体验的方式展开。与《家节》较为平和、朴素与自然的代入方式不同,《火把节》显示出更多的叙述雄心。通过:一、灯下对儿子讲述记忆中的火把节及其亲人故事;二、作者带

---

① 刘湘晨、刘贝贝:《影视人类学的文本写作——以影片〈祖鲁〉为例》,《北京电影学院学报》2021年第2期。

着问题回老家调查火把节源流；三、与儿子一起在老家见证和参与火把节盛况等三条线索，试图在作品中实现：一、记忆中的节日与当下节日的应证与互补；二、通过对节日的亲身体验让城乡疏离与代际疏离得到一次及时的补救；三、寻找节日仪式源流表征回归正统的身份与标示。但这种美好设计被一个意想不到的因素扼杀了，作品中的儿子并非回忆者的儿子，作品中的作者也并非回忆者本人，而身份认同是所有仪式最核心的要素，一旦身份认同出现问题，再美好的设计都会坍塌。于是《火把节》中看到的更多是进入者处于一种尴尬的游离状态而缺少了参与者的本真性和亲和力。

3. 合谋者的建构。当代入者进入并全程参与节日仪式时，我们便对节日仪式作出了某种心理预期，创作者至少希望通过代入者让观者能全面和深入地融入节日仪式。在此意义上，创作者和代入者成为合谋者，代入者肩负使命便会与节日仪式的其他相关主持者、参与者和组织者达成新的合谋。如此循环，节日仪式就会成为一个标准的媒介事件，上升到前文提到的"仪式与影像链接"的中观层面。当然，中观层面的复杂性也远非代入者变合谋者那么简单，它涉及更多层级、主体、媒介技术和社会资源的介入。对此，参与过节日影像志创作的王海飞教授新近有较为详实的反思和总结："通过对裕固族剪头、婚礼和祭祀鄂博等生命和生产仪式的民族志影像记录、表达过程进行观察与反思，可以发现，摄影机与群体记忆密切互动并推动仪式影像文本生成，而影像文本经过表达之后，则成为建构仪式意义的行动依据和统合群体记忆的积极力量。"①结合近几年笔者与海飞的交流以及许多传统节日在当今的现状，我们认为合谋是一些节日仪式在恢复过程中的某种重建。这种重建所具有的普遍意义在于：一、当传统被阻断许久之后，如何全面系统地恢复？二、在恢复过程中因各种力量的介入，会不会扭曲原来的传统？三、重建传统，甚至发明传统的合法性依据何在？以及如何让这一重建的或者发明的新传统再接续下

---

① 王海飞、黄钰晴：《仪式影像中的群体记忆与意义建构——基于裕固族仪式影像的实践与思考》，《上海大学学报（社会科学版）》2020年3期。

去？尽管这些话题都已超越了合谋者的叙述议题，但作为一种叙述伦理却应该随时为合谋者所警觉和思考。

（二）仪式影像化的时空呈现

节日影像志的主编李松曾多次提到，节日影像志一定要落实到对此人、此事、此时、此地与此节的表现上去。① 如果在仪式影像化多重叙述上，我们大致了解了"此人""此事"的一般性演绎规则，那么，时空呈现就将主要讨论"此时""此地"的影像化表达，也即对仪式时空的完整性观照——"人们如此苛刻地要求屈从于集体节奏的理由，在于时间形式或空间结构不仅构成了群体对世界的表达，而且也构成了群体本身，正是按照这种表达来使他们本身有序化。"②

1. 节日仪式的时间形式。"时间带着口音发言，每个文化都有一套独特的时间纹路。了解一个民族，就是在了解居民看待时间的价值。"③而节日就是一个国家和民族关于时间的最重要的制度安排，从此出发，我们不仅可以感受到时间的神奇力量，也能从中看到一个国家和民族的社会与文化秩序。

第一，自然症候的时间显现。"野人无历日，鸟啼知四时；二月闻子规，春耕不可迟；三月闻黄鹂，幼妇悯蚕饥；四月鸣布谷，家家蚕上簇。"④这种时间显现是近现代钟表时间出现之前人们对时间认识的普遍方式，中国传统的"二十四节气"便是典型代表。在这个系统中，人们通过物候、气候和星象等显性的物理变化来安排确定自己的生产与生活，甚至在此节点上来举行各种祭祀和庆祝活动。而这样一种以自然症候为标志的节日时间则随着人们主观因素

---

① 李松《中国节日影像志》项目交流会录音整理，会议时间：2017 年 7 月 27 日，会议地点：北京会议中心。

② Bourdieu，Pierre，*Outline of a Theory of Practice*，Cambridge：Cambridge University Press，1977，p.163.

③ ［美］劳勃·勒范恩：《时间地图：不同时代与民族对时间的不同解释》，台湾商务印书馆1999 年版，第 1 页。

④ 陆游《鸟啼》，清文渊阁四库全书补配清文津阁四库全书本，卷二十九，剑南诗稿 85 卷，第 421—422 页。

的介入而逐渐让位于社会时间。

第二，社会秩序的时间显现。萧放在谈到传统岁时节日的最大特点时指出，传统岁时节日是把人的社会经验和自然规律结合在一起，组成了一套自成体系的人文时间系统。在这一人文时间系统内，各种民俗事项的出现不仅成为节日时间的明显标志，有时还会成为族群身份乃至权力结构的标志。比如水族的"过卯不过端"和"端节"的依次而过等。

第三，神圣时刻的行动见证。与大多数节日时间以某天，或某个时段的制度安排不同，一些民族的节日仪式内部往往把时间精确到某一时辰，并以在这个时间节点上所展开的民俗事项来体现时间的显现。全世界迎接新年的钟声都会根据各自的习俗而确定在新旧交替的某个时间点上，而且人们所听到的钟声次数也会因不同的习惯和教义而有所不同；在侗族祭萨仪式中，管萨人在家里煮好茶水，凌晨三四点出门去萨坛献祭，目的就是回避路人看见；花腰彝过"德培好"则根据他们祖先阿倮的诞辰，从午年午日午时，举行取福水、迎龙、比舞、占卜、穿越松林阁楼、"龙福"穿石、诵经、逐户诵经等 8 个仪式来完成对祖先的祭祀。

2. 节日仪式的空间布局。任何节日仪式首先被特定的时间所规定，但其上演却必须在特定空间中展开。节日仪式的空间也会因不同的时间规定和内容充盈而体现出多元且富有结构意义的空间特征。

这里我们需要特别讨论的是，除一般空间形态，即家庭/家族空间、宗教信仰空间、自然神灵空间以及欢庆娱乐空间之外的那些"以人为中心的多模态时空"。这种"按照一定的历法和季节顺序，在每年特定的时间或季节举行的仪式、庆典或行为活动……它赋予个人及其宗教的政治的或社会经济的集团以凝聚力和存在意义"。[①] 它与高丙中、刘晓春等倡导的"有俗、有民、有生活"如出一辙。而多模态节日时空呈现正是在"境遇或情境"中认识和理解节

---

① 盖晓明、谭朝炎：《中国传统文化概述》，浙江大学出版社 2013 年版，第 134 页。

日仪式的有效途径。根据节日仪式的构成特性,我们可以把这种多模态时空放置在仪式前、仪式中和仪式后三个时段加以考察。

第一,人与人以人事"伺"神。我们把节日仪式前的一切准备活动称之为人"伺"神所尽人事的阶段。主要由以下时空模态组成:1)围绕仪式展开所涉及人、事、物的组织与安排等讨论时空;2)各种家庭祭品和公共祭品的准备——专门饲养、购买、宰杀、制作等活动时空;3)获取各种特殊物品、仪式用具制作以及包括仪式服饰添置等的活动时空;4)隔离,即对仪式所涉空间进行全面清洁、装饰和整理甚至处理个人的清洁卫生等。这些仪式前的准备活动往往构成一种特有的二元对立的社会镜像——兴奋与紧张、消极与积极、无名的个体与集体的表征、自利与无私、希望与失望等,因"伺"神而尽显人事的各种社会张力和矛盾冲突。

第二,"神"与神为"人事"而交通。这是仪式的核心时空阶段,也是各种高度程式化、规制化和象征化的由人扮演的"神"或由接近于神的权威的长者以及心怀虔诚的祭祀者等与人们想象中的各种神灵展开的为满足人的一切美好愿望和消除一切灾害(难)的祭祀活动。主要由以下时空模态构成:1)请神—游神—祭神—送神的巡游模态;2)信众、教民前往某一神灵/教主"居所"进行祭祀的朝拜模态;3)家庭/家族后人在家的堂屋和家族的公共祠堂对列祖列宗举行的私人祭拜模态;4)参与由祭司或长老代行的向村寨保护神实施各种法术的祭祀模态等。面对这些神圣的祭祀时空,影像的表达可在这样几个方面着力:一是全面熟悉特定的时间、空间、线路、角色、法器和活动内容;二是保持距离,以不干扰祭祀进程为根本原则;三是以主要角色为核心,设置多机位拍摄视点;四是全程开机,不遗漏任何关键信息;五是注意施动者与受动者正反打镜头的抓取,以及及时发现仪式活动中的突发事件和特殊细节等。最终建构出"神"与神,"神"与人、神与人、人与人、"神"与"神"和神与神等多向度关系的祭祀形态。

第三,"反结构"的人的天性释放。尽管仪式是强结构、强秩序的"集体表象"，但仪式的最后却总呈现出如特纳在仪式研究中所指出的"结构—反结构—再结构"的特征。不论是春节期间的各种闹（耍、骂）"社火"，还是"长桌宴""花儿会""三月三""卯坡""上刀山、下火海"等的宴饮、对歌、赛歌、竞技，以及节日中全体民众的载歌载舞和集体狂欢，这样一种节日时空凸显的是人神共娱，官民同乐的场面。此时的影像介入除了在规模上完成对这种景观的基本描述外，更需要深入其内，近身拍摄，把节日的狂欢推向高潮，以体现仪式对人的天性的解放和达到仪式"再结构"的社会目标。

（三）仪式影像化的符号萃取①

自卡西尔将人界定为"符号的动物"以来，符号就成为文化研究中的一个关键词被人们所重视和运用。在仪式符号研究上，兰德尔·柯林斯的理论对本论题展开启发颇深。在其"互动仪式链"理论中，柯林斯把互动仪式的结果描述为：1. 群体团结；2. 个体的"情感能量"；3. 代表群体符号；4. 道德感。这之中，作为群体团结感的符号——"图腾"已为大家所熟悉和了解，但作为个体的"情感能量"与符号的关系则是首次被揭示。而恰恰是个体的"情感能量"不仅是互动仪式的结果，也是互动仪式的驱力："'情感能量'在互动仪式链中的流动是从一个情境流向下一个的，因为一个人在一次成功的互动仪式中聚焦了专注力，并以象征符号的形式为自己储存了热忱与自信的情绪感受，他因此获得并留存了相应的'情感能量'。而如果仪式在相当一段长的时间周期内没有得到重复举行，个体的情感驱力就会衰退。因而在新的情绪感受尚未被唤起的那段时间里，个体情感能量只能作为互动仪式的产品之一被储存于象征符号这样的承载物上"②。这样，柯林斯对仪式符号的强调就从一般

---

① 萃取，化工单元操作的一种，是利用不同物质在选定溶剂中溶解度的不同而分离混合物中的组分的方法。见袁世全、冯涛《中国百科大辞典》，华夏出版社 1990 年版，第 1168 页。

② 邓昕：《被遮蔽的情感之维：兰德尔·柯林斯互动仪式链理论诠释》，《新闻界》2020 年第 8 期。

的集体性符号返回到个体的记忆之中,并将这种记忆与"情感能量"的储备和唤起勾连起来,使其成为超越某种"仪轨"的能动性力量。由此,我们也才更清楚地意识到仪式影像化表达中的符号萃取,不仅要客观忠实地对仪式符号作出全面反映,还需要对那些在仪式中深深打上"情感能量"烙印的符号加以抽取。

1.作为群体认同与团结的集体性符号。互动的本质是追求一种认同与团结,节日则是人类认同与团结"范本"的不断重现。不论个体在与不在,作为一种传统性、群体性和周期性的仪式活动,它们总被各种集体性符号所充盈。

第一,静态符号及其功能。静态符号是指作为一种结果状态的物,以静态的方式完成的一种形象显现。在节日活动中,它主要包括:宗教/巫术信仰标志或图腾、自然与人工祭祀器物以及环境、建筑和服饰等。这些静态符号以其多景别的变化标志实现了对地缘、族群、信仰、年龄甚至社会阶层和社会结构属性的仪式影像化多功能建构。

第二,动态符号及其功能。动态符号是指仪式进程中人们参与仪式活动所呈现出的各种姿体形态,它们以动态的方式完成一种形象塑造。1)内敛式姿体表现。祭祀是节日仪式中最神圣和隆重的时刻,也是身体出场最易引起人们关注和监督的时刻。在祭祀进程中,人们的举手投足都被严格的规定着,譬如站位的纵横排序、方位、朝向和姿态等,正如上文中所提及的人、"神"、神的各种交错关系那样,在强大的外力压迫下,身心自然收缩,从而在总体形态上呈现出一种对祖先、神灵或者祭祀用品的虔诚、敬畏,小心翼翼甚至恐惧的姿态表达——多数情况下的下跪、匍匐、叩首、双手合十(放在胸前或举过头顶)及静默等;2)外放式姿体表现。与在制度性宗教和祖先祭祀中身体表现出的压抑状态相反,在一些民间信仰和祭祀仪式中,人的身体被灵媒化和面具化,成为与鬼神或其他超自然力量相交通的巫师/巫婆、神汉/神婆和其他法术的通灵者,这些具有神性力量的身体将会释放出巨大的能量——其行为动作怪异、夸张、变形,甚至口吐白沫等。

第三,声音符号及其功能。声音符号是指作为与节日仪式相伴的各种声音的特定呈现和专门配置,它们以前期采集和后期合成为技术要件,进而完成以声音为单元的审美意象表达和对神圣氛围的体认。它们可能是:1)特殊物件的发声,譬如钟、鼓、长号及海螺等;2)山歌、民谣、呼号、吟诵、小调及曲艺弹唱等;3)专门音乐编制,譬如宗教、戏剧音乐以及特别的器乐演奏等。

2. 作为个体"情感能量"载体的符号。如果说集体性符号表征是仪式公共意义的在场和仪式象征的总体框架,那么,作为个体"情感能量"载体的符号则是仪式中个体或核心团队(包括家庭)情感启动和记忆激活的特别铭文。许多节日影像志中,作为仪式象征的总体框架几乎都能得到较好的反映,但对负荷个体"情感能量"的符号却缺乏较深入的展示,而将二者进行完美结合的作品更是微乎其微。

第一,个体"情感能量"的符号表征。节日是群体性的,但节日中的个体却总有属于自己的节日记忆、节日情感和节日期许。尤其当这些个体成为节日仪式的重要参与者和推动者时,这种个体"情感能量"的符号表达就不止于情感的唤起,还可能形成新的知识洞见。《游神考》是黎小锋去陕西绥德县拍定仙墕"娘娘庙花会"时,所出品的一部作者电影。其中的王亚军("神羊"认领者)与"神羊"所构成的符号关系:"羊是人类的顺从者,人是自身命运的顺从者。"[1]从总体上表现了流行于该地区赶"娘娘庙花会"人群的宿命和抗争心态;《祖鲁》中,燃灯节当天,一家之主彭才自觉翻动日历,让时间停留在神圣时刻,表现了无论身在何处,信仰的力量仍坚不可摧;《萨朗颂》(四川茂县羌族"瓦尔俄足节")中,陈奶奶边准备节日服饰,边指认服饰上的植物,边哼着忧伤的祭祀歌曲……而当群体祭祀仪式完成之后,她独自提着祭品下山,看见路边的小石狮,又情不自禁地驻足烧香磕头道:"您好好地把山林守好

---

[1] 杨婷轩:《〈游神考〉:在世间每活一日,便多一只羊》,https://movie.douban.com/review/12916294/,2020-10-15/2021-05-09

哦!";《胡集书会》(山东"胡集书会")中石景芬老人因演唱失误而痛哭不已,这个"情感能量"的爆发是基于之前的成功记忆与当下的难堪,以及失误对徒弟命运和前途的影响等,它蕴藏着一年一度的"书会"对一个民间艺人的重要性、神圣性和尊严感。

第二,核心团队"情感能量"的符号表征。核心团队的所作所为完全融入整体仪式之中,成为推动仪式进程的关键要素——行为动机、行为过程和行为结果缺一不可。它可以体现为:①贯穿节日仪式全过程,譬如《骂社火》《炸火龙》等;②节日仪式局部行为的完整展示,譬如《以火为炬》(塔吉克族"皮里克节")中的大、中、小火把的制作与燃烧。这种局部完整行为的符号表征也多出现在围绕大型仪式用具或特殊仪式祭品的制作准备过程中,譬如龙舟制作、祭品宰杀与分配等。

在结束本小节之前,有这样五个限定域需要我们进一步明确:一是仪式是外在的表述对象;二是影像是外在的表述工具和方法;三是作为影像化的仪式,也即仪式影像/影像仪式则是由上述两个外部"事实"从外到内交互生成的结果;四是其交互必须遵守人类学的田野伦理和传播学的发布伦理;五是只有这样的结果才会成为一个既定的"仪式真相"而在一定的时空范围内传承和传播。它不仅可能是后续仪式主体加以借鉴和模仿的行为方式,更在广大的范围内被所有观看者所体认与接受,直到新的仪式影像/影像仪式的再产出。

二、口述的力量

在数字与网络技术全民普及时代,影像口述把对历史"抽丝剥茧"的过程鲜活呈现在观众眼前,使口述这一古老的记忆承载方式和传播形态在新语境中焕发出了独有的生机和活力。节日影像志的口述实践也正是秉持着这样的学统而展开的。

（一）可视化的节日口述

从口述历史到口述节日，从口头回忆到影像口述，节日影像志将口头性、影像性和文字性的文化书写模式集中于一体，形成可视化的节日口述，是一种多模态民族志表述的探索。

1. 从口述历史到口述节日。作为历史学的分支学科，口述历史诞生于上世纪中叶。1948 年，美国哥伦比亚大学艾伦·内文斯教授创立口述历史研究中心，开始运用口述史研究方法记录美国显要人物的回忆，第一次使用了"口述史"概念。① 20 世纪 60 年代以后，斯塔兹·特克尔开创了以普通人物为主要访谈对象的非精英口述历史模式，极大促进了美国口述史学的流行和普及。② 同时，口述历史研究开始在加拿大和英国兴起，80—90 年代辐射到世界各地并传入中国。路易斯·斯塔尔认为，"口述历史是通过有准备、以录音机为工具的采访，记述人们口述所得的具有保存价值和迄今尚未得到的原始资料。"③保罗·汤普逊认为，"口述历史是人们生活的询问和调查，包含着对他们口头故事的记录。"④唐纳德·里奇认为，"口述历史一般是由准备充分的访谈者向受访者提问并通过录音或录像的形式把两者的问答过程记录下来构成的活动。访谈的录音或录像被转成文字，再加以概括，或者编出索引，然后存放在图书馆或档案馆。"⑤显然，口述历史既是一门学科，也是一种研究方法，且具有跨学科性。

"口述史学研究的跨学科性，在某种程度上，包含了全部的社会科学。"⑥世纪交错之际，口述与影像的结合在国内受到关注，一批口述体纪录片和口述

① 李向平、魏扬波：《口述史研究方法》，上海人民出版社 2010 年版，第 1 页。
② 杨祥银：《美国现代口述史学研究》，中国社会科学出版社 2016 年版，第 148 页。
③ 李向平、魏扬波：《口述史研究方法》，上海人民出版社 2010 年版，第 1 页。
④ 杨祥银：《美国现代口述史学研究》，中国社会科学出版社 2016 年版，第 148 页。
⑤ ［美］唐纳德·里奇：《大家来做口述史》，当代中国出版社 2019 年版，第 1 页。
⑥ 定宜庄、汪润：《口述史读本》，北京大学出版社 2011 年版，第 44 页。

历史栏目诞生,相关研究也逐步升温,主要集中于口述历史方法在影像实践中的应用研究等,但对于影像民族志中的口述关注甚少。节日影像志是在民俗学领域进行的一次较为充分的口述实践。项目实施十余年来,学界对节日口述的关注并不多,许雪莲提出了"诸说并存"与"自然口述",认为口述是重要的解释系统,建议采用地方民众口述,注意场景中的对白记录。[①] 朱靖江提到节日影像志团队在夏坊村进行了成体系的影像访谈,认为"影像形式记录的口述史,在词语信息之外,更附着了大量的文化语境,有时甚至比谈话内容本身更有意味。"[②] 庞涛认为访谈和口述既可以较直接地表达当地人的观点,通过前期设问和后期编辑,也是作者在借当地人表达自己的观点。[③] 以上观点肯定了文化持有者的口述和影像口述的重要性,但对节日口述的独特之处和功能价值未做更深入的研究。我们抽取已结项的近50部节日影像志进行统计,在诸多节日影像志中,口述人数最多达到25人(《灯城春秋》),最少0人(《假期》—蒙古族的春节子课题),平均7人,共计311人;口述时长最长39分30秒(《众神降临》—陕西白云山四月八庙会子课题),最短0秒(《假期》),平均11分钟,共计517分钟;口述时长占比最多50%(《端节》),最少0%(《假期》),平均17.2%,近50部节日影像志中仅有3部没有口述。以上数据显示,在节日影像志的形式构成上,口述是其重要组成部分,考虑到节日口述在性质、内容、呈现,以及口述者、访谈者与口述事件的关系方面皆存在自身特点,笔者认为有必要对节日口述的影像实践及其价值做进一步的分析和探讨。

　　2. 从口头化的节日回忆到影像化的节日口述。节日口述通过节日中的

---

　　① 许雪莲:《差异求真——中国节日影像志和中国史诗影像志的理念与实践》,《民族学刊》2019年第5期。

　　② 朱靖江:《"中国节日影像志"的庙会拍摄实践省思——夏坊村七圣庙个案》,《民族艺术》2018年第1期。

　　③ 庞涛、刘湘晨、庄孔韶、曹培鑫:《节日影像志的方法与实践——节日影像志的解释性结构》,《节日研究》2014年第6期。

"人"，民俗中的"民"的口头回忆阐释节日象征符号的内涵意义，而影像化的节日口述形象化地复刻了这一口述行为过程、内容以及肢体语言和感官情绪。正如唐纳德·里奇所说："录像可以捕捉到受访者的面部表情和肢体语言，因此更能够表现受访者的个性。受访者的一颦一笑、眨眼皱眉或一脸茫然无法在音频采访中被记录下来，其中所传达的信息比录音再现的多得多。"①

首先，节日影像口述的基本构成元素包括口述者、访谈者、节日事项和摄像机（这里将口述现场录音录像设备及其操作人员全部归于此类）。口述者是节日文化的持有者，是节日事项的深度参与者。访谈者和摄像机是研究者一方的代表，包括人类学、民俗学、民族学等研究者和影像工作者。节日事项是节日口述的核心，访谈者的访问、口述者的口述、摄像机的拍摄全部围绕节日事项展开。对于口述者而言，摄像机既代表研究者，也代表观众。他们并不能区分摄像机背后可能存在的"隐含的读者"是谁，会如何看待他们的讲述和行为。节日影像口述的内容包括对节日的集体记忆和个体记忆，对节日起源、仪式流程和具体事项的阐释，对节日习俗变与不变的解读，对当下节日活动参与过程中的体会和对节日未来的思考。

其次，影像化的节日口述段落是具有独立意义的影像单元，对节俗事项等具有基本的阐释功能。《邱家祠年事》中潘德元片头 8 分 9 秒的口述段落在移动中完成，影像捕捉了他行走于邱家祠堂之中对其原貌的回忆，配合口述现场和肢体动作对祠堂原貌的结构布局、形状尺寸、功能效用等做了细致的描述。《香浪节》（香浪节子课题）中才让东智 9 分 45 秒的口述段落分享了节日参与中的交通工具变化等，回忆了自己 9 岁起去拉卜楞寺 16 年的出家以及两次还俗的经历。

再次，影像化的节日口述与节日事项有机融合，引导和支撑节日影像志的叙事逻辑。节日影像口述段落分为节日场外和场内两种情况，场外口述多为

---

① ［美］唐纳德·里奇：《大家来做口述史》，当代中国出版社 2019 年版，第 179 页。

对节日起源、仪式规程等较为详细的专题口述,场内口述主要针对正在进行的节日事项作出解释。节日影像构建过程中场内口述与节日活动同步呈现,而场外口述既可以独立呈现,也可以分拆为不同的小段落与节日事项组合呈现。《妙峰山庙会——四百年的历史》中,赵宝琪对庙会中的十几个香会一一做了专题口述,最终将一段完整口述分拆,与相对应的影像资料组合呈现。《笙声不息》中2分27秒至5分31秒之间,由张满乐等六位不同身份的口述者分别讲述药王庙会的来历和历史,分开录制的口述影像组合解读同一个主题。口述与画面组合的呈现方式主要包括:先口述后节日事项,先节日事项后口述,口述与节日事项同步等,当然,在具体实践中以上方式常常组合出现。

(二)可参与的节日记忆

不同群体中节日文化的内涵意义存储于一切有形的象征符号及个体和集体记忆之中,而节日的重复性和现时化也在不断重构着新的记忆。那么,如何在变化中获取节日文化持有者的节日记忆? 则依赖于此时此地、此人此境,以及口述场域的多方互动。

1.此时此地:节日影像口述的在场性。在场性是节日影像口述实践的最显在特征。节日田野工作正是在"此时此地"这一横截面中切入和展开,因此,节日影像口述的所有构成要素需要时刻保持身体和意识的在场。美国民俗学家凯瑟琳·扬(Katharine Young)依照民俗(folklore)的构词法,创造性地提出"身体民俗"(bodylore)一词,旨在使"身体成为民俗学的一个研究领域",着力于探讨有关身体的民俗或知识,特别是身体如何参与构建社会意义。[①]节日影像口述的魅力在于口述者作为本群体节日文化的深层体验者和代言人,带领访谈者、摄像师的身体以及摄像机穿梭于不同的节日时空,用身体的在场见证了具体的节俗事项,也启动了听觉、触觉、嗅觉等其他感官的感受能

---

① 彭牧:《民俗与身体——美国民俗学的身体研究,《民俗研究》2010年第3期。

力,可以全方位沉浸式感知丰富多样的节日文化。

　　节日影像口述的在场性是一个动态流动的过程。节日口述围绕节日场域展开,取节前、节中、节后,节日场内和节日场外展开,形成特定的口述场域,围绕节日场域动态追踪具体节日的相关事项,如图 5-1 所示,对节日文化进行包围式观察和阐释。

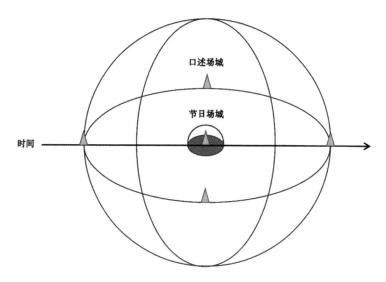

图 5-1　节日场与口述场时空关系示意图

　　节日场外的口述主要是节前和节后在口述者的家中或节日相关准备场所进行,包括专题口述和随机口述。专题口述时间较长,主要是对节日起源、规程、禁忌等作较为系统的诠释。随机口述时间较短,主要是对节日准备过程中的细节,如器物、食物等的制作过程和具体意义做碎片化解读。《闹春》(河北井陉县核桃园村正月十五元宵节子课题)中会鼓传人吴森林在节前练习场生动地对鼓的节奏进行讲解,并做了现场演示。《看花节》(嘉绒藏族看花节子课题)中的阿希姆在节前边熬制油茶边讲述熬制的注意事项。节日场内的口述发生在节日举行过程中,以随机为主,口述者情绪高涨,主要是对之前讲述到的相关内容做现场补充。《老汉人》(贵州安顺屯堡人春节子课题)中祭拜现场讲述祭品,《赛马节》(藏族赛马节子课题)中在赛马现场分享获奖的喜悦。

2. 此人此境:节日影像口述的个体性与集体性。个体性与集体性是节日影像口述实践的重要特征。节日文化语境是群体共享的文化场域,是个体记忆与集体记忆的分有和聚合。节日影像口述正是"此境"中的"此人"对共享文化的阐释,这里的"境"是在地缘和血缘基础上形成的拥有共同知识、经验和信仰的社会群体在生产生活过程中共同创造和共享的节俗文化。费孝通在《乡土中国》里认为:"血缘是稳定的力量……地域上的近可以说是血缘上亲疏的一种反映……血缘和地缘的合一是社区的原始状态。"①但改革开放以来,随着城市化进程的加快,处于同一节日文化圈的人们因各种原因改变了原有的生活空间和时间。大量的人口流动导致信息和文化的流动,让原本处于稳定状态下的节日参与群体有了新的变化。

从近 50 部节日影像志文本来看,节日参与个体大致可分为四类:一是出生并长期生活在节日文化发生地的人;二是出生并在节日文化发生地生活,短期在外学习、生活或工作的人;三是出生并在节日文化发生地生活数年后长期定居在外的人;四是未在当地出生,但父辈或以上是节日文化发生地长期生活的人。其中,节日口述者的构成以第一、二类节日参与者为主,少数第三类参与者。口述者的身份包括当地文化专家、节日主要参与者和节日一般参与者。大部分口述者集中在 45—70 岁之间,年长者 90 岁有余,年轻者 20 岁出头,男性口述者居多。

节日影像口述是在个体性与集体性的交融过程中完成的。不同参与个体口述的分离和聚合形成完整的节日影像口述,以传递节日的内涵和意义。《笙声不息》中,河北省保定市安新县圈头乡桥南村承办本届的药王庙会,九位口述者分别从不同侧面阐释了庙会覆盖的地理区域、起源、发展等节俗事

---

① 费孝通:《乡土中国》,北京大学出版社 2012 年版,第 116—117 页。

项。圈头乡志主编张满乐介绍了圈头村的地理环境、人口、物产等（2017年该地区成为雄安新区的一部分）；音乐会副会长夏国胜和香头陈万民解释了药王庙会的来历；音乐会顾问夏赶会讲述了音乐会在庙会上的工作是"坐棚"，即伺候药王；桥南庙管会成员张世华介绍了庙管会的职责以及本届庙会的具体事务；音乐会秘书长张森讲述了音乐会现状等；狮子会领队夏小华介绍了庙会前的培训准备；一位参加庙会的商贩表达了对庙会未来的担忧，希望这一文化可以传承；一位香客表达了自己烧香山的原因和期望。节日文化总是跟随时代和社会的步伐处于不断构建的过程之中，只有此境中的此人才能最深刻地感受和阐释节日的形式和意义。

3. 我、你、他：节日影像口述的互动性。互动性是节日影像口述的另一重要特征。节日田野中不同节日文化背景的群体相遇，共同对具有地域性文化特征的具体节日进行研究，将节日文化持有者作为意义阐释的主体，以"我""我们"的身份阐释所在群体的共享文化，文化研究者作为"我""我们"的对方"你""你们"参与文化观察，而摄像机背后"隐藏的读者"作为"他""他们"进入节日场域参与节日口述的过程。

在节日口述的行为环境中，"我""你""他"三方组成口述环境中的互动关系，相互影响和制约。库尔特·考夫卡在《格式塔心理学原理》中指出"行为发生于行为环境之中，行为由行为环境来调整。"①考夫卡认为世界是心物的，行为的发生同时受心理场（psychological field）和物理场（physical field）的影响。节日口述的物理场发生在节日场内和节日场外的不同地理空间环境中，时间上发生在节前、节中和节后。作为口述心理场的行为环境，口述行为环境的构成如图5-2所示，包括口述者、访谈者和摄像机以及摄像录音等工作人员（图中用摄像机代表），三者之间交流互动的核心是节日事项。在口述的行为环境中包含着人和物的存在以及相互之间的动力关系，行为的发生和

① ［美］库特·考夫卡：《格式塔心理学原理》，北京大学出版社2010年版，第25页。

调节源于口述行为环境中的权力关系和心理状态,在不同的口述行为环境中表现出不同的权力和动力关系。

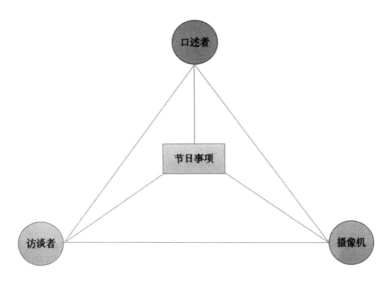

图 5-2　口述行为环境中的互动关系示意图

在节日场外的专题口述环境中,访谈者拥有显性权力,摄像机拥有隐性权力,口述者的行为会受到访谈者、摄像机、摄像师、录音师的干扰,根据当时的心理反应调整自己的言语和行为。访谈者是口述行为环境中的主导者,在访谈过程中作出话题引导和追问。口述行为发生过程中,口述者由访谈客体变为讲述主体,访谈者此时需要保持倾听,避免打断口述者,只在必要的时候对口述内容中的疑点或细节进行追问,以保证口述者口述过程和内容的完整性。在《盛开在峡谷中的鲜花》(怒族仙女节子课题)中,怒族杨伟学在访谈者的引导下开始讲述鲜花节的来历和茸宗的故事,讲述过程中,杨伟学开始用身体演示如何表演和表演时候的唱词。在这一系列行为过程中,口述者杨伟学从被动讲述到主动讲述,从访谈客体到讲述主体,口述行为环境中的动力关系发生改变。

在节日场内的碎片化口述环境中,口述场和节日场时空交叉,现场动力来源不只是访谈者、口述者和摄像机三方,节日口述的核心节日事项上场,成为权力中心,所有元素跟随节日活动的节奏进行。此时的口述者全身心参与节日事项,访谈者的权力降低,节日事项和规则的权力上升,口述者在保证维持节日权力的基础上,偶尔短暂抽离兼顾口述场的口述行为,口述的内容往往碎片化,但情绪高涨,更具感染力。《禾祭》(广西融水苗族新禾节子课题)中村支书杜琼英在赶依粉坡回来把竹尾绑在一个直杆上,兴高采烈地向摄像机讲述绑竹尾的意义是"把它绑在一起,大家一起致富,绑在这里,今年我们村就有吃有喝。"《海祭》(山东荣成人和镇院夼村渔民开洋、谢洋节子课题)中渔民开洋、谢洋节现场,一位女村民在热闹的锣鼓声中随机介绍了祭品花馍,"这是我和我们村的村民用了两天时间做的,这里面包的是九十九个这样小饽饽,中上一个大饽饽,就是百寿百福,就是为了今天这个节日做的……(意思就是)海龙王保佑渔民都平平安安的,出海回来都顺顺利利的。这就是我的愿望,也就是大家伙的愿望。"另外,虽然节日口述场域中存在一定的互动和权力关系,但由于节日口述更多涉及公共议题,而较少涉及个人隐私,因此,在互动过程中伦理方面的宽容度较高。

(三)可感知的节日文化

克利福德·格尔茨认为文化"表示的是从历史上留下来的存在于符号中的意义模式,是以符号形式表达的前后相袭的概念系统,借此人们交流、保存和发展对生命的知识和态度。"[1]扬·阿斯曼认为"每种文化都会形成一种'凝聚性结构',它起到的是一种连接和联系的作用……其方式便是让他们构造一个'象征意义体系'——一个共同的经验、期待和行为空间。"[2]节日场域是一系列象征符号聚集的意义模式,以时空再现、行为模仿、仪式展演等活态

---

[1] [美]利福德·格尔兹:《文化的解释》,上海人民出版社1999年版,第109页。
[2] [德]扬·阿斯曼:《文化记忆:早期高级文化中的文字、回忆和政治身份》,北京大学出版社2015年版,第6页。

形式延续文化，"它承载着丰厚的历史文化内涵，是民众精神信仰、审美情趣、伦理关系与消费习惯的集中展示日。"①在现代文明日趋发展的当下，传统节日"象征意义体系"各方面的影响力日渐式微，节日的形式逐渐简化，现实意义也趋于淡化。而影像与口述结合的节日影像志拓宽了节日文化再现的渠道，对不同的文化群体生发出不同的价值意蕴。

1. 文化持有者的文化归属与身份认同。对于节日文化持有者而言，节日影像口述的口头性和影像性可以强化其文化归属和身份认同。亚里士多德认为"人类生来就有合群的性情"，②人总是生活在社会秩序和文化共同体之中，集体作为"我们"的认同先于个体作为"我"的认同而存在，③节日作为集体创造的公共性群体活动，承载着社会、文化和群体的集体记忆，身在其中的个体凭借参与和分享节日事项确认和强化自我认识。

近50部节日影像志中，300余位口述者对本群体的节俗事项进行阐释，在这一行为过程中，口述者对节日文化的整理、反思和输出，也即是对自我文化归属和身份的确认。《老汉人》中，屯堡人属军户后代，明朝时期迁徙至此，至今依然恪守世代传承的明代汉族文化习俗。十八会会长胡建强说"我们屯堡人就和安顺的其他地方不同"，十八会成员胡维猛说"和周边少数民族原来不通婚……把江南一带的民风民俗都带来了"，村民田应敏说"我们是老汉族，最古老的民族老汉族"，村民石林元（民间文化学者）说"传承的是民族的尊严……代代相传，传了二十多代"，4位口述者在口述过程中对群体文化积极整理、反思，讲述数代人共同经历过的节日文化范式，反复强调其独特性进而强化自我的老汉族身份和文化归属。节日的意涵附着在仪式、服饰、舞蹈、饮食、面具、道具等之中，以一个完整复杂的"象征意义体系"在节日仪式

---

① 萧放：《传统节日：一宗重大的民族文化遗产》，《北京师范大学学报（社会科学版）》2005年第5期。

② ［古希腊］亚里士多德：《政治学》，商务印书馆1983年版，第9页。

③ ［德］扬·阿斯曼：《文化记忆：早期高级文化中的文字、回忆和政治身份》，北京大学出版社2015年版，第134页。

庆典中重复再现,口述者通过节日回忆和现场参与不断对群体的自我认知和文化归属进行强化。

2. 文化研究者的节日观察与研究。对于节日文化研究者而言,节日影像口述的集体性为节日文化的同一性和差异性对比提供了形象化的窗口;节日影像口述的主体性突出了节日中的个体,为节日文化观察和研究提供了新的视角。口述与影像资料在经历过"真实性"的论争后,其史料价值、档案价值已得到学界普遍认可,但节日影像口述的意义不仅在于节日形式的复刻与撰写,而是突出节日中的人,以及节日稳定性和流变性的时代特性和价值意义,以引发节日研究新的思考。

节日影像口述的集体性为节日文化的同一性和差异性对比提供了形象化的窗口。集体的意识是形而上的,是象征层面的文化共同体,集体意识的全部意义需要附着在形象的物体之上,以物化的形式传承文化记忆。同样是新年的食物准备,《祈年宏愿》(藏历新年子课题)中娘毛吉讲述藏族新年,"(十二月)二十一号至二十二号做油饼……这次做得油饼好吃的话,那么就说明这个年过的很愉快。"《姚家院子赶年》(土家族春节子课题)中谭承发讲述土家族新年,"腊月二十五开始泡米,打豆腐,打粑粑,炸滑肉,炖萝卜,炸麻花等等一些生活准备过年,大人小孩全部都要回来,杀年猪这些,喜庆这个节日。"节日文化的形式往往形色各异,其内涵意指却不外乎庆祝丰收、祭祖拜祖、祈求神灵庇佑、纪念英雄先贤、打发厉鬼恶疾等人类共同的物质和精神追求。纵向对比节日影像志,相似或相近的节日文化诉求在不同的节日文化群体中有着不同的表现形态,同一群体的节日文化形态也存在历时性的传承和变迁。节日影像口述的主体性突出了节日中的个体,为节日文化观察和研究提供了新的视角。节日影像口述的意义在于此时此地此境中的此人阐释自己与集体共享的节日,此人处于特定的时空、社会、文化和经济环境之中,可以为节日文化的观察和研究带来新的方向和思考。《祖先归来》中,傣族自治州曼听寨原先的"领丢腊"因救人突然去世,儿子岩罕约不得不承担起养神人的重担,"现在轮到我,还不懂,没有传下来"。他口述时凝重的神情中呈现出他所承受的重大压力,以此研究者可以进一步追问和研究傣族寨子的社会秩序、文化环境和精神信仰的形成。《卯节》中,水书先生吴有凤的儿子吴七伟称"现在都是出去打工的多……在家的都是走不动的老人,小孩",他的妻子吴子盼称:"现在改变了,孩子们都不会唱歌啦,读书太多,不会唱歌啦。"从两人口述的内容和语气中可以感受到传统节日在大量人口流动的当下遇到的多重问题,以此研究者可以进一步追问和研究传统节日的传承与发展。

3. 文化关注者的节日感受与体味。对于节日文化关注者而言,节日影像口述的媒介特性和个体的情感性有助于其直观和深层感受中国传统节日的独特认知,体味不同的节俗风情和价值归宿。节日影像志不使用解说词,由文化持有者发声,讲述本群体的节日文化传统和个体对节日的记忆与感受,在节日现场沉浸式的口述过程中,引领观者深入感受和体味节俗文化的不同侧面。观者可以从口述者对节日文化的阐释、肢体语言、面部表情、语气语调等进入节日场域,了解其信仰、诉求、情感,感受节日现场的风土气息,分享节日现场的情绪。《祖先归来》节日现场参加划龙舟的赛手们兴奋地表达了自己的心情"拿了第一名,还要比两次。""赢了高兴,但是输赢不重要,节日高兴更重要。"口述者高涨的比赛情绪甚至可以感染到屏幕相隔的观者。《定仙墕》(陕西省绥德定仙墕娘娘庙花会子课题)中领养神羊的何光平称"人活一辈子,就能养一回神羊""它不能么,其他群羊想打就打",观者可以感受到对于何光平而言,获得养神羊的机会如同被神眷顾,是极其难得的机会。《姚家院子赶年》中杀猪匠冉从波十四岁就学杀猪,"从事三十多年的手艺,一直人家都很相信我,反正觉得我这个为人处世,杀猪还是杀的可以,但是我儿子觉得我这个手艺很土俗,又不挣钱,所以就不学。"从他口述的神情中观者可以体味到他对于自己的手艺和社会评价的自豪,而对于下一代的选择则有些许无奈。节日影像口述中个体所表露的情感性具有某种感染力,可以让观者体味生活中的酸甜苦辣以及信仰和行为的出发点与归宿点。

三、田野之声

通俗地说，影视人类学就是以视听采录—表征为具体方式和研究方法进行人类学田野考察的纪录片。不过，影视人类学创立后的几十年发展过程中，"视"仍至高无上，"听"只是"视"的仆从。直至 20 世纪 90 年代，影视人类学遭遇的"表征危机"才找到了突破的可行之径，詹姆斯·克里福德(James Clifford)、乔治·马尔库斯(George Marcus)、大卫·豪斯(David Howes)、斯托勒(Stoller)、英伽登(Roman Ingarde)、莎拉·品克(Sarah Pink)等人倡导和践行的"感官人类学"，使影视人类学界反思、意识到"图像转向"使"视觉压倒了声音和触觉、嗅觉、味觉，成为真理的凭据"①实在是误区，于是迈出了重视身体/全感官体认的"感官转向"脚步。至此，"听"终于被影视人类学提上了与"视"可以并列的"议事日程"，因为影视并无直接表征触觉、嗅觉、味觉的手段，在其"唯二"的视、听形式中，"听"不仅有其不可替代的感知、体认之功，而且大有联通、唤起多感官"通感"(Synaesthesia)的优势，还有历来被忽视而实际很不弱的叙事功能。"听"实属"感官转向"必须倚靠的支柱，当今影视人类学正在用以"它"作为与"视"相辅相成的研究方法和叙事利器。

(一)随形配声：节日影像志的"听"常态

《规范》要求"在田野作业中，要对录音工作高度重视"，②遵循这一要求，绝大多数作者、作品都充分注重声音的采录、传达。其声音伴随着图像的运动、转换，紧贴着图像内容物(人物、事件、环境)的特性、状态，有力地烘托渲染、强化凸显、说明证明着视觉感知的"图景"(landscape)。

---

① ［美］詹姆斯·克利福德、乔治·E.马尔库斯：《写文化：民族志的诗学与政治学》，商务印书馆 2006 年版，第 40 页。

② 文化和旅游部民族民间文艺发展中心："中国节日影像志"项目实施规范［EB/OL］.htp://www.cefla.org.2021-2-10.

节日影像志表征节日风物和文化的主流形态、基本风格,就是:随物赋形,随形配声。所谓随物赋形,指的是节日影像志的拍摄内容、影像功用和方式必须依据节日对象的特质而定,节日是一种场域,它既是社会人文场域,也是自然场域,以镜头拍摄和呈现的"图景",也就不外乎是社会"图景"和自然"图景";节日是事件、活动,对其叙事亦凭借"图景"的运动、转换即动态的视觉形象来进行。随形配声则是指其声音的运用以跟随、辅佐"图景"为旨归,适配为附从相应"图景"的天籁之声、人文之声和辅助叙事之声。

1. 天籁之声。节日影像志作品都会在节日进程特别是开头和结尾中展示节日所在地的自然"图景",也都会适配场域中的声源体发出的声音(如鸟啼虫鸣风萧萧水潺潺等),若无相关天籁跟随,自然环境的视像就缺乏"深描"而流于扁薄的地点交代。

2. 人文之声。节日"图景"的主体是人的行为、活动,人文之声因而也随之是最重要和量最大的声音,主要包括人语声(人物独白、旁白和对话)、行动声(各种动作行为的声响)、仪式之声(如祈祷、祭拜、乐舞、欢呼、哀告等演礼和观礼之声)、人境声(社会境况、人为空间、日常生活所产生的声响)。辅助叙事之声:《规范》要求完整反映节日的前、后、中全程,作者们因而都着力以进程化的"图景"达成完整叙事的要求,也力求依据"图景"叙事的需要以声配形,采用了同步收音素材乃至添加作者认为适于该事象的其它声音去配合、强化"图景"叙事。比如《足祭》(四川迫夫村结立局节子课题)中的一个叙事/情节片段就用足了同期声,其"图景"是狭窄室内近景俯拍的人物表情和动作:会首神情焦灼地仰脖喝酒,其妻在一旁关切询问,会首简短回答后一跺酒瓶,愤愤起身开门离去;适配的同期声是妻子的怯怯询问和会首的生气回答、噼噼啪啪的柴火爆裂声、室外传来的猪饥饿哼叫声、酒瓶跺地声、开门吱呀声。很明显,这里的"图景"叙事是在声音的辅佐下才得以完成的,二人的对话道出了节日临近找不到祭司人选的叙事内容,其语音(语气、声调、音量)以及环境声(柴火爆响、猪叫)、动作声(跺瓶声、开门声)还渲染了事情的急迫、心情的紧张,起着陪衬、说明"图景"情节的作用。

　　显而易见,这样的节日影像志,还是处于"图像转向"阶段的视觉中心主义文本,对声音的利用和处理,还是附带的。不过,"图像转向"之功绝不可一笔勾销,其功用不仅在于"摄影观察开辟了人类学中一个全新的理论思考领域",使人类的行为范畴得到直视其行为形态"即'空间关系学'——人们在空间怎样控制自己,在空间怎样行动"的研究和表征;[1]更在于一个既存而难以逆转的现实:人类进化、文明进程已使人的视觉器官成为接受信息的第一渠道。视觉表征因而必定是最引人注意的信息——有研究表明,Visual(视觉的)、Vocal(声音的)、Verbal(语言的)这三大信息源或信息的三大重要形式,其传播、接收的有效性分别为 Visual55%,Vocal38%,Verbal7%——所以"图像转向"的影视人类学以可视的"图景"为中心,而让可听的声音居于从属地位也是合理的。

　　随形配声是目前节日影像志在"听"方面的常态。然而,必须指出的是,对声音的认识和运用只达到这种"声配画"的程度,却是很不够的,若是一般的电影电视作品,停步于这样的程度或许无伤大雅,而对于需要表征田野质感及其文化底蕴的影视人类学来说,则可能仅达及格水平。换言之,上述节日影像志作品虽然高度重视"听",但"听力"尚不高级和完备,罗兰·巴特指出,"听是依据听力建立起来的"[2],"听力"不够,是"听"不全、"听"不清声音的诸多意义和功能的。就节日影像志已产出并结项的约 70 部作品来看,大多只"听"出了声音的"造型"效果,即高度自觉地注重利用听觉唤起、勾联视觉的"通感"功能而不及或少及其余。

　　声音,需要更高能力的"智性的聆听"![3] 不同声源发出的各种声音、同一

---

① [美]小约翰·科利尔:《摄影与影视人类学》,云南大学出版社 2001 年版,第 195 页。

② [法]罗兰·巴特:《显义与晦义》,百花文艺出版社 2005 年版,第 252 页。

③ [加]梅尔巴·卡迪-基恩:《现代主义音景与智性的聆听:听觉感知的叙事研究》;[美]詹姆斯·费伦,彼得·J.拉比诺维茨:《当代叙事理论指南》,北京大学出版社 2007 年版,第 441 页。

声源被不同听者听出不同意义的声音、多声源重叠融混的声音、体现着空间状态的声音、受各种外物影响而发生变化的声音、与时间一样连续不断而又不停流逝的声音、全方位弥散的声音、擅能触动情感和综合感受的声音、富含社会文化内涵的声音……声音如此复杂微妙,影视人类学者必须成为具有智性"聆察力"(auscultation)的"聆察者"(auscultator),才能予以"聆察"(auscultize)①——才能把握住并表征出声音特殊、丰富的属性和功能。经由智性"聆察"获取的乃是能与"图景"并驾齐驱的"声景"(soundscape),而非属性、功能单薄简陋的"声配画"之声,"感官转向"的影视人类学所要表征的声音,就是"声景"。

(二)节日影像志的"声景"

"声景"(又译"音景""声音风景""声音景观"等),是加拿大作曲家、环境保护主义者雷蒙德·穆瑞·谢弗(Raymond Murray Schafer)1977 年提出的概念,这是一个横跨声学、建筑学、景观学、地理学、人类学、历史学等多学科的概念,他创建的"世界声景计划"(The World Soundscape Project 缩写 WSP)团队给出的定义是"一种强调个体的或社会的感知和理解方式的声音环境"②。此概念 40 多年来被众多学科、专业、行业所首肯、补充和各自运用、阐扬,其理论意涵不断延展、增益,如今已变得极为丰富复杂和应用广泛。这里无法尽述各家之说,谨依据、参照甚为学界推重的科尔班(AllainCorbin)、汤普森(Emily Thompson)的研究成果③,和

---

①　auscultation、auscultize、auscultator 是梅尔巴·卡迪-基恩提出的三个"叙事声学"术语,曾被直译为"听诊""听诊化""听诊器",傅修延教授认为"更准确的翻译"应意译为名词性的"聆察"、动词性的"聆察"和"聆察者",但两个汉语的"聆察"不附加词性说明就会混淆,作为术语似有不妥和不便,笔者因而试将 auscultation 译为"聆察力"。

②　Truax B.,*Handbook for acoustic ecology*(World Soundscape Project),Vancouver:A R C Publications,1978,pp.100-150.

③　[法]阿兰·科尔班:《大地的钟声:19 世纪法国乡村的音响状况和感官文化》,广西师范大学出版社 2003 年版;[美]艾米丽·汤普森:《声音、现代性和历史》,《文学与文化》2016 年第 2 期。

国内学者傅修延、王敦、季凌霄等人的精彩阐说①,并联系和针对影视人类学的声音表征(采录/传述)实践,我们对"声景"作出如下描述:"声景",既指一定场域内的物理声源体的性状的总和,更指在场的"聆察者"以智性"聆察力"进行"聆察"而获得的对其性状的感受、体验、理解以及联想、想象,是声音的复杂性状与听觉的智性感知相契合而生成的一种"意境"。

节日影像志的一些作者就有着"知音"之耳("聆察力"和相应的采录、传播手段、技术)对节日场域声音的特殊性状的"聆察"和营造。例如《妙峰山庙会——四百年的历史》,其声音营造就有着"声景"所必备的三要素:"基调音""信号音"和"标志音"。

"基调音"(keynote sound)也称为背景音,是一定场域的自然之声、社会人文之声融汇而成的声音的调性(Tonality),是形成整个"声景"的总体氛围、基本情调、普遍状态的声音。《妙峰山》全片所呈现的是宏观、中观、微观兼备的庙会盛况"图景",同时也以山林鸟鸣声、嘈杂人声、磬声、锣鼓声等集合构建了该节日场域的"基调音",该"基调音"虽在影片叙事中有强、弱、断、续的变化/调音,却从始至终贯穿全程,铺垫着庙会"声景"的基底音色音质。

"信号音"(sound signal)也称作情报声,是"声景"中特别引人注意、提供明确具体信息的声音。《妙峰山》开篇,在鸟鸣声、香客登山脚步声织成的"基调音"里,特别突出地响起了香客的一声"逛庙会喽",这声喊正是庙会开始的信号;其后,在进香的嘈杂人声和锣鼓声中,各个香会会首自报香会名称和念诵"启禀"言辞,以及随后的祭神表演之声,亦为"信号音",表征着祭神仪程的具体内容;在全片中穿插出现的当地老妪、庙会筹备者、各个会首的口述则是介绍历年庙会盛况、庙会源流、各香会特点的"信号音"——有人或认为只有"逛庙会啰"之类的指示性声音才是"信号音",其实不然,显著、明晰地呈示场

---

① 王敦:《声音的风景:国外文化研究的新视野》,《文艺争鸣》2011年第1期;季凌霄:《从"声景"思考传播、声音、空间与听觉感官文化》,《国际新闻界》2019年第3期。

域中重要信息的声音都是"信号音",其中,主位(即田野当事人)直陈田野事项的口述声恰恰是影视人类学中最为重要并作为主干的信号音。在此要特别说明一下,"信号音"这个术语的"信号"一词是借用其他学科的术语而有其转义的("基调音""标志音"也同样是借用造词),其所指(概念的实际含义)是不能望文生义的,"术语的形成与普通词的形成不同,即不是从其名称来发现其实体,或发现该名称所代表的一组实体,而是从其实体出发来研究名称"①

　　"标志音"(sound mark)是对应和转借"地标"(landmark)术语而来的,指的是反映、表征"声景"突出特征,具有象征力的声音,它还体现着场域的范围边界,卡迪-基恩就曾举例说,"伦敦的大本钟是声标的古典例子……大本钟的听域限定了一个社区的界限"②。在《妙峰山庙会——四百年的历史》中,磬声、锣鼓声就是"标志音",凸显着祭礼仪式的隆重、热闹特征,标定了庙会活动的空间区域,而且对民间宗教、习俗的文化内涵给出了象征性的烘染、喻示。

　　说到这里,应该进一步追问/探究:"声景"的特殊性能或者说"声景"与随形配声之声的根本区别是什么? 怎样具体操作/实现"声景"?

　　"声景"区别于和高于配画之声的根本点是:独立性——"图景"与它的关系不是主仆关系而是朋辈关系,在功能和方式上,两者是各自为政、各行其是、各有其优长与局限的。"声景"简言之就是在表征事物的文本中恢复、确立了听觉独立感知事物声音的本有方式、功能的产物,它不是服从视觉"图景"指挥的附属"装置",而是听觉独立"聆察"的成果,能够独立于"图景"进行其特有的事物声音的表征。但"声景"独立不倚并不意味着与"图景"两不相干,在面对同一表征对象时,两者又是卡迪-基恩所说的"互动合作""相互帮助"关系。例如《以火为炬》(皮里克节子课题)的片头,其"图景"的第一个镜头是

---

① [加]G.隆多:《术语学概论》,科学出版社1985年版,第12页。

② [加]梅尔巴·卡迪-基恩:《现代主义音景与智性的聆听:听觉感知的叙事研究》;[美]詹姆斯·费伦、彼得·J.拉比诺维茨:《当代叙事理论指南》,北京大学出版社2007年版,第447页。

高山剪影和朝阳升起,第二个镜头是日出后的乌努克居民点的大远全景,其声音却是不见声源体形象的浓重流水声和细微鸟鸣声,都不是附着于视觉感受及其视知对象的声音,而是独立于、超越了眼前"图景"的声音,表征着在场而视所不及的实存。直到第三、四个镜头,才呈现了溪流的特写和全景"图景"和同步录制的水声,但这水声也不是单向附从于"图景"的奴仆,而是能够独立表征声场和声源体的属性、特征、空间状况等"原声态"之"声景",特写"图景"时是近距离的压倒其他所有声音的巨大水声,全景镜头时则是较弱且与整个环境声同在的远距水声。此例的前两个镜头,"声景"以其特具的"宽域性"(视觉通常为60度视域,最多达180度视域,而能聚焦清晰的中间视域仅在5度左右;听觉随时能够探查360度范围的声源)和"穿透性"(视听对象被遮挡,视觉则无力透视感知,听觉却能"透听"感知)优势,填补了"图景"无力表征的空白;后两个镜头则视听互助、相得益彰地表征了田野场域的完整形态。

影视人类学操作/实现"声景"的基本法则是"在场"的"聆察"。人类学者都是田野的"客位"外来者,对于田野声音的感知角度、感知方式、意义理解也会是外来而不免有"蔽"有"隔"的,只有深"体"了"主位"当地人对当地自然之声、人文之声的听觉感受,才能"聆察"到、表征出不悖当地"原声态"的"声景"。但是,"客位"不可能直接拥有"主位"的听感即听觉感受—体验—经验,只能在客位的听感和主位的听感之间构建一个"共感"(sensuscommunis)的管道,客位才能获得类似于主位的听感。这个"共感"管道,就是主位栖居生息的田野现场。客位只有把自己的身体嵌入(embedded)主位的栖息场域,并且让自己听觉器官及其感知方式向主位看齐或尽量模拟主位,才有可能与主位的听感达成"共感"。节日影像志作者的具体做法主要有:(1)声音的录制采用主位"听角"或拟主位"听角"("听角"是傅修延教授创造的一个相对于视角的术语,指的是"聆察"角度①)。例如《献牲》中的声

---

① 傅修延:《听觉叙事初探》,《江西社会科学》2013年第2期。

音大部分都是出于主人公波洛希老人的"听角"。(2)更直接的是"乡村影像"工作方式,由当地人操机,"内观自省"地"纪录我们的环境和文化",①然后主客位合作完成后期制作。《哈尼族"昂玛突"》(哈尼族昂玛突节子课题)就是这样的作品,其声音都是从主位人物的"身体位置"和切身感知出发而录制的,"声景"满盈当地人的切身听感。(3)"高保真"(high‐fidelity)地录制/表征田野"原声态":使用多个、多种录音设备多声距、多角度、分层次地现场采音,力求全面呈现节日场域的"基调音""标志音""信号音"。《朝鲜族流头节》(朝鲜族流头节子课题)便是一个成功的典例,作者在前期录音时用机载全指向话筒采集"与现场视觉形象复合在一起的所有声音信息"②、用外置超指向话筒采集现场的个别声音素材(处于具体位置的具体声源体的声音信息),后期混录时依据当时的现场感受,对这两类声音素材进行均衡、延时、混响以及声像位置等参数的调整,趋近"原声态"地呈现了江西村流头节的"声景"。

(三)以"声景"进行"听觉叙事"

上文所讨论的就是"声景"的"实存"形态及其表征方法(也就是说,从严格意义上讲,上文所论述的其实也是"听觉叙事")。这里则主要讨论对"声景"事件的表征,表征事件的方法主要是叙述(Narrative),以及阐述(Expounding)。

节日影像志对"声景"事件的叙述主要有如下方式:

1."聆察"人物"嗓音"以叙事。人物"嗓音"(voice)指的是田野主位的独白(口述)以及他们的对话。节日影像志中,"嗓音"以讲述(telling)和显示

---

① "乡村影像"源自吴文光发起的"村民影像"计划和郭净、吕宾等人倡行的"乡村之眼"公益影像行动计划,其基本工作方式是公益机构为乡村社区提供纪录影像技能培训,由社区成员摄制本地自然、人文境况。

② 张芳瑜:《人类学纪录片感觉经验的声音书写》,《电影文学》2019 年第 16 期。

(showing)两种形式道出叙事内容。独白被普遍应用,主要用以讲述节日事项,杰出的作者也会用以生动显示事件的情境。比如《献牲》,波洛希老人的口述串联着整个事件,主要是讲述节日源流、仪式要义、田野概况等,但作者刘湘晨"聆察"并"深描"了老人讲述时的表情之音(因具身感受、内心情感所致的语气、语调、语速、音高、音强、音色的变化起伏和长吁短叹之声),极富显示性。对话则显示为主、讲述为次,譬如《祖先归来》和《足祭》,片中人物之间的对话有对节日内容的讲述,但更多的则类似于戏剧中的对白即戏剧学所谓"语言动作",是现场行动的有机组成部分,显示着全片主干情节。

2."聆察"动作、行动之声以叙事。事件是动作和行动。动作(acts)是瞬间性的,行动(actions)则是延续性的,是一系列动作的线性连接、组合。"聆察"了动作的瞬时之声和行动的连续之声,便能叙述出一个个"声景"事件。例如《北湾祭事》(裕固族祭鄂博子课题)中的这个情境片段:

旷野中,真实质朴的人群,迎着二月里的白色阳光,在鄂博佑护下,欢颜绽放,大口咥着羊肉,大口灌着烧酒,大声的喜怒笑骂都消散在风里,几不可闻。午后一阵急风卷过人群,引来一阵呼啸,满地的风马被扯上高高的天空,又静悄悄地飘向远方。①

很明显,咥肉声(咥不是一般的吃,是很豪爽过瘾的大吃)、灌酒声、笑骂声、风啸声、风马旗被卷刮上天之声、旗帜飘远渐弱之声、静音,是一个个瞬间的动作"声景"事件,而它们组接起来就构成了该现场发生的整体的行动"声景"事件。

3."聆察"转换之声以表征事件进阶。事件都是运动、进展的,叙事文本(话语)通常以开端—发展—高潮—结局或起—承—转—合的结构/形式反映其运动规律。事件在这样的分阶段发展中,其"声景"也会有或显著或隐微的阶段性变化,"聆察"/表征这样的变化便能以"声景"叙述出事件的阶段性进

---

① 《北湾祭事》课题组:《北湾祭事》——裕固族祭鄂博节拍摄记录,未刊稿,2019。

程。譬如《献牲》的开端和结尾：开端铺叙的是溪谷牧村安详的环境和传统生活，静谧是其"声景"基本特征，静音45秒后孙媳妇的舀水声及稍后的老人开篇讲述声并未打破宁静，反倒"鸟鸣山更幽"地进一步强化着环境的静谧；结尾是节日已过、孙女已嫁、古老栖居地和文化传统已临消亡的情节，相伴的则是被超大卡车轰鸣如雷的噪音暴力毁灭了静谧声态的"声景"。

4. 区分性"聆察"：捕捉个体声音事件。听觉能根据声音辨别声源，并能在集体众声中区别个别声音。节日的声音如同交响乐一般众音齐鸣，而其中有些声音也如交响乐的主导动机、主旋律一样至为重要，需要作者运用这种听辨力去捕捉和呈现，从而使主要的、重要的动作或行动之声得到强调，主体人物、主要事项、重要细节也才能得到凸显。节日影像志的所有作品中都有此种声音事件的自觉叙述。

5. 综合性"聆察"：囊括集体声音事件。听觉有高于视觉的包容性、综合性，视觉在面对众多动作时会目不暇接、眼花缭乱，听觉却能同时接受无数个体同时动作的叠加复合之声。因节日的喧哗特点，节日影像志非常注重综合性的"聆察"，以同时性的集体众声将节日的集体性事件立体呈现出来。比如《龙舟节》(番禺石楼镇龙舟节[VR]子课题)，作者将龙舟节活动中的"事件、人物群体行为、人景关系"等视为一个统合的"主题叙事场"，采用全景声形式录制现场繁杂声源的同期声，使赛龙舟大场面得到了总体性的表征：不仅还原呈现了"复杂的立体空间中，敲锣打鼓声、船手的吆喝声、观众的喝彩声等声音"，还将"人物方位远近高下变换，声音在空间中行进穿插。随着事件变化，声音随之变化"①的动态也鲜活地叙述了出来。

6. "聆察"意义之声以阐述事件意涵。节日影像志作为人类学文本，不能失声于田野文化意涵的阐释，否则就会"没有够格的学术水准"②。但客位不

---

① 叶风：《观察问题：全息影像引入人类学田野工作》，《中国社会科学报》2019年1月2日。

② Evans-Pritchard & Edward Evan, *Social Anthropologyandotherssays*, Glencoe：freePress，1962，p.95.

宜以"上帝之声"或"权威者之声"予以解说揭示,这样的解说不仅尽废感官表征的武功,甚至连观察式纪录片的及格线都达不到,是退回到了"画面+解说"的格里尔逊模式,完全不适合于影视人类学。"聆察"意义之声以表征田野事件的意涵,才是正途。

其实上述诸种"声景"都是含有意义的,尤其是田野人物的"嗓音",本就是主位对田野文化的直述或直呈,因而最富意涵,是收听/阐述田野事项意义的第一"声道"。不过,主位并非兼为人类学学者,其讲述或显示的内容虽有着对田野事项意义极为珍贵的具身体认却难有专深揭示,也就是说,"嗓音"并不能直供完整、深刻的田野文化意义,须得客位以智性(在此指人类学的学术性)的"聆察力"对主位"嗓音"进行"聆察"(筛选、整合、消减和强化),才能"够格"地收听到/阐述出田野意涵。刘湘晨摄制的一系列新疆民族节日影像志都表征了该地区不同民族的一个共性的情感文化特点:人与人之间深厚、纯净、互信的情谊。其表征手法中就有"嗓音",他选取的是极具典型性、阐述力的亲吻声——在摄制《献牲》《以火为炬》等片子时,他特别叮嘱录音师着意清晰采录/"聆察"主位人物之间的清晰的亲吻声(此声音实质上是主位间的对话);时隔十六年之后,他重访帕米尔高原的那些"亲人",情谊的"旧船票"依然有效、毫无褪色,摄制的《一直看着你来的路口》中豪爽响亮的他们互吻手背的声音,抵得过千言万语阐述当地民族情深义重的文化意蕴,从"声景"叙事的角度,这部片子也可题名《一直听得见的亲吻声》。

还有一种意义之声也得到了节日影像志的看重:音乐之声。音乐之声有类似"嗓音"而更胜"嗓音"的厚实意涵,因它不是单独个体的声音,而是历史积淀的、合群而生的声音,承载着丰富的节日意义。民族节日多有歌声乐声,无论是祭祀、纪念类还是娱乐、竞技性节日,音乐之声都是节日场域、节日仪式的重要或最重要的声音事件、事项。《萨朗颂》中的音乐之声甚至有着高于该片"图景"的地位、价值和功能,歌声是作者倾力"聆察"的主体对象,担当着构建全片结构主干和基本内容的重任,依次演唱的 12 首颂歌既是该节日的"标志音""信号音",也是"基调音",不仅全程叙述了节日事件,也相当明晰地阐述了中国羌族独有的萨朗文化。

声音和听觉不仅有其独立于、不同于视像和视觉的特性和地位,而且在某些方面还有着超过后者的价值和功能。诸如:"听觉比视觉更具包容性和综合性,因此可用于综合性的叙事描写"①,并因此擅能感知事物之间的关系,用"声景"可以表征和使人感知"看"似不同的事物、事件之间的联系和相互影响;听觉具有不眠不休的连续性,对无形流逝的时间特具感知力……等等。目前已结项的近70部节日影像志作品,虽然在"声景"营造上颇有创获,但也还多有不足,"声景"为影视人类学的文本"写作"、感官表征提供着光明的进路,作者们应当更加重视声音和声音的"聆察"/表征,在创作实践中不断摸索、开发其潜存的可能相当巨大的功能。

第三节 叙事与风格

叙事是人类的一种天性。只要是人就会讲故事。但这么一个简单的事实却始终却又困惑着我们。因为,谁在讲述? 讲给谁听? 为什么讲述? 以及怎样讲述? 讲述的效果如何? 以及是否还能形成一套讲述风格等? 都是叙事学研究持续关注的议题。本节将从人类学研究中最核心的节点出发,以节日人物及人物关系为基本架构去探讨形成节日影像志叙事的主要线索,并以这个完成了的线索为预设,去考察影响和形成节日影像志风格的主要因素有哪些等。

一、视点:主位与客位

无论是田野观察纪录还是之后的文化书写,都关涉观照文化、表达文化方

① [加]梅尔巴·卡迪-基恩:《现代主义音景与智性的聆听:听觉感知的叙事研究》;[美]詹姆斯·费伦、彼得·J.拉比诺维茨:《当代叙事理论指南》,北京大学出版社2007年版,第448页。

式的问题。肯尼思·派克由语言学引入的术语"音位的"（phonemic）和"语音的"（phonetic），提出了主位视点（Emic）和客位视点（Etic）的观察法。"在人类学方法中，主位的观点被延伸来代指被研究者（局外人）对自身文化的看法，客位的观点被延伸来代指这个文化的局外人的解释。主位的观点于是延伸来指一种研究的态度：人类学家强调要从被研究者的观点出发来理解他们的文化，而且拒绝用我们自己的范畴将被研究的文化切割成零星的碎片。"①

20 世纪 50 年代出现了许多重要的人类学纪录片，如《猎手》（1956）、《死鸟》（1961）等，其中《死鸟》被誉为是美国人类学纪录片的经典。这些纪录片都延续弗拉哈迪式的制作方式，拍摄了部落中的人狩猎、战争等内容，并使用解说词贯穿全片（那时同期声技术还未出现）。这类以客位的视点叙述被研究者的文化的影片，是运用客位的人类学、民俗学知识与科学的研究方法对被研究对象的理性分析，以真实客观的诠释，揭示其文化内涵。从影片的呈现上看具有学理性、科学性，但同时也具有引导性。

《规范》要求不使用解说词、画外音，是为了尽可能减低制作者的声音，降低外来文化干预。因此在节日影像志结项的影像志影片中没有以客位述说为主体的作品。客位的述说更多体现在对于节日区域历史的介绍，一般在片头部分出现。因为影视作品的时空不同于自然时空，节日过程须有制作者对具体时间、地点以及重要仪式环节的标注。那么，这是否意味着客位述说的缺失呢？其实影片中关于时间的起讫表述、区域地点的平行或交替时的揭示，以及某些单用画面无法呈现的历史渊源、抽象内涵等，采用"极简"的字幕标注都体现着客位的述说。如《祖先归来》，影片 2 分 23 秒时，年轻的领丢腊出现，镜头仰拍他坐在河边，身后的阳光照的水面波光粼粼，画面字幕介绍着："傣族每个寨子都有对丢腊（村寨祖先）的供养人，叫'领丢腊'"；接下来是对年轻领丢腊的侧面特写镜头，画面字幕继续介绍："傣历新年到来前，曼听寨的'领

---

① 王铭铭：《人类学是什么》，北京大学出版社 2002 年版，第 20 页。

丢腊',他的父亲因救人突然去世,他不得不承担起村寨养神人的重担"……随后有年轻领丢腊自己的口述,述说领丢腊的工作和自己家庭的情况。之后领丢腊有一个坐着抽烟的近景镜头,画面字幕讲述着:"他需要学会一系列关系到族人兴盛的重要仪式和祈祷用语,他能行吗?岩罕约感到了前所未有的压力。"制作者用这样的字幕介绍表达出自己主观的猜测,同时将观众的注意力引向之后年轻领丢腊是否能顺利完成新年仪式的行为关注上。

主位的叙述在节日影像志中非常普遍并得到强力提倡,节日影像志的学术理念之一即是"让文化持有者发声"。同时受参与式人类学纪录片——社区(乡村)影像启发,节日影像志中就有项目是完全交由当地人自己拍摄记录自己的文化,如《禾祭》,村民用自己的观察视角来审视自己的文化,这种内部视点呈现了不同的对文化事项的认知。观众在观看村民所拍摄的影像志时能体会到对文化的不同的理解与逻辑的碰撞。这类主位全叙述的节日影像志中客位缺失,对节日的拍摄和事项的呈现更具田野性、更真实,也更客观。但也存在悖论,因为拍摄和解释权在被摄对象自己手中,也有可能呈现的是种种非常态真实的表演,还可能有对社会风尚、社会体制的迎合或者有功利性诉求。例如,有一些节日属于多年中断后恢复的节日,不能完全排除当地人为了趋奉当下时尚而做出的调整、变异。由主位自拍而可能发生的另一种情况则是"遮掩",例如许雪莲在《差异求真——节日影像志和中国史诗影像志的理念与实践》中就写道,因为村民拍摄的是同村人,甚至是自己的亲友、邻居,拍摄时就会对某些方面加以掩饰;而有些仪式主持者的技艺或秘传技术掌握者的看家本领担心被他人学会,也会在主位自拍中付之阙如。

节日影像志所实践和总结出的主位叙述固然重要,但客体不能完全缺失。在节日影像志中突出主位叙述,同时适当地辅以客位的研究性冷静旁观,从而将主位显现出的纷繁予以一定的归纳分析,理出文化事项的真实内涵,显然是劳而有功的。许雪莲在其文章中总结和主张的正是如此:节日影像志的视点叙说应主、客位双向记录,"诸说并存"。

一个具有典范性的案例是《看花节》，该片采用参与式拍摄方法，客位摄制者以四川阿坝藏区土生土长的藏族农民阿佳春天及其家人为主要拍摄对象，跟踪拍摄他们一家准备过节和过节的整个过程；除此之外还聚焦不同藏族家庭在节日期间的活动，对赏花品茗、唱歌、跳锅庄、摔跤、赛马、打靶、藏戏、放映电影等活动进行跟踪拍摄，展现藏族同胞在看花节期间的社会交往及民族习俗；与此同时，将摄影机交给阿佳春天的家人，请他们以第一人称视角拍摄，同样记录看花节的筹办、开始、过程、结束的整个流程，呈现当地藏族同胞对看花节的亲身经历和体验。影片中主、客位的交替述说新颖独特，多层面多视角的观照当地藏族文化习俗，呈现不同视点下的节日状态和理解，值得进一步尝试与探索。

二、节日人物

在上一节"节日影像志'内容要素'研究"的开篇，我们就以"主体"为小标题，将节日中的人物与组织和事件相勾连。本部分，我们拟就节日人物在影片结构方面的功能与作用以更详细的考察和分析。

（一）身份与角色

节日影像志所拍摄人物首先是作为一个社会人的存在，他们可能是村里的长老、村长、商人、普通村民等，这是他们在其生活的社会环境中被赋予的身份。而角色则指在节日中担任具有规定功能的扮演性人物和职司，如祭司、巫师、扮神者、仪式表演者等节日参与者，以及香会会首等组织人员等。下面我们就从对人物身份的观照和节日角色的观照两个方面予以梳理。

1. 对人物身份的观照。身份与角色的关系呈现出两种情况：

第一，身份与角色的紧密关联。身份与角色都是田野中的人，身份是角色的来源和资格。以《足祭》为例，村寨的老祭司在节日之前刚出院，身体情况不佳，因而需要寻找新的祭司主持当年的祭祖仪式。老祭司和会首讨论有资格作为祭司的备选人员,但若干备选者家世背景条件合格却不会多续语。不能用本民族自古以来的语言进行祭祖仪式,老祭司无论如何也不同意。之后找到了杜连江,此人被选择为新祭司,具足条件:会多续语;家族中有人做过祭司,被神接受过;他从小观看甚至参与过节日仪式,这种家族历史身份和曾有的经历使他具有充任角色的资格。只是后来有了某种社会身份而不宜充任节日角色。在《七圣庙》中,"七圣祖师"角色只能是居住在"溪背"的吴、夏、赖三姓的人扮演,而居住"路背"的夏氏无权参与仪式。因为传说是吴氏救起了落难的"七圣",吴氏便俨然掌握了神权,在日常生活中行为处事都可以"大不拘",即便他饮酒误事,时常与人吵架,村人也都几乎是任其所为。同村的一位吴姓村民就直陈:"姓吴的不管排到何代何人,(都是)最老的,属于庙下的长老公,别人无权力管。"①

第二,人物的身份可能会有碍于角色充任。仍以《足祭》为例,杜连江所具有的家族身份使其被物色为角色,会首便找来朋友组了饭局,敦请杜连江做为当年的祭司。但是杜连江拒绝了会首,影片中杜连江说:"我不合适……我跟你说,我是干部,干部是有纪律的,做这个也影响不好。"这表明,社会身份有可能成为阻碍其担任节日角色甚而使其不适合参与节日仪式。这也显示出,民俗的延续传承并非易事,适合的"接班人"有难以为继之虞。

正因为身份与角色互相限制与影响,所以拍摄时要观照和关注被拍摄者的身份,不能只专注于节日仪式表演时的角色时空。将节日"台上"时空中的人物与平日生活"台下"时空中的人物相互参照,才是更具人类学视角的观照方式,利于准确而深入地挖掘出人类学内涵,使成果拥有人类学研究价值。

2. 对节日角色的观照。拍摄者面对节日现场,应分清节日中的主、次角色,瞄准主角。比如串起整个仪式流程的巫师、祭司,或者对节日有重要意义的人物,就是全片拍摄的焦点。例如《祖先归来》,拍摄者为何聚焦于年轻领

---

① 中国节日影像志《七圣庙》(福建宁化县客家"七圣庙会"子课题)。

丢腊，就因为一方面新年中的每一个仪式项目都要他去祈福，然后仪式才可以开展；另一方面在影片开始提出的他能否顺利完成所有祈福事项的疑问，需要节日结束时才能得到解答。正因为聚焦主角，该片以少驭众地达成了展示节日角色功能的效果。

主角的弧线的呈现是影片故事发展的呈现。弧线一词来自戏剧影视学，认为人物的发展变化（人物弧线）也就是故事的发展变化（故事弧线）。节日中的主角（主要人物）本来就是节日的主干，比如《祖先归来》中的领丢腊，没有他，节日也就进行不下去。但需注意的是，节日影像志中的节日主角固然重要，但作品的重点却不是反映人物，而是对事的记录。所以领丢腊完成仪式的每一步骤时情绪如何，有何感悟与成长都并非记录的重点。重点在于他对一项项仪式的操作，在于他完成—推进—完成一项接一项仪式的行为。同理，在《足祭》中，主角之一的会首，组织人员开展节日准备—寻找新祭司—仪式过程开始—仪式结束，这一系列的事项都主要是由他的行动推动完成的。他作为一个执行者和口述者完成自己民族的仪式，而镜头跟随他的行为过程，就把节日全过程展现给了观众。

角色是节日主要构成，是节日的文化表征。节日的不同性质塑造了不同的角色，而这些角色将节日的社会、文化功用展现出来。角色的意义和其牵动节日发展的功用呈现或揭示了节日文化的内涵。

（二）行为与事件

"事在人为"，人物的行为构成事件。所以人物的弧线就是事件、情节的弧线。影像志是侧重"叙事"而不是人物刻画，因此尤应重视人物的行为过程。领丢腊要准备每一个仪式前的祈福行为，做完一个就要接着准备下一个，他的行为和口述构成了全片的主要脉络，将傣族新年的活动连环式串联了起来。人物的动机催生动作，动作的推进构成事件。《炸龙节》以田伟伟和田远远为主要人物，他们是长期在本地生活的当地人，是舞龙队伍的灯头，二人内心的共同动机是想弘扬家乡传统,让大家把节过好。由此动机生发出了他们的一系列动作行为:从扎龙开始,一步步展开行动,推动舞龙、炸龙的队伍向最终的炸龙仪式发展,具有剧情式的起承转合。他们以及队伍中的各个社会层次的人的动作行为将民俗节日的过程与形态、意义与内涵展现了出来。而且各个人物的关系,也是由其协同或互动的动作行为显示出来的。以上两部成果影片是动作性较强的例子。某些片子没有明显而强烈的人物动作,也不是由角色动作构成全片,可称为动作淡化或弱动作类,例如《妙峰山庙会——四百年的历史》,主要通过多个人物角色的口述来介绍、描述、阐释该庙会,既有总说全貌又有细述局部,既有历史溯源又有现实叙事,其间以实地展演情景与这些口述相配,两者并列/交叉式地陈述了妙峰山庙会的盛况并对其文化内涵给予了揭示。

(三)人物关系

节日影像志必须重点关注节日现场的人物关系,其重要意义和价值主要有二:

其一,节日活动是众人联动、互动的行为活动,关注和拍摄各色人等之间的关系,能够展示节日活动的全貌、节日过程的关节点、节日活动的社会组织形态、节日积淀的文化风俗习惯、该田野人群的行为模式,等等。贵州德江地区春节期间的民俗活动"炸火龙"也称"火龙节",是广受欢迎的民间节日,它曾经只是较小范围民众自发参与的民俗活动,发展到现今已成为政府服务、龙灯协会主办、民众自发参与的组织结构较为复杂的节日活动,龙队的参与人员也从原有的单一的街道内部男性成员,扩充到街道以外的职业群体和女性群体,甚至城关镇以外的其他乡镇人员也参与进来了,其空间范围和参与人数发生了大幅增扩。要表现这种比较宏大的节日活动,就得把握住各方参加者之间的关系。《炸龙节》就有这样的特点:观众首先看到的是舞龙队伍的成员拜访扎龙传承人,这正是摄制者对舞龙人与扎龙人关系的展示。而后有龙灯协会人员的一系列行动，他们讨论节日计划、联系县作协与手艺传承人、召集各街道各组织灯头协商活动事宜……影片所拍摄的龙灯协会的这些组织协调行动，把节日活动的各方人物都关联起来，而这些关联就正好呈现了节日活动的方方面面。此案例提供的成功经验主要就在于：拍摄较大规模的节日活动，宜细察、反映参与各方的关系，将各方分工协作的状况展现出来。

其二，人物关系也可作为节日影像志的结构关系。罗伯特·麦基《故事——材质、结构、风格和银幕剧作的原理》中说，"从本质上而言，是主人公创造了其他人物"，即主人公与其他人物之间的关系形成全片的结构。如《献牲》中以 91 岁的老人皮力木库里·波洛希·阿吉姆的口述为贯穿，老人讲述了对小儿子婚恋的担心，孙女结婚举行盛大婚礼的纠结，与村民一起过古尔邦节，公格尔水电站建设大搬迁的看法与担心。在一段段的口述中，他的小儿子、孙女、家人的形象与生活接连出现，溪谷牧村的村长、村民的工作与生活也一一显现。全片所有人物因皮力木库里·波洛希·阿吉姆老人的口述派生出来，并展现自己的生活与思考。影片的情节推动也因老人的口述得以一节节展现。这是人物关系可作为节日影像志的结构关系的典型例子。

三、风格：总体意味的形成

风格作为艺术概念，指艺术作品呈现出的有代表性的风貌。一个基本的共识是：风格即人，即作者的个性；也就是说，艺术作品的风格是由作者赋予的，是作者的主体性的充分体现。然而，人类学纪录片范畴内的节日影像志不同于一般艺术作品，它是运用科学方法对人类文化进行观照、反映，具有科学、理性的特质。那么，怎样理解和表现节日影像志的风格呢？

依据前述之"主位"至上属性，我们认为，节日影像志的风格应取决于被观照、被研究的对象，取决于节日本身的风格。节日有可能是肃穆的、狂欢的、简朴的、华丽的，那么反映这些节日的影像志的风格也须与之相应。所以，深入了解与理解节日的文化内涵，依据节日本身的特质特点，是确定节日影像志的主题和总体风格的前提。

那么作为节日影像志的制作在依从、顺应被研究对象的前提下,还有客位的主观能动性吗? 答案是:其主观能动性主要体现在主客位之间距离的把控与调节上,这种把控和调节能使纪录片作者不致丧失主体性,而能以有限自由、适度自由的叙事视点与表达方式反映对象。

"人类学是一门阐释的科学。它所研究的对象,即作为他者遭遇的人性,是在同一认识论水平上的。人类学家和他的资讯人都生活在一个经文化调适过的世界,陷于他们自己编织的'意义之网'。这是人类学的学科立足点。没有任何特权的地位,没有绝对的观点,也不可能有效地抹去我们或者他者活动中的意识。"[1]这是拉比诺在摩洛哥乡村田野调查后反思得出的结论。以前的人类学观察方法被想当然的认为是客观观察的,而被研究者也只能是被观看的,两者一直都是相互保持远距离的状态。但在实际田野工作中产生的作用与效果显示,研究者并非完全客观的观察者,而是在田野中行动的人,他的出现如同扔入池塘的石块,引起阵阵涟漪。而被研究者在观察外来人的同时,也在尝试用自己的文化概念影响外来人。因此在这一层面上,没有所谓外来精英文化,调查前的疑问与猜想也在田野工作中推翻或衍生出新的问题,同时不可抹去研究者以及被研究者各自的主观思考与活动的意义。

我们所说的主、客位距离调控,或许正能体现拉比诺的观点。这种调控可形成的叙事风格亦即叙事模式在节日影像志中主要有:

参与观察式:这类强调不干预不介入的观察和研究方式在影片的呈现上也是有明显的距离感。如《七圣庙》中,有村寨中多方人物关于庙会的口述。掌握仪式"神权"的吴氏在口述中详尽介绍"七圣祖师"的历史渊源与吴氏在庙会中的地位。居住于夏逸园的夏氏则在口述中表示庙会应是"共同遗产"。村支书强调周姓与村委会的组织协调作用,前宗教管理干部则讲述"七圣祖

---

[1]　[美]保罗·拉比诺:《摩洛哥田野作业反思》,商务印书馆 2008 年版,第 132 页。

师"是"梅山七圣"。节日影像志制作者在进入田野，探寻文化相关社会关系后，将各方观点与节日真实环境呈现于观众，并无明显主观引导。

参与式：受"我们向你们讲述我们的故事"的社区影像启发，节日影像志中也有这类纯主位叙述的例子。广西融水苗族新禾节的拍摄团队是广西民族博物馆和融水村民影像小组，博物馆和村民两个不同拍摄视角展现当地新禾节。博物馆的拍摄角度相对客观一些，记录各方面情况发展与当地人口述，可以称为相对客位的记录，但其实此片中的客位与主位的距离几乎为零。

主、客位的距离太远或太近，各有优势，同时我们也在节日影像志的结项作品中发现刘湘晨的节日影像志在主、客位的距离把握上的恰当呈现。刘湘晨 20 世纪 60 年代跟随父母到新疆生活后几乎就没有再离开新疆（除了在上海求学）。相对新疆而言他是外来人，但长期的生活与工作经历也使他成为"当地人"。因此他能在"他者"与"自我"之间切换角度，做到能与新疆人民一同担忧与思考，也能以学者身份冷静旁观。

在节日影像志的叙事模式类型分类上还可以参考尼可尔斯的纪录片的六种模式，诗意模式、说明模式、观察模式、参与模式、反身模式、述行模式。但因人类学纪录片与一般纪录片的要求和目的不同，因此不能完全按照此种分类模式进行划分，比如格里尔逊式的说明模式和述行模式就不适合节日影像志。同时在许雪莲的文章中，根据目前已结项的节日影像志成果成片，将叙事类型分为环节叙事、人物叙事、篇章叙事、历史叙事、参与式叙事、散点叙事等类型。有些分类方式也许有些"不合逻辑"，但确是非常实用的角度进行的模式划分。

而显然，上述各类叙述方式也许会在作品模式形成上经过主客观两者的相互激励和激荡而有所区别。对此的探讨我们会放在其后关于"节日影像志'创作模式探索'"里去加以进一步阐释。但回到总体意味及风格形成上，我们仍然需要追问，究竟是什么主导因素才得以让我们从节日影像志中去直观地获得了某种韵味和风情。笔者认为，刘铁梁在《"标志性文化统领式"民俗志的理论与实践》一文中的主旨观点特别适合回答我们的问题:"所谓标志性文化应具有:一、能反映这一地方的特殊历史进程和贡献;二、体现地方民众的集体性格和气质,具有薪尽火传的生命力;三、深刻地联系着地方民众的生活方式和诸多文化现象等三个主要特征。这种民俗志书写也将促进民俗文化调查的深入和研究范式的创新,间接对地方社会协调发展和增强社会自我调节能力具有参考价值。"①而这也是笔者在创作经历中的感受。《觉颂》是笔者创作的第一个节日影像志作品,以"觉颂"为题,就已深含和显示了这个民族最内在和最核心的文化符号"觉"。正如在影片开首所呈现的那样:当一个小孩问:"爸爸,这是什么?"而得到的回答是:"这就是觉,是我们祖先传下来的⋯⋯"而"觉"就是白石崇拜的那个尖圆形白石头。这个白石崇拜源自羌族,从而更进一步揭示了居住在藏羌彝文化走廊的众多民族,他们相互融合与相互依存的状态。这个"觉"贯穿影片始终,它既是村民们崇拜的对象,也是村寨团结的象征。我认为这也与刘铁梁提及的"标志性文化统领式"符号相验证。正是基于这样的理解,《觉颂》的总体意味和风格就是在"觉"这个标志性文化符号统领下,人们安静、恬适与和睦地生活在自己的家园。而笔者的另一部节日影像志作品《萨朗颂》也正是基于笔者对当地环境、人物和节日事项的深刻体悟而完成了以陈奶奶为主要表现对象的羌族妇女群像的塑造。因为羌族的"瓦尔俄足节"就是对羌民族的始祖母"萨朗姐"的祭祀活动,而这些参加活动的女性们不正是现实中的"萨朗姐"吗? 她们朴素、勤劳、智慧、能歌善舞⋯⋯所以,就笔者的创作经验来说,以深厚的节日田野为基础,以发现标志性文化统领式符号为动力,既在节日中,又在节日外,不断琢磨和推敲,不断体会和沉思,那种从总体上能展示节日意味和节日风格的节日影像志就会自动为我们打开和呈现出来。

① 刘铁梁:《"标志性文化统领式"民俗志的理论与实践》,《北京师范大学学报》2005年第6期。

第四节　剪辑——结构、形态与立场

就本议题研究而言，本节所要介绍和分析的知识基本上是一个全新的内容，但它对所有影视艺术的创作来说，则又是一个十分古旧的话题。自电影不再以"本"为单位，而以镜头为单位时，作为一门艺术的剪辑，就诞生了。显然，要在这个范畴内设想有多少创新，那几乎是不可能的。因为，作为人类学纪录片，到目前为止，也没产生出独特的剪辑学理，它所遵循的所有原则和技巧仍然是来自于电影艺术。但节日影像志却有着一套不止于成片的场记要求，有着一个不以传播为主要目的的学术追求。因此，在剪辑思路、剪辑节奏乃至剪辑立场上终归有属于自己的文化定位。而这应该是本节需要梳理和分析的主要内容。

一、作为对象的素材

《规范》对于成果形式的要求中提到成片单集 45 分钟，片比不得低于 1：20，素材至少 20 小时以上，并提交素材场记。而这只是节日影像志的基础要求，事实上很多节日影像志的田野素材远不止于此。因此拍摄素材的记录与整理归纳对于文献研究和纪录片的制作极为重要。

（一）场记与归类

影视拍摄的场记主要针对拍摄现场的镜头使用、内容，演员表演时的对白、站位、服装、化妆，道具摆设，灯光，音效等。因为一部影片是有若干个场景与数百上千的镜头组成，且拍摄时不按剧情发展时间进行场景和镜头的拍摄。因此场记单的作用主要为场与场之间的表演连戏，为补拍与否以及后期剪辑提供信息指引。而节日影像志不同于影视拍摄，没有剧本、脚本，不存在一个镜头拍多遍的情况。同时几乎不会考虑拍摄现场布光问题，尽可能使用当地自然光线,除非是在夜晚或光线严重不足的室内,但都需尽可能保持节日原有现场感。相对而言,影像志的镜头记录更侧重于拍摄内容的记录,对话的记录(大致记录,甚至还需注明翻译)。

《规范》提供的素材场记单中有星号标注的是必须详细记录的,而作为帮助我们恢复记忆的一些重要因素,还有时间、地点及环境。任何节日都是周期性一次展开,因此,在实际拍摄中,全靠摄影人员在现场的灵活应变。所以,即便是田野调查时期的拍摄也应标注其时间、地点,一方面是人类学全面观照文化事象的要求,另一方面是为了弥补拍摄期间可能发生的应急情况导致拍摄不佳。而部分节日会涉及歌舞展演,一般还会提前练习乐器的演奏,舞蹈和歌唱排练等。这些场景均应拍摄下来并做好时间、地点、环境情况的记录。

笔者认为,节日影像志场记单中没有单独列出的事项还有服饰、道具等。影视拍摄记录演员服饰、道具是为了连戏,一场戏中断拍摄后,下一次拍还能恢复到之前拍摄的状态。节日影像志中被拍摄的人物的服饰分两类,一是日常穿着,二是节日穿着。日常穿着是被拍摄者作为一个社会自然人的存在的衣着打扮,可以体现其工作性质、人物性格。而节日时,"过年穿新衣"或者本身在节日仪式中有角色装扮的,都是可以显示当地节日文化氛围和节日文化特质。记录下日常与节日期间的两种穿着才符合人类学对文化事象全面观照的要求。

道具在影视拍摄中一般指拍摄所需要的物件,而节日影像志中可视为对被拍摄者有特殊意义的私人物件和节日仪式中的仪式器皿。这些物品起到文化符号化的作用,如果没有这些物品,节日可能就无法进行。因此对于这类重要的物品应予以重点记录。

下面笔者就以节日影像志子课题"自贡灯会"的场记管理为例来介绍一下我们的基本做法。

该项目剪辑开始于 2018 年 5 月中旬,拿到素材后的首要工作便是对拍摄素材的统计。经统计本项目拍摄素材共计19T,时长共计263小时16分,镜头总计15137个(在剪辑的后期阶段,因需要部分资料补充,后续补拍了2—3次,素材数据量有少量增加)。数据统计完成后,面对巨大的素材量,并没有马上进入常规的场记整理和初剪工作,而是对素材进行了二次管理工作。

由于该项目的特殊性,拍摄周期、地域、对象人群的跨度都非常大,要在拍摄阶段及时作出严格规范的拍摄场记难度很大,所以摄制组的拍摄素材管理工作往往是以时间为基础的树状目录结构,下设时间子目录:上午、下午、晚上,这一层级子目录非常必要,它往往是在同一天内的上午、下午、晚上拍摄,在有相对明确的独立事件或地域差别的情况下,才进行这一目录层级的设置。而清晰的时间结构也是作为节日题材影片的一个重要标志。

拍摄素材管理的下一层级为摄影机型号。为了适应不同的摄制环境,纪录片拍摄通常很难统一使用同一型号的摄影机,如果使用同一型号摄影机,在不同机位的摄制任务分配上也是不同的。同一机位往往会去完成预定且相对固定的摄制任务,所以这一层级的目录也尤为重要。

再往下一层级目录为摄影机储存卡标号。此目录根据摄制素材的数据量来灵活分配,如果数据量过大,机身储存卡容量不能完成摄制,则需及时更换,在此,就根据储存卡使用的先后顺序进行编号。

接下来是素材管理的最底层目录,这一层级,我们通常需要保持素材的原始数据不被修改,包括文件的编号、格式、文件名称等,以便剪辑、特效、调色等后期流程能有统一的数据交换标准;

图5-3为素材管理目录结构示意图:

素材管理工作准备结束,后进入场记工作流程。场记以表格的形式呈现,表格的基本结构和素材目录管理结构保持一致。为了能够在繁杂重复的表格中快速检索内容,我们把盘符编号、时间、摄影机型号、储存卡编号使用不同的色彩填充加以区别。

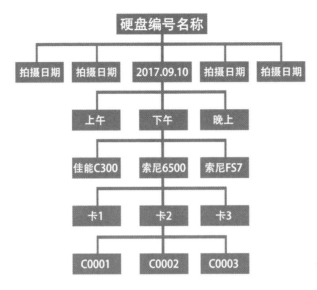

图 5-3　素材管理目录结构示意图

在素材场记内容分项中加入素材的景别和摄像机运动、镜头事件描述、对白、镜头缩略预览图。其中景别和摄像机运动一项作为摄影师和剪辑人员沟通的直接技术指标,在剪辑中是作为挑选镜头最重要的参考指标之一。景别大致分为远景、全景、中景、近景和特写,镜头运动分为固定镜头、推镜头、拉镜头、摇镜头、平移镜头、跟拍镜头、变焦镜头等,航拍、延时摄影等特殊镜头需要单独标注。事件一项需要简要描述镜头中涉及的人物、群体、地点、事件等基本信息,为剪辑故事线的结构梳理提供必要信息。对白一项即镜头中人物之间的对话、采访对话、自述等,在此必须明白人物的名字、所在群体中的位置、工作岗位的工种;记录对白时必须详尽,如遇地方方言、民族语言、外语等,需要详细记录翻译,如翻译遇到困难,暂时无法完成记录,需用颜色填充空白部分表格,以待后续处理,对白记录为对话剪辑和纪录片口述存档提供可靠依据。缩略图是镜头中能表现事件的镜头图片截图,截图选择的依据为:能尽力还原镜头所描述的事件,如果镜头有推、拉,则选择全景;镜头有平移,则选择表现事件的结果为原则,缩略图为快速查看场记、镜头内容提供最直观的依据。

增加这一部分内容管理，可以为剪辑工作中快速寻找到可用镜头提供可靠保障，特别是镜头缩略预览图更是为快速定位素材提供前所未有的快捷，另外不同日期之间使用另一颜色填充隔开，对定位素材同样有很大帮助。

表5-1　素材场记示意表

盘盘序号	时间	机型	镜头编号	景景别	事件	对白	缩略图
3号	2017.09.20	索尼6500卡1	C0001	中/固定	……	……	……
			C0002				
			C0003				
			……				
	2017.09.21	佳能C3OO	……				
			……				
			……				

场记表格填写工作完成后，接着根据对故事线按照人物、群体或者机构，做一个分类。比如以彩灯美术师刘炜为例，对以他为主线之一的事件进行整理，整理范围为：他所在的公司单位、徒弟、部门所属工人、领导、同事以及他的工作对象——彩灯，把这一系列的辐射关系故事线全部归为刘炜条目；记录方法以时间、地点详细描述，事件简要描述为内容，忽略拍摄素材的部分镜头信息：盘号、机型、镜头编号、对白，仅保留事件的时间线性联系。

当有了清晰的各个故事事件线索后，我们就能顺利地过渡到正式的剪辑工作中去了。

（二）基于素材的构思

任何一个具有影像思维的制作者在走进节日田野现场的第一时间，其主观意识中就已经在脑海里按视听语言、语法等，计划着素材的选择与拍摄方式。

"作者在掌握了必要的知识和认知方法的基础上,再对节日、仪式等文化过程进行影像表达时就会表现出某种学术关切,会有目的的建构某种表达结构,选择适合的形式来表达自己对文化对象的理解,这就是搭建解释性结构的过程。"①特别是节日影像志的制作,如果事前没有充分的准备和结构,就会因为现场的各种突发情况导致记录的不全面、不准确。如中山大学副教授熊迅在节日志拍摄后回忆:"由于团队中有拍摄地的人类学研究者,拍摄前也对过往的研究资料进行了了解,总体情况在前期调查的时候就有一个设想,比如对节日的重要元素的参与者进行跟拍,把日常生活和生计方式融入结构中,重视当地人对节日意义的视角等。风格上则是偏纪实,忠于拍摄时对现场的观察,通过影像建立叙事。不过到现场之后肯定和设想的不一样,会对结构形成有所影响。"②

郝跃骏导演曾提到美国国家地理拍摄纪录片,他们的拍摄要求就是纯粹的为观众,就非常讲究故事性,讲究节奏,这些表达是他的技巧,在表面上观众根本看不出来。而我们在拍摄民族志的时候首先肯定要遵循人类学民族志的道德伦理和学术研究的一些原则。然后是对过程的细致完整的记录。拍摄机器尽量选择小型轻巧的,不用去选择大光圈的镜头,24—70 的就基本满足拍摄。但还是要考虑到对观众的照顾,比如镜头不能太冗长,拍人群时,特别是有动作行为的时候要拍清楚,他们在做什么,仪式是什么,不然观众说"我们还没看清楚怎么就没有了"。不会太强调艺术性,但还是要适于观众观看的。③

因此节日影像志的拍摄与剪辑都必须忠实于对象的"自然状态"。同时,因为是对节日文化的呈现,在叙事上必须是按照自然时间的顺序。首先在田

---

① 庞涛、刘湘晨、庄孔韶、曹培鑫:《节日影像志的方法与实践——节日影像志的解释性结构》,《节日研究》2014 年第 6 期。

② 微信采访:被采访人:熊迅,中山大学副教授;采访时间:2019 年 9 月;采访人:刘广宇。

③ 微信采访:被采访人:郝跃骏,云南电视台一级导演;采访时间:2019 年 9 月;采访人:刘广宇。

野工作中,应理清节日历史渊源,当地风俗习惯,了解节日流程与主要人物、组织,以及当地社会关系等等,之后才能对拍摄素材做较为全面的规划。但显然,在纪录片的创作中"如果没有拍什么,也就不存在怎么拍。"①

这里笔者仍以"自贡灯会"子课题为例来简单说明,所谓基于素材的构思必然超越于预想中的"拍什么"与"怎么拍"。因为,真正的剪辑是从你的场记单中那些找得见的素材开始的。

为全方位探索"自贡彩灯"与"自贡灯会"在经济一体化和文化一体化互动中的共生共荣关系,编导经调研拟定了以自贡本地的第24届国际恐龙灯会经贸交易会、河南洛阳·王城公园迎春灯会、美国凤凰城的 Lights of The World 彩灯嘉年华这三个不同空间秩序下自贡彩灯匠人参与设计、制作的节庆灯会为样本。但随着三个项目的不断推进,节日影像志拍摄的主要对象和拍摄方案一直在不断调整。

自贡本地灯会中初选的老彩灯人周涛、熊文栋、胡德芳及老一代传动工人叶伟健、新生代美工刘炜等拍摄对象,最终因熊文栋、胡德芳、叶伟健均未参与本届灯会制作,遂放弃对他们的继续跟踪,着重记录了周涛设计、刘炜主导制作完成的"繁花似锦"灯组。

河南洛阳·王城公园迎春灯会这个田野点原计划跟拍小包工头宋大姐,但宋大姐因承接了自贡彩灯公园内的24届国际恐龙灯会的"不忘初心"和大舞台两个重点灯组,错失了洛阳的迎春灯会项目,所以摄制组放弃了河南洛阳这个田野点,集中跟拍了宋大姐从组织工程队到带领工程队完成24届国际恐龙灯会相关项目的全过程。而如何解决国内另一个田野点的拍摄呢？摄制组便立即考察调研时的几个候补田野点,最终根据其当下的推进情况确立了鄂

① 李建增：《如何理解"拍什么不重要,重要的是怎么拍"这句话》,https://mp.weixin.qq.com/s? src = 3&timestamp = 1573446652&ver = 1&signature = x5yJczOxnt7bKfmoy0KgqNix4C ∗ rNwX3 - 71JnsLa11Qpckm Jz4C9lmHS5yxDUsuepz7SvQM1aJRXegS7Z9oYX1YUE9k08v0ZvW2 ∗ Mhpz-ptPfyhBPWLE3U3r7h3V4eHlueRtClnN11GoVP2 - AMP4 ∗ AmZPXy ∗ tw8nUwntr1ktxOO4 = , 2017 - 05-03/2019-10-18。

尔多斯作为外地田野点加以及时跟进。鄂尔多斯田野点主要记录了海天公司总经理万松涛在鄂尔多斯项目中与甲方谈判、与竞争对手明争暗斗的市场拓展过程,展现了自贡彩灯一步步走出去的艰难与决心。

除了田野点的临时更换外,在节日拍摄中,重点人物的更换也时有发生。在海外美国凤凰城这个田野点,摄制组最初选择年轻设计师缪朋为主要拍摄对象,以他为线索展开自贡彩灯的海外故事。但经过一个多月的跟拍后,笔者发现,缪朋的身份虽然是展现自贡彩灯海外拓展的好选择,但他个性内向腼腆,在镜头前没有较好的效果,反倒是一直鼓励缪朋积极配合拍摄的上司李斌吸引了笔者的注意。李斌三十出头,在美国凤凰城项目中代表灯贸公司与工人、投资方对接,全程参与此项目的施工和展出。李斌在镜头前较缪朋表现得更为放松,摄制组遂决定将拍摄对象调整为李斌。在拍摄结束后,成片的效果也再次证明了此次及时转向的正确性。李斌对凤凰城灯会参与程度更深、他的表现力也更好,让摄制组能跟随他完整记录下自贡彩灯在海外所面临的从工人到海外合作伙伴各个利益方、从住宿到布展宣传各个环节所面临的种种困境及对困境的解决等。

而以上事实也说明,在具体的节日拍摄中,不论有多少变化,万变不离其宗的,仍必须与展示节日文化整体的宗旨相符,必须与节日影像志《规范》要求的基本原则相符。

二、作为传播对象的影片

传播对象是基于影片拍摄之前就基本锁定了的。它不仅会直接影响前期的田野调查,也会对整个拍摄过程以巨大的引导。但正如我们在对团队分析时所指出的那样,由于节日影像志创作团队的多学科性质,它必然会在具体的制作过程中因某一学科的强势而发生偏差,因而总会带来对传播对象不断加以厘定的现象出现,那么,直到上剪辑台时,这个问题被解决了吗?

（一）谁是我的观众

节日影像志是研究型纪录片，其学术价值是它的主要目的。要使用人类学的方法，坚持人类学的原则，不以追求收视、票房和大众观赏为主要目标。比如云南大学副教授张海在其《节日志的一点思考》中说："后期剪辑制作中，学者的视角属性规定了他对文化阐释的优先选择。我们一般会摈弃许多非正常的视角（例如航拍）、炫技的画面、局部的描述、断章取义的片段，转而从人类学的整体性视点来观察，常利用对日常生活的捕捉，对节日细节的观察来构建对节日整体的理解。因此在剪辑过程中，虽然缺乏冲突、戏剧性的场面，但是却更加耐看，也更加具有对节日文化表述的深度。"①

那么，节日影像志要展示的重点内容是什么呢？

第一，写事件。如《妙峰山庙会——四百年的历史》中赵宝琪先生介绍了十三档花会和王德凤对妙峰山庙会恢复过程的讲述。但他们并不是影片的重点，全片的重点在于妙峰山庙会的十多档香会。如：开路会、五虎棍、少林、中幡、地秧歌、高跷秧歌、小车会、旱船、太狮会、花坛、天平、石锁、双石会、八仙会、修道会、竹马、跑驴等。而《刀杆节》（傈僳族刀杆节子课题）、《赛马节》《端节》《骂社火》《蛙神之祭》（广西壮族自治区东兰县巴畴乡巴英村蚂拐节子课题）等，都属于侧重事件的展示。但展示事件的节日影像志都不是重起伏跌宕，使用悬念，而是通过事件反映人类学意涵。

第二，写人物。以主要人物行为为主线，重行为模式与社会关系的展现。《家节》将拍摄范围选定于甘肃省庆阳市环县城镇红星村，以敬家人及其大家族过年前后活动为线索，按时间为序，记述甘肃省环县红星村老百姓过春节期间的系列民俗活动和整体面貌，展示西北地区汉族春节的传统风貌与时代特征。影片中主要请家中在外地高校工作，回家过节的敬晓庆做口述介绍，自己

① 张海：《节日志的一点思考》，未刊稿（2019 年 10 月）。

介绍自己家的风俗和春节的意义,记录了甘肃环县春节与其它地方不同的物质民俗、社会民俗和语言民俗。类似节日影像志还有《清明》(山西介休清明节子课题)、《献牲》《魂归故里》(跨境苗族新年子课题)等。

　　因此节日节日影像志无论是写事、写人、写环境等都是在遵照当地节日文化的真实前提下,展示节日事件发生发展、人物行为模式与社会关系,反映文化,将文化事象全面真实呈现供大家研究。但是,节日本身具有很强的娱乐性,个别炫技奇观也能吸引观众关注。如《刀杆节》中的节日仪式,《炸龙节》中舞龙、炸龙的热闹民俗展演,《妙峰山庙会——四百年的历史》中难得见到的全套的进香仪式等。节日影像志不以吸引观众为目标,但不排斥吸引观众。对此,郝跃骏在微信中,对笔者说道:"我们一定不能因为要去表现文化而忽略了对美的展示。美是生活中,节日里本来就固有的。"①

　　今天的观众早已熟悉了视听语言,也了解影视蒙太奇的审美效果。因此,节日影像志制作者也会遵从一般观众熟悉的叙事方式展开节日活动。瞿巍的《老汉人》一开始是准备以人物叙事的方法,以一到二人为主要拍摄人,通过他们来穿起整个节日仪式的节日前、节日中和节日后。但实际情况是关涉人物繁杂,活动诸多,无法以一两个人做串联,因此改为环节叙事,主要通过平行蒙太奇和交叉蒙太奇的方式进行画面剪辑。节日是一个庞大且复杂的时间和空间范围。如果一直使用冗长镜头、慢节奏的剪辑方式,观众的专注力和期待心理逐渐减弱。散点叙事和历史叙事的叙事方法会因其缺乏故事性以及内容松散,难以构成对一般观众的吸引。因此,部分节日影像志作品也常常使用交叉蒙太奇的剪辑方法以制造事件之间的关联、制造因果关系和增强作品的节奏感。比如"最后一分钟营救"的处理方法在《祖先归来》中的运用就比较自然。该片中划龙舟比赛就使用了交叉蒙太奇的剪辑方法,提高了节奏感,强化了悬念效果。而重复蒙太奇的剪辑常用于深化主题,同一个画面重复出现的剪

---

　　①　微信采访:被采访人:郝跃骏,云南电视台一级导演;采访时间:2019 年 9 月;采访人:刘广宇。

辑手法赋予了画面象征意义。如祭祀活动中反复呈现的仪式和道具、舞蹈中的手势,甚至民谣或诵经,都能起到强化其文化价值的作用。这些蒙太奇剪辑方式能让观众清楚了解节日流程,人与人之间的关系和区域、族群的文化意义。

在节日影像志中,由于节日所涉及的时空概念十分复杂,仅以画面作为见证物与"讲述者"是不够的。节日影像志后期的字幕制作就特别重要。它能辅助蒙太奇剪辑,将特定时空呈现得更为清晰。节日影像志虽是线性叙事,但节日时间具有多义性,在一部影片的放映时间内要展示出历史的时间、神灵的时间、祖先的时间和未来的时间等。因此,字幕就必须清楚地标注出不同的时间节点。目前,节日影像志以普遍使用的公历时间和少数民族时间历法为通行的字幕标识办法。双时间历法的字幕标注,一方面可表示时间,清楚流程,另一方面也能为其他民族的观众理解为何节日会在这一天举行,目的为何等,有一个基本交代。比如"瓦尔俄足"是羌语的音译,汉语意思为"五月初五"。如果不对瓦尔俄足进行汉族时间历法标注,观众可能很难理解其意义。这些关键时间点揭示出仪式的程序性,同时这些关键时间点又是局部细节展开的时间点,使得节日深描得以进行。

如果说形式要素研究是本议题研究的难点,那么剪辑又是本章最难的一个部分,而对传播对象的锚定,则一直让节日影像志始终处于高度的紧张状态之中。稍有疏忽,就会从一个端点滑向另一个端点。但一部完成度高的作品,却是我们每个节日影像志团队所向往的。

(二)一部完成度高的作品

克里斯蒂安·麦茨认为,所谓电影语言"并非由于电影是一种语言,它才讲述了如此精彩的故事;而是由于它讲述了如此精彩的故事,才使自己成为了一种语言。"①一部完成度高的节日影像志作品必然遵循了影视视听语言构成

---

① 戴锦华:《电影批评》,北京大学出版社2004年版,第2页。

的种种成规与惯例。麦茨认为电影叙事的基本单位为独立语义段,在电影文本中有八种形态,镜头(单镜头)、平行组合段、括入性组合段、描述性组合段、交替叙事组合段、场景、插曲式段落、一般性段落。其中插曲式段落主要指插入与情节无关的内容,在节日影像志中并不会出现此种情况。这里,我们可参照麦茨的理论对刘湘晨作品的视听语言做一简要分析。

刘湘晨从 20 世纪 60 年代随父母来到新疆,对新疆有深厚的感情。其作品,如《激情纵横》、《玉山》、《太阳部落》等都包含了他对新疆浓烈而深沉的情感。他在《太阳部落》中说:"对我而言,帕米尔高原不仅是地理高地,即使为感知和人生的高地。每每面临困境,在最渴望所有支撑而又最无所依傍的时候,对高原强烈的思念就会油然而生,一股浓重的类似于乡情的暖意禁不住让人眼底潮润……"①而后的《海拔 5300 米的古那》和《驯鹰人》时开始在拍摄理念上接触人类学理论,直到《大河沿》开始,刘湘晨的创作进入了人类学纪录片领域。在《阿希克:最后的游吟》、《开斋节》(柯尔克孜族肉孜节子课题)及《献牲》中,人类学思想已日渐成为他创作的主导思想,同时,对人类学纪录片拍摄方法与叙述方式的运用也日趋成熟。

在刘湘晨新近完成的《以山为颂》可谓完全区别于以往作品,将视听语言运用到极致。影片依旧以一个大家族为主要拍摄对象,吾守尔·尼亚孜族长(115 岁)的家庭为主,但全片没有口述访谈或随机采访,完全以族长一家与当地村民的行为与话语组成,一个原生态的民族节日就这样自然地在我们眼前展开。

序幕:广阔的山岳景象与牧人放羊的画面交替,慢慢的,视线从天地间收回,穿托阔依居民点,画面落到正在挤牛奶的妇女身上,她的儿子俏皮地和她聊天,一早从挤牛奶放牛开始。

段落一:拉里克·巴若提等妇女聚集空地,一起聊天筛粮食。一旁的磨坊

---

① 刘湘晨:《太阳部落》,中国旅游出版社 2004 年版,第 1—5 页。

里祖木莱提·吾守尔正在磨面。

段落二：塔吉古丽·霍加木那扎正在扯白布，是要给节日中戴孝的人使用。她与族长吾守尔·尼亚孜聊了天，就出门送白布去了。

段落三：马木提·达吾提正在和同伴打电话，牛丢了要如何找牛。他的妻子在旁边洗头，时不时搭话。

段落四：从村子里除去了二十二年的人回来了，回来拜访族长，众人一起聊家常，聊变化。

段落五：当晚开始和面，准备做法提尔馕。

第二天一早（古尔邦节当日），客人都来了，大家一起聊天、妇女们一起做馕。然后族长带领家人一起祈祷。然后出门一路步行，走到户外祈祷点，带着献祭的羊，齐声祈祷，撒面粉。回到家杀羊，煮羊。

场景一：村民骑着摩托车和大家聚齐，开始集体祈祷，祭司讲述古尔邦节的重要性。到达集合点其拉克敦麻扎（神圣仪式点），正式开始节日祈祷仪式

场景二：村民到各处拿来吃的，铺在地面上，大家席地而坐。祭司带领大家祈祷，每人都到燃烧的桶里撒面粉。开席。

场景三：宴席结束，村民们又骑着摩托各自回家。

参照麦茨的组合段理论对《以山为颂》的叙事进行梳理，可以清晰地看出该影片在严格的节日时间推进中所展开的线性叙事。每一个独立语义段都紧紧围绕古尔邦节的进展，同时兼叙热斯卡木村穹托阔依居民点的生活。

开篇由远及近的画面展现，属于节日影像志的常用镜头结构，从环境的描写、介绍，再到具体的主要拍摄对象上。而后在节日前的一系列段落中，拍摄者隐身于被拍摄对象的环境中，将大家族的日常琐碎与亲切的人际关系展示出来。如何做到亲近氛围的展示呢？刘湘晨选择与被拍摄对象同高度的机位角度拍摄，同时既不逼近也不远离，恰好"坐"在亲朋交替的位置上。拍摄人物交谈时的画面构图是将人物放满屏幕，简单交代人物交谈的位置后，画面中就只有人物的脸与动作，显示出对于人物的关注。而家中事务繁忙时，如制

馕、洗头,画面构图又将人物放到屋内大环境中,重点展示人物如何行动,以及家中环境。同时亦不乏审美的画面,如厨房的特殊光线——从屋顶开的一个天窗,光线会集中一束进入厨房,人物在这束光线的拂照下呈现各种不同的人物轮廓光、剪影,使厨房中那些为节日操劳的人完全被一种节日之美与生活之美所笼罩。

而重点场景古尔邦节祈祷仪式则是用交替和平行蒙太奇交叉叙事来展示。大家从各自的出发点出发,族长独自一人行走在山路上,其他族人与村民慢慢汇集于一处。此段画面拍摄亦是将人物置于自然环境中,并不占据画面的中心位置。平行蒙太奇的使用在视觉上加快了速度感,并随着环境中的自然风声、杂乱脚步声与交谈声将画面情绪扬起。两边人物汇合后,族人一一排队亲吻族长的手,祭司带领大家吟诵"真主至大"开始祈祷。但很快,人群又分出两列,走向两个不同的高处。站定以后,三个地点的人开始齐声祈祷。这时使用交替蒙太奇将三处画面交替展示。由于有两部分人站在高处,所以这是拍摄中心,祈祷人群是俯瞰的角度且处于画面中心位置,而拍摄高处的祈祷者则是仰拍,并将人物置于画面下方。因为站在高处的人要负责将祈祷传递到天堂,因此他们引吭祈祷,吟诵"真主至大"。祈祷仪式完毕后,祭司面对族人讲道,讲述古尔邦节的来历与意义,而这时的正反打镜头展示了对宗教极为肃穆的脸、疲倦打哈欠的脸、欢乐开心的脸。在宗教仪式的段落场景中,摄像机位离被拍摄者较远,保持了对宗教的尊重以及静观的态度。

影片的叙事节奏并不快,即使用了可以"加速"的蒙太奇剪辑也只是为了烘托情绪与多方展示,镜头与段落的缓慢呈现留给观众余音袅袅的心理体验。影片的叙事转场均由族长家人为节日准备的行为进行,日常不突兀,能在满满的人情味中自然进入到下一部分事项的展示之中。

使用当地人口述的目的是让当地人发声,避免研究者、制作者观点的过多介入。《以山为颂》完全没有个人口述与采访,对于节日的介绍也只有节日仪式时祭司的简短介绍。那么该影片有没有做到以主位为主,真实呈现当地自身文化呢？综合影片视听语言叙事分析，影片中人物闲散的聊家常以及族长一家人的自然行动是其自身生活与节日文化真实的保证。而画面机位的设置体现了制作者旁观不干涉的态度。但在节日仪式的拍摄中，制作者发挥了主观能动性，利用视听语言传达了宗教的神圣性。全片除了人物名字，古尔邦节的具体时间和神圣仪式地点等处有字幕提示外，其他部分都没有这类介绍性的文字出现。即导演只使用节日中人物的行为动作作为影片叙事线索与构成，且传达信息完整、人物形象与事件描述丰满。

刘湘晨的《以山为颂》是在不断尝试和巧妙运用画面语言构思后的成熟作品。他通过节日的整体链条，在节日中发现日常，在日常中发现信仰，把新疆塔吉克族的日常生活与神圣仪式通过节日完整地呈现出来，道出了当地节日的文化意义与文化内涵，是一部完成度非常高的节日影像志作品。

第六章　节日影像志意义要素研究

本章由"时间与空间、权力与秩序、象征与认同、历史与现实、文化与生活"等五个大的方面所构成。这一章,我们一方面以节日影像志内容要素为基础,另一方面,我们又将节日影像志中的文化事象以更广阔的拓展,在较为宏观的视野中为节日影像志的各类节日事象插上意义的翅膀,以实现节日对人类社会诸多美好愿望的满足。

第一节　时间与空间——限定与超越

"时间"和"空间"是个人人都可意会,却又难以精准言说出的抽象概念,希腊思想家奥古斯丁认为"那么时间是什么呢? 如果无人问我,我是知道的;但如果我试图对问我的人解释它的时候,我就变得不知道了。"①我们时刻存在于此刻的时空之中,又时刻与此刻的时空擦肩而过。而节日的设置就是借由特定的物质性时空存在、精神性依托及世俗秩序在相同的时间框架和文化空间中不断重复相同的流程,做到把握难以言说的时空。

在本节中,我们将从时间与空间角度切入,对中国传统节日上溯和寻绎,

---

① ［法］卢梭:《忏悔录》,上海三联书店 2014 年版,第 205—219 页。

探讨节日中的时间框架和文化空间被哪些物质性、非物质性的因素所建构？而这些被人为建构出来的时间框架和文化空间，蕴含并寄托着人们怎样的自然观和人生观？反之，人又怎么被节日中的时间框架和文化空间所影响？由此产生的影响演化成了怎样的文化和秩序，此文化和秩序的意义与启发是什么，推进着怎样的人类社会？

一、物质性的时空存在

伽达默尔说道："历史的延续性回涉流逝的时间之谜……现在本身就是在瞬间中，在此瞬间中我若将现在作为现在视作同一的话，那么它已经不再是现在了。现在的这种滚动之物处于一种无限的消逝进程中，滚向一种无限的将来。"①伽达默尔认为时间是瞬现的不可逆存在，无法永恒，永远流向虚无的过去。但是人类用自己的智慧，用各种方法把握此刻的时间。现代化的今天，追求效率的人们把握空间和时间的工具，是精准的钟表装置和导航系统，在此间，时间和空间被精准的划分切割。吴国盛对此种精准划分的时空这样说道，"技术世界的组织者、维持者和控制者；它不是诸多机器中的一种机器，而是使一切机器成为可能的机器——一切机器都与效率有关，而效率必得由钟表来标度。"②不同于现代化的今天，在钟表还未出现的年代，人们把握时间和空间靠的是把自然物候和生存经验作为依据，通过细嚼过去人们划分时间和空间的方式，可以嗅探出深层次的文化经验和处事价值。《魏书》中的："俗无文字，但候草木荣枯以记岁时"、陆游的"野人无历日，鸟啼知四时；二月闻子规，春耕不可迟；三月闻黄鹂，幼妇悯蚕饥；四月鸣布谷，家家蚕上簇"、宗懔的"剪彩人者，人人新年，形容改从新也"，这些饱腹诗书的文人雅客，借由鸟啼声、月之盈缺、草之枯荣、剪彩人、物候、星象等这些物质性时空存在，巧妙分割时空，让人们可以感受到时间的流逝、空间的演变。同样，以自然物候、人文活

---

① ［德］伽达默尔：《伽达默尔集》，上海远东出版社2003年版，第82页。
② 吴国盛：《时间的观念》，中国社会科学出版社1996年版，第124—105页。

动为划分标准的节日,构建出的时间框架和文化空间不是靠精准的机械装置,它是通过赋予某个时间节点或空间位置以特殊的文化内涵,来做到把握生命周期的轮回,其中包含的文化底蕴使节日时空具有民族性、独特性和神圣感。就像雷夫金说的,"时间带着口音发言,每个文化都有一套独特的时间纹路。了解一个民族,就是在了解居民看待时间的价值。"①

中国传统节日以岁时为基础,岁时体现了中国人尊重和保护自然的观念。萧放对岁时的解释是"岁指一年的时间周期,时指一岁之中的时令季节。"②按照自然一年四季的变化,可以分五天为一候,三候为一气,一年四季于是被分为十二月、二十四节气、七十二候、三百六十五天,时空被有序分割。根据太阳与月亮的运动规律,中国人发明了阴阳合历,王家华对此解释道:"一方面,农作物生长与太阳的周年回归运动有关,因此依据太阳制定历法便于安排农时,由此形成传统历法的阳历成分,节气制度便是重要体现;另一方面,月亮是夜空中最明亮的星体,具有周期性的朔望变化,因此用月相变化来纪日既醒目又方便,由此形成传统历法的阴历成分。"③而在依据自然气候形成的岁时基础上,"节"的划分则加入了人主观意识的主动性,王文章、李荣启认为"'节'正是对岁时的分节,把岁时的渐变分成像竹节一样的间距,把两节气相交接之日时定为交节,由此转意为节日。"④岁时节日是两节气相交接的特殊时间节点,人们通过"节"赋予其特殊的时空属性和文化内涵,完成时空的转换,使节日空间有别于一般的生活空间,使原始的世界变为人化的世界,蕴含着独一的文化。张祥龙谈到:"'节'对中国古人来说不是外在的、偶然的,而是天、地、人本身的存在方式和运行节奏,是万物与人和谐相处的方式。"⑤萧放也谈到岁

---

① [美]劳勃·勒范恩:《时间地图:不同时代与民族对时间的不同解释》,商务印书馆1999年版,第1页。

② 萧放:《天时与人时——民众时间意识探源》,《湖北大学学报(哲社版)》2004年第5期。

③ 王加华:《节点性与生活化:作为民俗系统的二十四节气》,《文化遗产》2017年第2期。

④ 王文章、李启荣:《中国传统节日的文化内涵》,《艺术百家》2012年第3期。

⑤ 张祥玲:《节日现象学刍议》,上海世纪出版集团2003年版,第17—18页。

时节日最大的特点就是自然时间和社会生活规律有机的相互结合,在尊重自然的基础上充分的发挥人的主观能动性,把人的社会经验和自然规律结合在一起,组成一套自成体系的人文时间系统。在怒族仙女节子课题中,仙女节是怒族阿怒人最为盛大的传统节日,每年农历三月十五,怒江两岸鲜花盛开,怒族人就举行各种仪式与活动来庆祝这个自然时间赋予他们的节日。在朝鲜族流头节——黑龙江省宁安县江西村"流头节"子课题中,流头节起源于朝鲜古代农耕社会,朝鲜民族依据月亮的盈缺把正月十五、六月十五、七月十五、八月十五等月圆之时定为节日。这表现出朝鲜民族在顺应自然界四季时令变化的同时,努力地祈求农神等自然神的保佑,追求平安,即圆满、幸福的人生观。做到依据自然的天时来协调人时,保证了节日的周期性复现,展现了人们尊重自然,并且与自然和谐相处的时空观念。二十四节气的产生就是人的主观能动性和太阳运动的自然规律结合的最佳例子。依节气而生的节日有很多,清明节就是其中一个典型代表,清明节是中国传统节日中唯一一个亦为节气的节日,反映的是自然物候现象。赶秋节也是依据二十四节气诞生的节日,在《赶秋节》(湖南花垣苗族赶秋节子课题)中,介绍了赶秋节是湖南省湘西土家族苗族自治州具有民族与地域特色的传统节日之一,2014年入选第四批国家级非物质文化遗产名录,2016年作为二十四节气中的重要组成部分入选联合国教科文组织人类非物质文化遗产代表作名录。在摩梭人转山节子课题中,转山节就是在处暑和白露两个节令之间的农历七月二十五,因为在这两个时节之间农作物即将成熟,且对气候的影响极大,所以永宁纳人就会共同祭拜格姆山来祈求山神保佑永宁坝五谷丰登,人畜兴旺平安。

另一方面,节日通过物质性的时空存在能够引发参与者强烈的感情。赵毅衡认为"符号表意之所以有必要,是因为意义缺场,解释意义不在场是符号过程的前提。"[1]不在场的节日意义以物质性的节日符号为载体,在互动交流

---

① 赵毅衡:《符号学原理与推演》,南京大学出版社2016年,第2页。

中被在场的人解释出来。萧放把节日中这种物质性时空存在称为节俗象征物,"节日需要直接可以品尝、观赏、把玩的节日物质产品或节俗象征物。节日是岁月长河中的特定节点,围绕着这一节点,除了仪式活动外,最引人瞩目的是节物。节日的直观呈现需要一套节日物质系统。"①萧放所说的节俗象征物就如中秋节的月饼、春节的桃符,端午节的粽子、赛龙舟,清明的青团、柳叶等等,是一种能够代表特定节日的象征物。在节日时空中,人们通过这些物质性符号连接了节日传统和文化习俗,它们在节日中被赋予了超越物质本身的精神寄托。值得一说的是,身体也是一种物质性的时空存在,张永慧提到:"通过对节日的时间、内容、隐喻尤其是纪念仪式(特别是仪式内容的符号)隐涵的群体记忆表征和文化价值意义进行反复固定化和身体操演,从而使人们习得他所生存的文化环境和文化内涵。"②节日的时间框架和文化空间能够在特定的时空节点唤起参与者特定的行为实践,并激发参与者强烈的感情。李峰认为"若实现社会秩序的维持要对民众身体的存在进行秩序化。"③节日中这些物质性的存在规定着我们的生活,限制着我们的习惯。

最后,人们通过节日把握住的时间,不仅仅是基于过去和现在的,它把握住的还有通往未来的时间。伽达默尔把节日中的这种未来性称为"超历史性"——"人们一般把审美存在的这种同时性和现在性称为它的无时间性……无时间性首先是一种辩证规定,这种规定一方面立于时间性的基础上,另一方面又处于与时间性的对立中。甚至有关于两种时间性的说法,即一种历史的时间性和一种超历史的时间性。"④在节日的文化中,时间不仅蕴含了过去的文化习俗记忆,不仅积淀的是过去或者现在的习俗文化,还不断的通过把现在和过去相连接,把过去融进当下,突破过去,着

---

①　萧放:《传统节日的复兴与重建之路》,《河南社会科学》2018 年第 2 期。

②　张永慧:《中国人对节日的认知表征和行为研究》,曲阜师范大学 2014 年硕士学位论文。

③　李峰:《节日的功能及其社会学隐喻》,《河南社会科学》2016 年第 4 期。

④　[德]汉斯·格奥尔格·伽达默尔:《真理与方法(上)》,上海译文出版社 2004 年版,第 157—158 页。

眼于当下的文化语境,影响并塑造着未来的可能,不断构筑着过去通向未来
的脉络。

二、文化空间集成

"传统节日是一种文化性的时间制度,所谓'时空以外的时空'指的是它
并非是日常的时间,而是对日常生活的超越和升华,它又是集中展示非遗的平
台,为各类非遗提供了特殊的时空场所与文化空间。"[1]德国学者斯宾格勒说
过"没有信仰曾改变过世界,没有事实曾驳倒过信仰。"高小康解读这句话时
认为在这句话中有两个世界,分别是物理的世界和信仰的世界。信仰的世界
即由各种主观文化构成的文化空间,而物理空间则是相对于主观文化空间的
不以人的意志为转移的客观存在。这种信仰的文化空间,福柯称之为"他者
空间",高小康解释道:"所谓'他者空间',从字面来看就是他人而非'我'或
'我们'的空间。因为不是'我们'的空间,所以常常被认为是不存在的或者说
虚妄的空间。"[2]但是这种"不存在"或者"虚妄"的空间却又确实真实的存在
并且影响着人们的行为思想,福柯提出的"他者空间",洞见了空间的多元性,
即在历史的发展中,由于时代背景的更迭,存在各种不同的文化空间,自己无
法感知到的空间不代表它不存在。列斐伏尔提出的"再现空间",即"再现空
间,体现出复杂的符号体系,有编码的也有没编码的,它们与社会生活的隐密
面或底层相连,也与艺术相连(后者可能最终不会被认为是一般空间符码而
是再现空间符码)。"[3]说明了文化空间不是虚妄不存在的,是产生于社会生活
并与社会生活隐秘相连。高晓康认为,按照列斐伏尔和福柯他们的这个解释
思路,"历史并非由不同时期、不同形态的文化按照时间顺序和空间区域有序
分布、不断演替更新的历时性过程,而是文化的共时性积累、融合、膨胀,不可

---

① 李心峰:《非遗保护视野下传统节日文化的传承与弘扬》,《中国文化报》2018 年第 3 期。
② 高小康:《非遗保护的生态环境:他者空间》,《江苏行政学院学报》2014 年第 5 期。
③ [法]亨利·列斐伏尔:《再现空间》,布莱克维尔出版社 1991 年版,第 33 页。

逆地走向多样性混生的进程。"①过去的历史并非有序单一的组成,也并非都是一个统一体,历史是由各种文化空间积累、融合、膨胀、混生而形成的,而存在于历史中的各个文化空间,它们作为持续着的过去,一直存在于现在的时空之中,不断交流融合。

对于文化空间,宋颖说道:"它强调先要有一处物理意义上的场所,通常包含有建筑或遗址等;其次要有以人为主体的文化活动,通常是当地有突出文化内涵和意义的活动;第三是要在一段时期反复出现的活动,这意味着通常是当地的某种传统,周期性地发生并出现在这一场所内。"②而传统节日就是个由多重文化空间联合构成的空间集成,它打破一般时间和空间的同质性,分流出不一样的时间和空间领域,也正是由于节日,也才赋予了时间和空间特殊的文化意义。在混生多元的历史长河中周而复始的于同一时间节点、同一文化空间中传承共同的节日文化,可以为同一空间内部的群体打造稳定但又发展的文化信仰、社会观念,由此不同的节日空间形成不同的文化和民族群体。故文化空间具有地方性,所谓地方性的解释,周尚意、唐顺英、戴俊驰在谈到地方性时说:"一个地区长期积累的文化,以及人们对这些长期积累的文化认同,就使得该地区具有了地方性。"③地方性节日,以其约定俗成的节日活动,一年一次的频率,用有规律的地方群体性活动来表达地域社会的构成和共通感,将该区域内人们的活动与其他地方区隔开来,这样周而复始,可以强化这个区域的集体记忆和民族情感认同。但是由于地方性的空间差异,每个文化空间却又可以形成其各自相异而深厚的地方性习俗。在甘肃省环县红星村春节子课题中,除了一般的春节习俗外,当地会举行道情皮影戏、舞社火等,充分展现了具有西北地区特色的春节。而在龙华庙会子课题中,当地的春节就有在冬至

---

① 高小康:《非遗保护的生态环境:他者空间》,《江苏行政学院学报》2014年第5期。
② 宋颖:《论节日空间的生成机制》,《民俗研究》2017年第5期。
③ 周尚意、唐顺英、戴俊驰:《"地方"概念对人文地理学各分支意义的辨识》,《人文地理》2011年第6期。

就举行法会，并在除夕撞钟，在农历三月初三弥勒化身布袋和尚涅槃日当日，龙华寺举行隆重的纪念法会。就像清人曹钟焌的诗中对此有生动的描绘："龙华寺畔草萋萋，柳绕江村花映溪。十里桃林红不断，画船常滞画桥西。"而成都的春节童谣则有另一番吟唱："小子小子你别馋，过了腊八就是年；腊八粥，喝几天，沥沥拉拉二十三；二十三，糖瓜粘；二十四，扫房子；二十五，糊窗户；二十六，炖猪肉；二十七，宰公鸡；二十八，面粉发；二十九，蒸馒头；三十晚上熬一夜；大年初一街上扭"。除夕子夜零点大慈寺撞新年钟、上子时香；正月初一武侯祠游"喜神方"；初二逛南郊公园大庙会；初七"人日"草堂祭杜甫；正月十六游百病等。在花馍里的豫东春节子课题中，河南地区就会制作传统的枣糕花馍。在《烧大牛》（山东昌邑烧大牛子课题）中，春节正月十四期间当地就有独特的纪念战国时期著名军事家孙膑的"烧大牛"仪式活动。纳西族摩梭人的春节又称为"库施"，腊月间，家家户户制作"花花糖"、苏里玛酒等传统饮食，有13岁儿童的家庭还要为其举行庄重的成丁礼。在景颇族春节子课题中，景颇族的春节一般只有三天，从大年三十到正月初二，村民在这天会做糯米粑粑、杀年猪、儿童组开财门、青年组拜年、妇女争抢第一桶水、董萨祭祀、歌舞联欢等，形成别具一格的风景线。土家族春节期间节庆活动有吟唱啰儿调、玩牛、玩板凳龙、看土戏。而在江西石邮村春节跳傩子课题中，江西省南丰县三溪乡石邮村春节跳傩"跳的都是礼"，傩的功能从来就有驱灾灭邪，祈求一方平安，追思祖先，并且展示出深厚的精神文化内涵。

在历史的进程中，文化空间可以创造一个相对稳定的信仰体系，但是文化空间中的节日每次发生都是不同于上一次的，在每一个周期中节日都在空间中重新演绎着自己，它们都是瞬息即逝的、是发展流动的。文化空间不是封闭的，而是始终与外界对话交流的，其中一种交流诚如张勃所言，文化空间会从边缘向主流移动，"边缘化指平时的活动空间变得不再那么重要，平时不太重要的活动空间地位突出起来，比如对于大学生而言，平时学校很重要，但节日里大家回家,家就变得重要学校就边缘化了。"①节日空间和生活空间在特殊的时间节点互相转换位置,从主流到边缘周期性的发生着。我们不可能长期只存在于这一个空间之中。在贵州德江炸龙节子课题中,德江是多民族的聚居区域,历史上受巴楚文化影响,宋初还属黔州羁縻地,通用汉语,正是这样特殊的时空节点,使得土家族炸龙并没有局限在其所属的民族范围之内,民族性,或民族的区别性意识没有那么明显和重要。而更多地反映出跨民族或是泛民族的地理空间的认同。强烈而浓厚的地理空间意识一方面突破了民族的区别性,另一方面,又将流行于村寨的土家族舞龙带入到了现代城市,基本完成了农耕文明向城市文明的蜕变。而在俄罗斯族帕斯卡节子课题中,帕斯卡节是为了纪念耶稣。中国的俄罗斯族绝大多数都是汉族与俄罗斯人通婚的后代,由于独特的文化空间,俄罗斯族的文化一如他们的体质特征一样,是汉、俄两种文化的混合物。帕斯卡节即复活节,是中国俄罗斯族俄罗斯节日系统中最大的节日,区别于西方国家的复活节是一个宗教性极强的节日,中国俄罗斯族的帕斯卡节由于结合了汉、俄两套节日系统,更具有浓郁的民俗色彩,而较少宗教氛围。而在四川迫夫村结立局节子课题中,结立局节是发生在一定社会关系之中的集体活动,即以自然村为单位祭祀先祖吉阿布的活动,结立局节维系了本村落不同家庭、不同族群、不同民族的团结和谐关系。结立局节不是单一民族构成,打破了族群界限,不会因为不同的民族身份而发生改变。文化随人群流动而传播发展,不同民族间频繁交流互动,其结果是族群边界意识趋于淡化,结立局节从藏族多续人的传统节日演变为村落中各民族共有的节日,文化的交融性无疑是多民族和谐共居的重要心理认同基础。

　　在历史的长河中,各个节日的文化空间是由人作为连接点而相互串联起来的,而又由人来完成空间之间的交流。人们为了应对川流不息的生活,而赋予了特殊时空节点以文化意义解释,来寻求精神层面的寄托。萧放说道"节

---

① 张勃:《节日的定义,分类与重新命名》,《节日研究》2018 年第 1 期。

日作为集体共享的特殊时间,它需要有特定的精神核心,以实现对群体的吸附与主导。"①传统的节日空间发生于某个特定的地理环境和人文环境中,被距离、文化等因素限制,如今数字媒体的诞生,文化在这个被称为"地球村"的时代得以自由平等的交流,正如麦克卢汉所说:"现代性最大的特点就是时间和空间中永不停歇的信息重置。"②在这样的时代中诚如麦克卢汉所言"时间停止了,空间消失了"。数字媒体的出现,把声音、画面、图片等各种信息都融合起来传播,突破传统的空间限制,实时与用户互动交流。高宣扬谈到:"哈贝马斯强调大众媒介冲破时间和空间的界定进行超地区性的沟通功能,并有助于保持信息的多重性脉络。"互联网数字媒体以另一种方式构成了文化空间,就如列斐伏尔在《空间与政治》中提到的"并不是说要把一种欲望或者一种功能,定位在一个已经存在的空间中,而是相反,要将社会活动空间化。"③在社会不断的发展中,节日空间被不断的重新定义、被现有的技术不断的突破着重塑着,在历史的进程中,人们不断以更多的可能重塑发展着节日空间,但历史仍混生不可逆。

三、制度性时空安排——神圣与世俗秩序的建立

汉代刘熙在《释名》中说道:"名,明也,名实是分明也。""人们如此苛刻地要求屈从于集体节奏的理由,在于时间形式或空间结构不仅构成了群体对世界的表达,而且也构成了群体本身,这是按照这种表达来使他本身有序化。"④对时间和空间的有意分割安排说明了秩序的产生,节日不仅仅只是简单的休息日或者某种简单的安排,其中往往包含着复杂的权利关系和深入人心的神圣信仰寄托。在《德培好》(花腰彝德培好子课题)中,花腰彝他们的祖先阿倮

---

① 萧放:《传统节日的复兴与重建之路》,《河南社会科学》2018年第2期。
② 石义彬:《单向度超真实内爆:批判视野中的当代西方传播思想研究》,武汉大学出版社2003年版,第107页。
③ [法]亨利·列斐伏尔:《空间与政治》,李春译,上海人民出版社2015年版,第5页。
④ [法]皮埃尔·布尔迪厄:《实践理论大纲》,剑桥大学出版社1997年版,第163页。

诞辰在午年午日午时,所以,德培好订于午年午日举行,德培好通过取福水、迎龙、比舞、占卜、穿越松林阁楼、"龙福"穿石、诵经、逐户诵经8个仪式来完成对祖先的祭祀。在《定仙墕》中,娘娘庙花会时间为每年农历三月十六、十七、十八三日,三月十六,献牲、三月十七,迎神、三月十八,送神。《苗年》(苗族苗年子课题)中,苗族人依据神圣的传统习俗,在苗年前打扫、酿酒,苗年间杀年猪、祭祀、赛歌,而苗年后客人回家恢复正常的生活秩序,每一个环节都是有序的发生着。这些例子都说明了中国传统节日,通过结合祭祖及神灵祭拜等精神文化活动,使得节日被构建成为一种非日常的神圣性时间,它在某个时间点上建构了一种秩序,使不同的时间和空间有不同的意义。

　　从节日秩序的世俗性和神圣性切入,其中体现的是制度权力以及集体无意识的交相融合。首先对于神圣性而言张勃对节日的定义是"节日是约定俗成的日子。"①他说道,一方面,约定即是说要约定商量,加入一些规则并得到一致意见。另一方面,俗成则是一种意识,一种无意识的自然而然的去做,即对自身集体身份不持怀疑、无需追问,认为是理所当然的认同。自然而然的无意识是神圣的秩序,节日中神圣的时空制度性安排通过周而复始的文化,影响某个群体,其意义积累形成的原型象征最终将造成某种无意识,即荣格所说的原型象征造成的集体无意识。赵毅衡对原型的解释是"原型是人心理经验中先在的决定性因素,促使个体按照祖先所遗传的方式去行动。人们的行动,在很大程度上是由原型所决定的。神话象征影响着我们的行为,在梦、幻想、宗教、神话、传说中,这些原型超越个体控制。"②节日中很多的习俗就是通过意义的累积,使人们自觉按照祖先的节日习俗去行动,这种自觉的行动带有神圣的色彩,形成于历史中,对集体的凝聚、团结和发展最为有利。这种节奏中的"无意识"成使得节日具有"神圣性",比如在傣族月亮姑娘节子课题中,花腰傣的传统宗教认为世界上存在很多灵,傣语称为"批",它们主宰着庄稼的收

① 张勃:《节日的定义,分类与重新命名》,《节日研究》2018年第1期。
② 赵毅衡:《符号学原理与推演》,南京大学出版社2016年版,第203页。

成，通过集体的降灵祭祀将月亮之"批"请到人间，以祈求保佑寨子平安，牲畜健旺，庄稼丰收，这个节日于他们而言是具有神圣性的。又如中国最传统的端午吃粽子、划龙舟，中秋吃月饼等，这些活动流程已经深入人们的意识中，成为理所应当做的事情，也成为了一个民族甚至是一个国家传统文化最核心的内涵。就像廖维所说："节日在生命时间的重复和轮回中，积淀了人类的生命体验，形成了不同文化的'集体无意识'和众多生命体验的'原型'。"①传统节日文化是一种仪式，它通过举行神圣的祭祀活动来巩固和重塑民族信仰，并建立公共生活秩序和价值体系。

王加华这样评价因世俗秩序而产生的节日："节日本质上是一种由人为创造的社会性时间。"②这种社会性的时间就是秩序的产生，所谓社会时间，乔治·古尔维奇在《社会时间的频谱》中谈到："整体社会现象运动集中与发散的时间，不管这种整体社会现象是总体性的、群体的还是微观社会的以及它们是否被表达在社会结构之中。整体社会现象既产生社会时间又是社会时间的产物。"③即秩序产生世俗世界，又是世俗世界的产物。萧放认为"现代节日以现代社会文化体系为基础，在节期选择上已很少或不再考虑自然物候变化，是一种纯粹的社会选择。"④而龚浩群对节日世俗的设置这样说道："节日是一个在当下唤起过去然后回到当下的过程，节日的设置通常反映了民族国家在当下叙说过去的立场。"⑤节日在基于当下本身的前提下连接过去的文化习俗，动态传承着节日的神圣性和重塑着节日产生的秩序。这里要说的是比如国庆节、五一劳动节这种国家和政府主导的节日，在其诞生之初就带有世俗秩序，

---

① 廖维：《节日时间特性探微》，《民间文化论坛》2011年第5期。

② 王加华：《传统节日的时间节点性与坐标性重建：基于社会时间视角的考察》，《文化遗产》2016年第1期。

③ ［法］乔治·古尔维奇：《社会时间的频谱》，北京师范大学出版社2010年版，第26页。

④ 萧放：《古今节日文化的比较与思考》，《西藏民俗》1998年第3期。

⑤ 龚浩群：《民族国家的历史事件：简析当代泰国的节日体系》，《开放时代》2005年第3期。

这里的时间和空间都具有工具性,是为了建立共同体认知和体验,夏循祥认为"政治性节日是与政治体系和政治制度有关的节日,是因为政治的需要如集体认同、民族主义和意识形态等原因而设置的。"①比如辛亥革命之后,阳历替代阴历成为中国的法定历法就可以看出,官方对节日时间的介入意味着新的时间制度的出现,具有强烈的意识形态和强制性。在国家的介入中,借助节日的氛围来改善人与人之间的关系,促进文化认同,确保国家政权的稳定和长治久安,把这种政治性节日内化为一种神圣性的秩序。

张士闪在谈到春节时,很好的厘清了世俗与神圣的时空制度转换,他认为从严格意义上讲,春节不是一个节日的单元时间,而是一个节期的系列时段。这个系列的时段包括了神圣和世俗的转换阶段,在春节前人们逐渐被过年的氛围影响,直到"出正月"才从过年的文化时空中走出来。"人们的春节意识其实就是在腊月里的忙碌中逐渐被唤醒的,直到"出正月"或二月二"龙抬头"之时,才重又回到日常生活的轨道上来,这种变化过程体现出世俗与神圣之二元世界的两度转换。"②在《与荞同舞》(荞菜节子课题)中,彝族白倮人拥有强烈的宗族意识,只在倮寨内部白倮之间联姻,他们对支系的差别及划分很敏感,以不与外支系通婚来确保本支系的纯正,并把纯正的血缘看作民族存亡的关键。但是由于青年人的外出打工,使得其联姻状况有了新的变化,加之文山政府大力打造旅游品牌,使得现代秩序改变着传统神圣的宗教信仰习俗。在《关门节》(傣族关门节子课题)中,关门节的节期正值傣族稻作农耕的重要生产期和收获之季,关门节期间的诸多禁忌与稻作农耕的文化传统有关,这充分体现了傣族社会宗教生活与世俗生产生活的交融与沟通。这些世俗与神圣结合的例子就如奥斯瓦尔德·斯宾格勒在《西方的没落》中就提到城市文化空间的混生形态。他借用了"假晶现象"③在现代社会中,节日文化习俗都不是

---

① 夏循祥:《论传统节日的衰落:从时空设置的角度》,《西北民族研究》2009 年第 3 期。
② 张士闪:《春节:中华民族神圣传统的生活叙事》,《河南社会科学》2010 年第 1 期。
③ [德]奥斯瓦尔德·斯宾格勒:《西方的没落》,商务印书馆 2001 年版,第 330 页。

同质或者融合的,而是杂糅混生的,世俗与神圣的秩序在混生中并置存在于社会中。

值得一提的是,现在社会的高速发展,传统节日中的神圣性和秩序,都被各种现代化的媒介或多或少的改变,媒介成为了传统节日仪式和秩序新的象征,媒介成为像春节的春联、端午节的粽子等之类的节日俗物般的存在。最具代表性的就是,当我们一提到春节联欢晚会,人们脑海中马上想到的是过年,而媒介这种新的仪式秩序的化身,又能不断强化传统节日的神圣性,并及时高效地产生新的秩序。

第二节　权威与秩序——微观视角考察

节日是神圣庄严的,也是欢乐祥和的。节日正是在这种规约与自由间徜徉并拉开帷幕。当然,节日也是一种人的集体活动或公共活动,大至举国欢庆,小至村落家庭,人们都必须在一种公共的节日制度安排下展开自己的节日生活。在上一节"时间与空间"的阐释中,我们获知了这种物质与文化的双重规定性,这一节,我们将从行动者的视角考察节日中的某些社会规定性,并对这一规定性以"权威和秩序"命名。政治学乃至社会学理论倾向于把权威与权力相结合,而人类学理论却更愿意把权威与人的尊严和服从联系在一起。根据节日影像志所关注的对象来看,我们对"权威与秩序"的分析大多也就局限在一个可见的社区和跨社区的节日庆典的全过程。在这个节日庆典中,我们想知道权威是怎样产生的? 哪怕是约定俗成;这些权威又将通过哪些表现形式体现出来,哪怕是以和谐均衡的方式;谁又将在节日庆典中活动中获得更多的利益,哪怕是精神性的满足;这些潜在的以权威面目出现的"权力聚焦",对节后的日常生活又有哪些影响,等等,是本小节将要解决的问题。

一、权威、权力与秩序

在关于权威与权力的表述中,一个有趣的现象是:一方面权威被置于权力之上加以仰望和崇拜,一方面却是权力对权威的滥用和践踏。而与此同时,当我们讨论权力时,权威又总是羞羞答答的紧随其后,要不成为它的"压箱底",要不就成为的它的"附属品"。显然,这是一对关系紧密而又彼此成全的概念指称,它是对人类社会生活中一切涉及"执行与服从"的各种社会实践的话语表述。对二者的区别,俞可平曾有过较为简洁的表述:"权力是迫使对方服从的制度性强制力量,权威是一种使对象因信服而顺从的影响力,两者的实质性区别是强制服从和自愿服从。"[1]因此,权力更偏重对诸如"支配与被支配""施令与受令""主动与被动""服从与反抗"等社会事实作出中性乃至贬义的描述和界定。比如:马克思的唯物权力观、韦伯的建构权力观、帕森斯的功能权力观、福柯的话语权力观、特纳的行动权力观以及哈贝马斯的协商权力观等等。但不论是何种权力观,他们都试图获得权威的"加持",从而赢得一种社会的合法性。其中最著名的就是马克斯·韦伯的三种合法性渠道,即"'感召性权威',指的是个人利用创造对众人的福利获得声望,从而具有一定的支配力量和尊严。由于此种权威不受政府界定和干预,因此韦伯又称其为'自然权威'。'传统型的权威',指的是某种制度在长期的存在中,逐步获得公众的承认,成为具有象征力、道德和行为约束力的存在。'科层的权威'的力量来源于正式的政府以及工作单位上级的任命,以行政等级为其存在基础,涉及制度的建制,因此是官僚式的。"[2]而到了现代社会,权威则越来越旁落一边,甚至如阿伦特在《什么是权威》一文的起首宣称:"现代世界已经不存在权威。"[3]当然,在

---

① 俞可平:《权力与权威新的解释》,《中国人民大学学报》2016年第3期。
② 王铭铭:《村落视野中的文化与权力:闽台三村五论》,三联书店1997年版。
③ 刘刚:《论权威与权力的区分——从概念,观念,制度层面的考察》,《北大法律评论》2014年第2期。

现实世界,权威仍在发挥效力,权威仍在延续或者说仍在不同范围内被积极地建构着。因为凡是需要合法性的地方,就一定存在着权威的建构和权威效力的发挥。所谓合法性,就是人类各种秩序得以建立和稳定的正当理由,它是人类超越"丛林法则"的基础。故而"秩序"也就成为人类文明的表征。这种秩序在传统中国的经典表述就是:"大行之道也,天下为公,选贤与能,讲信修睦。故人不独亲其亲,不独子其子,使老有所终,壮有所用,幼有所长,矜、寡、孤、独、废弃者皆有所养,男有分,女有归。货恶其弃于地也,不必藏于己;力恶其不出于身也,不必为己。是故谋闭而不兴,盗窃乱贼而不作,故外户而不闭,是谓大同。"①毛寿龙在《人类秩序、小区治理与公共参与的纯理论》一文中对"原始秩序"与"扩展秩序"进行辨析时指出:"人是生活在不同秩序中的,不同秩序的参与,有着不同意蕴的公共参与。在原始的秩序里,人们更多地基于情感参与公共秩序,爱国、爱自由、爱正义、爱真理、爱家乡等,都是原始秩序情感的扩展。在扩展的秩序里,人们相待以礼,不需要忠孝节义,也不需要爱恨情仇,一笑做买卖,简单分工合作,按照抽象的规则来参与公共事务,即使冲突,即使作战,也会说这是公事公办,不是私人恩怨。在原始秩序里,我们带着情感生活,在扩展秩序里,我们只要选择,不存在忠诚,也不存在背叛,一切只是选择的自由和参与的简单选择,公共参与也会遵照普遍的抽象规则,而不是按照情感进行特殊选择。"②如果说,我们的传统经典表述是原始秩序下基于权威的东方大同社会的理想,那么,自文艺复兴以来的几百年现代化进程,似乎就应该是西方社会在扩展秩序中不断为权力的僭越而寻找新的权威的过程。就正如施密特所言:"与权力(必定是实实在在的)相对应的是主权和威严之类的概念;相反,权威指的是一种本质上以连续性(Kontinuitat)因素为基础的

---

① 《礼记·礼运》。
② 毛寿龙:《人类秩序,小区治理与公共参与的纯理论》,《江苏行政学院学报》2016年第4期。

声望,涉及传统和持续性。在每个国家里,权力和权威两者都是同时起作用的。"①而在当下中国的许多传统节日庆典中,权力与权威也常常同时出场,并以不同的方式反映着急剧转型与变化中权力与权威此消彼长的现实关系。

二、课题立项与权威、权力格局

从已立项的这 166 个中国节日影像志的子课题来看,不仅有区域分布、民族特征、文化考量和节日类别等,从其传统的定位来理解,其中已彰显着权威与权力格局的变化因素,同时,它也明确地向我们展示着中华传统文化的基因仍活跃在神州大地,并再一次为我们提供了回望乡愁或者延续乡愁的某种可能性和可行性。

我们从节日影像志中所反映出的田野点的空间扩展为标志,大致可以分出四个大类:1. 主要集中在家庭、村落、村寨、村庄和街道等地发生的节日活动,且较为单一的田野点,约有 78 个,占比约 47%;2. 因宗族、族群和区域信仰分布而产生的多个田野点,约有 23 个,占比约 13%;3. 因民间信仰、民间艺术和民间说书等举办的各种庙会、集会等而延伸出的片区性、移动式的田野点,约有 38 个,占比约 23%;4. 政府、市场和制度性宗教介入,甚至以这些机构为主体的节日活动而产生的开放性、交互性和区隔性的大型田野点,约有 35 个,占比约 21%。以上田野点总计为 174 个,这多出来的 8 个就应该是交叉部分,而且,从实际的节日庆典来看,其交叉和覆盖面还要大。尽管如此,如果我们从权威/权力的介入来看,这个数字变化并未影响到我们的总体判断逻辑:这就是从第一类到第四类,节日活动逐渐从原始秩序过渡到扩展秩序,同时,这个变化的过程也是权威逐步让渡给权力的过程。当然,一个不可否认的事实也在于,权威与权力很多时候又呈现出一种彼此互动与互惠的状态。而一旦发生大尺度的越界行为,则会受到对方的强力反弹、批评和压制。比如,

---

① ［德］卡尔·施米特:《宪法学说》,上海人民出版社 2005 年版,第 84 页。

在节日活动中某些符合当地习惯和俗信的行为被现行政府所明令禁止的时候,这种行为就会被视为"违规或违法",而更多的情况则是权力的越界——当我们从知网去搜集有关"节日与权力/权威"的研究文献时,看到的是几乎呈一边倒的情况:《经济转型期的云南少数民族节日符号》①、《民俗旅游的表演化倾向及其影响》②、《少数民族节庆文艺活动的符号建构——对云南新平县漠沙镇花腰傣"花街"文化旅游节的调查》③、《国家在民族民间仪式中的"出场"及效力—基于僾尼人"嘎汤帕"节个案的民族志分析》④、《民族节日符号的现代转型及动力探析——以贵州苗族节日为例》⑤、《民俗旅游冲击下的少数民族节日庆典——以广西融水苗族自治县苗族坡会为例》⑥、《金钱、权力与文化:节日现代性的建构与解构》⑦、《拉祜扩节庆活动的权力符号建构与艺术样式研究》⑧等。如果我们把议题再进一步扩展,从民俗主义的视角去考察,情况就更是如此。关于民俗主义的话题我们留待后面再讨论,此不赘述。事实上,当这种批评性和建议性的话语都指向政府、市场与媒介的时候,我们在无意间却忽视了对原始秩序和权威的深度解析,以及由这种解析所催生出的引导中国社会走向均衡发展的某种可能性和可行性。

---

① 马翀炜:《经济转型期的云南少数民族节日符号》,《云南民族大学学报(哲学社会科学版)》2018 年第 2 期。

② 徐赣丽:《民俗旅游的表演化倾向及其影响》,《民俗研究》2006 年第 3 期。

③ 迟燕琼:《少数民族节庆文艺活动的符号建构——对云南新平县漠沙镇花腰傣"花街"文化旅游节的调查》,《云南艺术学院学报》2007 年第 4 期。

④ 何明、陶琳:《国家在民族民间仪式中的"出场"及效力:基于僾尼人"嘎汤帕"节个案的民族志分析》,《开放时代》2007 年第 4 期。

⑤ 李德建:《民族节日符号的现代转型及动力探析——以贵州苗族节日为例》,《广西民族研究》2008 年第 3 期。

⑥ 韦婷婷:《民俗旅游冲击下的少数民族节日庆典——以广西融水苗族自治县苗族坡会为例》,《广西社会科学》2009 年(增刊)。

⑦ 周翔:《拉祜扩节庆活动的权力符号建构与艺术样式研究》,云南大学 2011 年硕士学位论文。

⑧ 甘代军、李银兵:《金钱、权力与文化:节日现代性的建构与解构》,《广西民族研究》2014 年第 6 期。

三、节日权威及其出场背书

申端锋在《村庄权力研究：回顾与前瞻》中几乎穷尽了当时国内关于乡村权力研究的所有著名学者的文章（参考文献共 52 条）。通过梳理，他发现"农业税征收方式变革，从'户卖组结'到'户卖村结'再到'户卖户结'，一步步弱化了村组收税的制度型权力，但为了完成税费征收任务以及各种自上而下的'达标升级'，村组转而借助于暴力、习俗等来维持自己对村民的支配能力，表面看起来是'正式权力的非正式运用'，实质上是村组开始运用具有可选择性和特殊性的权力，即笔者所讲的'策略型权力'。"①而在对策略型权力的新逻辑所作进一步分析中，他指出："这种逻辑更接近于乡村社会自身的逻辑，这种逻辑在近代中国农村曾占主导地位，即所谓的'权力的文化网络'，在当代农村则是所谓的'传统的复兴'。"②

就本节的研究议题而言，节日就是一出涵盖着各种"假定性"的盛大演出。如果我们把视角仅仅局限在（而且也是节日影像志占比最多的）村庄、村落、街道乃至家庭等节日活动范围，那么几乎所有的正式权力都会在节日这一涵盖着各种"假定性"前提下停止它的运转，而将活动的组织权、行使权和监管权交给"权威"，即交给村中那些"非体制精英和一般村民"③来操持。那么这些精英是如何产生的呢？在传统中国，这些精英大多由费孝通先生提到的"乡绅阶层"所产生，甚至从杜赞奇所编织的"权力的文化网络"中产生出来，而在当代中国这些非体制精英的产生则主要源于王铭铭所说的"传统的复兴"。在《村落视野中的文化与权力》中，王铭铭说道："现实中，大量观察使我们醒悟到，权威的研究是一项艰难的任务，而这种艰难性不仅表现在权威的多

---

① 申端锋：《村庄权力研究：回顾与前瞻》，《中国农村观察》2006 年第 5 期。

② 申端锋：《村庄权力研究：回顾与前瞻》，《中国农村观察》2006 年第 5 期。

③ 仝志辉、贺雪峰：《村庄权力结构的三层分析——兼论选举后村级权力的合法性》，《中国社会科学》2002 年第 1 期。

重组合特点上，而且也表现在'民间'（非正式）和'官方'（正式）制度的差异和关系的复杂特点上。"①而在对"权威"作词源学考察中，他进一步指出："在实现上具有'authority'特质的，通常不仅包括人物、制度，还广泛地包括'神灵'所代表的符号体系。"②其实，在以村落为单位的节日活动中，绝大部分权威的产生均源于制度和"神灵"所代表的符号体系的支撑。源于家族制度的家长权威、源于宗族制度的族长权威以及由此而衍生出的村老、寨老、长老；源于庙会、集会和行会等各种长期性传统制度所产生的会首、香头、火头、社头、龙头、灯头等；源于各类"神灵"符号体系所产生的萨满、祭司、端公、毕摩以及归属各种制度性宗教的道士、僧尼、阿訇、神父等；源于地方文化持有者甚至由国家"非物质文化遗产"代表性传承人确定而来的各种民间文化、民间艺术精英：花儿把式、说书人、歌者、舞者以及各种绝活工匠艺人等；最后还应该有这样几类权威者在节日中存在：前政治权力的参与者（退休官员和村干部），乡村知识分子（教师、医生、技术能手等），各种非正式的社会机构（老年协会、演出协会、书法协会等）以及乡村经济能人等。按照科耶夫对权威类型的分类来看，这些权威者一般秉持着：时间上的优先性，行动上的责任心和勇毅力，知识上的优越性以及品质上的诚实和公正③，等等。当然，科耶夫在提到制度性宗教的"神职人员"时，却把他们仅仅归为监督一类，另外，他也没有注意到那些普遍存在于中国"弥散性宗教"中的那些"通灵者"。

四、节日表演与权威/权力博弈

由于传统节日类型众多，分布甚广，权威与权力交织复杂，在短短的一节中，我们也无法完成对所有权威类型的分析和阐述。但尽管如此，我们还是希望通过对部分权威类型的表演，来分析和揭示出某种结构性的问题，也即是在

① 王铭铭：《村落视野中的文化与权力：闽台三村五论》，三联书店1997年版。
② 王铭铭：《村落视野中的文化与权力：闽台三村五论》，三联书店1997年版。
③ ［法］亚历山大·科耶夫：《权威的概念》，译林出版社2011年版，第13—15页。

节日中,村庄内部的权力是如何通过显性的权威来参与博弈的?

我们在前面已提到过处于村落范围的节日活动,国家的正式权力一般都退居幕后,但退居幕后,并不是说不发生效力,这是一;第二,即使正式权力退居幕后,但各种非正式的权力博弈却从未消停。从目前已有的节日影像志作品中,有这样三个案例可以用来构建节日表演与权力博弈所形成的三种模式:《骂社火》中村社之间的权威/权力博弈;《七圣庙》中家族之间的权威/权力博弈;《觉颂》中亲缘之间的权威/权力博弈。

第一种模式:村社之间的权威/权力博弈。《骂社火》是由河南大学吴效群出任策划和编导的一部节日影像志作品。"骂社火"作为一个发生在河南豫西平阳镇,东、西常村两村村民在迎春赛会上以"骂"出名的奇特的民俗事象已被很多学者所关注和研究了。下面,我们将从六个方面来解读节日表演与权威/权力博弈是如何展开的。

一、该片的开首字幕:"……'骂社火'相传已有相当古远的历史。"就为此后的"骂"奠定了权威性基础。也即这是一种传统,一种后人只需遵守的传统。

二、它发生在村社之间,以东、西方位而加以区隔。但其所遵守的文化逻辑却是一致的:"两村的文人传承着关于村庄起源的古老传说:黄帝采荆山之铜而铸鼎于两村之西北,建有东西二墟。尧曰帝始生于东,取东墟为日之有常(东常);西王母勤政于西,取西墟为月之有常(西常)……当我们以村落为半径考察村落以外的文化景观时,发现村内与村外形成了相互诠释的文化连续体。"①显然,这是两个文脉上同宗同源的汉人社区,但由于地理、历史和行政区划的原因使其各自独立成村。这样两个相邻社区的"对骂"其实是有着普遍意义的社区竞争和社区促进的动力机制的。从而在博弈目标上建构了为社区争"荣誉"和"尊严"的共同诉求。

---

① 范长风:《豫西"骂社火"的艺术人类学研究》,《文化遗产》2013年第3期。

三、在《骂社火》中，我们看到作为口述者的樊×财是西常村原村支部书记，而参与社火委员会的成员也多是口齿伶俐、能言善辩的村中能人，其中东常村的社火委员会头人是现任村长的父亲，而"出牌子"的文案写作则是由村中的文化人参与完成的。这些权威人物的出场从第三个层面保证了节日的权威性。

四、"骂社火"的整个进程是严格按照祖上传下来的规矩在执行：1. 各自成立了由非正式权力精英组成的社火委员会；2. 骂社火须遵守"东起西落"的时间框架，东常村在十一、十三、十五这三天骂，西常村在十二、十四、十六的日期回敬；3. 骂的方式：兴骂不许当场还；4. 骂的对象：人缘子（指村中有身份、有影响力的公众人物）、村盖子（指村官）、社火头子（指承办社火的骨干，包括骂家。），尤其规定不许骂村中的弱势群体和外来人；5. 骂的内容：骂虚不骂实，骂假不骂真；6. 骂的范围：由当下上溯至"祖宗十八代"；7. 骂的程度：自由发挥；8. "骂者"的自我定位：骂的人"反"穿兽皮袄子，以示自己已不是人。这种程序的公约性，保证了节庆活动的公正、公开和公平。

五、骂的阵势由大年十一之前的小股人员的随意性挑骂，到十一至十五逐步升级为有组织的辱骂行为，在这个过程中又不断加入娱人、娱神的艺术表演，最后将对骂推至十六日广场舞台上的一决雌雄。整个活动不仅两个村的村民都陆续参与进来，更是吸引了三省八乡数万乡民前来观看。这样一种广泛参与和广大见证，使"骂"成为一种公共仪式，它在娱乐的外衣下，监督着程序的正义性，评定着骂战成绩的优劣性。

六、最后，我们来总结一下"骂社火"所潜藏的权威/权力博弈及其再建构的效果。前面我们已提到骂的对象是两个村的权力、权威人物，这样一种由非本村人出面来解构对方的权力与权威，实在是一种高明之极的民间智慧；而在约定中的"骂虚不骂实，骂假不骂真"，以一种看似戏谑的方式对外村事务进行干预，并对其不好的，甚至丑恶现象加以揭发，由此达到积极有效地促进对方村务活动的改进和完善；在骂社火中被骂到的人不仅不会觉得很丢脸，反而认为是一件光荣的事,以此反证,它可能会给试图问鼎新的村庄权力或权威结构的人以激励;这样一种持续的传统活动无疑会给两个村的权力结构和权威结构以持续压力,最终会在形成符合社区民意的公共治理上以正向作用。

第二种模式:家族之间的权威/权力博弈。家族之间的权威/权力博弈在中国大多数村庄内部都或多或少、或隐或显的存在着。节日中以权威面目出现的权力或权利之争也较为普遍。比如,谁做社头,谁在某些竞技性比赛中获胜,谁家的客人多,等等,这些都是光耀门楣的事。这里我们仅以朱靖江对《七圣庙》的拍摄反思中所涉及的事例来加以验证。

在《中国节日影像志的庙会拍摄实践省思——夏坊村七圣庙个案》研究中,他分别从优先性、神秘性和灵验性三个维度,对村内其他家族甚至包括村庄权力最高者村支书等,试图觊觎或者斥责乃至夺取该节日庆典实质性权威的做法进行了还原式的梳理,最后他指出:"作为庙会实际操盘者的吴×和既较为详尽地讲述了这一民间信仰仪式在 20 世纪 80 年代复兴的历史进程,更强调吴姓在庙务管理、装神巡游中不可动摇的核心地位;几位居住在夏逸园的报道人则主张'七圣祖师'的到来与夏氏在本地开基立业时代大抵相同,是夏坊村的'共同遗产';身为村支书的周×富对'七圣'掌故并无新解,但格外强调了周姓与村委会在维护治安、协调管理方面的作用。"[1]

第三种模式:亲缘之间的权威/权力博弈。笔者在 2013 年拍摄的《觉颂》中遇到了这样的案例。[2]

在蟹螺堡子居住着两大姓氏,一家是黄姓(后来由黄姓演变为汤姓、杨姓,且黄姓是该地的先到者),一家是王姓(是后来者)。由于所居深山,这个村子一直处于较为封闭的状态,千百年来,两大姓氏建立了错综复杂的姻亲关

---

① 朱靖江:《"中国节日影像志"的庙会拍摄实践省思——夏坊村七圣庙个案》,《民族艺术》2018 年第 1 期。

② 刘广宇、焦虎三:《口述与呈现,叙事与风格——尔苏藏族"还山鸡节"影像志创作后记》,《民族艺术研究》2014 年第 6 期。

系。"还山鸡节"是尔苏藏族一年一度在农历八月举行的庆祝丰收和祭祀祖先的年节。节庆的祭祀活动分别由黄姓的萨巴和王姓的素尔主持，一家主武，一家主文。这些分工均由祖先遗传而来。但在现实生活中，由于王姓势力较大，且王姓长者(王×全)对于尔苏文化和宗教祭仪比目前黄姓传人(汤×华)更为熟悉，所以，其在节日中的话语权无疑要远远胜过后者。尽管如此，在整个仪式过程中，黄姓传人(村中长者杨×能和萨巴传人汤×华)还是处于较为显赫的位置。而且汤×华也是素尔传人王×全的侄儿。于是，在整个节庆中，我们看到，一方面，优先权给予权威以锚定，另一方面，由于优先权并不是一定在现实生活中发生实际的效力，所以，两大姓氏的代表就存在或明或暗争夺节日话语权的情况。最后由于复杂的姻亲关系，致使这两大家族在整个节日过程中仍保持着团结和睦的主基调。

权威是以村落为单位的节日庆典活动顺利实施的根本保障，它在当代中国的出场又是与"传统的复兴"紧密相连。也就是说，它是由一系列历史文化传统、民间社会各种超稳定组织、制度和某种精神性符号体系所生产和再生产的。尽管在每一个节日活动中，存在着各种权威/权力的博弈，但最后总是以捍卫权威、建立新的权威和维护新的秩序为宗旨。在这个过程中，权威与正式权力机构派生的权力始终保持着一定的距离，这个距离，是双方都不太愿意去跨越的。进而，我们认为，作为发生在民间的传统节日，权威自有其维持社会稳定的资源禀赋，发掘、保护和利用好这种资源禀赋是节日治理的首要任务，同时，发扬和光大这种资源禀赋不仅为乡村建设所急需，也为新时代我们全面建成小康社会所急需——因为它所蕴藏的能量不仅使我们能记得住乡愁，看得见家乡，而且还能回得去故里。

而从另一个视点看，这样一种根植在田野大地上的权威，也是对处于极速全球化、现代化发展的中国社会和中国民众以镇定、警醒和反思。正如麻国庆在《乡村建设，实非建设乡村》中援引梁漱溟先生的观点为题所作的总结那样："将乡村文化建设视为中国传统文化复兴的重要组成部分，并以乡村文化的保护与发展为研究核心,探究全球化背景下如何实践文化多样性保护,如何为农业文明'回归'储藏种子、保育土壤,如何重新评估农业文明的价值,对于乡村建设而言任道重远。其核心还是中国社会与文化之建设。"①

第三节　象征与认同——宏观视角考察

在上一节中,我们探讨了节日中的权威,它由一系列文化传统、组织制度和各种象征性符号产生,其间存在着各权威之间的博弈,但是节日中的权威是为了稳定社会而存在。中国又是一个拥有 56 个民族的共同体,各个民族都有自己的文化习俗和传统节日,在这种文化混生的多元格局中,每个民族个体同时拥有着多重身份以应对混生杂糅的文化空间,他们既是独立的个体,又属于某个民族集体,最后同属于中华民族这个大的集体。那么不同的文化空间之间的碰撞就在所难免,"民族身份认同首先要明确'我是谁'的问题。"在各种文化杂糅共生的语境中"我"是谁? 我和谁是"我们"? "我们"又是谁? 主体身份认同、集体认同始终是社会各层次共同体的核心议题,由此牵扯出的民族与国家之间的认同,也即如何通过传统节日的循环往复而铸牢中华民族共同体意识,这是中国传统节日最核心的议题。

本节将探讨个人、民族集体、国家,怎样通过节日的互动和交流来确认自我身份、民族身份和国家身份? 而在节日的互动交流过程中发生冲突矛盾时,谁发挥着主导作用? 而这种主导地位又是由哪些因素决定的? 以及在全球化发展的今天,节日在发扬传承文化传统、提升民族自信、塑造国际形象以适应现代格局的时候有什么作用和意义?

一、何谓认同,与谁认同

认同是一种因为彼此之间拥有相同的文化观念的心理过程,徐贲对认同

---

① 麻国庆:《乡村建设,实非建设乡村》,《旅游学刊》2019 年第 6 期。

的解释是："1.'同一性或等同，即某种具有本质意义的，不断延续或重复的东西'；2.'确认和归属'；3.'赞同或同意'。"①传统节日就是通过不断重复某种本质意义，继而给予某一群体以归属感，最终促成集体认同，可见认同是传统节日能够不断延续下去的核心，那么节日具体是如何产生认同？对于节日的这种周期性，就不得不提法国社会学家涂尔干提出的"集体欢腾"概念，"他强调定期的纪念活动、公共节庆和大众节日都是至关重要的，因为这些事件确保了不同时代之间的连续性，以及不同时代之间的聚合力。"②"'集体欢腾'之际，人们相互交流观念，彼此强化着共同的集体情感，由此所爆发出来的强烈力量将人们从经验凡俗的世界提升到了另一个超越而又神圣的理想世界。"③节日通过周而复始的在相同的时间空间节点"集体欢腾"，不断强化并凝聚同一时代的力量，并且使得各个时代能够链接串联，而"集体欢腾"也被时间象征化。对此，阿斯曼也说道，"节日和仪式定期重复，保证了巩固认同的传达和传承，并由此保证了文化意义上的认同的再生产。"④节日的意义在积累传承中被不断认同，具有了象征性，而在这个象征化的过程中，人们的精神思想和实际行为也被节日不断的构建着。陈文华说："象征就是被赋予文化意义的符号。"⑤那么节日就是一个高度象征化了的存在，对于"象征"这个词的解读，索绪尔对象征的定义是："曾有人用 symbol 一词来指语言符号，我们不便接受这个词……symbol 的特点是：它不是空洞的，它在能指与所指之间有一种自然联系的根基。"⑥即是说作为象征的符号它不是任意武断的，而是加入了人为的具体含义。赵毅衡认为："'象征'是一种特殊的符号。"⑦他还谈到：

---

① 徐贲：《知识分子：我的思想和我们的行为》，华东师范大学出版社 2005 年版，第 192 页。
② ［法］爱弥尔·涂尔干：《宗教生活的基本形式》，商务印书馆 2011 年版，第 296 页。
③ ［法］爱弥尔·涂尔干：《宗教生活的基本形式》，商务印书馆 2011 年版，第 556 页。
④ ［德］扬·阿斯曼：《文化记忆：早期高级文化中的文字、回忆和政治身份》，北京大学出版社 2015 年版，第 89 页。
⑤ 陈文华：《文化学概论》，上海文艺出版社 2004 年版，第 148 页。
⑥ ［瑞士］索绪尔：《普通语言学教程》，商务印书馆 1980 年版，第 103—104 页。
⑦ 赵毅恒：《符号学原理与推演》，南京大学出版社 2016 年版，第 195 页。

"象征必有一个意义形成的历史过程。文化集体的反复使用某个比喻,或是使用符号的个人有意重复,都可以积累意义使一个符号象征化。"①他们都强调了"象征"的非任意武断性,象征是在周而复始的意义积累中被建构出来的。那么根据前文的解释,节日就是一个被高度象征化了的文化空间存在,节日象征的意义所指,是一些无法言说的非物质性精神境界,但是他们又实实在在的影响着民族集体的行为。就如哲学家谢林所说,象征是"以有限方法表现的无限。"②比如在壮族侬峒节中,就通过舞麒麟、吹天琴或是在祭祀活动上牵上一头小黄牛,敲上竹梆到田峒间驱逐虫害,以保丰收,通过寄希望于这些象征节日的物件,传达出对生活无限的美好愿景。而在《重阳节》(河南上蔡重阳节子课题)中,"高"和"糕"谐音,登高吃糕,象征着取步步登高的吉祥之意;饮菊花酒,在古代象征着重阳必饮、祛灾祈福的"吉祥酒";尊老敬老,时逢九月九日为老人缝制生肖属相茱萸绛囊,为老人敬菊花酒,扶老人登高远望,祝老人洪福增寿。各种认同就是在这个高度象征化的节日空间中传承并延续的,就如王文章、李荣启提到的,"中国的传统节日是中华文化的重要载体,能够凝结民族情感,增强民族文化认同、维系国家统一。因为传统节日是一种拥有集体认同感的文化空间,它在几千年的历史长河中融合了各种民族特色,这些节日能够使得无论是官方还是民间都找到文化归属感。"③故而节日传统不仅仅只靠强制性的秩序规定,传统节日中产生的认同感,更多源于民族群体共同的文化象征和集体记忆。好比每年在陕西黄陵或者其他中华民族始祖地的人们,会自发的发起层级不同的节日活动,以黄帝陵为代表,来自全世界的各地的华人代表,在这一天来到黄帝陵参加清明祭祖活动,这个活动是通过仪式象征方式,甚至以广泛传播方式,自觉向世界华人昭示华夏的子民们的民族身份……以求得中华民族认同。

---

① 赵毅恒:《符号学原理与推演》,南京大学出版社 2016 年版,第 202 页。
② 赵毅恒:《符号学原理与推演》,南京大学出版社 2016 年版,第 200 页。
③ 王文章、李启荣:《中国传统节日的文化内涵》,《艺术百家》2012 年第 3 期。

首先,主体与主体之间要产生认同,就必须拥有某种接收和产生认同的身份,除却男性、女性等先天拥有的自然身份,社会身份是通过文化交流后天获得的。对此,马风书在《集体身份认同与统一国家的建构:关于多民族国家统一问题的思考》中谈到,"从身份认同的属性来看,它包括本原性身份认同和社会性身份认同两个方面。本原性身份认同属于人的自然身份认同,是天然给定、无法改变的,如一个人的血缘身份、时代身份、性别身份、祖籍身份等。社会性身份认同是社会行为体在彼此互动过程中所建构的认同,是后天选择的结果,在一定的主客观条件下可以改变,如文化身份、宗教身份、政治身份、行业和职业身份、等级身份等。"[①]不可否认,人化的世界中,社会性身份是交流的前提,而节日通过文化习俗、传统、记忆赋予主体的社会性身份,让其能够体认自身和周围的族群、国家。获取社会身份的过程是文化交流的过程,期间包含了与其他个体的身份认同、与族群的身份认同、与民族的身份认同以及与国家的身份认同等。对其他身份认同的基础,是对个体自我身份的认同,而自我身份的认同,是在和他者的交流和共同的文化象征中产生的,而在与他者的交流中随之会产生社区认同、民族认同、国家认同等。朱凌飞、孙信茹提到:"处于某一种封闭文化中的群体,如果没有和'他者'产生沟通或者交流,缺少一种外文化带来的'文化震撼',必然会对自己的文化不自知。若这种与异文化之间的沟通交流发生,不管它采取哪种方式,和平的或者战争的方式进行交流,多少会带来比较,也只有这样才能使封闭的群体感知到差异的存在。"[②]在文化震撼的过程中,主体体认到他者的存在,于是就牵涉对自我身份的体认。李松和张士闪在《节日研究》中提到的:"节日是人类在感知时间的基础上建立起来的一种社会秩序,它以文化象征的方式,将个体与群体更加紧密的联系起来,使其拥有归属感和安全感。作为文化的秩序,节日是安顿个体精神、休

---

① 马风书:《集体身份认同与统一国家的建构:关于多民族国家统一问题的思考》,《文史哲》2015 年第 6 期。
② 朱凌飞、孙信茹:《文化表演传媒语境中的理解与阐释》,《广西民族研究》2005 年第 1 期。

憨心灵的时间节点,也是构建起社会与组织的共享价值体系和认同,是联系历史与未来的内在力量。"①节日通过后天选择的方式,赋予人社会身份,消弭了个人与社会与国家之间的种种界限,在节日特有的时间空间文化中,把人们聚拢到一起,体验文化。就像伽达默尔所说:"我们在某种事情上聚集拢来庆祝……它是一种意象,要把一切统一起来,打破阻碍着聚合的个别的言论,驱散个别的经验。"②

其次,在社会和国家的认同之间,张士闪认为,国家与民间习俗通过"礼俗互动"来缓解社会冲突,达到国家和民间习俗之间的文化认同。"礼俗互动的核心要义,是借助全社会的广泛参与,将国家政治与民间"微政治"贯通起来,保障社会机制内部的脉络畅通,以文化认同的方式消除显在与潜在的社会危机。"③"哈贝马斯认为,现代社会的集体身份认同是做成的,而不是现成的,而政治文化是做成现代集体身份认同的关键。"④因此"礼俗互动"带有的是政治教化色彩,但是这种民间社会和国家之间带有政治性的文化互动,是传统节日能够一直传承下去的必要举措,因为民族和国家只有达到了文化上的认同,在相互认同的前提下,社会才能稳定的持续运转下去,通过文化寻根发掘民俗,借由国家政体给民俗拓展空间,在互动中寻求文化发展平衡,国家官方以礼化俗,而民间文化的"俗"则始终是文化的根和启蒙。这种"礼俗互动"也是国家朝着未来繁荣发展的重要环节,赵世瑜认为"中国的民俗学家通过最初的发现民众和认识自我,最终在试图解释和解决中国的社会问题和文化问题这里,找到了自己的归宿。"⑤即是在说,存在于现代化的民族主义,其是在

---

① 李松、张士闪:《节日研究(第1—2辑)》,山东大学出版社2010年版,第1—5页。

② [德]伽达默尔:《美的现实性:作为游戏、象征、节日的艺术》,远东出版社2003年版,第76—83页。

③ 张士闪:《礼俗互动:当代国家正与民间缔结新契约》,《联合日报》2016年1月3日。

④ 童世骏:《政治文化和现代社会的集体认同:读哈贝马斯近著两种》,复旦大学当代国外马克思主义研究中心编2000年版。

⑤ 赵世瑜:《眼光向下的革命:中国现代民俗学思想史论》,北京师范大学出版社1999年版,第258页。

传统的文化习俗中重新发掘、重新建构新的文化传统，在这种挖掘与重构中，一个想象中民族国家的文化共同体，可以被虚构出来，成为一种文化建构力量。民间社会和国家之间的认同，就是在相互依存、相互包含之中，双向增强文化自信和认同感。

最后，是少数民族和国家的认同。少数民族根据自己民族的传统节日，在与自己民族群体的交流中，确认自己的民族身份，可以知道"我"是谁，产生民族认同，在节日中与其他民族互动交流，特别是在与汉文化交流时，在文化的碰撞中认识自己的民族，并不断的向主流文化靠拢，知道我和谁是"我们"。在《刀杆节》中，腾冲县滇滩镇的傈僳族传统祭祀仪式"下火海上刀山"，以下火海上刀杆为高潮，最后又以祭神仪式结束，即祭拜大一统、忠君爱民思想象征的王骥及其子女。从中彰显出历史发展与演变中，汉文化对边缘地区少数民族的深刻影响，少数民族地区通过对主流正统的中原文化的认同，来加强自身民族与国家的认同。《老汉人》中所显现的，是一个特殊的移民群体，他们从江南移民至贵州，长期生活在贵州地区却一直保留着自身独特的历史记忆。因而，他们在春节举办的大型抬汪公巡游活动，一方面，显现出始终保持着明代流传下来的文化印迹，另一方面，更在于保持着一种强烈的汉民族身份认同。而从《祈年宏愿》中我们知道，藏族有其自己独特的历法，而随着文成公主进藏，于是中原文化和高原文化开始相互交流，中原历算于是进入到西藏，之后，藏区以麦熟为新年的习惯，改为与汉族同时过年，直至今天。

关于国家和少数民族之间的认同关系，李德建谈到民族传统节日庆典的转型说明了由国家主导在节日上的认同，"其进程主要体现为传统节日符号日益成为国家职阶系统渗透到民族地区传统社会结构的有效工具，节日作为一种重要的公共文化空间，无疑是国家意识形态和行政权力渗透到传统社会中的重要渠道，国家通过对某些节日和节俗采取或肯定或否定的态度，并加以或允许或禁止的规范，引导着包括节日在内的民俗文化，向有利于国家倡导的价值观念方向发展。在操作层面上，国家通过对具象化的节日符号的控制，构造出能在共同体内部形成某种集体认同的文化标识。"①国家通过政治权力,使得少数民族和国家之间产生一种集体的文化认同,比如,很多少数民族节日在国家的主导下,成为当地的法定假日,彝族的火把节、壮族的三月三等,在这个交流过程中,少数民族节日被其他民族认可或者可以认可其他民族的文化。激发了少数民族的"文化自觉",重新认识自己的文化和其他民族的文化,达到新的文化自知,而在少数民族自身传统节日中,出现的主流正统文化价值,也体现了少数民族也以自身的行为方式向国家认同。

值得一提的是,在全球化发展的多元局面中,中国不仅追求内部集体社会的认同,同时也追求和世界其他国家的认同。"全球化与民族化是一个互动的过程,人们在彼此的接触交流中越来越欣赏对方的文化,即费孝通先生所说的'美人之美,美美与共',才是人类文化的正途。传统的节日文化正是这样一个交流展示民族文化的重要平台,它是中华民族文化身份标记之一。我们无疑应该从保持文化的多样性,保护人类文化遗产,传承人类文明的高度认识我们传统节日的价值。"②所以我们应该借鉴国外传统节日精华,在交流中获取文化上的认同,在全球化的环境下,不断丰富自己民族的优秀文化,为达成人类命运共同体而储备智力资源和精神力量。

二、外显的分歧与内含的认同

我国少数民族节日众多,且许多节日是多民族参与、具有强大包容性。比如彝族的火把节、纳西族的三多节、蒙古族的那达慕大会等,这些节日在历史的长河中得到传承和保留,不仅是通过本民族成员的努力,另一方面也是国家尊重少数民族节日的体现,国家通过搭建交流平台,促进了各民族之间的交

---

① 李德建:《民族节日符号的现代转型及动力探析——以贵州苗族节日为例》,《广西民族研究》2008 年第 3 期。

② 刘魁立、萧放、张勃、刘晓峰、周星:《传统节日与当代社会》,《民间文化论坛》2005 年第 3 期。

流、交往和交融。

在国家意识形态和民族之间的冲突与认同方面,安东尼·吉登斯关于"在场、共同在场与社会整合"的讨论中指出:"国家通过其代理人直接现身的方式参与到民间活动中,以参与人的行为和所代表的国家形象影响和制约着行为者的行为活动,进而通过政治社会化的途径使文化观念深入少数民族心中,形成行为的模式。"①何明、陶琳的《国家在民族民间仪式中的"出场"及效力——基于僾尼人"嘎汤帕"节个案的民族志分析》中通过分析在西双版纳"红专"僾尼人村寨的"嘎汤帕"节,来揭示在国家意识形态和民族之间的冲突与认同。"嘎汤帕"节最开始就是为了祭祖而产生的,由于历史的原因曾经一度中断,后来"嘎汤帕"节变为当地的法定假日。于是国家通过代理人的身份介入到少数民族传统文化中,传统节日加入了国家意识形态,传递国家的政策法规,参与少数民族节日仪式的重构,长期的国家意识熏陶,使得少数民族在不自觉的情况之下接受国家的合法性地位。在《肖贡巴哈尔节》(塔吉克肖贡巴哈尔节子课题)中,与肖贡巴哈尔节密切相关的引水节与播种节被列入第一批国家级非物质文化遗产名录以来,结合当地社会经济以及政府积极的介入,组织了大规模的庆祝活动,但是其节日文化内涵也在减少。在敖慧敏的《云南彝族火把节现代传承的困境与对策》中,位于云南楚雄彝族,每年举办的火把节通过政府主导、政府和村民共同引导和旅游企业主导三个方面来传承和保护,政府通过制定法定节日的议案,建立楚雄市彝族习俗传习所,保证火把节的合法性并且弘扬传承彝族火把节优秀的传统文化。在政府主导下,当地民众以及社会企业积极参与到节日传承中,彝族火把节于是有效结合传统文化以及社会价值,使其在应对时代的发展时得到重构和传承。但是由于政府和社会企业的介入,促使火把节面临着文化色彩较之于前有所削弱,也使其部分文化内涵异化或者趋于雷同。而在《魂归故里》

---

① [英]安东尼·吉登斯:《关于"在场、共同在场与社会整合"的讨论》,载《社会与构成》,三联书店 1998 年版,第 138—174 页。

中,在老挝的苗族,由于面临着他国文化的冲击以及整个社会环境的发展还有自身人口不足等种种现实原因,当地政府让苗族搬迁,使得它们不得不放弃它们延续几百年的放牧生活,由于政府的种种介入以及现代文化的冲击,它们自己的文化认同有所衰减,从它们每周做礼拜时不似从前那么虔诚便可窥见它们的内心。而在《桑康节》(布朗族桑康节子课题)中,节日主要是有两个部分组成,一个是以当地政府为主导的节日庆典,第二个是村寨主导的传统制茶技艺和新年赕佛仪式,但是由于政府的介入和经济的发展,使得传统文化习俗被减淡,而且茶叶的过度采摘也使得布朗族世代生存的环境面临着被破坏的问题。但是这种嵌入也存在使传统节日失去原有的象征功能和意义,使得节日失去神圣感和庄重感。韦婷婷谈到"在政府参与主导下的民族节庆活动的特殊形态以及民俗旅游气息,文化语境变异后,更加杂糅的坡会包含了多层次的文化意义体系。"表演性质的加入使得原本的节日发生了变化,重外在而轻内涵,文化变成趋向于现实某种利益需求的工具。

但是不可否认的是,国家意识加入少数民族节日,是为了现实中人们的利益而存在的,"新的节日符号的创立或对旧有的节日符号注入新的内容是一种外力强加于人的文化,但在实质上,这些符号的创立和改变由于正好符合了活动在具体的现实中的人们的利益而具有了存在的意义。"①为了尽量减少分歧,对节日传统有所取舍在所难免,但是解决分歧的办法是符合当下大多数人的利益诉求的,而在这些举措的实施中也包含着国家和民族之间的认同,传统节日必须同时基于过去和现在,甚至是未来立破结合,将少数民族的优秀传统文化和主流价值加以结合,形成新的文化价值和新的时代文化记忆,如何明、陶琳谈到:"政策、法律、法规的制定与实施,以及以国家名义展开的国家代理人行为是国家意志展现的平台。为了保证国家意志有效渗入各族群或亚群

---

① 马翀炜:《经济转型期的云南少数民族节日符号》,《云南民族大学学报》2001年第2期。

体的文化之中并形成对民族国家的文化认同，政策与法律法规的选择需顺应民族文化模式和满足民族文化需要，各项政策的实施应本着促进各族群发展为目的，同时国家代理人也应以国家的名义积极地贴近各族群的文化生活，所有这些国家处理民族问题的方法均需以尊重各族群的文化为基本前提。"①国家通过代理人的方式，参与到少数民族节日文化中的方式，可以看出，在尊重少数民族文化习俗的基础上，以国家的身份来促进民族国家之间的团结，但是冲突不可避免与消除，只能尽量的缩小。

传统节日通过各种节日庆典实现与自然沟通，协调了人与自然的关系；而现代的节日以公共活动的方式，实现人之间的情感沟通，解决了人与人之间的问题，所以国家政府的介入依据现代社会的发展变革，是符合时代特征的做法。国家和各民族在节日的互动中，总是存在一种相互磨合的状态，如果说国家制度是文化认同的框架，带有强制性；那么代表民族社会的自发文化则是文化认同之本，带有自发性。一个代表官方，另一个则代表民间，各自的文化势必存在着分歧。但是从节日内部来看，国家与民间的"礼俗互动"使得两者能够互动化解社会矛盾，形成一种文化认同。高丙中说道："通过选择性地承认民众的文化并加以积极的引导，使政府成为民族、民间优秀传统的代表，从而被民众认可为自己的代表，也就是说，政府通过承认传统节日在制度内的地位而让自己获得代表一个原来被忽视的部分的合法性。"因为社会的发展，必然是由于不同群体和国家之间的不断磨合及互相认同才能够得到发展，不可能一步到位，而需细水长流。

三、认同在今天的意义与价值

张举文谈到"文化的自愈机制——一个文化传统在其传承进程中会因为各种原因陷入危机，进入社会和文化的边缘阈限阶段，对未来迷茫困惑，甚至

---

① 何明、陶琳：《国家在民族民间仪式中的"出场"及效力：基于傣尼人"嘎汤帕"节个案的民族志分析》，《开放时代》2007 年第 4 期。

会对其传统感到自卑和自否。这时,如果该文化能守住其精髓,重建自信,回归其文化之根,并利用各种契机(随机符号),为认同符号赋予新的意义,重构认同,便会度过危机,获得新的生机,得到进一步的发展,甚至成为与时俱进的新文化。"①而要达到这种文化自愈,在文化多元发展的今天,单单靠某个民族自己是很难实现的,只有在民族和国家认同的基础上,通过结合国家的合法手段,来保护和传承少数民族节日,才能够实现这种文化自愈,进而激发少数民族及各界对传统节日的关注及传承。比如在《德培好》中,这个节日它只流行于哨冲镇的 5 个自然村 300 多户花腰彝中,虽然每次举行节日都非常隆重盛大,但是由于 12 年才举行一次,所以使得他差点在新中国建立后被废止,由于国家的认同,在党的十三届三中全会之后,由中央、省、州、县多家媒体现场采访、拍摄和报道,引起强烈的社会反响,使得"德培好"节日能够传承下去。在《三月三节》(海南黎族三月三节子课题)中,2005 年,海南黎族"三月三"被确定为中国第一批非物质文化遗产保护项目,海南省政府把黎族与当地苗族"三月三"合办,统称"黎苗三月三",将之纳入海南"国际旅游岛"建设工程来复兴传统文化。政府的组织和推动,使黎族"三月三"重新唤起了本民族以及其他民族对传统节日的关注,不仅强化了黎族的自我认同,也增强了传承本民族文化的决心和信心。

不同地域、不同民族的人群拥有同中有异、各具特色的生活习惯和信仰,但是某个相同的节日却能够让身处异处的人们联系起来,比如普天同庆的春节。春节在社会关系、伦理、哲学和精神心理等方面,都具有重要的社会功能和文化象征意义,强化着人群的凝聚和认同,也有益于文化与价值的传承与展演。在《一街新春》(山东曲阜三峡移民春节子课题)中,由三峡工程所引发的百万大移民,是世界移民史上规模最为庞大的工程性移民,这次移民也是对物质文化、精神文化、制度文化的适应过程——一种文化模式的变迁,移民重构

---

① 张举文:《文化自愈机制及其中国实践》,《北京师范大学学报(社会科学版)》2018 年第 4 期。

自身文化模式的过程。山东曲阜的三峡移民来自重庆开县。之间的文化差异也很大，在食俗上，曲阜人三十晚上和初一都要吃水饺，主食以面食为主，而开县人习惯吃米饭、汤圆和面条。移民安置在山东曲阜的开县人，既要面对传统文化习俗和原有亲友关系、社会网络的断裂，寓含着深深团聚和文化传承的春节对他们来说充满了乡愁之情，又不断与新的文化传统接触，接受刺激。开县人并没有完全抛弃自身的文化，而是在坚持自身认同与文化传承的基础上，理解和接受山东曲阜文化，以同中有异、兼容并包的实践态度发展着自身的文化和社会关系，努力融入移民地。

中国是个多民族的国家，民族和国家总是在互相交流中形成动态平衡，就如《易经》中所说的"守持正顾"，老子所说的"道冲，而用之或不盈，渊兮，似万物之宗。挫其锐，解其纷，和其光，同其尘。"二者在达到认同的过程中不断的发展。"民族的凝聚力产生于构成该民族的所有群体和个人对该民族的集体认同，而这种认同不是靠外在力量强迫维持的，而是通过这个民族的集体记忆实现的，其中最重要的是关于民族文化特质的集体记忆。"[1]节日的意义就在于，在每一次的文化交流活动中，一次次的强化民族之间的认同感，唤起民族集体记忆，将民族的文化构成一个连续体，不至于出现文化的裂变与认同的缺失。玉石阶在其《民族传统节日文化及其传承与改革》中对节日的意义和价值就曾这样说道："在节日期间，一个地方或一个民族的人们共同参加一个有组织的大规模的传统文化活动，相互间的接触交往，共同祭祀，集体娱乐，调节了人们的心理平衡，加强了个人与群体之间的联系，促进了人与人之间的灵魂、思想、感情的沟通，增强了民族内部的凝聚力和团结。这些由群众自己创造、自己组织、自己参与、自己享受的文化艺术活动，深深地渗透于全民族的节日文化生活中，每时每刻都在潜移默化地感染着全民族的精神，使全民族的每一个成员都熟悉自己祖先创造的历史文化，看到本民族的智慧和力量，从而增强民

---

① 刘魁立、萧放、张勃、刘晓峰、周星：《传统节日与当代社会》，《民间文化论坛》2005年第3期。

族的自尊心、自信心、自强心和自豪感,推动一个民族奋发上进。"①文化认同是一段文化寻根之旅。萧放说道:"传统节日是一宗重大的民族文化遗产,它不仅是我们创造民族新文化的凭借与基础,同时它也构成了我们时代生活的一部分。它的文化价值与文化魅力不仅奠定了其在世界人类非物质文化遗产中的历史地位,同样也影响着民族文化的未来。"②确实如此,在彝族"十月年"子课题中,彝族十月历的发现,填补了中国古代历法的空白,十月历的行用,使人们认识了阴阳数理、天象物候、季节时令的变化,从而指导生活实践,彝族十月历把天文历法与祭祀祈福年终纪庆、农事节令与年节活动等民俗相结合,从而为传承践行历法科技文化构筑了载体,衍生了中华民族一元复始、万象更新的优秀科技文化数理概念与生活民俗的对接,促成了时空哲学的具像民俗传统,奠定了民族年节纪庆的文化大同的心理认同基础,中国科技出版社于 1988 年出版了《公历、农历、回历、藏历、彝历对照表》,肯定了彝族十月历的地位,国之盛世寓于民之年节庆典之中,民众辞旧迎新,庆年丰年乐,安享团聚祥和,利于国之安泰。

传统节日文化是民族向世界生长的根,在来势汹汹的全球化面前,具有独特地方特色的节日文化被不同程度的消解,国家为寻求自身文化的合法性,越来越重视中国传统文化中的重要节日,比如春节、清明、端午、中秋等具有多重含义的节日,而在《壮族侬峒节》中,壮族的重要节日侬峒节在当下得到当地少数民族群众的积极认同和参与,也得到越南、老挝、泰国等东南亚国家其他民族群众的认同和参与,通过民间文化互动,有力地促进了中国壮族与东南亚等各民族人民的文化交流与情感沟通。发掘并认同传统节日中的优秀文化,是与世界竞争的重要筹码,在畲江镇"中元节"(VR)子课题中,中元节是中国

---

①　玉时阶:《民族传统节日文化及其传承与改革》,《中南民族学院学报(哲学社会科学版)》1990 年第 1 期。

②　张勃:《探求传统节日的真与善——评萧放教授〈传统节日与非物质文化遗产〉》,《民俗研究》2012 年第 3 期。

最大的祭祀节日之一，在佛教典故中，这一节日来源于目连救母的故事，提醒人们孝亲、敬亲，不要忘记父母恩情。而外来节日比如元旦、国际妇女节、国际劳动节、母亲节等在中国各地已经被普遍接受，有些已经嵌入了中国民众的生活，这些节日和传统的节日之间是一种互动的关系，但是这些节日在中国的盛行说明了中国文化价值多样化以及它的包容性，最重要的是说明民众对此的需求。赵世瑜说道："以往我们讨论较多的是传统年节文化如何保持的问题，如今我们启示更应讨论年节文化如何更新、如何多样化。近日看到一则消息，说的是美国纽约州通过一项法律，将中国的农历新年列为该州的法定假日。报道者的用意主要是想说明中国在世界上的影响日益增大，或者是华侨、华人在美国的贡献得到当地主流群体的认可，后者当然也并不错，但是我在这里看到的却是美国多元文化的包容性以及年节传统的更新、变化。"①

传统文化是民族精神之根，传统不仅仅属于过去，它开拓了通向未来、构筑未来的想象空间。在中国社会语境多元发展以及全球化语境的观照下，应该以包容的态度认同不同民族不同社会的优秀传统文化，以发展的眼光不局限于传统而是探索弘扬民族文化的合理表达方式，唤醒民族文化自觉，让传统焕发新生，不断以开放的态度寻求民族文化与外来文化的认同感，发掘民族文化的新生命和新精神。

第四节　历史与现实——传统从未远去

中国传统节日起源于农耕社会的原始崇拜，是中华民族国家时间制度中的重要组成部分。在几千年的历史长河中，"它主要体现了两大使命：一是作为一个特定组织的存续节奏，在固定的节奏点上让组织内的成员协调一致从事仪式化的流程，以加强组织内部的向心力；二是面向组织成员个体，给予特

---

① 赵世瑜：《眼随心动》，北京师范大学出版社 2019 年版，第 133 页。

定主题发起个体性质的群体活动。"①因此,传统节日的传承对国家发展、人民生活有着重大意义。同时,随着农耕文明的远去,现代社会的发展,全世界各民族文化的不断交流碰撞,传统文化在此过程中受到强烈的冲击和影响,进而融合、演变和新生。传统节日作为传统文化的重要组成部分,在时代变革的潮流中进行了现代化转型并由此产生了一些新的文化内涵和时代意蕴。节日影像志作为记录中国传统节日的一种重要手段,也深刻地反映出了中国传统节日的历史传承与现实发展。

一、历史文化积淀

中国传统节日是几千年中华民族的文化积淀,不仅承载着一个民族的集体记忆和文化记忆,而且也构建了一个民族的情感共同体。传统节日具有巨大的历史价值,其主要体现在两个方面:一是传统节日具有深厚的历史底蕴。"传统"二字注定离不开历史的书写,它的发展必将伴随民族历史的延续,是民族历史文化传承的重要载体。要了解一种文化,就必须要了解这一文化的历史。我们的祖先根据天时和社会生产规律创造了节日,历经千年的沧桑变化,节日在不同历史文化背景和无数传说故事的浸润中逐渐丰富饱满起来,成为今天我们所看到的传统节日。许多的节日风俗同自然的原始崇拜和迷信祭祀有关。中国原始先民常把某些自然物奉为神明加以崇拜,比如在广西河池市东兰县巴畴乡巴英村蚂拐节子课题中就详细展示了壮族对青蛙的图腾崇拜。壮族先民是世界上最早栽培水稻的民族,对蚂拐(青蛙)的崇拜与早期的水稻种植密切相关,壮族传说认为掌管风雨的是青蛙女神。每年农历正月初一至二月初二,广西红水河沿岸的壮族村寨会举行"蚂拐节"庆祝活动,蚂拐节活动中涉及的饮食、音乐、舞蹈等内容是壮族稻作文化传承的重要体现。再如从彝族彝年子课题中我们可知马桑枝和杜鹃树是彝族的图腾信物。在彝族

---

① 台雪纯:《中国传统节日的传承现状分析及发展对策研究》,《艺术科技》2019 年第 8 期。

年这天，家家户户都分别悬挂库什以别（神草）、索玛、基思（马桑树）等植被，以代表美好的寓意和期望。这些图腾作为彝年活动重要的构成元素，体现了彝族人民朴素的精神信仰以及哲学思想。还有对龙的崇拜，在中国也有着极其深远的影响。古代吴越人每年在端午节这天都要举行祭祀龙图腾的"龙舟竞渡"活动，这种龙图腾崇拜也是端午节风俗形成的渊源之一。"在科学尚不发达的古代，当人们不能掌握自己命运或者遇到无法解释的自然现象时，便产生了许多禁忌和迷信观念。"①比如春节的一些习俗。春节放爆竹的原意是避山魈恶鬼，后来才增加了祭祖、供神、娱乐等内涵。据说桃木能避邪驱鬼，所以，旧时除夕这天，家家户户削桃木（后演化为贴红纸，即春联），制成神荼、郁垒二神画像置于大门之上，以防恶鬼进门。春节期间还有许多禁忌，如禁水土出门，不能扫地泼水，以免财气出门等。而对于历史人物的纪念和对历史事件的记载也渗透到了传统节日中，是传统节日具有厚重历史底蕴的直接表现。比如每年农历三月初三壮族歌圩节，也称壮族三月三节。据说这天是为了纪念壮族著名的歌仙刘三妹。"刘三妹"原是在壮族民间传说中所使用的名字，后来由于传说的改编，刘三妹被改称为刘三姐。有的传说讲刘三妹与一个秀才对歌相爱，双双化作石像，人们为了纪念这对年轻的歌手，于是在节日中进行对歌活动。也有说是因为刘三妹上山砍柴，被地主预先割断山藤，使她不幸落崖身亡。因此每年农历三月初三，壮族百姓连唱三天三夜山歌来表达对这位歌仙的怀念。所以这一天又有"歌仙节"之称。在云南省广南县者兔乡壮族三月三子课题和广西南宁市武鸣区壮族三月三子课题中对壮族三月三节历史都有详细的记述。还有昌邑烧大牛子课题中记录的山东省昌邑市东永安村的传统节日活动——烧大牛，就是为了纪念战国时期著名军事家孙膑。相传昌邑曾是孙膑的封地，孙膑经常骑着独角大青牛巡视乡里，民众安居乐业，风调雨顺。为表纪念，后人在村西北角修建孙膑庙，竖起碑碣，供十里八乡敬奉

---

① 宋赟：《节日广告全景探析》，西北大学 2008 年硕士学位论文。

香火。传说正月十四是孙膑的诞辰,东永安村便将正月十四定为庙会日,发愿每年扎制一头独角大牛隆重祭拜。

综上所述,传统节日总是和这样或那样的历史因素有所关联,两者相辅相成,为节日增添文学和浪漫色彩的同时,也弥补了历史记录的空缺。

第二个方面是传统节日文化有助于增强历史意识和历史感悟。能加强历史意识和促进历史感悟的因素有许多,其中传统节日是重要因素之一。上文提到过,传统节日承载了历史记忆和文化记忆,人们通过过节去体验"过去的日子",不断地强化了历史记忆。同样,在历史与现实的文化互动中我们可以反观历史,由此对社会生活有所感悟和思考。比如春节,从过去的以辟邪祛灾主题演变发展为喜庆娱乐主题,这就是历史演变的轨迹,这种演变与社会历史的进化是同步的。

从以上对传统节日历史价值的讨论中我们不难得出一个结论:"传统节日有丰富的历史文化内涵,因此,传统节日是一宗重大的民族文化遗产。"[1]尽管在全球化和现代化的进程中,中国传统节日和世界上许多其他国家的传统节日一样,面临着各种危机和挑战。但它却从未离我们远去,一直是我们生活中重要的一部分。那么,在当代语境中,如何更好地对传统节日遗产进行传承与保护,成为重要的民俗学议题。

"非物质文化遗产"概念的提出对传统节日的发展和延续具有里程碑式的意义。1997年11月,联合国教科文组织第29届全体会议通过的《宣布人类口头和非物质遗产代表作申报书编写指南》中,对"人类口头和非物质遗产"的界定,基本上与我国俗称的"民间传统文化"相近。2003年10月17日,联合国教科文组织第32届大会通过了《保护非物质文化遗产公约》,公约中详细界定了"非物质文化遗产"的概念,即是指"被各社区、群体、有时为个人,视为其文化遗产组成部分的各种社会实践、观念表述、表现形式、知识、技能及相关的

---

[1]　萧放:《传统节日:一宗重大的民族文化遗产》,《北京师范大学学报(社会科学版)》2005年第5期。

工具、实物、手工艺品和文化场所。这种非物质文化遗产世代相传，在各社区和群体适应周围环境以及与自然和历史的互动中，不断地再创造，为这些社区和群体提供持续的认同感，从而增强对文化多样性和人类创造力的尊重。"①其中节庆活动也在"非物质文化遗产"所涵盖的范围之内。2006年5月20日，国务院公布了第一批国家级非物质文化遗产代表性名录，春节、清明节、端午节、七夕节、中秋节和重阳节榜上有名。2007年12月16日，国务院通过并公布了修改过的《全国年节及纪念放假办法》，形成了新的国家法定节假日方案。至此，春节、清明节、端午节、中秋节"四大传统节日"均纳入了国家法定节假日的行列。②

一直以来节日都属于民俗学所讨论的重要范畴之一。中国的非物质文化遗产运动很大程度上重塑了中国的民俗学，很多民俗学家都介入到非物质文化遗产实践的各个层面。③ 如果想要了解中国民俗学的历史和现状，以及中国民俗和文化的传承及转换机制，那么了解中国的非遗实践就是非常必要的一步。张举文等学者认为中国的非遗保护运动提供了一个历史性的机遇，帮助中国人赢得文化自觉和文化信；同时，中国文化自19世纪中叶（比如鸦片战争）到20世纪末经历了剧烈的历史变迁，现在的非遗保护运动也给中国文化的自愈机制提供了一个发挥作用的机会。毫无例外，世界上的任何一种文化传统在其传承进程中会因为各种原因陷入危机，进入社会和文化的边缘阈限阶段，找不到继续前进的方向，对自己的传统产生怀疑、自卑和否定，有些传统文化并由此就消失。中国文化在历史上也经历过许多这样的危机。基于二元对立的意识形态，传统民俗在某些特定时期被认为是"糟粕"和"封建迷信"，因此被打压、被取缔。④ 从鸦片战争开始的近两百年（以1919年五四新

① 王文章：《非物质文化遗产概论》，文化艺术出版社2006年版，第15页。
② 景俊美：《中国传统节日在当代的精神价值》，中国艺术研究院2013年博士学位论文。
③ 张举文、周星、王宇琛：《中国非物质文化遗产实践的核心问题——中国传统的内在逻辑和传承机制》，《民间文化论坛》2017年第4期。
④ 张举文、周星、王宇琛：《中国非物质文化遗产实践的核心问题——中国传统的内在逻辑和传承机制》，《民间文化论坛》2017年第4期。

文化运动为突出代表）的历史之中，中国挣扎于选择的困境当中——到底是选择"全盘西化"还是"继承传统"。正如今所见，中国文化在各种危机中因为其自愈机制而得到自愈，并获得新生，成为人类文化史上最有持续力和活力的文化。① 张举文总结："该文化能够守住其精髓，重建自信，回归其文化之根，并利用各种契机（随机符号），为认同符号赋予新的意义，重构认同，便会度过危机获得新的生机，得到进一步的发展，甚至成为与时俱进的新文化。这便是'文化自愈机制'的运作过程。"②

林继富认为："中国民俗能得以延续发展的一大根本原因在于，民俗具有文化自愈机制，这种自愈机制的力量来源于中国民俗认同中的核心符号体现出的信仰与价值体系。"③民俗认同的本质其实就是对邓迪斯提出的"民"以及"取决于民俗的身份认同"等观念的发展。邓迪斯在界定民俗的"民"（即一个民俗实践者群体）时指出，它是"任何有至少一个共享特征的群体"。④ 因此，这个群体也就是一个"文化共同体"，是在公共生活的基础上形成的文化传统，这个传统具有"聚合"的力量，能凝聚人心。每当社会文化产生变化，民俗作为传统的重要部分，人们总是能在其中追溯到中华文化的力量，并由此获得文化自信和文化自觉。以传统节日为核心符号的民俗认同机制也是文化自愈机制运作的一种表现。

另外关于"文化自愈"还有另一个概念，即"生命力与有效性"以及"核心符号和随机符号"⑤。张举文认为："它们既是具体认识日常生活行为与象征的方法论工具，也是理解文化自愈机制的必要概念。因为正是传统中民俗元

---

① 费孝通：《中华民族多远一体格局》，中央民族大学出版社 1999 年版。
② 张举文：《文化自愈机制及其中国实践》，《北京师范大学学报（社会科学版）》2018 年第 4 期。
③ 林继富：《"民俗认同"与"文化自愈机制"：两个有用的概念》，《长江大学学报》2018 年第 4 期。
④ ［美］阿兰·邓迪斯：《民俗研究》，《科学杂志》1934 年第 16 期。
⑤ 张举文：《文化自愈机制及其中国实践》，《北京师范大学学报（社会科学版）》2018 年第 4 期。

素的有效性和生命力决定了它们的延续或中断。生命力存在于核心信仰与价值观之中，它关乎精神生活，且相对稳定；有效性存在于实际需要之中，它是唯物论的和可变的。因此，核心信仰和价值观通过'核心符号'得以彰显，可变元素以'随机符号'灵活变通。"①

"文化自愈理论"的提出，是基于对中华文化传承千年、延绵不断之根源的理性分析。曲折多难、跌宕起伏的传统文化的传承机制是怎样的？传承密码是什么？人们艰苦卓绝所探索的文化出路在何方？"文化自愈机制"或许给我们了一个答案。当前中国非物质文化遗产的抢救、保护和传承是文化自愈的实践。节日作为非遗的主要组成部分，是民俗认同的核心符号，贯穿我们的生活，不断激发我们的文化自信和文化自觉，运行着中国文化内在的自愈机制。节日的传承发展让我们感受到了传统从未离我们远去，已经内化为我们身体血液的一部分。

二、传统再造与利益诉求

随着时代的变迁和社会形态的变革，传统民俗资源要素在各个场域进行发生了演变。在新的社会和文化环境背景下，传统节日作为中国最重要的民俗文化资源之一，在现代社会历经着"再生产"、"再创造"过程。这种传统的"再生产"、"再创造"是大众对传统节日民俗文化资源进行继承、发展、变革和应用的具体实践过程。在此过程中，当代传统节日的经济性功能与文化性功能得到了极大的扩张与发展。这种"传统再造"，让我们不得不重提一个概念，即"民俗主义"。尽管对于此概念，学界有着许多的争议，但它仍是我们用来阐释传统民俗"再生产"（或者"变异"）原因的有利武器。

在介绍基于民俗主义理论下传统节日如何运行的"再生产"机制之前，我们需要对民俗主义的内涵进行梳理，并补充相关个案分析，进一步阐明这一概

---

① 张举文：《文化自愈机制及其中国实践》，《北京师范大学学报（社会科学版）》2018 年第 4 期。

念对中国民俗学建设的意义,从而客观、全面地分析传统节日"再造"现象的肇因。首先值得注意的是,大部分的民俗学者都认为民俗主义指的是一种现象,而并非一种理论。较早提出这个概念的是德国民俗学家汉斯·莫泽(Hans Moser)。他在 1962 年发表的《论当代的民俗主义》一文中,提出应当把民俗应用的痕迹称为"folklorismus":"这是一个很宽泛的术语,它大体说明了两部分内容:导致了对'民间'事物的日益增长的兴趣、不断高涨的文化平均化、以及满足、强化或者削弱这一兴趣的实践。通过各种策略,向观众展示感人的、将真实与伪造的民间文化素材相混合的产物。其中民间文化尤其指那些生活似乎依然散发出创造力、力量和色彩的文化领域。"①叶春生对此是这样理解的:"汉斯关于'民俗主义'的本义是指,为了商业或政治的目的,对某种民俗文化传统模式加以演绎和再造。说的直白一点,就是'二手民俗',或者叫'演绎民俗'。只有这样,才能解析数十年来不断产生的新的节日习俗。"②德国民俗学家海曼·鲍辛格认为:"民俗主义指的是那些引人注目的对民俗现象的运用和表达性的民俗表现,是'对过去的民俗的运用'。民俗主义是现代文化工业的副产品,它表示了民俗的商品化以及民俗文化被第二手地经历的过程。"③挪威民俗学家马格纳·沃流尔在 1972 年的著述中写到:"我们所谈论的是这样一些现象:它们曾经与我们称之为乡民社会的社会相关联,并具有特殊的功能。但是这些文化要素在今天与其原本的、自然的语境相分离,继续被培养、存活,具有新的功能,通常也具有新的内容。"④本迪克斯在 1997 年出版的《民俗学百科全书》中写到:"民俗主义即脱离了其原来语境的民俗。"⑤"这一

---

① 王霄冰:《民俗主义论与德国民俗学》,《民间文化论坛》2006 年第 3 期。
② 叶春生:《民俗主义视角下春节习俗的"真"与"伪"》,《河南社会科学》2007 年第 4 期。
③ 杨利慧:《"民俗主义"概念的涵义,应用及其对当代中国民俗学建设的意义》,《民间文化论坛》2007 年第 1 期。
④ 杨利慧:《"民俗主义"概念的涵义,应用及其对当代中国民俗学建设的意义》,《民间文化论坛》2007 年第 1 期。
⑤ 杨利慧:《"民俗主义"概念的涵义,应用及其对当代中国民俗学建设的意义》,《民间文化论坛》2007 年第 1 期。

术语被用来指涉那些在视觉和听觉上引人注目的或在审美经验上令人愉悦的民间素材,例如节日服饰、节日表演、音乐和艺术(也包括食物),它们从原初的语境中抽取出来,被赋予新的用途,为了不同的、通常是更多的观众而展现。"①日本民俗学家河野真将民俗主义界定为:"是指民俗节庆祭典和民俗学性的要素已经不像过去那样在历来固定的场所和以原先的意义及功能进行和发挥作业,而是在其原先所生根的场所之外,以全新的功能,为了新的目的而展开而发挥作用的情形。"②从以上各学者对民俗主义概念的阐述可以得出:民俗主义一词所指的是将传统民俗从其原初的语境中移植出去的现象;民俗主义是为了新目的、发挥新功能,将传统的民俗要素进行发展和变革的现象;是基于各种新的需要,将传统民俗文化资源进行继承、发展、变革和应用的现象。

作为一种民俗应用现象,民俗主义与现如今大行其道的消费主义共存于社会生活的各个领域。民俗节庆又有着"文化性、传统性、民族性"等特征,所以成为"经济搭台、文化唱戏"最重要的叙述模式之一,③同样也是民俗主义突出表现的领域之一。学者李柳赟、许燕滨总结了在民俗主义下的节庆活动主要有以下几种表征:

1. 旧瓶装新酒。保留节日原有的形式和内容,但把其精神内涵发生改变或者延伸。"传统节日以年度的周期性为频率来庆祝,其内在主题往往以敬天法祖、祈丰求吉为核心,外在主题则以休闲娱乐、全民狂欢为特征,神圣与世俗合一,自然贯穿在民众的生活世界中。"④但是随着优先发展经济的风潮盛

---

① 杨利慧:《"民俗主义"概念的涵义,应用及其对当代中国民俗学建设的意义》,《民间文化论坛》2007 年第 1 期。

② 杨利慧:《"民俗主义"概念的涵义,应用及其对当代中国民俗学建设的意义》,《民间文化论坛》2007 年第 1 期。

③ 李柳赟、许燕滨:《论南宁民俗节庆文化中民俗主义问题——以香火龙民俗文化旅游节为例》,《文学界》2012 年第 5 期。

④ 黄龙光:《当代"泛节日化"社会语境下传统节日的保护》,《原生态民族文化学刊》2019 年第 3 期。

行,导致传统节日的内涵意义发生异变,以前的祭祀、礼仪等核心主题被休闲娱乐、商业交流等外在主题所遮蔽。以"吃喝玩乐"为主题的节日狂欢活动成为主流,世俗化不断加深,神圣性被不断消解。诚如塔吉克肖贡巴哈尔节子课题中表达的一样,自 2006 年与肖贡巴哈尔节密切相关的引水节与播种节被列入第一批国家级非物质文化遗产名录以来,每年庆祝肖贡巴哈尔节的形式都有所改变,甚至包括节日内涵、仪式过程等方面都在发生着变迁。旅游已经成为塔吉克族聚居地区重要的经济产业,随之对塔吉克族传统文化也产生了一定的影响,塔吉克族传统节日文化也正在发生着新的变化,传统民族节日被贴上"狂欢"的标签。人们在节日期间制造了一种节日戏剧、全民狂欢的幻象。传统节日的精神内涵被不断消解,民族或地方的意志也被不断消磨。

2. 新瓶装旧酒。这种类型借助移植节庆的内涵和灵魂,在载体上采用最适合市场运作的形式,结合节庆的文化价值,获取经济和社会效益最大化。传统节日作为一种文化资源,天生就具有强大的吸引力和感召力,自带促进消费的经济属性和凝聚地方的社会功能。但正是这一属性,传统节日往往也是最容易被各方滥用的资源。① 首先就体现在违背节日既定的时间周期或者区域,将节日的周期和区域随意的更改。如《刀杆节》以傈僳族传统宗教仪式到现代民族节日演变为主线,多维度展现傈僳族刀杆节的全貌与特征。传统的傈僳族刀杆节自 1994 年以政府与旅游部门主办模式的爬刀杆活动开始,爬刀杆就从宗教仪式演变成了民族节日,时间、空间发生位移,参与者超越族群、地域界限,成为一个被重构了的以招徕游客、塑造政府形象为主要功能的活动,体现了旅游经济背景下民族传统文化的重构现象。还有一种形式是借助原有节日的内涵,给它披上一层"高大上"的外衣,使之变了模样出现在人们的视线,如南宁的国际民歌节等。这样不断地消耗节日的灵魂,终会让节日的文化

---

① 黄龙光:《当代"泛节日化"社会语境下传统节日的保护》,《原生态民族文化学刊》2019年第 3 期。

价值发生异变,传统节日的形象与建构将产生一种多面叠加后的幻象,对传统文化的真实性和整体性产生负面的影响。

3. 新瓶装新酒。凭借着自身的文化资源、物产资源、地理资源等,量体裁衣、人为的打造现代民俗活动。这种现象我们也可以把它理解成为"泛节日化"。"城市中的泛民俗化现象,是指那些并非都市人所共同遵守的、长期形成的民俗文化,而是由于某种需要而刻意制作出来的具有一定民俗意味的文化现象。例如,为了商业上的需要,有人就根据民俗的某些特点制造了市场节、冰箱节、电脑节、食品节、旅游节、土豆节、美容节等,所有这些节日都不是传统的节日,在一般情况下,没有固定时间,没有固定场所,没有固定规矩,其中最根本的是没有文化的根,没有一种习惯成自然、水到渠成的感觉,因此也就缺少更广泛意义上的群众参加,这样慢慢地就远离了举办者的初衷"。① 节日逐渐成为一个披着民俗外壳的经济行为,其本质已经发生了变化,尽管它们具有节日的一些特点,但从形式到内涵都与传统节日有所不同。从经济属性来看,"泛节日化"主要来源于社会商品化、消费主义的驱动,从精神层面上看,主要源于现代化、工业化、城市化的极速推进导致的传统消解,使人们对传统的文化产生一种疏离感。"新式节日"的泛滥在一定程度上会动摇传统节日的主导地位。

从以上分析中不难看出节日的"传统的再造"就是民俗主义的一种表征。到底什么是造成节日的"再造"? 或者说"节日民俗主义"的原因是什么? 是我们接下来要探索的内容。台湾辅仁大学教授钟宗宪认为:"民俗文化具有开放性而随时有变异的可能。其变异的主要因素分别来自于:社群内部的自省、价值观的改变、或因某种需求的有意而为;差异性社群的接触,造成不同民俗文化的融合或排斥(少数民族的节日异化)。民俗文化传承过程中,会面临适应时空变化的问题,因此有变异和淘汰的现象,而产生一种必须'选择'的

---

① 徐华龙:《现代都市的泛民俗化问题》,《民俗研究》2000 年第 4 期。

压力。集体性、社群性的文化倾向,才是'选择的标准'。所谓'保护'是保留下一次'选择'的机会。"①马翀炜认为"新节日符号的创立或对旧有的节日符号注入新的内容是一种外力强加于人的文化,但在实质上,这些符号的创立和改变由于正好符合了活动在具体的现实中的人们的利益而具有了存在的意义。"②王咏认为:"从后现代的谱系学来看,没有一种本质的、原相的民俗,我们今天所体验的一切民俗都不是本源意义上的民俗。简言之,都是现代进行时中,呈流动的民俗。在民俗的发展过程中,政治或者经济的渗透力量不可忽视,社会和国家的共同力量,是作为草根阶层生活内容的民俗不停改变的原因之一。"③王霄冰认为:"在生活中自由自在生存的民俗,一旦成为非物质文化遗产,就必然会受到官方和媒体等外力的影响,变得官方化、商业化,表演色彩也会加重。"④基于以上观点,可以分析出当我们聚焦于现实生活的利益诉求时,传统节日符号便会呈现出不同的转型路径。主要原因我们可以从市场经济、政府介入两个方面进行探究。

首先是市场经济。自从我国开始实行市场经济,市场已经成为各类资源实现其价值的"普世性"手段,成为现实社会的"纯逻辑"。我国社会生活的方方面面都受到其影响,其中对中国传统文化的发展更是带来了深远的影响。传统文化在现代社会的开发离不开经济利益的驱动,因此才会有"文化搭台,经济唱戏"的说法。"传统节日符号作为异质性存在的民族文化资源,特别是在乡村文化产业和乡村旅游业的场域中,被强烈地趋向于现实某种利益需求的工具运用。"⑤如在云南文山苗族花山节子课题中就生动地体现了经济因素

---

① 钟宗宪:《民俗节日氛围营造与文化空间存续——以台湾民俗节日与商业性文化游乐园区为例》,《河南社会科学》2007年第4期。

② 马翀炜:《经济转型期的云南少数民族节日符号》,《云南民族大学学报(哲学社会科学版)》2001年第2期。

③ 王咏:《从"玉龙雪山彝家火把节"思考民俗主义》,《民族艺术研究》2009年第4期。

④ 王霄冰:《民俗主义论与德国民俗学》,《民间文化论坛》2006年第3期。

⑤ 李德建:《民族节日符号的现代转型及动力探析——以贵州苗族节日为例》,《广西民族研究》2008年第3期。

对传统节日的影响。花山节是苗族传播最广的传统节日,文山苗族的花山节和新年庆典活动丰富,规模宏大。影片的主要摄制点文山马塘镇黑末村,迄今已举办了十几届花山节。由于受市场经济冲击和消费文化兴起的影响,文山苗族花山节发生了巨大的变化,包括以促进旅游为名对花山节内容和形式的更改等。符合市场喜好、形式新颖的花山节常常吸引数万人参加,并已成为云南"十大狂欢节"之一。

其次是政府力量的干预。传统节日社会功能的变化在很大程度上受到政府力量的干预,李德建认为:"节日是一种重要的公共文化空间,行政力量和国家意志能够把节日作为一种有效渠道渗透到社会生活中去。国家通过对某些节日采取肯定或否定态度,并加以禁止或允许,向社会传达自己的意志,引导包括节日符号在内的民俗文化向有利于国家所倡导的价值观念方向发展。以此内化成贯彻国家意志、制约共同体行为的某种机制或规范。"①这种政府力量的干预在《盘王节》(瑶族盘王节子课题)和《祖先归来》中可窥见一二。中国瑶族盘王节是一个政府主导,学会(瑶学会)辅助,民间参与的盛大节日。"盘王节"每两年举行一次,在瑶族各自治地方政府间接力传递。官方主办的"盘王节"不但有师公念唱、跳神舞、唱神歌、祭牲等传统内容,还加入了文艺表演、"瑶族公主"选美、盘王像开光等内容。云南的橄榄坝傣族园的曼厅寨是傣族核心区内傣族传统文化和生活方式保存最好的村寨之一,也是观察记录傣历新年最具有代表性的村寨之一。影片中记录的当地傣历新年包括三个不同社会层级不同的节日形态,除了典型傣族乡村社会系统的傣历新年和小乘佛教中心寺院系统举办的傣历新年之外,还有一个非常重要的形态就是在政府行政系统组织下被"制造出来"的傣历新年。其内容包括"最美章哈"万人章哈表演及民众文化大展演、"祈福纳兰掌"万人齐放孔明灯活动、"相约西双版纳"赶摆活动以及"东方狂欢

---

① 李德建:《民族节日符号的现代转型及动力探析——以贵州苗族节日为例》,《广西民族研究》2008年第3期。

节"泼水狂欢活动等诸如此类的各种晚会和艺术展会。由此可见,今天的传统节日已经成为一个展示当地民俗文化、增加市政收入、塑造政府形象的大型盛会。

所以,国家意志和市场经济的利益诉求这两种力量的相互交织,是传统节日出现"民俗主义"现象的重要原因。同时这两种力量的相互拉扯也为传统节日的自我扬弃和自我革新提供了某种可能。

三、民俗主义的反思

上文我们集中阐述了关于民俗主义的概念以及传统节日的民俗主义现象。在开头也曾提及,"民俗主义"以及"伪民俗主义"是 20 世纪后半叶以来国际民俗学领域里的热点话题,关于民俗主义有许多争议和讨论,至今仍然有人在此桎梏中挣扎。随着时代发展出现的经济指向性或者政治目的性的"新民俗内容",我们对此基本保持着批判的态度。由此可以看出"民俗主义"这个术语是一种海德格尔式的批判,是价值贬义的。正如杨利慧所说的:"对于新形态的民俗,民俗学者的态度颇有分歧,而且,这种分歧一直延续至今。其中长期占据主导地位的是批评性的、负面的态度。这派态度以'伪民俗'的观念为代表,在有关民俗主义、民俗化以及'民俗的商品化'的论证中,也都有鲜明的体现。"①但是,在对民俗主义的喊打声中,在各种呼唤"原生态"的声音中,我们需要冷静下来,对"原生态"的价值崇拜与"民俗主义"的应用进行反思。德国民俗学家、图宾根大学民俗学系主任教授海曼·鲍辛格发表了一篇题为《对民俗主义批评的批评》的文章②,该文针对莫泽的"民俗主义"提出了质疑,并从实例出发,阐述了下列八个观点"1、民俗主义是对以往民俗的追回和应用。2、所谓第一手的和第二手的传统之间有着相当复杂的内在联系,一个专门炮制的新民俗也可能有它现实的功能和意义,就像旅游纪念品不一定

---

① 杨利慧:《民俗生命的循环:神话与神话主义的互动》,《民俗研究》2017 年第 6 期。
② 王霄冰:《民俗主义论与德国民俗学》,《民间文化论坛》2006 年第 3 期。

专为外地游客而准备,它也有可能为当地的民众所喜爱和接受。如果一个研究者一定要在其中区分出一手的和二手的,那么他在这一时刻很可能就已经混淆了事实本身。3、新民俗的创制者并不一定是完全出于商业目的,在很多情况下更有一种理想主义的爱乡情绪在发生作用。当然,这种理想主义也可能导致对于传统的美化。4、发明新民俗的人们并非完全出于爱好,而是出于一种责任感。所以新民俗在当代社会机制中所担负的功能不仅是多重的,而且也是现实的和符合自然规律的。5、批评民俗主义现象的人在理解上有片面性。他们在观察问题时只看到了某些点而没有看到整个面。6、民俗主义是人们对于某种文化或某个社会阶层所固有的'角色期待'的产物:如果对方做出了违背这种期待的行为,就会被认为是不真实和不自然的。从这个角度来看,民俗主义论所批评的实际上是当代文化的民主化和多元化。7、追求所谓'原本的民众文化'的民俗主义批评者,自己往往就是一个民俗主义者。8、民俗主义的批评者和民俗主义者的出发点实际上是相同的,他们的区别并不是本质的,而只是在追求某种理想的程度和阶段上有所区别。他认为应该用一种更加开明和公正的态度来对待这种正在生成的风俗现象,应该给予它自然发展的机会而不应过早地加以打击。"①其实我们从民俗研究中的主客体视角进行分析,也就不难理解鲍辛格所提出的观点。民俗实践的主体是广大的人民群众。"民族文化的保护不能让民众缺位,应由村落里的农民作为文化保护的主体,因为民众是文化的创造者,文化的保护应由民众参与。"②因为经济或政治原因而产生的"新民俗"都是广大民众现实要求的产物。知识精英们无意识的将自己置身于文化进化中代表"先进"的一端。将民俗定义为固定的、不变的传统内核,将这种意志直接凌驾于民俗的实践主体,用话语权责难实践主体对"真民俗"的随意篡改。"这种忽略民俗新事物产生的具体情境,以民

---

① 王霄冰:《民俗主义论与德国民俗学》,《民间文化论坛》2006 年第 3 期。

② 赵世林、田婧:《民族文化遗产的客位保护与主位传承——以傣族国家级非物质文化遗产保护为例》,《云南民族大学学报(哲学社会科学版)》2010 年第 5 期。

俗主体的姿态对其简单地价值否定,这种僭越主体的自赋的权力是一种学术霸权的表现。"①其实我们大可不必为了"真民俗"和"伪民俗"争论不休,陷入空洞的泥沼中。从某种意义上讲,"伪民俗"和"真民俗"一样,都是文化的一个重要组成部分。在传播和传承文化方面,"伪民俗"产生的作用和推动力甚至要大于"真民俗"。因为某些"伪民俗"的制造过程就是一个将传统文化的核心观念加以提炼并集中展示的过程,让人们可以在短时间内"学习"、"体验"和"接受"文化。就像邓迪斯说过的那样,民俗学家是无法阻挡人们相信"伪民俗"就是真民俗的。② 在某些情况下,"伪民俗"或许就是民俗观念传播、传承的一种途径和方式。

第五节　文化与生活——"流动的节日"

节日属于文化范畴,它有着极强的仪式感和清晰的自我特征,并通过其特殊的时间意义显现于日常生活之中,在节日的行为方式中蕴含着普遍的社会心理和价值取向。高占祥说:"节日是人类文化的组成部分,是社会文化的重要分支,是观察民族文化的一个窗口,是研究地域文化的一把钥匙。"③帕森斯认为:"文化作为象征性的意义系统(理念、价值的模式),既塑造人的行为,也塑造人最终创造出来的产品。"④涂尔干认为:"在所有方面和所有历史阶段,社会生活只有依靠巨大的象征主义才能实现。"⑤他把文化视为一种象征秩序,一个共享意义的宇宙,这些意义通过价值和理念有效地统领着个体。中国传统节日不仅凝聚了中华民族丰硕的文化底蕴和独特的精神内核,还高度浓缩了中华传统文化的核心价值观,是展示中华民族

①　王咏:《从"玉龙雪山彝家火把节"思考民俗主义》,《民族艺术研究》2009 年第 4 期。
②　阿兰·邓迪斯、周惠英:《伪民俗的制造》,《民间文化论坛》2004 年第 5 期。
③　高占祥:《论节日文化》,文化艺术出版社 1991 年版,第 1 页。
④　傅正元:《帕森斯的社会学理论》,《国外社会科学》1982 年第 11 期。
⑤　渠敬东:《涂尔干的遗产:现代社会及其可能性》,《社会学研究》1999 年第 1 期。

精神世界的窗口。由于传统节日是一个包括精神、行为和物质三个层面在内的既内容丰富又具有流动循环特性的文化系统，所以它的文化内涵早就以潜移默化、寓教于乐的形式渗透到了族群的社会生活之中，同时也成为制约人们生活行为规范的一种文化秩序。本节将从节日的循环、节日中蕴含的文化内涵、日常生活中的节日符号以及节日诗歌这几个方面出发去阐释节日作为一种文化与日常生活之间的独特联系，探究节日文化对人们生活所发挥的独特作用。

一、节日循环中的精神引领

"节日是被赋予了特殊的文化意义并穿插于日常之间的日子。"①传统节日自诞生以来就在时间的长河中不断循环，它最突出的一个特点就是周期性。关于节日周期的特点我们在上文中所有涉及，在本小节中我们将对节日周期性特点所形成的节日循环现象以及该现象所产生的影响进行进一步的阐释。周期性是指"以年为单位轮回举行的，由此形成了年复一年、周而复始的周期性特征。"②

以微观的角度出发，传统节日在时序的安排上是贯彻春夏秋冬四个季节。可以说是季季有节、月月有节，形成了一个节日刚过、另一个节日又来的分布形态。中华民族所追求的价值理念也通过一个又一个传统节日，一层层地在人们心中叠加，"你来我往"、"日复一日"地对人们产生影响；从宏观的角度出发，传统节日文化又在以年为单位的大周期中进行循环。在同一个传统节日里，人们重复着"从前的故事"、进行着经几千年传承下来的相同或大体相同的节日民俗。中华民族的智慧、价值理念、道德观念等也通过"年复一年"的传统节日的循环不断地在我们的心中累积和强化，最终形成一种潜意识理念。循环往复的传统节日展现了民族共通的文化内涵，也使其精神内核演化为我

---

① 高丙中：《中国民俗概论》，北京大学出版社 2009 年版，第 188 页。
② 赵东玉：《中华传统节庆文化研究》，人民出版社 2002 年版，第 20 页。

们日常生活的常态,并由此构建着人们的生活秩序。

戈夫曼认为:"节日的气氛(时间和空间的组合)创造了一个他者共同参与的世界,在这个世界里,节日具有自己的生命并对自己提要求……这是一个小型社会系统,倾向于捍卫它自身的领域。自我在这个过程中,是由基于仪式、共享意义和文化的象征形式在宏观的层面上建立起来的。"①因此,节日活动中的仪式同宗教仪式一样,同样把人的尊严看作神圣事物,并强调与人交往过程中应遵循的道德价值(谈话、互动)。制度和秩序就这样松散地连接着,共享大体上类似的象征形式。哈贝马斯认为社会概念必须同时关照系统社会和生活世界。他把生活世界界定为一种分化的结构,该结构与文化价值和交往实践紧密结合。"主体和客体是相辅相成的,主体只有参与客观世界建立关系并且通过亲身建设客观世界才能真正地把握自己。"②日常生活中各种节日活动的发生使传统能够正常延续,并保持了日常实践所需的认知的连贯性。赖国栋认为柏拉图所说的:"节日将我们在日常生活中的晦暗的存在重现照亮,神亲自将忽视和遗忘而平淡的秩序重新擦亮。"③这句话就已经可以证明世界上有一种以节日为代表的秩序,对人们的日常社会生活起指导作用。从以上的观点中我们不难发现,在一定意义上,社会通过节日有序地整合起来,传统节日文化所带的光晕现象在现代社会发挥了重要的正向功能,不断地影响和推动着人们生活和社会的发展。"光晕"(aura)是本雅明在探讨艺术生产论中的核心概念。它的本意是指传统艺术和机械复制时代的艺术相比,所具有的珍贵、特殊、权威、永恒的性质。④

---

① 　[美]欧文·戈夫曼:《日常生活中的自我呈现》,北京大学出版社 2008 年版,第 236 页。
② 　[德]哈贝马斯:《公共领域的结构转型》,学林出版社 1999 年版,第 173 页。
③ 　赖国栋:《在历史和现实中穿行——读扬·阿斯曼文化记忆:早期高级文化中的文字》,《史学理论研究》2016 年第 1 期。
④ 　甘代军、李银兵:《传统节日的总体性与人性反思》,《山西师大学报(社会科学版)》2015年第 5 期。

二、深邃文化的日常浸染

（一）天人合一、生态平衡的和谐理念

"天人合一"，其实就是"注重人与自然的和谐统一，注重人道（人类社会的法则）和天道（宇宙的普遍规律）的一致。不是强调征服自然、改造自然，不主张天和人的对立，主张天和人协调。"①我国自古以来就十分注重人与自然的和谐，正所谓"礼之用，和为贵，先王之道斯为美"。② 传统节日的诞生就是顺应自然节律和自然时序的产物。在日期的安排上，传统节日顺天时而俗，依自然节气贯穿春夏秋冬。在节庆活动的安排上，也与季节、时令相贴合。清明节在春暖花开、万物复苏的春天。人们在这一天祭奠先祖、踏青赏春、植树插柳、健身娱乐，既慎终追远，又尽情享受美好春光；端午节在阳光明媚的初夏。人们挂艾虎佩豆娘、戴香包避五毒、赛龙舟吊屈原，盼望安度酷暑、消除邪恶；中秋节在丹桂飘香、风吹麦浪的秋天。人们在一天里赏月拜月、玩花灯吃月饼，用多种方式庆贺丰收、祈福纳祥；春节在冬末春初。人们"新桃换旧符"、阖家团聚、"接神"踩祟、拜年庆贺，欢庆新春，祈求来年的吉祥如意。在少数民族的传统节日中也不乏和谐有序、天人合一思想的体现。如哈尼族十月年子课题中描写了云南少数民族哈尼族辞旧迎新的重要年节"十月年"，哈尼族传统历法"十月物候历"以"十月"为岁首，故得名"十月年"。每年阴历十月间，哈尼山寨全年的农事已完毕，旧的一年即将结束新的一年快要到来。"十月年"各种仪式活动都表达了哈尼人对自然规律的顺应和对美好生活的祈祷和追求，在"十月年"这个时间节点上总结农事得失、交流农事经验、传承农事知识，并且通过节日强化社会关系以及长幼有序的社会伦理。传统节日的时间安排错落有致，传统节日的活动安排和谐有序，充分体现了人与自然的和谐

---

① 陈来：《中华文明的核心价值：国学流变与传统价值观》，三联书店 2015 年版。
② 《论语·学而篇第一》。

共处,反映了中国古老而朴素的哲学观念。

(二)家人团圆、忠肝义胆的家国情怀

传统节日作为家国情怀的重要纽带,表达了对家人、对亲情的美好期盼,体现了对祖国、民族的思念之情。春节和中秋节是我国传统节日中以家人团聚为主题的两大"团圆节"。每到这两个节日来临之际,人们脑海中第一个想到的就是故乡和亲人,这已经在人们的脑海中成为一种根深蒂固的信号。每当春节,无论身在何方、人在何处,人们总是不顾一切赶着回家"过年",赶着吃上一家人团聚的年夜饭。在湖北省咸宁市大屋雷村"中秋祭月"子课题中更是以大屋雷村中秋节的拜月仪式为核心主线,体现了中国人以团圆为人生理想的基本观念。这种观念的形成,其文化根源是以血缘关系为基础的"家"文化。传统节日中厚重的亲情观,对每一个中国人来说都有着非凡的意义。

中华文化主张群体高于个人,并以"'家'、'国'、'社稷'、'天下'等概念具体地表达社群的意义和价值"①,并逐渐形成了强调忠义和担当精神的家国情怀。作为中华民族历史文化的一个缩影,传统节日文化中始终贯穿着爱国主义精神。如清明,既是节气,也是节日,爱国是它的鲜明主题。清明的起源是为了纪念晋国忠臣介子推。介子推割肉救重耳(即晋文公),晋文公即位后为逼介子推出山,放火焚山,结果介子推抱树而死。他用自己的生命为民请命,告诫晋文公要"清明勤政复清明"。此后,晋文公便下令介子推焚死之日禁止生火,要吃冷食,后相沿成俗,成为寒食节。所以,过清明节也就是在赞美和推崇介子推的刚正气节。还有端午节,在湖北省秭归县端午节子课题中我们可以明显感受到端午节中所蕴含的爱国主义情怀。湖北省宜昌市秭归县是端午习俗和龙舟文化的发祥地,也是屈原的故乡。屈原是端午节标志性的灵魂人物,他遭谗去职,被逐出都城,但始终不忍舍弃祖国,最后投江含冤而死。

---

① 陈来:《中华文明的核心价值:国学流变与传统价值观》,三联书店 2015 年版,第 72 页。

人们为了凭吊屈原，并由此逐渐形成了龙舟竞渡、悬艾驱疫、吃粽饮酒等端午习俗。忠义担当的家国情怀通过清明节和端午节得以传承，并在年复一年的小周期和千年复千年的大周期的循环中被不断发扬光大。

（三）敬畏神灵、敬祖报本的感恩意识

从时间经验意义上来看，中国传统节日是人们安顿精神、抚慰灵魂的"节"点，节日中所渗透的对天地万物的自然崇拜、对部落祖先虔诚严肃的祭拜怀想，皆是传统节日"神圣性"的集中体现。"神圣"本是一个宗教学概念，指的是与日常生活中相区别的事物，它与祭祀、仪式等宗教性活动相联系。但与此同时，神圣并不是与日常相分割，它们并不是一组二元对立的范畴。[①] 一般来说人们在日常生活并无可靠的"神圣"体验，因此突显于节日仪式中的"神圣感"便成为人们在日常生活中为数不多的神往体验，这就是日常和神圣之间的内在逻辑。因此节日中祭拜英祖先灵乃至神灵所蕴含的神圣感就成为了人们日常生活中的精神寄托，它不仅只是在节日期间才发生道德引领和惩戒的作用，而是随时都会给我们力量。传统节日里充满了"敬畏神灵、敬祖报本、饮水思源"的感恩意识。远古时期人民往往通过祭祀，来实现神与人的对话和沟通，获得神明的赐福或旨意。"祭祀仪式是节日活动中的标志性节俗，贯注着一个民族的生命能量、智慧范型与血脉的搏动，因而，愈是年代古老而今天依然故有的仪式，就愈是被淘空了它的原始意义上的内容，深含一种人类内在精神的象征和传承意义。"[②]节日祭祀仪式传达的是"人—神"对话中最原始也最具普遍性的意义：或感恩神灵，又或祈求神灵庇佑。人类始终相信神是善的代表，相信会保护人类，给人类带来丰收和幸福；同时也会惩恶扬善，以示警戒。对自然神的祭祀，往往隐藏着人类渴求风调雨顺、国泰民安的朴素心愿。如《定仙墕》中就记录了定仙墕娘娘庙花会盛大的祭祀景观。定仙墕

---

① 侯小纳：《神圣与狂欢》，云南大学 2015 年硕士学位论文。
② 谭桂林：《人与神的对话》，安徽教育出版社 2000 年版，第 202—203 页。

娘娘庙形成于明朝成化年间,是绥德最早的庙宇之一,最先供奉的是天神娘娘。此地生计越是艰难,灾病越是频繁,仙岭人对神灵的依赖和乞求就越是虔敬,这种虔诚一直延续到现在。每年阴历三月十八花会期间,成千上万散落全国各地的定仙墕人会如同候鸟一般,纷纷回归故乡。不管富贵还是贫穷,他们都会满怀虔敬地来到娘娘庙里,跪拜神祇、祭祀先人。在壮族侬峒节子课题中也展现了侬峒节当天,村民要请仪式专家佛公或佛婆举行隆重的求务仪式,向天神祈求百谷种子、风调雨顺以及村民和家畜的平安。还有在《格朵节》(云南红坡村格朵节子课题)中展现了在节日期间,四乡八村的 5000 左右信众将会聚集在羊八景林寺参加节日,信众通过朝拜护法神殿、寺院大殿、宗喀巴大师殿、无量光佛殿,供上酥油灯,观看僧人跳"羌姆"等活动,祈祷平安吉祥,体验一场死亡教育。

在过节参与拜神、祭祖活动时,我们会处于一种亲情思念、寻根溯源、敬祖报本的节日气氛中,自然会潜移默化地受到它的熏陶,学会识恩、知恩、感恩、施恩,不知不觉地运用它所给予的价值观念,并逐渐成为一种文化自觉。

(四)尊老孝亲的价值取向

从"百善为先"、"人之行,莫大于孝"[1]等传统观念中不难看出,"孝"是中国传统文化的思想核心,中国传统节日中蕴含了深厚的"孝"内涵。就以"尊老爱幼、孝道至上"等价值取向为主要内容的重阳节为例。九九重阳,"九九"与"久久"同音,意味着对生命长久、健康长寿的美好期盼。如今,还将这日定为"中华敬老节",也体现了传统孝道在当今的延续。登高和赏菊是重阳的民俗活动,也是暗含孝道的标志符号。春节的"守岁"也是希望家中老人福寿延年;七夕有"用凤仙花捣汁来染指甲的习俗体现对老人的

---

① 东方桥:《孝经现代读》,上海书店出版社 2002 版年版,第 125 页。

'孝'"①;以及端午节孝女曹娥的故事等都是传统节日中孝道的体现。许多少数民族的传统节日也体现了"孝道"的价值取向。如《纳顿节》(土族纳顿节子课题)就详细记述了土族纳顿节的传统仪式。其中《庄稼其》是一出戏剧性很强的舞蹈表演剧,被认为是整个纳顿节的根本,剧中演员分别戴上面具饰演农夫、儿子、媳妇、智慧老人与耕牛等角色。农夫为教育不务正业的儿子儿媳如何耕作,延请村中德高望重的智慧老人与贤达人士一同教导农耕技艺。故事剧情完整,剧中人物性格分明,舞蹈动作诙谐有趣,反映土族人民敬老尊贤、寓教于乐的传统思想。"中国传统节日通过特定的节日仪式礼节来规范和约束人们的言行,从实践的角度让人在家庭内部践行尊尊亲亲的礼数。"②

"传统节日文化蕴含丰富的优秀道德资源,是一种有效的隐形道德教育模式。"③正如学者苗瑞丹总结的传统节日文化所蕴含的道德品质与我们如今所遵守和倡导的价值观在基本理念、价值追求与功能作用等方面具有内在的契合性,这也是为什么传统节日文化具有其他文化形式所难以代替的作用的重要原因。一是在基本理念上的契合性。传统节日蕴含的"和"精神与"忠、孝、诚、信、礼、义、廉"等基本理念与社会主义核心价值观所倡导的和谐发展、爱国主义等观念具有内在的一致性和契合性;二是在价值追求上的契合性。传统节日凝结了中华民族深层文化内涵的价值取向。通过传统节日活动人们祈求阖家团聚、风调雨顺、国泰民安,寄托了人们对国富民强、社会和谐的期盼,表达了人们对实现国家富强、民族振兴的共同理想与价值追求。这些与培育社会成员具备优良道德品质与遵守基本道德规范的价值追求有契合性;三

①　刘彩清:《七夕节的文化透视》,《太原师范学院学报(社会科学版)》2007年第6期。

②　萧放:《中国传统节日资源的开掘与利用//清明(寒食)文化的多样与保护——中国传统节日(清明·寒食)》,《论坛文集续编》2011年。

③　何姝頔:《文化强国视阈下中国传统节日文化的价值研究》,西华师范大学2017年硕士学位论文。

是在功能作用上的契合性。传统节日注重家庭团聚与人际关系的和谐,这与整合人们的价值观念,消除分歧与冲突,维护国家的团结与统一、社会的和谐与稳定的要求有契合性。① 传统节日通过丰富多彩的节日仪式和节日活动潜移默化地使广大民众获得了真实的情感体悟,"通过节日活动的群体行为模式,推动民众以模仿、类比的方式调整自身的价值取向、规范的自身的行为习惯。"②

三、隐匿在生活中的节日符号

毫不夸张的说,我们所处的时代就是符号的时代。人类文明自始至终都携带着符号的印记。恩斯特·卡希尔在其著作《人论》一书中说:"与其说人是某种理性的动物,倒不如说人是符号的动物,亦即唯一能够创造和利用符号创造自己历史的动物。"③按照美国阐释人类学家克利福德·格尔茨的观点看,"文化"的概念实质上是一个符号学的概念,"所谓文化就是这样一些由人类自己编织的意义之网。因此,对文化的分析不是一种寻求规律的实验科学,而是一种探求意义的解释科学。"④文化符号在某些特定的文化背景下就是精神文化内核的集中表现,节日文化同样也需要通过一定的载体(符号)得以体现和传播。所以节日是一种用行动和符号书写的文化文本。中国传统节日文化的外在表现形态大致可分为以衣、食、住、行为主的物质形态和以习俗、思维、情趣为主的精神形态,并由此构成了一套完整的文化符号体系。节日符号不仅只出现在特定的节日之中,它还以隐而不彰的方式出现在人们的日常生活中,深深地影响着一代又一代中国人,直到今日依旧保持着它的生命力与活力。

---

①　苗瑞丹:《论社会主义核心价值观融入传统节日的理论意蕴与实践路径》,《内蒙古社会科学》2016 年第 5 期.

②　苗瑞丹:《论社会主义核心价值观融入传统节日的理论意蕴与实践路径》,《内蒙古社会科学》2016 年第 5 期.

③　[德]恩斯特·卡希尔:《人论》,上海译文出版社 1985 年版,第 71 页.

④　[美]克利福德·格尔兹:《文化的解释》,上海人民出版社 1999 年版,第 37 页.

节日符号是一种隐蔽的心理诉求,用来表达人们的诸多祈求和寄托。这种祈求和寄托也就是节日习俗的种种象征寓意,或称之为象征符号。象征的内涵有两层:一是象征表达意义,二是这些意义的外在表现。它一般要借助人们肉眼可直接感知到的现实的事物,但不仅仅指事物本身,而是事物所传达到人们内心的感受和认识,或给人们相关的暗示信息,这些感受和认识往往具有普遍的意义,没有高低之分。可见象征就是一种感性的存在或具有意义的形象。外在形象和内在意义达到一致契合,是"形式—思想"、"有形—无形"自然的内在化的俗成。传统节日象征符号用具象的形态隐晦地表达某种情感和意义,不仅是一种理性的思维方式,更是一种哲学的表现形式。学者蔡铁民将传统习俗的象征符号总结为以下几种表现形态。①

(一)数字的象征内涵

对于数字的选择中国人有自己的一套价值体系,看似简单的数字在中国人的价值观念中有着非同寻常的内涵。我们尊崇以阳数为上,中国重要的传统节日基本上都是以阳数为主,如春节、元宵节、上巳节、中秋节、七夕节、重阳节、端午节等节日的日期都为阳数。节日与数的象征存有着一定的特殊关系,按照传统的阴阳八卦之说来看,正月为寅月,是生命萌芽的月份。《礼记·乐记》:"地气上齐,天气下降,阴阳相摩,天地相荡,鼓之以雷霆,奋之以风雨,动之以四时,暖之以日月,而化百兴焉。"②所以正月是最吉祥的月份。正月初一为春节,象征万物更新的一天;数字九属阳,是极数,玉皇大帝的生辰也被定为正月初九,象征着天帝阳寿无限,有洪福齐天的寓意。九九重阳节,意味着重阳节的阳气达到顶峰,有大吉之意。但盛极必衰,盛阳之后,阴气渐盛,多病

---

① 蔡铁民:《理性思维的象征寓意——谈传统节日习俗象征符号》,《闽台岁时节日风俗——福建省民俗学会第二届学术研讨会论文集》1991年。

② 薛永武:《大乐与天地同和——〈论乐记〉天人相谐的和合神髓》,《理论导刊》2006年第1期。

灾。所以重阳节要登高、饮酒,这也是节日特点的反映;数字"七"被称为"圣数",是吉祥的数字。在古代,"七"与人的信仰观念相结合,便衍生出来各种节日。比如正月初七是"人过年",或者也叫做"人的生日",闽南地区在这一天要食线面,以表"长寿"。还有七月七日的七夕节,相传该日是牛郎织女相会的日子,此日也是大吉的日子。

"数字与节日象征是人们主观心智能力的运作,它构拟出种种模式符号和共同密码"。① 关于数字的这一套思维模式不仅体现在节日之中,更为我们日常生活中的重大仪式或活动提供了指导。比如日常生活中的丧嫁仪式、乔迁等,在举行这些特殊、重大的仪式或活动时,会依据"数的吉凶"慎重挑选一个合适的日子,这是中国人"良辰吉日"朴素的时间观的表现。

(二)"圆"符号的象征意义

自古以来,中国人对"圆"就有一种特殊的情感,"圆"这种形象符号也在各种节日中有所体现。除夕夜家人团聚的年夜饭称"团圆饭";元宵节的代表性食物叫"元宵汤圆";中秋节赏圆月,吃月饼,古人把中秋月喻为"婵娟"、"明镜"、"玉盘",吃的月饼也是以圆形所制。取"天上月圆,人间团圆"之意。中国传统观念中非常重要的一点是注重家庭和睦和家人团圆。团圆是凝聚家庭成员的一种内聚力,以此建立上下有序的和谐气氛。关于"圆"象征符号,其实由来已久。天圆地方是中国古代的一种宇宙观,如《大戴记·曾子天圆》:"天道之圆"②,《易经》:"圆而神"③。中国人对圆的崇拜和重视,从某种角度上看,其实就是对天的崇拜,节日重视"圆"的文化观念,便与这种崇拜和对以血缘关系为基础的家庭伦理有关。对"圆"的崇拜经过人们不断重复、发展,

---

① 蔡铁民:《理性思维的象征寓意——谈传统节日习俗象征符号》,《闽台岁时节日风俗——福建省民俗学会第二届学术研讨会论文集》1991年。
② 戴德:《大戴记·曾子天圆》。
③ 《易经》。

成为人们的共识,并体现在生活中的方方面面。比如审美观、价值观等。

(三)物象的象征寓意

图像和自然物是节日象征符号最多采用的,如若要揭示它们隐秘的象征内涵,就需要进一步剖析它们所凝结的特殊意义。比如以春节的春联为例:作为春节典型的视觉符号,隶属于我国楹联形式,以其简洁明了、工整雅致的结构形式著称,用包含深意的短小句子表达出人们对生活的期待,是中国人春节时庆祝岁时的方式。春联在古时也有"桃符"之称,相传五代以前,古人为了辟邪驱祟,就在过年时在大门旁挂两块桃木,因为古代人们认为桃木有驱邪的功效。随着时代的变迁,桃符不仅只用作辟邪驱祟,人们把更多的愿望写在桃木上,逐渐演变成工整对仗的春联,其形式和内容都发生了变化,其内涵也越来越丰富。如今对联这种独特的文化形式常常与书法结合在一起出现在我们日常生活中,以此表达人们对生活的热爱和期盼。

所有的传统节日符号都根植于中国文化土壤,历史悠久、延绵不断。这些朴素又含蓄的象征符号,不仅为节日增添了色彩和气氛,它更是以具体又真实的实物和理智又深邃的意义表达了人们对人生、对理想的价值追求,增强了人们对生活的信仰和期盼。它是集体的智慧,是一个地区乃至全国认同的符号,这种理性思维的符号,成为展演民族历史嬗变的工具。文化逐渐渗透到大众生活的每个细节里,作为文化内容的传统节日符号也以不同的方式渗透到人们的生活之中,隐匿在我们生活中的节日符号无疑是一种可贵的文化创造。

四、独特的审美情愫——以节日诗歌为例

节日独特的审美性作用体现于我们生活的方方面面。比如节日中的歌舞戏剧、节日中的造型艺术、节日中的服饰乃至节日中的美食等这些方面所体现的审美情愫已经融入了我们的日常生活之中。但对我们生活影响范围最广、时间跨度最长、意义最深远的,就是千百年来被作为民族文化精粹的古典诗词

了。前面我们在叙述节日发展时,曾以唐宋节日诗歌来证明唐宋时期我国节日氛围所达到的巅峰时刻,这里我们也以节日诗歌为例去尝试说明其中所蕴含的独特美学意义,以及阐释其对中华民族所起到的独特的审美熏陶和审美养成作用。

节日诗词作为节日文化的重要组成部分,随着节日的到来而产生,它们借助于文学艺术的表现形式深入人心,可谓是耳熟能详、俯拾皆是。历代的文人墨客,甚至是帝王将相,将传统节日作为诗词的主题已是层出叠见,传统节日也因此有了诗情画意的风雅。和传统节日一样,传统节日诗词也是一笔宝贵的文化遗产。节日诗词生动地映射了中国历朝历代最真实的节日生活画面,同样也抒发了在不同环境中诗词作者的不同情感。"节日诗词在其诗词形式、抒情的方式、语言的推敲、情感的表达,以及音韵格律的斟酌方面都具有独特的精神价值和审美价值。传统节日诗歌还有其明显的特点,具体表现在鲜明的历史性、浓厚的社会性和广泛的群众性等方面。"①透过传统节日诗歌的特点,我们可以领悟到传统诗歌中所蕴含的节日文化意蕴,并由此浸润着我们的文化生活。

(一)鲜明的历史性

中国传统节日诗词有着鲜明的历史性的特点。不同的历史时期有着不同的社会环境和节日习俗,所以不同历史时期的节日诗词都带有鲜明的时代烙印,这些时代印记与民族的盛衰和国家的命运有着密不可分的关系。以重阳节为例,晚唐诗人吴融的《重阳日荆州作》就以"万里投荒已自哀,高秋寓目更徘徊。浊醪任冷难辞醉,黄菊因暄却未开。上国莫归戎马乱,故人何在塞鸿来。惊时感事俱无奈,不待残阳下楚台。"②的诗句抒发了虽适逢重阳佳节,但

① 王景科:《中国传统节日诗词的特点》,《山东师范大学学报(人文社会科学版)》1994 年第 6 期。
② 吴融:《重阳日荆州作》。

仍悲凉万分的心境。正是因为当时诗人身处风雨飘摇、正走向灭亡的晚唐，藩镇割据、连年征战不断，人民饱受战争之苦，流离失所、生活艰困。诗人在重阳节悲从中来、悲戚感怀，从而再现了晚唐社会黑暗、民生凋敝的凄凉之景。再看毛泽东的《采桑子·重阳》："人生易老天难老，岁岁重阳。今又重阳，战地黄花分外香。一年一度秋风劲，不似春光。胜似春光，寥廓江天万里霜。"①这首词脱尽古人"悲秋"的窠臼，一扫衰颓萧瑟之气，以壮阔绚丽的诗境、昂扬振奋的豪情，唤起人们为理想而奋斗的英雄气概和高尚情操，毛泽东通过重阳述怀，表达了对革命根据地和革命战争的赞美之情；表达了革命的人生观、世界观；表达了他宽广的胸襟和高度的革命乐观主义精神。并且诗中还蕴含着丰富的人生哲理，闪耀着辩证唯物主义的思想光辉，具有极强的审美启示力。诗歌所抒发的情感与诗人当时所处的时代环境具有契合性。由此看来，在历史的长河中，由于历代诗人所处的朝代和境遇不同，在节日诗词中抒发的情感和目的也各有不同，具有非常鲜明的历史性。

（二）浓厚的社会性

"中国传统节日诗歌包含了民族生活的伦理道德、风土人情、精神信仰等文化因素，因此在陶冶人民的情操、砥砺国民的意志、增进百姓的道德修养和增强中华民族的凝聚力等方面有着浓厚的社会性，潜移默化地发挥着重要的社会作用。"②

每年的八月十五是传统的中秋佳节，又称团圆节。中国人认为中秋节是仅次于春节的重要节日，并且在中国的美学体系中中秋节又具有极其重要的地位，所以中秋节为历朝历代的文人骚客所诵咏，关于中秋佳节名篇名作更是不可胜数。辛弃疾的一曲《木兰花慢·中秋饮酒》别具一格、千古不绝，一句

---

① 毛泽东：《采桑子·重阳》。
② 王景科：《中国传统节日诗词的特点》，《山东师范大学学报（人文社会科学版）》1994年第6期。

"是天外,空汗漫,但长风浩浩送中秋"①气势磅礴、朗朗上口。杜甫的"露从今夜白,月是故乡明"②更是成为游子抒发思乡之情的代表作。每当我们细细品味有关中秋的诗词时,立刻能在思想和情感上产生共鸣,唤起对亲人、对家庭、对故乡、对祖国的思念之情。由此可见,传统节日诗歌所产生的社会效应是跨越空间的。同样,节日诗词产生的社会效应还可以超越时间,不断延续。以重阳节为例,重阳节正值秋高气爽、天朗气清,是古人登高远眺、借景抒情的好时节。《九日齐山登高》是杜牧在会昌五年九月九日登上池州(今安徽贵池)齐山写下的一首以重阳为主题的诗。在这首诗之后,有许多文人墨客创作了一系列以此为主题的诗词,具有广泛且深远的社会效应。如张祜的《和杜牧之齐山登高》、吴仲夏的《齐山》和明喻璧的《游齐山》等。这样一首节日诗歌引发了众多诗人的应和和延续,产生了深远的社会影响。

(三)广泛的群众性

直到现在,还有许多优秀的节日诗歌在人民群众中广为流传。具有艺术欣赏价值和顽强艺术生命力的传统节日诗词在新的历史时期依旧散发着它的魅力,表达了不同时期、不同地域的读者在特定的节日中共通的情感共鸣,受到广大群众的喜爱,具有广泛的群众性。苏轼的一曲《水调歌头》千古流传,被世人广为传唱。寥寥几句便道出了漂泊他乡的游子在中秋佳节之时的思乡之情,让广大人民深刻、强烈地感受到它的艺术感染力。苏轼在中秋之夜用率真和赤诚表达对美好生活的追求和对亲人的思念,在幻想与现实之间,推出一轮众人共照的明月,"但愿人长久,千里共婵娟"③这样一句充满暖意的诗句让原本清冷的月光显得浪漫又温馨,不知牵动了多少离家在外的游子之心,感动了多少客居他乡的异国侨胞,成为了在传统节日之时游子在外思念故乡、怀念

---

① 辛弃疾:《木兰花慢·中秋饮酒》。
② 杜甫:《月夜忆舍弟》。
③ 苏轼:《水调歌头·明月几时有》。

亲人的典型写照。由此可见传统节日诗词所具有的广泛的群众性。当然,许多中国传统节日诗词都有其广泛的群众性,此处便不再一一赘述。

节日诗歌因其丰富的文化内涵、鲜明的民族风格、独特的审美价值和浓郁的生活气息而产生了不朽的艺术魅力。今天吟咏着这些节日诗歌,让我们有一种如饮醇酿的美妙感受,并全身心地沉浸在对美好生活的体认和向往之中。

第七章　节日影像志创作模式探索

任何一种艺术生产,如果以大规模形式出现,必然促使人们对其创作模式的思考。尽管节日是我们统一的题材,但节日是万象纷呈的,进入节日的创作团队也是多学科背景的,所以,不同的节日与不同创作团队的"碰撞",一定会生产出不同形态的节日影像志作品。万象纷呈的节日总有其较为稳定的结构形态,但创作者却个性十足,每个创作者的创作过程也充满了许多的不确定性,那么,我们在此便认定是创作者的创作动机对形塑一种创作模式至关重要。以此为分类原则,本章在已有节日影像志研究成果和人类学纪录片分类探索的基础上,通过对已结项的节日影像志作品赏析和创作者采访,将节日影像志的创作模式分为学术型、故事型、诗意型、实验型四个主要类型,并结合具体影片对四个类型进行详细解读,试图构建一套相对科学与规范的、可为评价影像志的意义与价值提供尺度的分类体系,并在一定程度上推动节日影像志的多元化走向。

第一节　分类的必要性与原则

亚里士多德的《诗学》开篇就论述了诗的艺术分类及其原则,从类型的角度来把握文本属性是众多文艺门类分析阐述的常见方法,对类型的总结代表着人们对某一形式的认可和反复使用。笔者通过检索发现，目前学界尚未建立一个人类学纪录片较为成熟、公认度高的分类体系，但国内外诸多学者依旧在不断为此做尝试和探索。下面我们将对节日影像志创作模式建构的必要性和基本原则予以说明。

一、分类的必要性

关于节日影像志研究的文献综述，我们之前在"第三章：节日影像志——一种新形态纪录片"中已做了较为详细的梳理，此处笔者仅着重对人类学纪录片分类研究的相关文献进行梳理。在比尔·尼科尔斯的《纪录片理论与实践》《纪录片的声音》《表现现实》中，多次出现对纪录片类型的表述，他主要将纪录片分为阐释型、观察型、交互型和反身型四个大类，在《纪录片导论》中，他又新添加了两种类型：诗意型和陈述行为型，并在此基础上，将原来的"交互型"更名为"参与型"。[①] 休·希顿·沃森在《民族与国家——对民族起源与民族主义政治的探讨》的前沿中提到，"学人们将人类学，民族学写作分为四种模式：'经验的、释性的、对话性的、复调的'。"前两者是长期以来人们公认的"权威模式"，不过，随着民族志写作的发展，逐渐让位于后两者。[②] 郝跃骏在《人类学电影学说及其流派分析》中，对国际影视人类学的几种重要电影学说和流派作了梳理，将其归纳为"明晰电影""实验电影"和"引发思考电影"，并提出"研究人类学电影特有的信息传递方式、类型、制作理论及其方法，对于方法老化、陈旧并已经形成固有模式、难以与国际学术界对话交流的中国民族志电影制作方法的突破与创新，实现与世界的全面接轨将具有现实意义"[③]。艾菊红在《作为文化解释的人类学影视片——人类学影视片发展走

---

① 李翔：《用纪录片改造世界》，陕西师范大学 2014 年硕士学位论文。

② ［英］休·希顿·沃森：《民族与国家——对民族起源与民族主义政治的探讨》，中央民族大学出版社 2009 年版，第 1 页。

③ 郝跃骏：《人类学电影学说及其流派分析》，《国外社会科学》1997 年第 3 期。

向探析》中,根据人类学影视片的拍摄内容,将其分为作为研究资料的素材片、作为文化描述、作为文化解释的影视片三种类型。人类学家拍摄后可直接反复使用的是素材片;将所拍摄素材剪辑后描述文化的是作为文化描述的影视片;"注意阐释图像背后所隐藏的东西,揭示在社会变迁过程中人的心灵、命运的变化"的是作为文化解释的影视片。① 朱靖江根据不同的创作观念与文本形态,将中国"学院派"影像民族志划分为学理型影像民族志、描述型影像民族志、表现型影像民族志与应用型影像民族志四个基本类别。②

通过对人类学纪录片分类研究的相关文献整理得出两点:一是国内外学者从不同角度出发,提出了多种人类学纪录片分类法,并为各类型命名,但目前学界尚未建立一套人类学纪录片较为成熟、公认度高的分类体系;二是构建人类学纪录片分类体系是一项较为复杂的工作,在寻找不同切入点尝试建立更为科学的分类体系过程中,影视人类学的理论探索和实践应用都在一定程度上得到了推动。因此,笔者将在综合借鉴节日影像志研究成果和人类学纪录片分类探索的基础上,尝试构建一套相对科学、规范的,可为评价影像志文本意义与价值提供尺度的分类体系。

二、分类的基本原则

借鉴前人对人类学纪录片的分类标准的经验,最核心和首要的问题是确立分类标准。《德意志意识形态》认为意识形态具有复杂性,其中,文艺生产因其具有"倾向性"而更为复杂。格尔茨认为人类学家就是作家,其主观性、艺术性等个人风格必定会体现在写作过程中。进而,我们继续追问,创作者的倾向到底受哪些因素的影响?"真实与动机和利益相关,启蒙还是欺骗,让我

---

① 艾菊红:《作为文化解释的人类学影视片——人类学影视片发展走向探析》,《中南民族大学学报》2004 年第 2 期。

② 朱靖江:《中国人类学影像民族志的文本类型及其学术价值》,《广西民族大学学报》2013 年第 1 期。

们从动机开始调查"①。

商玉祥在《个性心理学》里把动机定义为"在需要刺激下直接推动人进行活动以达到一定目的的内部动力"②。就节日影像志的创作而言，主创所受的刺激可简单分为内外两种，外部刺激"是指人在外界的压力作用下所产生的"③，即不同的节日因其空间环境、仪式流程、信仰、服饰、规模等不同，所形成的外部刺激则不同；内部刺激则指"人内在需要引起的"④，即主创个人身份和文化限度的差异，内外刺激在交织与碰撞中形成其个人的创作动机。不同的创作动机，致使创作者对科学"真实"与人文"意义"的倾向不同，与被拍摄对象在"被看""他看""互看"和"自看"中的互动程度和方式也会不同，进而在解释表象和文化、展示立场时，就会有不同的范式取向，最终指向不同的节日影像类型。综上，我们对节日影像志的分类本质上就是对创作动机的分类。因此笔者从动机出发，将节日影像志分为学术型——科学主义创作动机、故事型——功利主义创作动机、诗意型——审美主义创作动机、实验型——多样性探索动机。在下文详细分析各类型前，需要强调两点，一是任何节日影像志新创作模式的诞生并不是对已有模式的简单推翻或超越，更没有哪种模式绝对优于其他类型；二是四个类型虽存在互有重叠、边界不清晰的现象，但从创作动机出发，它们代表了节日影像志的基本类型。

第二节　学术型——科学主义创作动机

文献型节日影像志以"非介入、不干预的方法"⑤来展开对节日流程、具体

---

① 林少雄：《多元文化视阈中的纪实影片》，学林出版社 2003 年版，第 5 页。
② 商玉祥：《个性心理学》，北京师范大学出版社 1989 年版。
③ 庄萍萍：《论纪录片拍摄者与被拍者的"动机"关系》，中国美术学院 2018 年硕士学位论文。
④ 庄萍萍：《论纪录片拍摄者与被拍者的"动机"关系》，中国美术学院 2018 年硕士学位论文。
⑤ 朱靖江：《复原重建与影像真实——对"中国少数民族社会历史科学纪录电影"的再思考》，《西北民族研究》2013 年第 2 期。

行为实际情况的记录,追求"逻辑完整、证据真实充分,而非美学、诗意、戏剧性或视觉冲击力,也不要求呈现现实世界时空的连续性和事件的完整性"①,倾向功能主义的文献价值。文献型节日影像志的生产,一部分是由节日特性决定的,如端节、卯节的祭祀循环圈与地域共同体本身十分繁复,文献型节日影像志最有利于清晰、有序地展示水族血亲或姻亲为纽带的区域共同体、互惠互利交换圈。针对仪式繁复、文化符号冗杂的节日,影像志需要以具有明确导向性的描述对节日的核心要素和关键流程进行记录,因此创作者会有意识保持与主位的距离、削弱客位观点对其的影响,以实现节日影像志最基础也是最关键的文献价值。另一大部分文献型节日影像志的生产是受创作者学科背景的影响。根据对已立项的 166 组节日影像志项目主创的学科背景统计发现,其中约 84 组项目的负责人来自人类学、民族学、民俗学、历史学或语言学等专业。主观上,这部分项目负责人原有学科的工作范式使他们的创作更倾向科学的真实性和信息的完整性;客观上,他们缺乏娴熟驾驭影视语言的经验,因此节日影像志中的个人风格较弱。无论是出于主观还是客观原因,这些创作者都是从客观、中立、透彻出发,在科学主义创作动机之下,以人类学、民族学等学科的学理和方法论把节日中的人、仪式、服饰、饮食、歌舞、手工艺品等从属于节日文化的元素加以详细记录,力求完整地构建节日与地域文化体系,保留历史的确凿证据和时间的真实印迹。

一、学术型特点

(一)扎实的田野

从以"洞察""发现""探索"为理念的《北方的纳努克》到克制冷静的《狩猎者》,人类学纪录片在萌芽阶段就与人类学精神高度吻合。田野作业是文

---

① 熊迅:《呈现"他者"的脉络——民族志影像的意义建构与传播潜力》,《民族艺术研究》2016 年第 6 期。

化人类学专业的标志之一,而在人类学纪录片发展初期,影像只是田野作业的一个工具、报告撰写中的一种手段,但这也奠定了人类学纪录片诞生于扎实田野作业的 DNA。正如庞涛所说:"(节日影像志)项目立项首先考察项目申报者的田野内容和对对象的研究深度,而不是影视工作能力和作品影响力。从实际成果来看,得到各方认可(学术与非学术)的作品都有很好的田野基础,较好地展现了节日仪式对当地人的意义。"①对所有节日影像志项目而言,田野工作都十分重要,但对以科学主义为创作动机的创作者而言,田野笔记的写作方法会极大影响他们创作影像志的手法,田野笔记的内容大部分会进入影像志成片。

《端节》与《卯节》主要记录了分布在贵州省黔南州三都县和荔波县境内的水族过端节和卯节的情况。端节和卯节为地域循环节日,具有通过节日和祭祀仪式结成地域联盟形成共同体循环交换圈的明显特点,有"中国的库拉"之谓。两部节日影像志通过篇章式的结构,着重梳理了端节与卯节纷繁的空间移动轨迹及地域共同体内亲友、水书先生、对歌青年、赛马人员等复杂的人物关系网,而两部影像志的创作基础就来自于李建明(时为清华大学人类学专业博士生)在黔南都柳江和樟江流域(行政上属于三都水族自治县和荔波县)长达两年的田野工作后,所形成的 20 万字人类学文字研究报告《祭祀循环圈与地域共同体——黔南水族节日社会交换研究》,也可以说《端节》与《卯节》是对《祭祀循环圈与地域共同体——黔南水族节日社会交换研究》中对水族血亲或姻亲为纽带的区域共同体互惠互利交换圈的调查、思考成果的影像化转换。

(二)全景式实证

"真正意义的节日志,必须完成一项工作,即向这个民族的后代或其他民

---

① 微信采访:被采访人:庞涛,中国社会科学院研究员;采访时间:2019 年 10 月 2 日;采访人:刘广宇。

族介绍他们当时是怎么生活的"①,在学术型节日影像志中,尤其是偏学术资料型的一类中,创作者更倾向以文献资料式的体式来展现节日活动场地、参与人员、文艺表演、祭祀仪式、体育竞技和食品服饰等。而"文献"何指呢？张君昌在其主编的《影像中国——当代纪录片理论争鸣与前沿探索》中指出:所谓"文",是指一切有书面文字记载的东西,也就是有明确的物质媒介体,如影像的、网络的和平面的记载着知识的物质载体;"献"则是指非物质的媒介方式对历史文化知识的记载,如民间歌谣、诗歌等。影像作为人类目前唯一可称为"准全息性"的表达手段,可以承载起语言或文字艰于表现的事物,学术型节日影像志不单是"以非介入、不干预的方法,从旁冷静地摄制"②的方式对节日祭祀、仪式、表演、游戏、服饰、饮食、社交等进行记录,更在科学实证主义的框架之中,对节日祭祀中诵唱祭文的语速、仪式中动作的幅度、表演中音乐与舞蹈节点的配合、游戏中欢呼呐喊的氛围、服饰上叮当作响的配件等信息进行了精准收录。

　　傈僳族刀杆节子课题负责人高志英是民族学、历史学学者,在《刀杆节(泸水篇)》中,她以一种如实的、可控的和系统性的方式记录了云南省怒江州泸水县鲁掌镇子克村傈僳族刀杆节的情况。通过对上刀山、下火海仪式的记录,把传统到现代过渡、对接的场域中刀杆节祭师、村民、刀杆节旅游项目组织者、游客等各角色在其中的参与状态和互动程度全面翔实地囊括了进来,弥补了文本志只能择重点、要点记录的缺憾。影像志中使用了大量长镜头对磨刀、绑刀、祭神、舞蹈、上刀杆、下刀杆、骑甲马等关键环节进行了"深描",对祭师上刀杆脚与刀的角度、速度,族人、观众在观看表演者爬到不同高度时的情绪变化等非物质信息都进行了形象生动的记录。同时,举办祭祀、仪式

---

① 张岳、陈刚、蔡华:《节日影像志的案例分析——〈纳人和他们的山神〉影片简介》,《节日研究》2014 年第 1 期。

② 朱靖江:《复原重建与影像真实——对"中国少数民族社会历史科学纪录电影"的再思考》,《西北民族研究》2013 年第 2 期。

村落的地形地貌、植被物种、气候气温等生态信息也被囊括了进来。这些翔实而生动的细节使得影像志文本对于多元阐释的开放程度更高,受众可以对节日内隐的文化与个性产生出多元的解读,极大提高了节日影像志的文献价值。

(三)还原性口述

英国口述史学专家保尔·汤普逊在他的专著《过去的声音——口述史》中提到:"口述史的首要价值就在于,相比于绝大多数的原始材料,它可以在更大程度上再造原有的各种立场。"[①]在节日影像志的田野作业和拍摄中,口述的应用都十分广泛,但对于学术型节日影像志而言,口述者不单是文化事项的介绍者、仪式流程的串联者,更是权威与历史的"去蔽"者,大量的口述将附着在词意之上的"真实"多面场和"鲜活"历史场还原出来。口述史和个案"深描"的魅力在于用述者真实独特的个体经历与记忆,对民族史、节日史进行补充甚至纠正,对学术垄断提出挑战。口述在与影像结合后,除了记录见证者、亲历者的语言,更记录下历史在他们身上留下的痕迹、形成的气质以及他们面对镜头时的或喜极而泣或黯然神伤或吞吞吐吐的微表情……这些口述影像,除了口述之词,附着在词意之上的文化语境往往更有意味。

整合"真实"的多面"场"。这种整合主要体现在两方面:一是主位(当地人)对自己节日的参与与感悟同客位(节日影像志创作者)所观察与关注重点的整合,客位通过多方面采访,可充实、完善、修正已有经验;二是整合节日中不同身份、不同性别、不同年龄者的口述,以展现节日不同侧面。在《灯城春秋》中,创作者就"观灯"这一环节,分别记录了摄影爱好者、本地四世同堂一家、外来学者游客这三个群体观灯的画面,指向了自贡灯会所承载的观赏、

---

① [英]保尔·汤普逊:《过去的声音——口述史》,辽宁教育出版社1999年版,第289页。

传承、学术价值三个不同的面向与层次，整合出自贡灯会之于当下的符合意义。

　　同样是还原真实的"场"，偏向影像深描的《七圣庙》中大量的口述则不局限于对节日的补充。《七圣庙》记录了以"梅山七圣"信仰为依托的福建宁化县夏坊村客家七圣庙庙会，主线完整、深入地展现了"七圣祖师巡游"的筹备与举办流程，把2016年福建宁化古游傩祭祀人神共欢的节庆场面及该地区的社会面貌全面地展现了出来；副线则通过对夏坊七圣庙理事会成员、村中老者和专家学者（杨彦杰或劳格文）的口述采访探寻古游傩的缘起和传承，挖掘纷繁的文化事象背后更为复杂和多元的信仰本源，进而"展现人类学影像拍摄与文本研究、田野调查和民间社会组织之间的互动关系，使影像与文本之间构建起一种既彼此独立，又相互辩证；既诉诸感官，又探幽发微的学术关联"①，在对节日影像志创作伦理与方法的省思中，使实践反哺理论。

　　捕捉鲜活的历史"场"。在《端节》"祭"这一篇章中，潘殿噙兴致勃勃地面对镜头回忆："小孩以前就分鱼片，就一小点一小点，现在改革后，小孩就分糖果。"随即影像衔接了早晨街边一排站着等待大人分糖果的小孩画面。透过当下等着分糖果的孩子们的镜头与潘殿噙眼角带笑口述回忆的组合，我们仿佛看到了在物质极度匮乏年代，端节分了一点点鱼片也欢呼雀跃的小孩儿们。分食的东西越来越丰富，不变的是节日中长辈们对族群里小孩儿们的怜爱，此刻，历史的"场"和当下的"场"得以呼应。

（四）阐释性反思

　　节日影像志展现的是全球化语境之下某一节日的现状及过节群体的生活方式和生存处境，学术型节日影像志与节日资料片最大区别在于前者中有创作者的阐释，此处的"阐释"讲究的是"逻辑完整、证据真实充分，而非美学、诗

---

　　①　朱靖江：《"中国节日影像志"的庙会拍摄实践省思——夏坊村七圣庙个案》，《民族艺术》2018年第1期。

意、戏剧性或视觉冲击力,也不要求呈现现实世界时空的连续性和事件的完整性"①,主要体现主创以学者身份"对现实的历史性记录"和"对历史的现实化注解",具有鲜明的现代性和当下性。

《端节》由:"端"、"盟"、"祭"、"宴"四个篇章构成,《卯节》由"卦—乾坤"、"卯—联盟"、"祭—仪式"、"宴—共享"、"情—相悦"五个篇章构成,篇章式的结构是"学者按照其理解的文化逻辑安排的章节性叙事"②,篇章内大段阐释性的字幕,是学者对现象的规律性总结。如《端节》开篇,潘殿嘎口述他们从塘尼村把端买过来的相关传说,随即出现一段字幕:

> 塘州端节是在午(马)日而非传统的亥(猪)日过端节。这一特殊的端节凸显了都柳江流域端节节日联盟共同体不断壮大的过程。

紧接着在潘殿嘎口述过端的批次顺序后,又有一段字幕:

> 随着历史的流变和人口的增加,不同区域的村寨为了加入端节地域共同体,遂采用购买或者创建神话叙事等文化手段逐渐加入端节的地域联盟中来,出现了午日端节和未日端节。端节从最初四个批次最终形成了七个批次的强大节日循环共同体。这一动态的流变过程体现了都柳江流域水族端节的地域联盟性与各批次端节村寨共同体的权力共享与交换。

从这两段字幕中"这一特殊的端节凸显了都柳江流域端节节日联盟共同体不断壮大的过程。"及"这一动态的流变过程体现了都柳江流域水族端节的地域联盟性与各批次端节村寨共同体的权力共享与交换。"可以看出,学者把其"观念和田野体验投射到影片制作过程中"③,这些阐释性反思犹如一段段

---

① 熊迅:《呈现"他者"的脉络——民族志影像的意义建构与传播潜力》,《民族艺术研究》2016年第6期。

② 许雪莲:《差异求真——中国节日影像志和中国史诗影像志的理念与实践》,《民族学刊》2019年第5期。

③ 微信采访:被采访人:庞涛,中国社会科学院研究员;采访时间:2019年10月2日;采访人:刘广宇。

人类学札记,是创作者基于"客位"立场的学术性读解。但在影像志中呈现阐释性反思的时候,创作者需把握好阐释性文字的封闭程度和与总量,若创作者一味"自负"地展示自认为的"正确"或"真实",很可能把节日影像志变成"包装漂亮、标示详细的现成品",而与科学主义创作动机相悖。

二、批评与反思

(一)预设与实证

田野作业大致分为三个阶段:一是下田野前的知识准备,二是田野工作,三是撰写田野报告。下田野其本质是一种文化与另一种文化的碰撞,是一个不断探索和反思的过程,学术型节日影像志的创作者的学科背景和创作动机很容易使部分创作者不自觉地把影像志创作当作验证田野之后文化预设的过程,使得"真实"被遮蔽,所以创作者要高度警惕文化预设先入为主的影响。在《端节》开篇有一段创作者采访村民"端"的得来方式的对话:

村民:听以前我家老人说,我们跟他们买了端,七天就到我们了。

我们去塘尼那边的一个村,他们过端,后来就卖给我们了。

采访者:你们怎么买的呢?用什么买的?

村民:他们说那个节气不好,我们说还好,我们就要。以前我们

还是过大年的,后来我们就说进水家,全部水家应该过端。

采访者:那你们以前是水家吗?

村民:嗯,全部是水家。

采访者:你们是水家,那你们怎么过大年呢?

村民:到大年我们还要过啊。

采访者:大年也过?

村民:过一点。

采访者:那以前别的水家过端,你们不过?

村民：是。

采访者：后来你们觉得他们是水家你们就买过来了？

村民：是，他们卖了，我们就买过来了

采访者：所以就在马日过了？

村民：是啊。

从这段采访可以明显感受到，在采访后半段，采访者急于从村民口中问出他依据田野经验预设的答案，村民没有给出他想要的回答时，他直接提出封闭性的问题，村民只做是与否的回答，导致"以前是否过端"、"端从何来"、"何日过"等关键信息都是从采访者口中出来的，使这段采访的文献价值大打折扣。

在采访中，采访者应"把握节日的活态生命力，注重本地人的实践与表达"①，以实证的态度抛出开放式的问题，记录被采访者的回答内容及回答状态。若采访对象回答信息比较凌乱，采访者大可多采访几人，综合几人回答进行剪辑，或挑选答案集中的采访段落在影像志中使用；若采访时得到的信息与以前的田野经验、文献研究有出入，采访者则更要多做采访和实证，以充实或矫正已有学术成果。

（二）文字与影像

人类学纪录片缘起于人类学家记录与研究的辅助，加之学术型节日影像志主创群体受自身学科背景和研究范式影响，摄影机有时被他们惯性地当作望远镜和显微镜使用，创作者总是希望在有限的片长中囊括更多的信息，极致发挥其区别于文本节日志的优势。影视人类学的学术初衷是用动态影像存续人类的社会与文化行为模式，根据《规范》的要求，节日影像志原则上不采用复演和解说词，那么，对已逝的事物及学者的学术思考最直接简便的呈现方法就是打字幕。据笔者统计，在《端节》中，有 12 处带有创作者判断的文字段

---

① 朱靖江：《节日影像志：人类学的田野介入之道》未刊稿（2019 年）。

落,如 19 分 18 秒处的字幕:

> 肯多,在同一村寨宗族内部成员之间进行的交流活动。
>
> 人们按照长幼秩序从辈分高的家庭开始逐户参与供桌的尚缯仪
>
> 式。强化了宗族成员之间的认同,同时每个家庭也通过集体的力量
>
> 祛除了家庭中的污垢与危险性因素,如野鬼的侵扰。

字幕背后的画面是一群年轻小伙围在餐桌前,手拉着手举着酒杯共同发出"咃、咃、咃"的吆喝声,然后喝酒开餐。学者用反复揣摩的、带着学术文体的冷静与克制的字幕揭示着影像不便传达的内涵,但若影像志过分依赖以文字呈现创作者的思考,那是否说明影像志的创作者被文字过度束缚着? 创作者过分着急地通过字幕抛出观点,学术性是否成为了懒于从影像本质出发呈现节日的挡箭牌? 带有明确导向性的封闭式描述,是否潜藏着"原始人文化论"的殖民主义倾向? 创作者应当将仪式的解释放归当地语境,把文化持有者和文化参与者的表达放在第一位,学者的解说放第二位。[①] 同时,如影视人类学家卡尔·海德所说"事实上,由一位很博学的人类学家拍摄出来的纪录片,很可能在人类学方面并不成功。在制作人类学纪录片时简单套用人类学原理是无济于事的,除非它被电影形象所吸收。"[②] 或许,上文中提到这段字幕,把它去掉,并在村民饭前仪式结束后,当即采访此桌村民分别的身份辈分、餐前仪式的名称及意义、开办此宴席有何规矩,通过影像展现更为准确、详尽。

第三节　故事型——功利主义创作动机

无论是《荷马史诗》还是《诗经》,人类自古以来就有建构神话、传承史诗的天赋。在人类学学科理论发展和民族志电影实践的共同推动下,一些富有

---

① 庞涛、刘湘晨、庄孔韶、曹培鑫:《节日影像志的方法与实践——节日影像志的解释性结构》,《节日研究》2014 年第 6 期。

② [美]卡尔·海德:《影视民族学》,中央民族学院出版社 1989 年版。

探索精神的纪录片人开始对"科学民族志"范式进行反思，澳大利亚学者兼民族志电影导演大卫·麦克杜格即批评观察式电影是一种观察者和被观察者相孤立或隔离的存在于各自世界中的形态，这样拍出的电影如同一部独白戏。在这场争议与反思中，人类学纪录片面临着表述挑战，虚构电影在近半个世纪的"避嫌"后再次回归，又成为一种具有民族志表达潜力的学术影像媒介。①

前文已经提到，学科背景不同会直接影响到创作者的创作动机，不同的创作动机切入影像志的视角、思路及拍摄方式都有所不同。节日影像志项目中，有78组项目的主创有影视与传播学科背景，他们熟悉影视语言的创作与表达，更重要的是，他们比其他学科背景的创作者能更敏锐地洞察节日与故事在功能与结构两方面的相似性，所以他们善于用影视语言讲节日中的故事。从创作动机上看，故事型节日影像志创作者是功利的，他们并非遇人遇事皆记录，寻找田野对象像寻找"角色"，田野调查更注重节日过程中潜在的戏剧性，以便更快速精准地实现"对现实的创造性处理"（英国纪录学派的代表人物格里尔逊对纪录片的定义）。人类不光有讲故事的天赋，对故事的传播欲和接收欲也由来已久，故事型节日影像志更适于在大众媒介广泛传播，其经济和社会效益，一定程度上又将循环刺激更多创作者投身故事型节日影像志的创作。

一、故事型特点

（一）聚焦典型人物

人是历史的创造主体，是事件的亲历者，因此，人自然便是故事的核心。节日因其程序繁琐、参与人员多而杂、多线并行等特点，致使很多节日影像志给观众散、乱、抓不住核心思想的观后感。对功利主义的创作者而言，快速而简明展现节日的办法则是聚焦典型人物，通过典型人物可以以小见大、以点带

———————
① 朱靖江：《景观、方法与主体文化表达：人类学与虚构电影的多元关系》，《电影艺术》2018年第3期。

面来展现节日。

聚焦典型人物类似于影视人类学中的微型剖析记录法,即通过把节日中某人或某几个人作为典型个案,并对其所处的社会文化系统静态、微观、系统的拍摄,进而剖析个案,同时也把这个典型个案放到他所处的大群体中研究,以找出规律性的东西。例如《家节》中,创作者就选择以回乡过年的敬晓庆为主要人物,试图从他回故乡红星村过春节、吃特色食物、参与民俗仪式、观看传统戏剧的过程,把西北村落春节衣食住行的面貌以及西北人民在春节中对祖先的崇敬、长辈的尊重、家族的重视进行展现。

值得注意的是,这个典型人物不一定是节日中的权力者,也不一定是参与此节日次数最多者,但他一定启发了创作者的新洞见。《灯城春秋》中,创作者调研了自贡产量前十的公司,采访了彩灯行业中最具声望的老匠人、风头最劲的总经理、最资深的灯文化学者、最抢手的工程队,最终锁定表演欲强烈的美工刘炜、江湖气厚重的上市彩灯公司总经理万松涛、学院派出身的项目经理李斌、自贡"唯二"女包工头之一的宋玉玲。这四个典型人物分属灯会筹备不同环节、拥有不同的教育及从业经历、各占不同的性格色彩。通过与典型人物的进一步集中互动,挖掘出了做灯、办展、观灯过程中"充满生命的灵动欢快与生活的透彻流动"①的故事,进而窥探传统节日的现代化转型之路。

故事型节日影像志不是将仪式进行简单累加,而是通过聚焦典型人物还原生活的质感,并将节日事项串联成"充满生命的灵动欢快与生活的透彻流动"②的故事,在海量的复制中,典型人物成为一部影像志中符号化的记忆点与闪光点。

（二）事件推动

从古生物学到社会学,叙事已被确认为是表征的重要手段,在人类学领

---

① 瞿巍:《被淹没的个体:〈贵州安顺屯堡老汉人春节〉拍摄的一点随想》,未刊载。
② 瞿巍:《被淹没的个体:〈贵州安顺屯堡老汉人春节〉拍摄的一点随想》,未刊载。

域,学界也早已接受文本民族志中叙事的使用,同样的,民族志影片的制作也并非手持镜子去映照世界,而是承载着对现实世界的表征的任务①,所以从《北方的纳努克》开始,人类学纪录片已经开始用真实的画面讲述真实的故事。就节日而言,其中的仪式事件往往由阈限前、阈限中和阈限后三段构成,这与影视戏剧的三段式结构高度相似,开头简明有力地交代主要人物和故事的主要理念,中段着重展现冲突、对抗的过程,结尾揭晓对抗结果和主人公的结局。尽管节日事件或节日仪式与戏剧三段式叙事模式并非完全重合,但二者在结构和功能上的相似性,使故事型节日影像志的诞生顺理成章且并未丧失严肃表征节日"真实"的资格。

如美国纪录片大师弗雷德里克·怀斯曼所说的:"我认为纪录片和其他所有电影一样,都需要有些戏剧性因素。"因此,影像志创作者开始主动"挖掘事件中最富意义的荣宠时刻(privileged moments),而不只是被动地等待这些时刻的发生"②,这些"荣宠时刻"就是节日中的关键节点,然后创作者把这些节点变成影像志中的小高潮。虽然"荣宠时刻"可以推动影像志叙事,但影像志不能处处皆高潮,节奏要随节日进程有急有缓。

(三)蒙太奇的应用

早期的人类学纪录片强调"科学论据",把切换时空、情景、赋予镜头额外意义的蒙太奇视作歪曲"真实"最危险的手段,直到让·鲁什开始,人类学纪录片创作者们开始反思电影在人类学研究中的特殊功能与价值,大家逐渐认同"电影在自身发展过程中所演进的理论与方法,也应成为影视人类学的一个重要来源。"③对蒙太奇的认知的嬗变反映出人类学纪录片新的学术面向,

---

① [英]保罗·亨利:《叙事:民族志纪录片深藏的秘密》,《思想战线》2013 年第 2 期。
② 邵露虹:《从人类学纪录片到"真实电影"》,华东师范大学 2008 年硕士学位论文。
③ 朱靖江:《景观、方法与主体文化表达:人类学与虚构电影的多元关系》,《电影艺术》2018 年第 3 期。

在节日影像志创作中,功利主义为动机的创作者自然不会像学术型的创作者,事无巨细地记录和保留节日事项,节日本身的时空顺序就不再是推动影像志前进的全部动力,他们擅长精准捕捉直接服务于人物和故事的文化事件。

《骂社火》记录了河南省灵宝市阳平镇东常村与西常村于春节至元宵节期间"骂社火"的组织与动员、仪式各环节和社火结束后的回味。为了把"仪式剧场"内迥异于日常生活又无法与乡土社区日常完全切割的氛围生动展现出来,影像志利用蒙太奇将节日中的文化事件故事化、故事人物化、人物细节化、细节画面化。① 为铺垫节日"狂欢"的氛围,《骂社火》集中剪辑了几组镜头展现社火仪式表演中富有冲击的视觉元素,如村民们准备的令人眼花缭乱的杆和道具、色彩艳丽的服饰装扮以及社火队列仪仗乐器演奏等。在逗骂、拜请、出杆、骂阵几个环节,尤其是极具竞赛意味的"骂社火"中,镜头剪辑干净利落,你来我往地展现了两村对阵,互用辛辣乖张的骂词将仪式节奏逐步推向高潮的过程,生动呈现出现场的"戏剧性",以及社区村民在"狂欢"中所展现的旺盛生命力与创造力。

二、反思与批评

(一)建构与记录

对故事型节日影像志的批评,最集中的议题是关于"建构与记录"的讨论,这个议题的讨论在整个纪录片发展历程中也从未中止。"客观记录"与"虚拟情节"结合的创作方法曾一度被视为违背了"真实原则"而被人类学界所遗弃。直到 20 世纪 50 年代,法国影像民族志作者让·鲁什在弗拉哈迪的创作中汲取灵感,他认为,虽然人类学纪录片被赋予"真实"的文化与学术特征,但"真实"并非阐释人类学理论和呈现田野作业的唯一视觉方法,因此,把

---

① 董菁:《主题 人物 情节 细节——广播文艺创优的"点睛"之笔》,《中国广播》2012年第 11 期。

"虚构式影像民族志"的概念引入人类学研究方法之中,打破了民族志影像以"真实"为唯一表达手段的窠臼,试图在更广阔的影视视域中进行学术表达。之后又有美国人类学家杰伊·鲁比指出,"视觉人类学从逻辑上源于此种信念:即文化是通过可视性的符号显现出来的。这些符号存在于社会或自然环境中的人体姿态、典礼、仪式以及人工制品当中。文化可以被设想为以情节性的脚本自我构建,拥有台词、服装、道具与舞台的男、女演员居于其中,而文化本身便是人们参与其中的所有场景之总和。如果我们能够看见文化,那么研究者们就可以运用视听技术记录下来,作为可经分析与呈现的资料。"①基于杰伊·鲁比这一理念,节日影像志隶属于人类学纪录片,所以节日影像志也可被视为"兼具记录性与建构性的双重特质"。由此可见,"建构"同"客观记录真实"一样,可合法地用以文化和学术表达,如果认定"真实"就是复制节日的所有时序和每一个场景,那是对节日影像志本质的曲解。

节日影像志和文本节日志一样,都是为了便于交流对田野的提炼和升华,节日影像志的田野观察以数字素材的形式保存,最终只有极少数素材被挑选出来集结成一个连贯的表征。挑选即"建构"的过程中,难免受主创个人偏好或理论倾向的影响,但"建构"是尝试挖掘潜藏在影像背后的真相与内涵,而非为影像创造新的意义。在《灯城春秋》中万松涛带着设计方案到鄂尔多斯谈项目时,由于设计师忘记完成甲方曾经提出的修改意见,这次谈判十分不顺。

1 中景 轿车内

万松涛打电话:方不方便? 是不是有人喊你算这边灯组的成本?

你估计是哪个公司?

2 中景 轿车旁

万松涛和几个设计师再次确认设计图。

---

① 施霞:《藏羌彝文化走廊的影视创作发展探讨》,《青年时代》2018 年第 1 期。

3 中景　轿车内

设计师焦急地搓着手:有另外一个地方当时说要改,但是这个方案里我们忘了。

4 近景　会议室内

万松涛调整展示 PPT:你们要回头想一下,今天说了几个点,第一个板块划分,第二个里面的灯组要调整,你把这几个点记住了,你怎么会忘?

5 全景　会议室内

万松涛迎接甲方入座。

6 全景　会议室内

万松涛给甲方领导介绍设计方案。

7 近景　会议室内

甲方领导:我们的场地是多大,要现场去量,而不是把东西拿过来以后。

8 特写　会议室内

万松涛揉眼睛特写。

甲方领导画外音:我现给你们挖坑。

9 近景　会议室内

甲方领导:你做出来的产品要和我的场地是结合的。

10 全景　财神庙

万松涛拜财神背影。

实际拍摄中,万松涛电话打听竞争对手信息和设计师忘改方案两个事件中间,他们团队还对灯会方案进行了多次讨论调整,这个段落结尾万松涛拜财神的镜头也是在和甲方团队开会之前拍摄的。创作者利用蒙太奇打破既有时空,放弃了中间冗长的方案讨论过程的素材,通过打听对手信息、设计师忘改方案、客户质疑方案三个事件集中展现万松涛团队此次项目的内忧外患,使万松涛的焦虑不断累积。此时，比起放一段万松涛对此次项目总结的采访，以他在庙里拜财神爷的背影收尾，可把他对此次项目的遗憾和对未来的希冀等复杂的情绪通过画面意境抒发出来，句中有余味，篇中有余意。

在不扭曲事实和素材指向的情况下，通过蒙太奇组接将素材意义最大化，这大概就是巴赞说的"为了真实总要牺牲一些真实"，毕竟"对于具有自主意识的观众而言，他们感兴趣的不是事实和观点的简单罗列堆砌，而是创作者通过艺术加工后传达出的思想内涵和审美价值。"①但是，节日影像志创作者的"建构"也并非肆无忌惮的，如果拜财神这个镜头使用顺序改编后，产生了与万松涛拜财神现实意义相悖的新含义，那这种建构则是不被允许的。创作者的主观意图过强或贬抑文化持有者，这些都与节日影像志的基本宗旨相悖，是影视人类学者不可触碰的伦理底线。

（二）整体与局部

方法论上，个体主义主张通过个体及其互动来阐明社会现象，整体主义则主张诉诸某种宏观整体，例如系统、结构等来阐明社会现象。在前文我们提到，故事型节日影像志的特点是聚焦典型人物和找准"小高潮"，这些其实都是对个体、对局部的关注，因为我们呈现节日的篇幅是有限的，不可能把参与节日的每一个人、节日期间每一秒都进行记录，因此只能基于对节日场域中典型人物、典型事件的记录从而窥一斑而知豹。前文提到《家节》选择以敬晓庆的讲述为线索，从精神和物质两个层面展现西北村落春节的民风民俗，但当敬晓庆像导游一样带观众入节时，效果却并不理想，因为他常年在外求学工作，并不长期居住在村里，对于故乡的亲友和习俗都表现得十分冷静，在参与和讲述种种事项时，少了熟悉感和亲切感，因此，《家节》中对春节的展现就显得有些流于表面了。所以，创作者在选择典型的时候，应当建立在对全局和整体的

---

① 仇蓓蓓：《影视修史》，南京师范大学 2021 年博士学位论文。

把握上,否则聚焦的个体与局部可能不具备表征意义。

　　聚焦局部,不等于死守局部,节日一旦进入到大规模、长跨度、广泛参与的场面时,个体的存在感会削弱,个体将难以撑起全局,这时则需要及时从个体抽离。《祖先归来》中既有对曼厅寨"寨神供奉人"(养神人)岩汗约、村社长老岩罕温、村长波罕法、龙舟教官等节日中关键人物的聚焦,在村社成员平均分配牛肉、推沙塔、寺院拜祭祖先和僧人祈福仪式、放高升、请神仪式、龙舟竞赛、泼水活动等集体活动中,镜头又能及时退一步,给群体活动"大全景",以全面展现傣族村社的当下与传统、民俗与政治之间的互动关系,这时,镜头中的对象必须足够丰富,才能呈现其意义。所以故事型节日影像志中的局部与整体也是相对的、是需要随时转化的。

第四节　诗意型——审美主义创作动机

　　在后现代思潮影响下,"人类学尤其是文化人类学开始反思自身,不断质疑科学主义和实证主义的客位优越感"①,人类学、民族学写作的文学转向酝酿出一种大别于以往节日影像志的作品,它们具有"创造性和美感",不再强调埋头于对"他者"进行不偏不倚分析的企图,不再以现实主义风格为唯一合法性风格,以"感觉""感受""感知"为代表的民族志实践范式已成为对传统民族志实践反思的代表。"感受""感知"的产生,只能基于长期沉浸于田野,全面、深度地与被拍摄对象互动。在节日影像志的创作中,有一批创作者长期沉浸在田野,他们不急于复制节日,对田野点地理环境、宗教传说、节日进行记录,不局限于表现固有的可靠性、真实性和客观性,而是以充足的时间、以身体为介质去解冻节日中对"善"与"美"的思索,进而生成带有反思色彩的节日影像志类型——诗意型。

---

　　① 熊迅:《呈现"他者"的脉络——民族志影像的意义建构与传播潜力》,《民族艺术研究》2016 年第 6 期。

关于诗意，西方海德格尔有"表述的不仅仅是熟悉之物，同时也包括被熟悉之物所遮蔽的晦暗之物（疏异者）"①之言，东方《周易》有"书不尽言，言不尽意"，刘禹锡有"境生于象外"之说。诗意型节日影像志从人类学与西方纪录片制作范式的束缚中独立出来，重视民族志的描述性和非理论性，在与被拍摄对象在长期、全面的沉浸式互动中产生"具身经验"，在指意和结构上构建审美层面的意义，进而依托对主客体共通智慧的挖掘，对生命的诗意存在进行考量和表达。这也使诗意型节日影像志在形式和主题上都拥有了明显区别于其他影像志类型和文本节日志的特点，具有自己独特的审美品格。

一、诗意型特点

（一）诗性智慧

中国人类学者庄孔韶用"性灵""气韵"等词语来表述人类学影像的文化直觉性，他认为：不剔除"理"的局限，影片便无"真"、无趣。法国学者范华亦在与庄孔韶的一次对谈中指出："真"不仅要对拍电影的社会有一种真正的了解，而且还要具备一种心态，其第一条原则就是"相信其他人的信仰"。② 两位学者都关注到了拍摄者与被摄者的意识、体悟、直觉等油然而生的共鸣。

诗意型节日影像志的代表人物刘湘晨于 1954 年在山东出生，上世纪 60 年代随父母举家搬迁至新疆博乐，大学毕业从上海师范学院求学归来后，开始集中关注新疆、记录新疆，他曾说："早在很多年前，我就说过如何'看'新疆的一种感受：二十岁的时候，你会用俯视的视角，以为看到的什么都很简单；三十岁的时候，你会用平视的视角，总会有新的发现和体验；四十岁、五十岁的时候，你会用仰视的视角，因为新疆的存在，永远都大于你对她的理解。"③新疆

① 聂欣如：《思考纪录片的诗意》，《中国电视》2015 年第 9 期。
② 庄孔韶、范华：《现代人类学的理论寻觅——由明代"公安派"的文论引起》，《民族艺术研究》2000 年第 4 期。
③ 刘湘晨：《垂直新疆》，新疆电子音像出版社 2008 年版。

丰富的地貌和独特的地理位置使它自古就是草原文明、农耕文明、中亚两河文明、古希腊和波斯文明等诸多文明的汇聚地,有多元深厚的文化积淀,但刘湘晨在拍摄《以山为颂》(塔吉克族"古尔邦节"子课题)、《假期》(蒙古族"春节"子课题)、《以火为炬》(塔吉克族"辟力克节"子课题)等一系列节日影像志中,没有刻意叠加新疆的异域符号和奇观,而是通过他们的冲动、抑制、意识和亲属关系等特有的感情要素,展示被描述群体的整体精神气质,展现这个群体"存在"的"特有"①,以"一种尽量准确的方式,来表达新疆人多样的生存方式、生活智慧、生活魅力和文化心理"②,逐渐形成了颇具史诗气质的风格。刘湘晨影像志中的诗意,不是为了追求艺术审美纯主观的表达,而是以开阔的视野在对人类生存状态共性进行关照的过程中与新疆撞出的"破碎""间隙""瞬间"的共通的"诗性智慧",犹如顾城的《远和近》朦胧却充满哲思。

《献牲》中,公格尔大型水电站的建设会把原有的祖居地和大片的草场逐渐淹没,恰克拉克村柯尔克孜的大多数人必须搬迁。持续搬迁之中,皮力木库里·波洛希·阿吉姆一家迎来了古尔邦节,传统的宰牲仪式在这个背景下,氛围更为复杂。影像志中,皮力木库里·波洛希·阿吉姆在谈到搬迁一事时说:

> 这里的草场没了,在这里生活就会非常困难,将来我是这么估计的,十几年后这里全部被水淹没,人就无法在这生活,牲畜也没法活。

紧接着是一个村庄外景的长镜头:一名男子骑着摩托车,轰隆隆驶过,留下一路飞扬的尘土。环境的荒化和凋敝使当地牧民面临着日益严峻的生态困境,修水电站的通知如驱赶牧民的最后通牒,要不要坐上象征着现代化力量与速度的"摩托车"? 这辆"摩托车"将把牧民们带向何处? 正是波洛希或者说人类此刻最大的焦虑。创作者将这个长镜头巧妙地组接在波洛希的讲述之后,是创作者与波洛希的共鸣瞬间。

---

①　郝跃骏:《人类学电影的信息传递方式》,《西南民族大学学报》2004 年第 1 期。
②　梁黎、刘湘晨:《我用镜头思维》,《中国民族》2015 年第 4 期。

(二)虚实相生

罗兰·巴特将指意划分为三个层次：直接指意、含蓄指意、韵味指意。第三个层次"韵味指意"是指由现实出发，通过意向性的想象和象征，构建审美层面的意义。钟大年在《纪实不是真实》中分析了电视片创作中虚与实的关系。受以上两个位学者的启发，笔者将诗意型节日影像志中"现实"与"想象和象征"的互动也分为化实为虚和以实出虚两种。

化实为虚是"通过对表现对象形声结构及运动形态的描述，借助隐含于物象之中的隐喻、象征、暗示等艺术表现因素，去引导人们产生一种必然的心理联想，从而使实在之物传达出一种虚的境界，使实的内容与虚的意境成为浑然一体的完整的艺术形象。"①《萨朗颂》(四川省茂县曲谷乡河西村"瓦尔俄足节"子课题)记录的瓦尔俄足节是一项由"母系崇拜"习俗演变而来的综合性民间(村寨)的节庆活动，以歌颂和祭祀羌民族的歌舞女神——"萨朗"为主旨，因此又被称为羌族的"妇女节"。影像志在记录完瓦尔俄足节日活动后，以妇女们在半山腰劳作的场景作为收尾段落：妇女们一边劳作一边唱锄草歌，一边擦汗一边互相逗趣，歌声和画面在一个越拉越远记录她们背影的长镜头里慢慢淡去。《萨朗颂》结尾的长镜头在对村寨妇女背影的久久凝视中，我们也随创作者进入了他所感受的"虚境"——这群乐观又坚韧、含蓄又奔放的羌寨妇女不就是一个个鲜活的"萨朗姐"吗？

以实出虚是"通过有形的现实对象引出创作者虚化了的情思。这种虚境是实境的延续，也是实境虚化了的意义显现。以实出虚，实是形象的主体，但却是一种铺垫，虚只是一小部分，但却是结果。"②由实出的虚，可以品味人类文化现象中更深层的密码。《献牲》选择了新疆阿克陶县布伦口乡恰克拉克村皮力木库里·波洛希·阿吉姆家为田野点，影像志中分别对波洛希及其

---

① 钟大年：《纪实不是真实》，《现代传播》1992 年第 3 期。

② 钟大年：《纪实不是真实》，《现代传播》1992 年第 3 期。

儿子、孙子进行了关注。波洛希认为草场与布伦口新居距离太远,搬迁意味着放弃游牧生活,因此极不情愿。儿子阿力拜克·匹勒穆胡力为了追求更好的经济效益,也认为比起放牧,做老板是很有面子的事,于是在村口开了一家小卖部,经营自己的小生意。孙子夏道来提·阿力拜克喜欢上了一个已有婚约的姑娘,只要女孩同意,他准备带心上人私奔。通过对这一家三代当下生活状态的记录,引出了柯尔克孜族人生活方式和心态的逐渐变化:波洛希恪守着柯尔克孜族人的传统思想和行事作风,对从商的儿子和准备私奔的孙子都表现出抗拒和反对;阿力拜克·匹勒穆胡力不再固守单一的放牧生活,尝试开辟更多元的经济来源;夏道来提·阿力拜克这一代更为开放,传统与习俗对其的约束力越来越低。《献牲》中,运用了大量的长镜头,连续、完整地来展现代际之间的渐变,留给了观众足够的时空沉浸与深思,以实出虚,使得观众在波洛希家之外,去思考更多关于柯尔克孜族,甚至整个人类在全球化、信息化下面临的问题。

(三)时空重构

诗意型节日影像志在结构上突破了节日仪式和故事叙事的线性主导,结构上和中国画中的散点透视法类似。散点透视法即画家在不同点上观察,然后把在不同点得到的主观感受组织到画面中构造出新的时空境界,作品中物象之间没有严格的透视关系。诗意型节日影像志的创作者模仿散点透视法将物象转化为意象的这个过程,将节日活动与日常活动事件散点分布,各事件有意味地交叉呈现,观众惯有的线性思维常被打破,也正是在这种中断中,观众转而思考"并置"带来的对比和意义,为新的审美体验的产生创造了机会。《献牲》除了记录古尔邦节的相关活动,还穿插了波洛希嫁孙女、恰克拉克村因修水电站需整体搬迁两个事件。影像志花重笔墨展现的婚礼上络绎不绝的亲友前来祝贺,依依不舍的送别新娘的场景以及恰克拉克村民搬迁到新居后,两村村民宰牲联谊的场景,似乎和古尔邦节没有直接关联,但这两个事件里别离的愁思、生存与发展的迷惘不就正是柯尔克孜族举行"献牲"的意义吗？看似独立的板块和片段性的叙事，实则散而不乱，人物情感和文化细节作为坚实的内在逻辑使事件之间合理地相互关联，几个事件的交叉中，隐藏在生活里的哲思与追问显露出来。

二、批评与反思

（一）画面与意蕴

节日影像志作品中绝大多数记录的是少数民族节日，少数民族地区的地貌气候丰富，服饰色彩艳丽、各具风情，很容易拍出有视觉冲击力的影像。刘湘晨的节日影像志作品画面极其讲究，逆光空镜把千里高原、皑皑雪山、落日余晖拍得辽阔苍茫而悠远沉静。所以诗意型节日影像志作品的画面之美，并非奇观之美，而是其镜头背后充满力量、镇静和情感的凝视之美。笔者未在前文将"画面美"作为诗意型节日影像志的一个特点列出来，主要出于两方面的考量：首先"画面美"并不是诗意型作者的动机和目的，只是展现节日活动本身属性及节日行为指向的一种手段；其次是笔者怕把"画面美"作为诗意型的一个特点单列出来容易给大家造成一种误导，认为画面美、有视觉冲击的影像志就是诗意型，诗意型节日影像志绝不是对异域风景景观化、奇观化的呈现。真实是纪录片的生命和赖以生存的美学基础①，对诗意型节日影像志而言，"真实"依旧是其审美核心和根本价值，不过与学术型追求的文献性和故事型所侧重的叙事性不同的是，诗意型所追求的真实是拍摄者与被摄对象共鸣瞬间的真实感知，创作者用自己的眼光去观察文化持有者的文化，也从文化持有者的角度去理解他们文化，又通过对文化持有者文化的理解来反观自身。《献牲》开篇：野鸭闲适游过，划破水里倒映的山峰，雪山随着波纹一圈圈荡漾远去……开场以一组闲适而充满野趣的镜头交代溪谷的自然环境。《献牲》

---

① 钟大年：《纪录片创作论纲》，北京广播学院出版社1997年版，第67页。

结尾:大全景俯拍卡车队缓缓驶出山谷,在扬尘轰鸣中渐渐远去。两组镜头美则美矣,纵观全片搬迁、嫁女几个事件来看,却不止美矣,首尾的呼应使开篇的宁静中多了一分愁思,结尾的离别中有藏不住的眷恋。在铺垫与回应中,这两组镜头对拍摄者与被摄对象丰沛的情感变化与共鸣的记录,既非单纯"画面美"的流于形式,也非为赋新词强说愁的虚构。

(二)学术性与审美性

如布朗族桑康节子课题负责人张海老师所介绍的:在节日影像志后期剪辑阶段,很多主创都会以文化阐释优先原则而放弃许多很美的航拍、延时、特写和有冲突、戏剧性的镜头,否则会影响影像志对文化表述的深度。① 但在诗意型节日影像志中,创作者往往留恋于美不忍下手。《萨朗颂》记录的是羌族的瓦尔俄足节,类似于汉族的妇女节,"萨朗"是羌族歌和舞的统称。影像志选择了陈华珍老奶奶参加节日活动的全过程及其家庭的日常生活和在节日中的表现为主线,陈华珍奶奶能干、智慧的日常生活与瓦尔俄足节歌颂的羌族女神形象形成虚实的诗意呼应,所以片中用了较多笔墨对其日常生活进行了记录,以展现这个现实中的"萨朗姐"形象。遗憾的是,这也致使影像志中节日仪式所占比例削弱,对瓦尔俄足节上妇女们盛装出席、尽情歌舞的浪漫,尤其是瓦尔俄足节上演述的 12 首歌展现得不够突出。按照节日影像志的制作要求,12首歌是此节日的重点,应该严格按照其演述顺序把每一首歌都进行展现。

第五节　实验型——多样性探索动机

在二十世纪二十年代,先锋电影给予了童年时期的纪录片重要的滋养,按照尼克尔斯的观点,正是先锋电影让纪录片具备了自己独特的观察视角。在

---

① 微信采访:被采访人:张海,云南大学副教授;采访时间:2019 年 10 月 11 日;采访人:刘广宇。

二十世纪三十年代崛起的英国纪录片运动中，约翰·格里尔逊、阿尔贝托·卡瓦尔康蒂、保罗·罗萨等纪录片创作者在创作中对表达的技巧、形式、主题等多方面的实验和探索，深化了纪录片的实验性基因。

节日影像志多学科背景的项目负责人使节日影像志的创作更易激发实验的火花。"在恪守学术主题、内容以及人类学电影的基本学术规范和原则的前提下，许多原有的条条框框正在面临着新的突破。"①创作者们不断反思自身与被拍摄对象的互动关系，并对这种反思进行反思，孵化了许多复杂而有趣的节日影像志实验形式，我们把这些成果归纳为实验节日影像志。实验型节日影像志形式、风格更为开放包容，每一种新实验都代表了节日影像志写作的一个新方向和另一种可能性。

一、参与式节日影像志

上世纪60年代开始，加拿大的"福古岛实验"在世界各国广泛传播，并"作为一种社会介入方式和社区工作方法在参与式发展项目中被广泛应用"。② 摄影机的科学性在后现代视域中被质疑和解构，将摄影机交给报道人、让研究主体发声的倡议在人类学界开始流行，参与式影像顺势诞生。韩鸿在他的《参与式影像与参与式传播——当代中国参与式影像研究》中对参与式影像和普通的纪录片进行了对比，得出三点结论：首先是二者的生产方式有所不同，参与式影像是由项目促进者和社区民众集体创作完成；其次是两者的价值重心不同，参与式影像的价值更倾向于制作过程而不在于最后的影像成品；第三是参与式影像受众是小众的、特定的，它比普通纪录片更侧重内容而非美学标准。就节日影像志项目而言，多数主创来自高校、研究所、电视台，对被拍摄对象而言，他们的精英身份和摄像机的陌生感使得二者无论相处得多

---

① 郝跃骏：《人类学电影学说及其流派分析》，《国外社会科学》1997年第3期。

② 刘涛：《参与式影像在我国乡村文化建设中的发展路径探索》，电子科技大学2014年硕士学位论文。

么熟悉,在表达与被表达、拍摄与被拍摄的关系中或多或少都有不平等存在。虽然多数节日影像志中创作者尝试隐藏在镜头之后,通过摄像机以上帝视角最大化客观呈现节日,但是"隐藏"的是否就是"不存在"的? 于是有节日影像志创作者借鉴参与式影像把拍摄设备交给当地人,释放他们被遮蔽的主位话语权,让文化持有者拥有叙述、解释自己的节日的机会。

2009 年广西民族博物馆在融水苗族自治县的安太乡建设了广西第一座苗族生态博物馆,生态博物馆由信息资料与展示中心、保护区域两部分组成。博物馆计划对生态博物馆核心保护区的小桑和元宝两村,在新禾节期间采新禾、煮新禾、吃新禾以及坡会的情况进行记录,于是培训了村民何子良、杜维、郑剑宏的摄像、剪辑技能,由这三个村民全程承担节日影像志《禾祭》的摄像和剪辑工作。

相较于《禾祭》的全文化持有者参与,韩鸿的《看花节》又是参与式节日影像志的另一种尝试。《看花节》的摄像由文化持有者更让和三郎哈姆以及专业摄像共同完成。影像志中有摄影师将摄像机交给更让并教他使用的过程,有更让和三郎哈姆所拍摄的周围亲友日常生活及为节日做准备的画面,有摄像师拍摄的更让和三郎哈姆如何进行拍摄的画面,还有摄像师对节日场面的记录。《禾祭》专注于探讨文化持有者参与影像制作的意义,《看花节》更多是通过对文化持有者和专业摄像师视角的并置,比较文化持有者被拍和拍人时不同的状态、对比村民在外来摄像师和文化持有者的摄像机刺激下的不同反应,进而直击对"真实"的追问。

文化持有者深度参与创作,对节日影像志有三大意义:首先是影像权力关系的转换,外来者无论如何克服差异所造成的距离、隔阂和误解,也难以完全避免摄像机两端的不平等对视,参与式节日影像志可以把摄像机、话语权交给文化持有者;第二个意义在于最大效度地呈现文化持有者的观念和地方文化逻辑,文化持有者对节日文化的观看/拍摄视角,可以对他者所书写的节日文化进行补充或修订,不同文化持有者对节日的差异性显现,是节日影像志再次向"客观真实的世界"迈进的探索;第三个意义在于文化持有者深度参与节日影像志过程中,可以在镜像的自我反观和自我寻找中进行"重塑"与认同,客观上有助于他们重新审视自己的节日与传统,为保护与传承文化起到推动作用。尽管目前来看,参与式节日影像志的社会功能尚不突出,但这种以集体参与、注重展现跨文化交流的过程的参与式影像志,在引发节日影像志创作理念和行动的潜在改变方面,有不可低估的意义。

二、科技与节日影像志

影像是艺术与技术的结合,与另外六种艺术形式相比,没有哪一种艺术像影像这般依赖于技术。影像从无声到有声、从黑白到彩色、从配音到同期收声、载体从胶片到磁带到数字、摄像机从笨重到可单手拍录,每一次影视科技的发展,都势必对纪录片的创作理念和风格范式产生深远影响。随着数字技术的更新迭代,节日影像志无论是田野方式、探索视野,还是拍摄手段,都有了更多的实验空间。"进入科学技术研究为民族志作品提供了新的机会"①,许多创作者借助其在更多维度的感官界进行创作。

根据《规范》要求,"影片的大多数场景须为实拍。非必要原因,不建议采用'复原拍摄'、'情景再现'等方式",所以在节日影像志中,特效和数字合成技术只在服务于学术和真实及十分必要的情况下使用。例如端节与卯节的时间、空间跨度都很大,单凭口述很难捋清,于是在《端节》与《卯节》中,创作者在口述者右手边又加了一幅动态地图,随口述者讲述,"小猪"图标就在地图上移动,为大家直观地展示端节、卯节的流动情况。《七圣庙》中也随出巡队伍的步伐,在一幅绘制的路线图上,展现七圣祖师出巡的路线和进程。《灯城春秋》为了按时间顺序把自贡灯会走向全国乃至世界的节点性展览集中逐一回顾,邀请了国画专业研究生专门绘制了174张水墨画,通过后期软件合成,

---

① 乔治·马库斯、陈子华:《超越"仪式"的民族志:合作人类学概述》,《广西民族大学学报》2020年第1期。

借鉴山水画和西域壁画的构图原则,模拟摄像机推、拉、摇、移等运动方式制作了一段水墨动画,以诗意的方式把自贡灯会的蔚为大观和辉煌前景呈现出来,以此向在艰苦与机遇中砥砺前行的彩灯人致敬。

相比特效和数字合成技术在节日影像志中只能做辅助的局限性,VR 的仿真性所带来的现场感与沉浸感同节日影像志所追求的"真实"美学一拍即合,VR 与影像志的结合,将给节日影像志的创作和传播带来颠覆性的改变。VR 是 Virtual Reality 的缩写,即通过虚拟现实技术生成一个三维空间,使用者可通过传感器在视、听、触等方面实现充满沉浸感和超现实的人机交互,依托 VR 技术创作纪录片已成为全球纪录片产业竞争的新高地。有学者指出"就技术发展角度而言,流行于国内学界和业界的所谓'VR 纪录片'这一伪术语,是狭隘且不稳定的,无法触及纪录片艺术的审美核心。"[①]此处我们不对"VR 纪录片"下定义,着重关注 VR 技术的"复现真实"和"临场体感"为节日影像志拓展的新空间。

《番禺石楼龙舟节》和《中元节》开启了 VR 与节日影像志结合的大门。VR 技术与节日影像志结合后,影像志的基本单位从镜头变为场景,若按传统影像志里的导演逻辑、叙事方式、镜头语言频繁切换镜头,观众无法获得足够的有效信息且容易引起生理不适。正如米德所倡导的将摄影机固定在三脚架上长时段地客观观察拍摄对象的行为序列。VR 节日影像志主要以长镜头事无巨细地记录节日情况,远远架着摄影机不为人注意地进行着拍摄,无需摄像师随时调试,有助于被拍摄对象消弭摄影机这个"外来者"的侵扰,实现摄影机虽然"在场"却"不在场"的客观效果,可记录更为常态的节日文化。

对于受众而言,VR 改变了他们介入影像的方式,受众不再是被动地观看故事,而是故事的参与者或现场的目击者,他们可以"走进"影像志主动体验节日、自主构建叙事,极大增强了受众的参与度和选择性。受众"在观看中与

---

① 魏伟:《"我"、见证人、叙事——从所谓的"VR 纪录片"谈当下纪录片真实观的变革》,《当代电影》2019 年第 5 期。

镜像对照,在认知他性(Other-ness)和自我(Self)关系的过程中,摸索主体与世界的关系,形成主体意识,获得自我认证和自我确立。"①

毋庸置疑,就单纯的记录仪式情境而言,VR 技术比传统影像志更有优势,但一部学术性和完整度够高的节日影像志显然还需要更多面向的信息。VR 由于自身技术所限不宜过长,目前出品的多是微纪录片,例如畲江镇"中元节"(VR)子课题组就在作为文献提交中心的五十分钟完整版《中元节》基础上,又剪辑了一版十分钟左右的大众观看版。② 对于 VR 应用到影像志创作,另一个难点就是对 VR 语言的探索,"蒙太奇语言的缺失以及景别的失效让 VR 纪录片的叙事能力大大减弱"③,镜头叙事能力和创作者的主控权的削弱,使如何运用非蒙太奇的镜头语言进行叙事,成为决定未来 VR 纪录片叙事方向的关键。④ 只有探寻到一种适用于 VR 技术的节日影像志叙事方式,影像志中的内容与视觉才能在同等重要的位置被关注,才能避免 VR 节日影像志沦为追求片面刺激和博取眼球的工具。

---

① 邓启耀:《我看与他观》,清华大学出版社 2013 年版,第 3 页。
② 微信采访:被采访人:杨宇菲,"畲江镇中元节"项目组成员;采访时间:2019 年 10 月 19 日;采访人:刘星。
③ 张婉、王隆:《浅析 VR 技术在纪录片中的应用——以〈西南石油大学 VR 印象〉为例》,《戏剧之家》2018 年第 25 期。
④ 孙翠平:《VR 纪录片的视听语言探析》,《视听》2017 年第 2 期。

第八章　余　论

一、融媒体时代影视人类学写作新动态

"融媒体"的概念来源于中国学者对美国"媒介融合"①（media convergence）概念的情境化阐述。2014 年 8 月 18 日,随着中央《关于推动传统媒体和新兴媒体融合发展的指导意见》的颁布,中国开启了第一轮以人民日报社等大型传媒集团为代表的"中央厨房"模式的媒介融合探索;2018 年,以县级融媒体中心为建设主体的第二轮媒介融合行动席卷全国各地县市,自此,媒介融合的版图不仅涵盖了大型传媒集团,也扩展到了地方性的中小传媒集团②,一个"融媒体"的时代情境呼之欲出。

当前针对融媒体的研究路径显示出学科集群的丰富性,媒介史观倾向于从技术变迁和功能互补的意涵思考新旧媒体的演进过程;传播学倾向于从传播模式和传播效果分析新旧媒体的信息影响力;人类学则倾向于从多声道的文化书写视角观看日常实践与社会结构的相互作用,毕竟"传媒在很大程度上是随着日常经历的发展而延续的,它们塑造了日常经历,也反过来被日常经历所阐释。"③因此,在这个强互动的融媒体时代语境下,我们想知道特定社会

---

① 高钢、陈绚:《关于媒体融合的几点思索》,《国际新闻界》2006 年第 9 期。
② 朱春阳:《县级融媒体中心建设:经验坐标、发展机遇与路径创新》,《新闻界》2018 年第 9 期。
③ ［美］迈克尔·赫茨菲尔德:《人类学:文化和社会领域中的理论实践》,华夏出版社 2009 年版,第 324 页。

环境中的影像生产与消费具有什么样的新特征?微记录与短视频究竟有着怎样的人类学价值?影视人类学的文化书写将会包含什么样的新内容?

(一)融媒体时代的影像生产与消费

融媒体时代不仅是一个多媒体融合的时代,还是一个多主体、多屏幕、多视角的影像时代,不同规格的屏幕观看与形态各异的影像生产呈现出相互影响、协同发展的态势。

在媒介史的研究中,新媒介的出现被认为是旧有媒介演进的结果[①],美国媒介理论研究者保罗·莱文森提出的"补偿性媒介"认为任何一种后继媒介的产生都是对过去的某类媒介或该媒介的某种先天不足功能进行的补救,这一思想带着明显的功能主义意涵,其不仅影响了传媒学界对于媒介演进方向的解释,也构成了当前融媒体影像实践的理论基础。以互联网的出现为标志,保罗·莱文森给旧媒介和新媒介划出了鲜明的分界线,以博客、Facebook、Twitter的出现为标志,他又将基于互联网产生的单向播放的新媒体与具有"双向互动"和"去中心化"特征的新新媒体进行划分,由此形成了"旧媒介、新媒介、新新媒介"的媒介三分说。中国学者李良荣等则基于中国社会大众传媒进程的长期实践考察将互联网看作是继文字、印刷术、电报以后人类的第四次传播革命,并且把"去中心—再中心"视为此次新传播革命的主要特征。

显然,互联网对时空的扁平化压缩以及新媒体的"去中心化"再一次撬动了整个大众传媒的现实布局,使得融媒体时代的主要议题事实上成为以新媒体为主的技术变革和内容更新,曾经适用于大众传媒和人际传播的理论已不再适用于数字媒体,因为"新媒体往往兼具两者的元素"[②],这也意味着当前的

---

① 张虹、熊澄宇:《源流与趋向:"新媒介"研究史论要》,《全球传媒学刊》2019年第1期。

② Ralph Schroeder, *Social Theory after the Internet: Media, Technology, and Globalization*, London:UCL Press,2018,p.1.

传统媒体在某些方面需要依托与新媒体的融合获得新的生命力,融媒体时代下的影像生产和消费必然是与新媒体的生产—消费双向互动特征密切相关的。

美国人类学家萨拉·迪基(Sara Dickey)在考察人类学与大众传媒关系时,用"生产"一词来说明创作过程中的每一个制作部分,包括直接创作形式以及诸如经济赞助一类的非直接形式;用"消费"来表明吸纳、使用和购买等多重意义,生产与消费既非一元范畴,也非泾渭分明,而是彼此影响、互相成就①。随着新媒体技术的发展,特别是智能手机和高速网络的应用,生产和消费这对关系的交互影响愈发如胶似漆,并伴随各大短视频社交媒体平台(YouTube、快手、抖音、火山小视频等)的迅猛发展呈现出"全民生产,全民消费"的普遍态势。以"快手"为例,截至 2019 年 6 月②,"快手"日活用户突破 2亿,月活突破 4 亿,原创视频库存数量超过 130 亿,特别值得注意的是,目前仅"快手"一个社交平台便有超过 2000 家的媒体机构入驻,其中"新闻联播"在快手的直播人气秒上十万,其他热门直播、视频媒体号则包括了人民日报、新华社、腾讯新闻、人民网等,均有传统媒体资源背后支撑。以上数据不仅显示出处于转型期的中国社会中群体和个体不断增长的影像记录需求,而且也再次验证了中国传媒界学者所认为的融合的必要性——尽管"新媒体的出现对传统媒体是很大冲击,但传统媒体在原创新闻、新闻可信度和权威性上又远远超过了新媒体,因此,新媒体与传统媒体之间的融合成为了一种必然的趋势"③。

互联网的社会的崛起不仅带来了信息的爆炸式增长,也通过改变人与媒介的关系从而改变了传统媒体语境中的影像生产消费模式。由于新媒体所展

---

① 萨拉·迪基:《人类学及其对大众传媒研究的贡献》,《国际社会科学杂志(中文版)》1998 年第 3 期。

② 2019 快手内容生态报告发布:很多数据颠覆印象. http://baijiahao. baidu. com/s? id =1644988818358375364&wfr=spider&for=pc2019-09-18

③ 专家析中国媒体发展趋势:融媒体时代正到来. http://www. chinanews. com/gn/2016/07-10/7934062. shtml2016-07-10

现出的广阔社交性特征,西方学者在最新的研究中将社交媒体定义为"可伸缩的社会性"(scalable sociality)①,也就是说新媒体特别是社交媒体并不是简单的一种媒介,它是最小规模的私人领域与最大规模公共领域之间被压缩和扩展的那个部分,是人们日常生活不可分割的一部分,因此,融媒体时代下,新媒体在所有权、控制和消费方式上都趋于"分散化",它们为消费者参与和交流提供了更大的潜力,使用户对消费方式及与传媒经营者之间的关系有了更大的控制权②。而人与媒体的互动在对智能手机和影像话语的依赖中不断加深着联系,媒介本身所包含的文化与它所展现出的人类的文化从未在影像化的现代社会中如此难解难分。

由此可见,融媒体时代下全民生产、全民消费的这一强互动态势不仅充分发挥了用户生产影像内容的主观创造力,丰富了人类看世界的视角和表达自我的方式;而且打破了传统媒介与受众单一的传受关系,在保持传统关系的现实之外依靠影像重新塑造出一个新的却同样真实的虚拟社会关系体系,使得个体经由反身性方式不断重构自我身份认同③;与此同时,新媒介的影像生产消费方式的变化也促使媒介研究者重新探索一种新的以新媒介、社会、人三者关系对话为核心的可能性学术研究框架④。

(二)微纪录与短视频的人类学价值

影视人类学因对民族志影片的深入研究而久负盛名,但是对互联网时代出现后的"微""短"类影像研究直到最近才开始重视,这或许是因为人类学对

---

① Daniel Miller, Elisabetta Costa, Nell Haynes, Tom McDonald, Razvan Nicolescu, Jolynna Sinanan, Juliano Spyer, Shriram Venkatraman and Xinyuan Wang, How the World Changed Social Media, London: UCL Press, 2016, p.2.

② 萨拉·迪基:《人类学及其对大众传媒研究的贡献》,《国际社会科学杂志(中文版)》1998年第3期。

③ 朱靖江、高冬娟:《虚拟社区中自我认同的反身性重构——基于移动短视频应用"快手"的人类学研究》,《民族学刊》2019年第4期。

④ 张虹、熊澄宇:《源流与趋向:"新媒介"研究史论要》,《全球传媒学刊》2019年第1期。

亲属关系和本地身份等高密度关系的专注曾导致其对传媒缄口不言,直到最近社交媒体大面积普及、新媒体影像大规模扩散,才让人类学家重新意识到了新旧社会关系在传媒和影像中的再现形式和重要价值。

1. 屏幕的"百年变化"呼应人类学的"互动对话":附着于新媒体上的媒介技术演变形式最明显的展现于屏幕的变化之中,诚如多米尼克·沙特奥(Dominique Chateau)所说"屏幕的发展更多的是新旧形式的积累和共存,并非系统地从一种形式转换到另一种形式"①,事实上,如果我们从最显而易见的技术特征进行观察和研究时,就会发现影像的人类学价值首先存在于一百多年以来的屏幕变化中。

1895 年冬天,两个意义非凡的事件开启了人类纪录现实的屏幕时代:11月 8 日,威廉·康拉德·伦琴在自己的"幽灵骨架"中发现了 X 射线,屏幕成为透视真实的数据显示屏,那些不可见的人体信号在影像的展示中有了可供解读的实际意义;12 月 28 日,卢米埃尔兄弟的电影摄影机使得屏幕成为电影设备和电影体验的基本元素,人类的日常生活和生命轨迹被记录、复制、放映。这两种屏幕的产生让以研究"人"的整体性为目标之一的人类学获得了新的研究路径:一方面,无论是在玛格丽特·米德所谓客观和现实主义的民族志抢救中,还是在以本尼迪克特为代表的美国远距离文化研究法②(culture at a distance approach)中,影像都被作为科学研究的原始数据,需要经过"作者"的梳理和阐释才能获得理论上的系统性理解;另一方面,在经历了直接电影、观察式电影之后,民族志电影的创作方式在"参与式电影"出现后发生了转折,影像创作过程中的互动性得到了承认,自我与他者、现实与想象的界限在让·鲁什的电影中被一一打破,共享、合作和反思使得"人类学知识被重新概念化为通过对话、交流以及个人与多元文化成员之间的相互关系而产生的知识,而

---

① Dominique Chateau, *Jose Moure*, *Screens*, Amsterdam: Amsterdam University Press, 2016, p.13.
② 萨拉·迪基:《人类学及其对大众传媒研究的贡献》,《国际社会科学杂志(中文版)》1998 年第 3 期。

不是等待被发现的'原理主体间交流而存在的空洞知识'"①。

毫无疑问，这种以"互动对话"为中心的影视人类学理念在以"微纪录""短视频"为主要特点的新媒体影像中得到了最好的证明，如今多主体的影像生产方式在利用现代新媒体技术进行表述的时候，既因互联网对日常生活的全面侵入产生出诸多独特的"短""微"影像形态，但也同时保留了许多潜移默化的观看惯例和内容共性。所以不同的长短影像生产选择不仅是内容时长的变化，还暗含着作为主体的生产者影像思维的改变，以及对影像中其他感官参与的日益重视。

2. 影像的"长短微"构建人类学的"全息纪录"：人们普遍认为"微纪录""短视频"的出现是由于碎片化的网络时代人们的注意力易被分散，且只能维持很短的时间，因此"现代新媒体间的竞争就是夺取受众注意力的竞争"。这当然可以作为"微"视频兴起的原因，但非全部，因为如果我们回顾一下民族志电影的发展，会发现早期生产的很多视频也都符合我们今天的短视频标准，比如最早的电影《火车进站》时长 17 秒，即使按照现在的帧速播放也差不多刚好 1 分钟；拥有喜剧雏形的《水浇园丁》长 1 分钟；系列纪录片《消防员》由四段各长 1 分钟的短视频构成；现存最早的关于百年前中国晚清云南市井生活的影像记录集合《中国影像》(1901—1904) 也是由不同长度的短视频生活片段构成，并且还有部分视频散布各处，零零总总预计有 60 分钟之多②。此后，随着电影工业的不断成熟发展，90 分钟—120 分钟成为电影的工业标准；广播电视产生后，30—45 分钟又成为电视剧播放的工业标准；至"快手""抖音"等短视频社交媒体出现之后，短视频也有了自己的行业标

---

① ［斯洛文尼亚］希纳·南希·埃勒魏因：《非物质的问题：视觉人类学与非物质文化遗产记录的方法论》，载《非物质文化遗产的影像记录与呈现：欧洲的经验》，清华大学出版社 2019 年版，第 34 页。

② 朱靖江：《旧日无常——方苏雅的晚清云南电影与市井生活》，《读书》2018 年第 7 期。

准——"竖屏,57 秒"①。

如果说早期的电影时长是因为受限于播放设备,电视的时长是充分考虑观众注意力所带来的收视率,那么谁来解释如今的融媒体时代,在短视频盛行的同时为何仍有更多人走进电影院?为何人们热衷于长短视频历史性反复的不同组合?以至于盛产短视频内容的"快手"和擅长人类学影片拍摄的清华大学清影工作室开始联手,将要推出中国首部"UGC 大银幕电影"——《57秒》;以至于,好莱坞导演雷德利·斯科特与凯文·麦克唐纳在 2010 年 7 月24 日,号召全球 192 个国家网友上传自己当天的生活,利用收集到的 8 万多人的生活片段,制作了一部"爱"和"恐惧"为主题的纪录片《浮生一日》(Life in a Day),成为世界上第一部真正意义上的互联网"全民电影"②。这是融媒体时代一个很值得思考的现象,其中所包含着不能完全以技术的变迁来解释的人类学议题。

在整个 20 世纪,剧院的屏幕被认为是主要的和精英的屏幕,因为电影院的体验和它的大屏幕是观众心中"观看伟大表演"的同义词,但是它很快就被更小的电视屏幕和它所暗示的更亲密的放映模式所挑战③。如今,人们生产出更多更小的屏幕,观察世界的角度也更多元,短视频的生产也已突破了手机镜头的权限,以航拍摄影、水下摄影、微距摄影等特殊视角的摄影方式为代表,它们突破拍摄日常生活环境的界限,让人们拥有了一双既可高空俯瞰又可入海畅游的眼睛,它们的记录不仅仅超越单纯的影像,实现了影像与多重感官相结合的全息纪录,而且使得人类学"重新定义人,重新认识人在世界中的定位"成为可能。

3. 新媒体影像的"膨胀"平衡人类学的"中心—边缘":新媒体的出现正在改变人类学家对"田野"的定义,传统人类学所依托的相对固定的社区正在解

① 快手重新定义短视频:57 秒.http://www.sohu.com/a/135075910_115901 2017-04-20。
② 焦道利:《媒介融合背景下微纪录片的生存与发展》,《现代传播》2015 年第 7 期。
③ Dominique Chateau,*Jose Moure*,*Screens*,Amsterdam:Amsterdam University Press,2016,p.13.

体,取而代之的是随个体移动而重组的一个又一个网络,这一网络通过点与点的链接使得结果充满无限可能。在现代网络的影响下,一种基于现实又以虚拟方式拼接起来的"现实虚拟的文化"①因新媒体影像的生产和消费变得更具说服力,它意味着影像所具有的记录现实的能力与文化主体符号意识的多重性更加紧密地联系在一起,它也意味着人类学田野调查已经不再是传统意义上去寻找边缘地带和边缘民族,而是隐匿的田野通过"快手""抖音"等短视频全面、具象、去中心化地呈现在研究者眼前。

人类学是一门有着独特立场的学科,它惯于做边缘化的社会调查研究并利用这种边缘性向权力中心发出诘问②。不过如今面临的情况似乎有所变化,因为"媒介膨胀的最明显后果之一是所有的事件都变得平淡无奇——事实上,是变得与生活经历相关"③,也就是说,当新媒体影像成为每个人都能轻松生产并传播的文化产品时,每个人的生活场景、日常观点都会被自然带入影像之中,并拥有相对平等的传播机会,这种"去中心化"促使传统人类学的中心与边缘的结构性分界被打破,呈现出"城乡文化并置"的社会文化形态。但是我们也必须清楚地意识到,新媒介是一个永远处于发展过程的概念,"它不会也不可能终止在某一固定的媒体形态上"④,当前代表着中心权力的传统媒体与代表着亚文化观念的非传统媒体依然只是在新平衡建立的"阈限"阶段,在融媒体时代下,到底"再中心"的结果会是什么样子现在依然不能准确判断。

"短微"影像的崛起或许使得主流文化中"沉默的大多数"也获得了成为

---

① 朱靖江、高冬娟:《虚拟社区中自我认同的反身性重构——基于移动短视频应用"快手"的人类学研究》,《民族学刊》2019 年第 4 期。

② [美]迈克尔·赫茨菲尔德:《人类学:文化和社会领域中的理论实践(修订版)》,华夏出版社 2009 年版,第 6 页。

③ [美]迈克尔·赫茨菲尔德:《人类学:文化和社会领域中的理论实践(修订版)》,华夏出版社 2009 年版,第 338 页。

④ 熊澄宇:《新媒体百科全书》,清华大学出版社 2007 年版,第 500 页。

中心的机会,但是"去中心化"并不意味着没有边缘化,传统媒体在某些方面依然占据着主导地位,中国社会文化转型过程中也依然要面临传统文化观念所造就的各类"中心—边缘"议题,只不过新媒体影像的出现恰好给予这一议题不同的地方性知识和全局性视角,因此,影视人类学对于融媒体时代下的影像的研究将具有重要的现实意义。

(三)影视人类学写作的新愿景

著名影视人类学家萨拉·平克(Sarah Pink)在做了诸多关于数字媒体民族志的研究之后,为影视人类学的未来勾勒出四个即将面临的、互相关联的机遇和挑战:影视方法日益流行的跨学科的舞台;人类学理论的发展;对应用影视人类学的需求;在研究和展示中运用数字媒体的新机遇①。从影视人类学的发展历程来看,在经历了"写文化之争"的"表述危机"反思后,主流人类学的理论范式转向使得影视人类学(Visual Anthropology)作为一种方法和分析对象得到承认,影像民族志学术合法性的确立为文字民族志与影像民族志的"对话和互文"②搭建起桥梁,并随着互联网技术和新媒体技术的不断升级,突破早期单一纪录片形态的影像创作,呈现出合作、共享和多主体、多形态的影像生产方式,于是感觉的运用也成为了影视人类学未来发展图景中的一个重要维度。显然,在如今的新媒体语境中,社交媒体所包含的影像生产与消费新方式再一次为影像民族志与主流人类学议题的跨学科研究开辟了广阔的路径。

1. 运用感觉:费孝通先生认为人是最难研究的对象,因为他有"'灵'、有'慧'",这里的灵和慧就是人的感觉和情绪③,人们曾以诗歌和艺术表达自己

---

① [英]萨拉·平克:《影视人类学的未来:运用感觉》,中国人民大学出版社 2015 年版,第 23 页。

② 朱靖江:《论当代人类学影像民族志的发展趋势》,《世界民族》2011 年第 6 期。

③ 方李莉:《人类正在彼岸中注视自己——论自媒体时代人类学的学科自觉》,《探索与争鸣》2017 年第 5 期。

的感情，而今却使用视频、纪录片、动图和表情包来表达，因为新媒体影像生产的便利性跨越了距离、阶级、时间、书写的障碍，使得即使身处边远乡村的老者也能在节庆的活动中发一段小视频到社交媒体上，使得即使不懂得如何书写汉字或用汉字表达的少数民族群体也能通过一段视频获取到影像所传达的意义。由此可见，影视人类学以系列影像为基础而构思的人类学思维，它的表达基于事物之间立体存在的"关系"，恰如大卫·麦克杜格所认为的——"写作能够赋予理论上的因果解释，但只有影片可以在有限的文本里表现因果关系。"①所以影像是能够在帧与帧之间明确表达出人类关系的书写方式，并且随着各类媒介仿生物性能的加强，它对于具体感觉的视觉呈现显示出越来越大的优势。

大卫·麦克杜格最先开启了人类学的"感官转向"（sensory turn），用"体感视觉"给"视觉"概念重新定义②，这里的"体感视觉"与"目观视觉"相对，是通过视觉上极致的细节呈现调动起其他感觉器官的参与。以《舌尖上的中国》为例，一部美食纪录片能够让观看者垂涎欲滴的缘故除了画面呈现出的食物对象本身以及相应的文字解说，最重要的其实是色泽和声音，那些放进油锅里的刺啦声被提取放大，食物的新鲜形态和色彩搭配被微距捕捉，原本生活中正常的视知觉被影像技术全面放大，视觉和听觉的结合便激发起了观看者身体中潜藏的嗅觉、味觉和触觉，从而在观看和想象中完成了品味食物的过程，这一过程是人们通过影像体验所获得的，它不仅唤起了人对自身感觉器官的灵敏度，其实更加重了人对影像的需求和依赖，使得影像成为一种感觉体验的影像。无独有偶，在新媒体平台上被誉为"东方美食生活家"的"李子柒"的美食视频也实证了影像与体验的完美结合，她的视频在不同的平台上会被编

---

① ［美］大卫·马杜格：《迈向跨文化电影：大卫·马杜格的影像实践》，麦田出版社2006年版，第102页。

② 张晖：《视觉人类学的"感官转向"与当代艺术的民族志路径》，《西南民族大学学报》2016年第8期。

辑成不同的长度,无论是食物所传达出来的感官享受,还是整体环境与人物的和谐统一,都让观看者将自己对自然生活的感受、体验和想象投射到影像之中,调动起全部的感觉和影像一起完成一次次"灵"的旅行和对话,恰如人类在"彼岸"注视自己,灵魂开始在虚拟世界中流动①。

2. 全媒体书写:迈克尔·赫茨菲尔德认为从人类学的视角来看,如今时代的传媒之所以变得重要,是因为传媒的广阔覆盖范围和影响力使其成为我们分析现代社会的构成时一个必不可少的参照物,传媒所表现出来的实践和能动性是对传统观点"传媒使一切变得单一从而失去了文化自主性"的有力反驳②。萨拉·迪基也认为对传媒的研究要一定打破"主动的观察者"与"被动的民族志研究客体"的对立,因为传媒与实践和能动性的行为密切相关,对能动性的关注让人类学家看到主体如何将媒介中的信息与自己的实际生活和社会环境结合起来,从而为新的能动性形式创造出新的可能性。这些对传媒的认识论范式转变凸显了全媒体环境中"人人都是文化书写者"的观念,而这一观念通过新媒体影像的生产和消费使全球化视野中的人类学"地方性"知识获得了新的生命力。

以格尔茨为代表的阐释人类学学派提出了具有后现代话语特征的"地方性知识"概念,它的出现总是处于一种与其他非"地方性"概念的对照和比较关系当中,但随着社会文化的发展,人们对于"地方性知识"中的"地方"一词有了新的理解,这种"与地域和民族的民间性知识和认知模式相关的知识"已经在新的语境中增加了新的意义,那就是它不再完全附着于某个地理位置,而是展现出动态的、过程的文化特性③。这种观念的转变也在人类学家对当代

① 方李莉:《人类正在彼岸中注视自己——论自媒体时代人类学的学科自觉》,《探索与争鸣》2017年第5期。

② [美]迈克尔·赫茨菲尔德:《人类学:文化和社会领域中的理论实践(修订版)》,华夏出版社2009年版,第21页。

③ 吴彤:《两种"地方性知识"——兼评吉尔兹和劳斯的观点》,《自然辩证法研究》2007年第11期。

纪录片为何要回到"地方"的论证中得到了验证,刘广宇认为地方不仅仅是一个空间概念,还是一个与人的生命意识和身份意识紧密联系的文化符指,并且地方性是深嵌于人的意识中的一种感性的动力结构,随人的迁移而游走①。毫无疑问,随着大规模的人口流动和新媒体语境的扩展,影像中的地方性知识与全球性和现代化相互交织在一起,特别是越来越多的影像生产者对地方性知识的"观察"和"深描",使得地方性反而成为融媒体视野中的稀缺资源,更易获得众人围观,这种全媒体的"地方性"文化书写或许需要按照科学实践哲学观视野中的"地方性"解读——在地方性知识的观点下,根本不存在普遍性知识,普遍性知识只是一种地方性知识转移的结果②。

伴随着手机直播的普及,承载地方性知识的影像也成为了新媒体直播的重要内容,当下中国的影像直播已然存在于媒介实践的各个维度:不仅每个人可以通过手机短视频生产原创影像内容,随时随地发布自己的生活状态和个人观点,而且包含电视节目网络直播、实景直播、大型直播节目在内的直播实践事实上构成了一个多维立体呈现中国社会现在进行时的传播态势③,而在这一过程中,全媒体影像的文化书写既实现了个体自我表达和意义生产的诉求,也在实现新的自我认同与集体记忆的社会性建构过程中发挥着重要的作用。

3.影视人类学的应用:萨拉·平克认为影视人类学在一个更新的比较人类学中的作用,是作为人类学家的公共责任的一个导管,是作为一个跨学科的社会科学的独特参与者④。也就是说,影视人类学家在未来的社会实践中将能够通过跨学科的研究引导社会干预,发挥其产生或影响舆论的潜能。

---

① 刘广宇:《纪录片:地方与地方性再阐释》,《民族艺术》2017年第4期。
② 彤:《两种"地方性知识"——兼评吉尔兹和劳斯的观点》,《自然辩证法研究》2007年第11期。
③ 高冬娟:《弥合时空——全媒体视域下"直播中国"的多维实践形态》,《新闻研究导刊》2019年第12期。
④ [英]萨拉·平克:《影视人类学的未来:运用感觉》,中国人民大学出版社2015年版。

一方面,影视人类学家大卫·麦克杜格(D.MacDougall)倡导一种跨文化的电影①,这是一种与人类学家早期所做的纯记录观察式的民族志电影不同的电影类型,这种电影依赖感觉通识性的知识和普世性的记忆。他认为影视作品能够表现人类感觉经验中更为一般的共同点,所以通过影像建立起的亲和性有助于消除文化边界从而获得跨文化的理解,显然,这一论点若完全成立,那么不同地域的影像都能够获得普适性的理解,影视人类学在跨文化沟通和和谐世界的创造中将发挥巨大的作用。但事实上,视觉影像的局限性是这一理论还不够完善的核心影响因素,因为电影的跨文化性虽然能够唤起人们普遍性的其他感觉和记忆,但却很难直接呈现某种体感性的感觉经验,很难让人们完全身临其境,也很难体现那些需要特别体验和解释的地方性知识,因此,面对视觉影像的这些局限性,影视人类学家需要思考如何将传统媒体甚至是文字这样的传统媒介与新媒体结合起来,从而更好地运用影像书写与文本书写取长补短去达到人类学经验传递和人类学知识阐释的目的,尽管上文中的关于感觉的论述已经呈现出人类学影像在这方面的努力,但是影视人类学在更广意义上的应用和贡献应该被发掘和展示。

另一方面,在融媒体时代下,影视人类学在社会治理方面的应用已经初见端倪。参与观察一直是人类学研究方法的立身之本,作为利用了参与观察法的参与式影像民族志也表现出研究者与文化主体协商、对话和合作的特质,特别是随着新媒体的普遍使用,"乡村影像"日益流行起来并迎来了快速发展的实践阶段,人类学家对于影像民族志的生产有了更多的阐释维度,对于地方影像如何作用于地方实践的方式和效果也展开了广泛的讨论。其中最具代表性的论述当属刘广宇提出的一种"面向社区治理的社区影像"的学理性概念,其核心要义在于通过这种更具有合作性与参与性的影像实践来锻造社区的"自我组织、自我认同、自我管理、自我监督和自我发展",在这个意义上影像更多

---

① D. MacDougall, *Transcultural Cinema*, New Jersey: Princeton University Press, 1998, pp.245-246.

地被作为参与治理和促成集体行动的工具，并在持续不断的社区影像生产中深化社区意识，强化社区身份认同，通过影像对社区问题的"深描"和"具象化"达成集体行动的共识，从而走向善治的理想社会治理状态。可以说，这将是应用影视人类学迈出的具有历史性意义的一步，也是未来影视人类学应用不断拓展的基础，以"快手社会价值研究中心"成立为代表的新媒体影像研究活动也预示着运用感觉、全媒体书写以及影视人类学的应用等新愿景都将在社交媒体与人类社会的密切对话中实现，一个融媒体语境下人类学影像应用价值研究的时代已经开启。

二、"多元一体"国家形象建构新途径

中华民族发展历史源远流长，不同地域融合互动分分合合，但其始终是一个多元一体的政治文化概念而非单一民族国家。今天，中华民族悠久的历史是各民族共同书写的，中华民族灿烂的文化是各民族共同创造的，中华民族的伟大精神是各民族共同培育的。铸牢中华民族共同体意识，要"重点展示中国历史底蕴深厚、各民族多元一体、文化多样和谐的文明大国形象"。作为视觉表达工具——影像，在真实记录、形象表达、想象建构等方面的优势使其在国家形象建构方面发挥着越来越广泛的作用，占据着越来越重要的地位。

（一）"多元一体"的国家格局

《布莱克威尔政治学百科全书》提出，"民族国家（Nation-Sate）是两种不同的结构和原则的熔合，一种是政治的和领土的，另一种是历史的和文化的"①。孙中山在民族主义的讲演中指出，"民族是由自然力造成的，国家是由

---

① ［英］戴维·米勒、韦农·波格丹诺：《布莱克威尔政治学百科全书》，中国政法大学出版社 1992 年版，第 490 页。

武力造成的,促成民族形成的自然力量包括血统、生活、语言、宗教和风俗习惯"①。显而易见,探讨中华民族这个概念时,可以有多个视角,比如政治学、民族学、社会学、文化学等,要明确的是,这里对中华民族国家的探讨将不是政治学讨论,而是意在从文化和历史的角度,表述中华民族在一个国家、一个中华之下,56 个民族各美其美、美美与共的和谐共处之历史和现实图景。

"中华民族多元一体是先人们留给我们的丰厚遗产,也是我国发展的巨大优势。在中华民族多元一体的格局中,一体包含多元,多元组成一体:一体离不开多元,多元也离不开一体;一体是主线和方向,多元是要素和动力"②。费孝通先生曾对"多元一体"有过系统深入的阐释,他认为,"'多元'是指各兄弟民族各有其起源、形成、发展的历史,文化、社会也各具特点而区别于其他民族……'一体'是指各兄弟民族的'多元'中包含着不可分割的整体性"③,具体来说,中华民族多元一体格局,其"主流是由许许多多分散孤立存在的民族单位,经过接触、混杂、联结和融合,同时也有分裂和消亡,形成一个你来我去、我来你去,我中有你、你中有我,而又各具个性的多元统一体"④,其以三千多年前黄河中游的华夏民族为开端,以汉族为核心不断吸收异族日益壮大,各民族相融而居,形成凝聚和联系的网络,经历千年绵延发展,到今天建构出不可分割的统一体,即中华民族,56 个民族的集合体。洞察历史悠久、多元一体的中华民族,可以从时间、空间和文化多维视角出发,以此实现对"多元一体"中华民族国家理念的阐释。

中华民族结构里实体化的自然空间是丰富多样和历史悠久的。各民族生

---

① 《孙中山全集》(第 9 卷),中华书局 1986 年版,第 186 页。
② 本报评论员:《不断铸牢中华民族共同体意识——论学习贯彻习近平总书记全国民族团结进步表彰大会重要讲话》,《人民日报》2019 年 9 月 29 日。
③ 费孝通:《中华民族的多元一体格局》,《北京大学学报(哲学社会科学版)》1989 年第4 期。
④ 费孝通:《中华民族的多元一体格局》,《北京大学学报(哲学社会科学版)》1989 年第4 期。

生不息的民族历史、丰富多彩的生活样态、各具特色的民族文化习俗，总是与其地理生态、生存空间密不可分。一定程度上，自然空间结构各民族里人们的日常生活，而各民族的格局和民族精神映射相应的地理生态结构。

中华民族所聚居的自然空间，是960万平方千米的辽阔领土，地势从西向东阶梯下降，东西相距约5000千米，南北跨越近50纬度，高原、山地、丘陵、平原地貌地形多样，气温降水差异较大，有着多种多样的气候。西部第一阶梯是号称"世界屋脊"的海拔4000米以上的青藏高原，辐射强烈、日照多，气温低、温差大，严峻的自然气候造就了藏族人民独特的文化和生活，宗教信仰虔诚，每一座雪山被赋予独特而又神秘的宗教意义，牦牛、藏袍、酥油，青稞、糌粑、青稞酒，这些都是藏民日常生活的重要组成材料，游牧文化下的藏民能歌善舞、生性乐观豁达。中部第二阶梯是海拔1500米左右的云贵高原、黄土高原和内蒙古高原，其间有塔里木盆地和四川盆地，以四川为例，高低悬殊的地势差异造就了风光奇异的川西高原、川西山地、成都平原，川中丘陵长江水系上游优质水文特色加上差异显著的气候，给人们生活以严峻的考验，这又给予人文发展以丰润的机会，四川居住着中国56个民族，是中国唯一羌族聚居区、中国第一彝族聚居区以及中国第二大藏区，羌族有羌语，彝族有自己的语言文字和历法，藏族有藏语和独特的生活习俗，这些少数民族在兼习汉文化的同时，始终保留沿袭着自身文化传统。东部第三阶梯是地势平缓、沃野千里的丘陵和平原，东北平原、华北平原和长江中下游平原，长江中下游平原，河网密布、气候温暖湿润，素有"鱼米之乡"的美称，宜人宜居的环境哺育了生生不息的以汉族为主的人口，积淀出了丰富细腻的文化，如戏曲文化、茶文化、丝绸文化和饮食文化等。

中国广袤的领土，东西落差显著，南北跨纬度大，气候、环境差异形成不同的自然空间，而每个地域特殊的自然环境对其风俗风貌、文化心态、精神文明发挥着重大的影响作用。宜耕种的平原人口密集，以汉族为主，高原、山地、草原则是少数民族聚居地区，由此形成东密西疏的人口聚居网络。"多元一体"

的中华民族就是在这一自然框架中逐渐形成并发展的。

中华民族的时间和文化起源是确凿的。"任何民族都有一套关于民族来源的说法,而这套说法又常是用来支持民族认同的感情"①。中华民族的起源,随着 20 世纪 70 年代考古学的发现有了比较科学的认识。发现于云南距今约 170 万年的元谋人化石、陕西蓝田猿人化石、北京周口店猿人化石,安徽、湖北、广东、山西、内蒙古、辽宁、台湾,中华大地北至黑龙江,西南到云南,东至台湾都有早期人类活动的考古发现。可见,从人类早期活动开始,中华大地上便出现了地方性的多种文化区,在媒介不发达、交通闭塞的原始社会,这些长期分隔在各个区域里的早期人群必须发展他们自己的文化与习俗以适应不同的自然环境。费孝通认为,中华民族从起源便是多元的、本土的,他将早期中原地区以两河流域为中心划分为两个文化区:"一脉是黄河流域文化,一是黄河中游彩陶文化,该文化序列是前仰韶文化(距今 6000 年)——仰韶文化(距今 5000 年)——河南龙山文化——夏文化,二是黄河下游黑陶文化,该文化序列是青莲岗文化(距今 5000 年)——大汶口文化——山东龙山文化——岳石文化——商文化;另一脉是长江中下游流域文化,一是长江下游文化区,以太湖平原为中心,该文化序列是河姆渡文化(距今 5000 年)——良渚文化,二是长江中游文化区,以江汉平原为中心,该文化序列是大溪文化——屈家岭文化——青龙泉文化。"②这些都说明,中华民族在文明发展之初便是人们散居在祖国大地的各个区域里,创造着各具特色的文化,但不同文化随着社会文明的发展不断出现交融、竞争、吸收和渗透。这便是中华民族文化"多元"的起点。

时间继续向前发展,随着中国最早的文字商代甲骨文的出现,历史有了明

---

①　费孝通:《中华民族的多元一体格局》,《北京大学学报(哲学社会科学版)》1989 年第 4 期。

②　费孝通:《中华民族的多元一体格局》,《北京大学学报(哲学社会科学版)》1989 年第 4 期。

确的记录方式,夏商周开启了中华民族这个集团从多元走向一体的历史过程,不同区域的文化不断融合催生华夏文化。从这一时期开始,中华大地不同地区之间交流不断,以竞争和征伐扩展疆土为目的,文化接触渗透融合。春秋战国时期达到交流互动高峰,各地人口流动频繁,各区域文化争鸣,最终秦(华夏族即汉族前身)灭六国,"书同文""车同轨""统一度量衡",从领土、文化和经济上进行统一,这对中华民族统一体这一政治主流,和中华儿女这一身份认同产生了重大而深远的影响。汉族长期居住在环境生态宜居、以农为本的平原地带,国家统一时繁衍生息,国家战争分裂时流散至各少数民族生活区域中,民族间杂居、融合、同化,不断有新鲜的血液壮大汉族人口和文化。中华民族组成成员最终形成以汉族为主的多元结构,汉族占到人口 91.51% 以上,其余则是包括壮族、回族、满族、维吾尔族、苗族、彝族等 55 个少数民族,各民族通过历史多次被动和主动的流动、混居、融合,逐渐形成文化交融、和谐相处的一体格局。"多元"表征着 56 个民族族群文化各有特色,多元共存,"一体"体现 56 个民族有中华这一稳定的中心指向,中国的形象以各民族为基础,各民族以中国为统一的存在形式,民族因文化而汇聚,国家因民族而存在。国家认同是各族凝聚的核心,各民族在共生共融发展过程中,自然地具有中华民族的同一性,他们像石榴籽一样紧紧拥抱在一起,推动中华民族走向包容性更强、凝聚力更大的命运共同体。

(二)影像表达与国家形象建构

1.影像的优势。国家形象建构,提取关键词是关于"形象"的建构,因此有必要弄清"形象"一词的含义。在《韦氏大百科词典》中,"形象"有三种含义:(1)某物的视觉化表现,由光学装置(如透镜或镜子)或电子装置产生的物体的光学对应物;(2)脑海中对某物的印象、观念或概念,由一个群体的成员共同持有的心理观念,象征着一种基本的态度和取向;(3)通过大众传媒传播流行的观念(如对个人、机构或国家)。简而言之,形象是人们通过对可视的事物形成的主观感知。传播学理论认为媒介的描述和呈现是塑造完善人们感知认知的重要途径,即"拟态环境"论。现实也是如此,论及国家形象,与之形影不离的便是"媒介"与"塑造"两个词,如"中国国家形象的影像建构与传播"国际高峰论坛各方专家学者就中国电影在塑造国家形象中凸显传播力、感召力和渗透力各抒己见。孙有中提出"国家形象在根本上取决于国家的综合国力,但并不能简单地等同于国家的实际情况,它在某种程度上是可以被塑造的",这个"塑造"就离不开媒介的传播功能。《媒介化社会的认知影像:国家形象研究的理论探析》《认同·对抗·间离:"像化"国家形象的三种认知模型》《中国形象的影像化表述》《"国家形象"的内涵、功能之辨与中国定位探讨》《民族、国家和国家形象》等概览有关国家形象研究的学术文章,国家形象与媒介的建构已生成为现实与"镜像"的必然联系。本尼迪克特·安德森将民族视为想象的共同体,因为民族中的个体没有可能也无法看见遇见全部群体成员,而这个想象的空间有多大,基本依赖于媒介的建构与传播。因此,媒介在民族国家形象的塑造过程中承担着举足轻重的作用,通过呈现民族文化、民族形象,媒介实践能够唤醒受众,塑造大众的文化身份统一感,建立文化认同感。

影像作为人创造的视觉延伸,在形象建构上有着天然的显著优势。影像作为形象生动化的印记,直观再现社会的现实存在,以其独有的方式完成对历史空间的记录和储存,如 20 世纪 50 年代拍摄的"中国少数民族社会历史科学纪录电影",通过这些影像,人们(当时的和现在的)了解黎族、藏族、纳西族、赫哲族等众多中国少数民族的日常样态,这仅有的 22 部作品,在历史的发展中越来越显得弥足珍贵熠熠生辉。影像表达的视觉意象,不仅是纯再现,还可以通过视觉上的呈现调动其他感觉器官参与,发挥明显的唤起作用,这种有意为之的文化逻辑能塑造群体认同,营造某种超越现实的想象共同体,如《舌尖上的中国》《味道》、李子柒短视频等美食类影像,以中国美食为视觉核心,影像的呈现除了食材,最重要的还有食材色泽、音效以及与食材关联的人和社会背景:油锅里的刺啦声被提取放大,食物的色彩微距捕捉饱和亮丽,食材关联着人的情感和文化意义,这一影像化过程潜移默化地将人的视觉体验转向全方位的感觉和心理体验。学者庄孔韶在谈论为什么要用影像记录"金翼之家"时说到:"论文和专著所能解答的问题,那些诠释的诠释,留在论文和专著里,文字系统不好展示的,特别是情感的、内心的、直觉的东西,影像在这方面能够起到独特的作用,而数字技术使影像表现大大超越 16 毫米摄影机时代。"① "在民族国家认同的现实建构中,大众传媒起到了关键性的作用。现代媒介对时间秩序、地理空间的社会组织与社会改造,极大地改变了人类的现代感知和媒介体验,它为民族国家及其想象连接提供了现实意义上的身份认同建构可能与途径。"②

2. 民族国家形象影像表达面临的现实问题。一方面,长期以来汉族的人口、地理、文化历史等优势,以及电影、电视、互联网新媒体这些主流媒体以汉语言文字为载体,多种客观因素共同导致对民族形象的表达和民族文化的传播,呈现出对汉民族、汉文化的偏向,对多元的少数民族文化叙述呈现碎片化、简单化和选择化。以央视影音为数据库,以纪录片为影像研究对象,2018 年播出的"人物"类型纪录片共 50 部,仅有《湘西》《雄鹰少年》两部作品以苗族和塔吉克族的人物为线索再现了两个民族的或社会文化或自然的图景,"社会"类型的纪录片共 37 部,除了《壮美广西》《美丽新疆 40 年》《冰雪之巅》,其余则更多是对主流汉族社会百态的描述,"人文历史"类型的纪录片超过百部,涉及少数民族人文历史占比少,仅有几部,其中《天山脚下》通过"家园""成长""生活""传承""寻路"五集五个主题将新疆地区哈萨克族、塔吉克族、维吾尔族等少数民族的文化生活等样态进行"块状化"表述,《了不起的村落》中"最后的驯鹿村""边境线上的音乐村""神的自留地——禾木村"等,每个村落用 13 分钟的时间为少数部落生活与文化画出"简影"。且在大众生活中广泛流通的,关于少数民族文化的媒介表达,最多以纪录片、电视栏目为载体,而在传播范围更广的大

① 庄孔韶:《我为什么要用影像记录"金翼之家"》,《终身教育》2018 年第 4 期。
② 刘燕:《国家认同建构的现实途径——大众传媒与"想象社群"的形成》,《浙江学刊》2009 年第 6 期。

众传媒作品,如电影、电视剧、流行音乐中,少数民族类的作品少之又少。

此外,影像作品常常将少数民族文化构建成为景观化的被看的形象,以建构符合大众审美和消费的可观看的模式。在媒介商业逻辑——观众数量最大化的追求里,汉族人口成为"大众"的绝大多数,少数民族依旧是"大众"里的少数。"在这一所谓内部东方化的过程中,少数民族作为中华民族主体性身份内部的'他者',通过视听文化的大众消费被不断制造出来"[1],如《身份凝视与'他者'想象:〈中国好声音〉的"少数民族"身份再现》一文通过分析电视娱乐节目《中国好声音》中的 14 位少数民族选手呈现的视觉和听觉文本,提出"少数民族歌手的视听觉呈现受到传媒生产体系、电视话语结构、专家权威(导师)、作为消费者的观众的深度凝视","专家通过对'他者'的认定和评判重申了自己的象征资本;观众尤其是作为收视主要人群的汉族观众,则在对'他者'的猎奇性消费中再次确认了自己的民族性"[2]。《了不起的村落》等作品中处处流露出对少数民族文化被看的建构,如"最后的驯鹿村"开篇表意,"我们开始《了不起的村落》拍摄计划,希望能在这些即将消失的村落彻底进入博物馆之前,留给后世一个昔日辉煌的备忘录",显而易见这个"备忘录"是少数拍摄者对少数民族文化的窥探,是用互联网的、年轻的、潮流的方式制作影像满足迎合年轻人的消费观(企业愿景是让年轻人喜欢东方文化,企业使命是让东方文化潮起来)。

与此同时,随着现代社会的高速发展、大众传媒对新时尚、新文化的强力传播以及全球化背景下他文化的渗透,我国民族文化丰富多样的状态正在发生变化,一方面一些旧的不适应时代发展的民族民间文化没落消失,这是当前影像作品在少数民族文化形象勾勒的主流声音,但现实是还存在大部分文化

---

① 黄典林、叶珲、王书斌:《身份凝视与"他者"想象:〈中国好声音〉的"少数民族"身份再现》,《现代传播》2015 年第 11 期。

② 黄典林、叶珲、王书斌:《身份凝视与"他者"想象:〈中国好声音〉的"少数民族"身份再现》,《现代传播》2015 年第 11 期。

在适应时代发展,出现新的创新和表现。另一方面彰显民族多彩文化、表明民族身份、折射民族心理的少数民族文化,其全貌较少获得完整表达。由于民族和民族国家是历史地被创造的,这决定了当代中国的多元一体民族国家形象建构、国家认同就应以不断变化的世界和时代主题为基点进行建构,而不是依赖某种凝固不变的抽象化的"中国性"。正因为此,要实现当前活态的多元一体、文化多样和谐的民族国家形象的建构,必须摒弃碎片化、选择化的路径,寻找一种全面的、系统化的路径作为补偿。20 世纪 50 年代中国少数民族影像纪录行动是这一路径的首次尝试:自 1956 年开始,在 20 多年的时间内,由中国科学院民族研究所协同八一电影制片厂、北京新闻电影制片厂、北京科教电影制片厂等电影生产部门,先后摄制了 22 部反映黎族、藏族、纳西族、赫哲族等多个民族概况的"中国少数民族社会历史科学纪录电影",这是系统梳理记录各民族文化、构建多元一体民族国家形象的第一次尝试,而节日影像志则是新时代构建多元一体国家形象的又一宏大文化工程。

(三)节日影像志:国家形象建构的新路径

1. 国家形象建构和诠释的全面化与整体化。保罗·亨利认为,"就算是最有天赋的作家也难得揭示出巴厘人古典舞蹈魅力,更不用说其表演可能对观众产生的影响。然而,在经验丰富的电影制作者手中,电影为能够传递丰满的民族学叙述提供了一个经验的舞台"[1]。可以说,影像为民族形象饱满书写,提供了一个生动的经验舞台。

近百年来中国社会发生了巨变,而在这一巨变中,最重要者便是"忽视、曲解乃至去除文化这一社会构成要素,特别是经过数千年积淀而留存于我们生活中的那些文化的表征,包括文字、象征符号以及一整套的文化实践"[2]。

---

① [英]保罗·亨利:《民族志电影:技术实践与人类学理论》,《民间文化论坛》2016 年第 4 期。
② 赵旭东:《从社会转型到文化转型——当代中国社会的特征及其转化》,《中山大学学报》2013 年第 3 期。

因此,需要重建人们的文化自觉和文化自信,恢复对自身文化的记忆和传承。中华文化的根在民间,"活水"源泉也在民间,而民间节日是"人们在长期的历史社会生活中逐渐形成的划分日常生活时间段的特定人文符记"①,是中华民族民间文化的集中代表,积淀了中华民族五千年发展的精华,凝聚了中华民族生生不息的厚重人文精神和民族价值。"('节日影像志')是迄今为止国内规模最大、建制最完备、参与者最多的大型影像志工程……具有显著的开创性与示范性……以一种既有学术规范性,又适当彰显创作个性的方式,实现着中国传统节日与史诗影像的典籍化"②。

因此,节日影像志与生俱来便携带着文化展示的功能,是以深入的田野民族志的方式对传统节日进行的影像化表达和诠释,对鲜活的民间文化的多样性和过程性进行记录和展示,这一观察式的记录意在展示拍摄对象的真实世界和日常生活,而不是表明拍摄者是一个伟大的制作者,不用过度的美学手法操控对象世界的表征,这无疑是对曾经对民族文化美化、异化表述的反驳,是探索中华民族本土文化的有益尝试,是记录节日、生产节日、传播节日和传承节日的新载体,对构建中华民族文化整体观有着重要作用和意义。

从最初的立意看,节日影像志不是对民族文化的片段化表达,一种选择式的框定,而是旨在对我国民间节日文化事象整体的关注和系统的呈现,对多元一体民族国家形象的表达提供一种全新的、系统化的路径。从当前成果看,截至 2019 年 6 月,节日影像志共立项 166 项。按立项地理区域看,7 大区域都有立项,且有意味的是华北、华东、华中等汉族聚居区立项数量反而远远少于西南、西北等少数民族聚居区,其中西南地区/西北地区这两个众多少数民族聚居区域立项最多,分别达 61 项、31 项。按省级梳理立项成果,全国 34 个省级行政单位,除宁夏、台湾、香港、澳门外,其余省份都有立项,云南、四川、新疆、甘肃等西

---

① 萧放:《传统节日:一宗重大的民族文化遗产》,《北京师范大学学报(社会科学版)》2005年第 5 期。

② 朱靖江:《新世纪影像志十大代表项目》,《中国民族》2016 年第 7 期。

南西北地区立项最多。由此观之,节日影像志显然是对主流影像华语以华北/华中/华东等汉族聚居区为书写和表达对象的有益补偿。

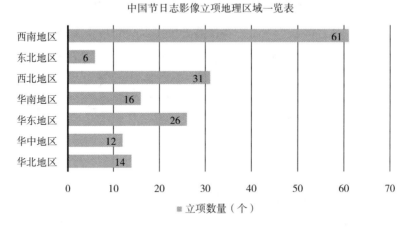

中国节日志影像立项地理区域一览表

图 8-1　节日影像志立项区域一览表

表 8-1　节日影像志各民族立项统计

序号	民族	立项数	比例
1	汉族	56	34.40%
2	藏族	12	7.40%
3	彝族	8	4.90%
4	蒙古族	7	4.30%
5	苗族	7	4.30%
6	汉（客家）	5	3.10%
7	壮族	5	3.10%
8	塔吉克族	5	3.10%
9	傣族	4	2.50%
10	柯尔克孜族	4	2.50%
11	土家族	4	2.50%
12	蒙古族	3	1.80%
13	白族	3	1.80%
14	侗族	3	1.80%

序号	民族	立项数	比例
15	纳西族	3	1.80%
16	水族	3	1.80%
17	景颇族	2	1.20%
18	哈尼族	2	1.20%
19	黎族	2	1.20%
20	傈僳族	2	1.20%
21	满族	2	1.20%
22	羌族	2	1.20%
23	土族	2	1.20%

从各民族立项数量看,汉族因人口和地理分布广等优势依旧保持立项数量第一位,但对比观之,除了汉族,藏族、彝族、蒙古族、苗族等22个少数民族都有2个及以上的立项(详见表8-1),虽然还有18个少数民族未立项,但这已然是对曾经集中在某几个少数民族异域文化的影像再现的扩大,节日影像志对"多元一体"民族国家文化的呈现覆盖面更为广泛,"需要被表达"的众多少数民族文化因为节日影像志而有了被记录表达、走进主流视野的机会。

2. "多元节日"构筑"一体"中华民族丰富镜像。涂尔干认为,定期的纪念活动、公共节庆以及图腾崇拜等社会性集体经验都是至关重要的,因为这些长期积累起来的活动确保了不同时代之间的连续性,以及不同时代之间的聚合力①。节日影像志,一方面通过对中国传统节日系统的记录与整理,从整体性思维审视关注我国传统节日文化,呈现中华民族多元文化的社会事实,展示各民族的文化特色;另一方面,通过节日的全面整理,各民族文化地域差异性与交融共通性、历史传承与时代创新、传统性与现代性的对比,包括城市与乡村等社会关注话题自然而然真实展现出来,它们共同架构起"一体"共融、"美美与共"的国家形象。具体我们将从以下几个方面展开阐释。

---

① [法]爱弥尔·涂尔干:《宗教生活的基本形式》,商务印书馆2011年版,第285页。

第一,中华民族的"春节"。节日影像志目前已有 20 多个春节项目的拍摄,既有"甘肃环县红星村春节""北京郊区村落的春节""成都春节""山东曲阜三峡移民春节""甘肃夏河藏族春节"等综合性节日记录,也有"骂社火""血社火""昌邑烧大牛""江西石邮村春节跳傩"等特色民间节日习俗的记录。春节即农历新年(过年),是中国四大传统节日之一,由上古时代岁首祈岁祭祀演变而来,百节年为首,正因为其时间上的重要意义,春节成为历史积淀下来传统礼仪繁复展示最多的节日,这是各民族春节在历史发展过程中形成的共性。在此基础上,由于地方性的自然差异,每个文化空间又形成各有其美的地方性春节习俗。从节日习俗来看,各民族、各区域春节呈现出基于区域历史、环境的特色仪式活动,如"昌邑烧大牛"在春节正月十四期间有独特的纪念战国时期著名军事家孙膑的"烧大牛"仪式活动,"花馍里的豫东春节"拍摄地河南地区,是北方小麦、面食文化的中心,影片展示了各家各户制作传统的枣糕花馍,"血社火"记录了陕西宝鸡春节期间的快活(高兴)活动,"社"为土地之神,"火"能驱邪避难,拥有古老历史的社火,将黄土地上的戏剧叙事、脸谱艺术、造型表演以及人们的信仰祈愿融为一体展示出来。从春节时间节点来看,各民族、各区域也有着不同的规定,国家法定春节从除夕到正月初七,而各地区春节的过节却远非这七天,如很多地方春节从腊八开始,"过了腊八就是年",直到正月十五元宵节灯笼、灯会结束,年味才逐渐消退,"龙华庙会"中,当地的春节从冬至举行法会开始,除夕撞钟,在农历三月初三弥勒化身布袋和尚涅槃日当日,龙华寺举行隆重的纪念法会,"景颇族春节"中,景颇族的春节一般只有三天,从大年三十到正月初二,村民在这天会做糯米粑粑、杀年猪、儿童组开财门、青年组拜年、妇女争抢第一桶水、董萨祭祀、歌舞联欢等。

第二,少数民族节日中的汉文化因子。以儒家文化为代表的传统中国文化与各少数民族文化经过几千年的碰撞交流,一点一滴积累成现今的中华文化宝库。少数民族传统节日文化中一定有其只属于自己民族的独特文化,但是各少数民族同属于中华民族这个大家庭,汉文化和少数民族的文化是以一种相互交融的姿态呈现于现今世界的。各民族之间的交流碰撞,正如费孝通先生提出的"场"的概念,"场就是由中心向四周扩大一层层逐渐淡化的波浪,层层之间只有差别而没有界线,而且不同中心所扩散的文化场可在同一空间相互重叠。那就是在人的感受上有不同的生活方式,不同规范,可以自主选择。把冲突变成嫁接、互补,导向融合"①,汉文化与少数民族不同文化场相互重叠,各族人民在不同场中遵循延续着不同的习性和规范,相互学习取长补短建构优化自我族群的文化,彼此和谐相处其乐融融。

"广西南宁壮族三月三"盛行于广西各少数民族之中,但它源于我国古代的"上巳节",是周代华夏族民间祓祸祈福的节日,上巳节原初的意义就是以巫术信仰为依托举行的乞婚配、求生育习俗活动,后演变成为我国古老的男女相恋的歌节,"三月三"如今是中国多个民族共同庆祝的传统节日,时在农历三月初三。羌语的"瓦尔俄足"就是汉族"五月初五"的羌语翻译,在当地,村民们会和汉族一样把艾草等插在门上,喝雄黄酒驱邪避恶等。安顺市是屯堡人文化的中心,周边是少数民族聚居地,屯堡人是周边少数民族对此地汉人的称呼(据称屯堡人是明代屯戍于贵州的屯军的后裔),这便形成了"族群孤岛",屯堡人在族群互动中,一方面谨守着对汉文化的认同与传承,另一方面将各种优秀他族文化资源不断融合进屯堡文化体系中,随着变迁不断整合。这就是《老汉人》的主题。

"龙"这一中华民族象征之物,不仅是汉族的文化概念,各少数民族族群中"龙"依旧有着与汉族相似的神性功能,如多个少数民族中间普遍存在"祭龙"仪式,白族、壮族、苗族、瑶族、彝族、哈尼族等少数民族都有'祭龙'节日②。再比如,湖北省恩施市红土乡石灰窑村和板桥镇大山顶村一带的恩施土家女儿会是中国传统七夕节与地方节日交流互动的结果,特别是时代发展过程中"改土归流"的变迁一定程度上影响了土家族的文化,所以女儿会与中

① 费孝通:《反思·对话·文化自觉》,《北京大学学报(哲学社会科学版)》1997年第7期。
② 杨正权:《西南民族龙文化研究》,云南民族出版社1995年版,第5页。

原传统的七夕节有相似之处。

第三,各少数民族节日中的民族文化交融。在中华民族文化大家庭中少数民族传统节日文化是其最独特也最闪耀的部分,这些少数民族节日反映了各少数民族优秀的文化精髓和精神面貌。因时代变迁、人口交融流变以及文化交流等因素影响,各个民族节日文化形成了各族人民"美美与共"共度共传、节日仪式互相依存、相映成趣的景象。

水族的"卯节"赛马是蒙古族的习俗被移植到广西山地的一个特殊的节日活动。在怒族仙女节子课题中,仙女节是流行于贡山一带怒族盛大的传统节日,藏传佛教传入贡山后,藏族教徒也参与"仙女节",喇嘛们击鼓念经,在仙女洞前的祭台四周挂着经幡、唐卡,此外当地傈僳族、独龙族、纳西族不分民族宗教共享节日的喜庆。傈僳族刀杆节子课题中,傈僳族由于族群地域分布广泛,成就了傈僳族丰富多样、影响广泛的文化,其重要的传统节日刀杆节,在怒江和腾冲最具代表性,地域差异性使得节日仪式过程有所差异:生活在怒江的傈僳族通过上刀山、下火海仪式演绎人与超自然力量的关系为主,而保山市腾冲刀杆节除了上刀山、下火海仪式,汉文化的忠君报国意味贯穿节日活动全过程。在畲江镇中元节子课题中,一路迁徙而来的客家人慎终追远,保留了浓重的儒家传统,孝道是极重要的道德准则,祭祖也成为最为重要的节日仪式。还有新疆地区的诺鲁孜节就是由新疆各个民族一同庆祝的,如维吾尔族、哈萨克族等等。而黔东南地区各个民族聚居而成,各民族在这里彼此交往生活,于是民族节日文化也互相融合,比如侗族、壮族、汉族都有"三月三",但是却又都有些许的差别。

"生活在一定文化中的人对其文化有'自知之明',明白它的来历,形成过程,所具有的特色和它的发展趋势……文化自觉是一个艰巨的过程,首先要认识自己的文化,理解所接触到的多种文化,才有条件在这个已经在形成中的多元文化的世界里确立自己的位置,经过自主的适应,和其他文化一起,取长补短,共同建立一个有共同认可的基本秩序和一套各种文化能和平共处,各舒所长,联手发展的共处守则"①,这是费孝通先生在全球文化碰撞不断的背景下提出的"文化自觉"概念,对于文化多样、"多元一体"的中华民族内部的文化交流这句话同样适用,56个民族各抒所长、取长补短,构建共同认可的中华文化和民族发展秩序。"认同中国文化的主体通过共同分享的历史感和价值观,共同认可的象征、神话、仪式和庆典,共同肯定的一系列正式或非正式的民族传统和实践形式来表达对这个'想象的共同体'的支持和理解"②。

节日是每一个民族文化发展和传承的最重要载体之一,承载和凝聚了民族厚重的文化内涵和精神命脉,要了解中华民族丰富的社会、文化和生态特色,节日是最鲜活、最具文化事象的标本。节日影像志能够全面呈现各民族节日文化,使人民能够全面了解认识各族"活的"文化,兼顾地域、民族、城市与乡村、传统与现代等多重视角,用不同维度的影像构筑中华民族"各美其美美美与共"的丰富镜像,让生活在中华大地上的中华儿女全面了解、认识我国"多元一体"民族国家多样文化,最终唤起每一个中华儿女对民族国家的感情认同,达到"文化自觉"的意义。这是节日影像志课题的题中之义,也是建构中华民族国家形象,铸牢中华民族共同体意识的必由之路。

三、节日影像志跨文化传播:现状及前景

节日传播是节日研究中的一个新话题。在笔者与人合作的《节日传播与文化景观》一文中,曾就节日传播与文化景观建构的媒介逻辑有一个初步的梳理:"新世纪以来……从媒介不断发展过程中所建构的四个主要文化景观类型……自我指涉型是传统节日最原生的传播景观;功能反映型是大众传播媒介对传统节日信息最基本的传播;主动构建型是依托原有传统节日核心做的节日+孵化;技术融合型以科技为基础,以多维度融合的传播理念为核心的

---

① 费孝通:《反思·对话·文化自觉》,《北京大学学报(哲学社会科学版)》1997年第7期。
② 刘丹凌:《认同·对抗·间离:"像化"国家形象的三种认知模型》,《南京社会科学》2015年第9期。

文化景观。虽然各个文化景观类型形成时间有先后,但几者并不冲突抵触,同一传统节日中常见几个类型相互嵌入、互为补充。每一种文化景观都是传播介质以其自身的优势适应了当下政治、经济与文化对传统节日的需求而产生的,坚守住传统节日这一活态文化的核心内涵,就能最大程度地发挥其在构建文化多样和国际交流中的文化价值。"①但客观地说,我国的节日传播到目前为止,几乎很少,甚至可以说还没有一批真正有节日深度和广度的节日题材在大众媒体上进行过展示。就影像传播而言,春晚是最大、且最具时间长度和广泛影响力的节日传播,但它是春节的一个组成部分而非春节本身;其余的节日影像传播一般以晚会或现场直播的方式在央媒和各地媒介上进行,当然,这里我们没把那些以短视频快闪方式进行的碎片化节日传播考虑在内;2012 年央视完成了一个电视片:《我们的节日》,这算是国内第一次对我国几个主要大节所作的系统而全面的形象传播。其传播目的是传播节日文化的基本常识而非让我们完全沉浸于节日中去感受、体验和发现节日新知。所以,它的节目形态就是标准的:主持人+学者+外景插画。也就是说,具体的节日被零碎地分割在不同的知识点上来展开。当然,这里的主要问题还不在于传播,而在于节日影像产品的生产方式还从来没有被深刻地反思过,而且在新媒体时代影像"制传"方式已发生巨大变化的情形下,传统节日影像的"制传"模式就必须得到有力的纠正和改变。节日影像志正是一次与此前生产方式截然不同的节日影像生产方式,尽管它的主要目的不是为了传播,但自它开始生产的时候,其跨文化交流与传播就已经开始……

（一）田野中的跨文化实践

在对"跨文化传播"学术轨迹的梳理中,我们发现,这实在是一个十分吊诡的学术话题。它源于个别人类学家的执着坚持和一批人类学家的共同努

①　刘弋枫、刘广宇:《节日传播与文化景观:媒介与逻辑》,《贵州民族研究》2019 年第 10 期。

力,但最后却在传播学那里找到了归宿地并迅速成为传播学的一个新的分支学科而得以发展和壮大:"对跨文化交流,从上一世纪以来已有许多文化人类学家进行过论述,但作为一门独立学科的跨文化交流学却是在70年代末形成的,美国文化学者在这一学科的成长和发展过程中扮演了重要的角色……70年代,跨文化交流学逐渐形成为传播学中一门独立的学科。"①当然,如果我们来看看跨文化传播的主要议题,也许就更能在较深层次上明白这样一种结局所富含的内在逻辑。姜飞在《美国跨文化传播研究形成发展的理论脉络》一文中罗列了跨文化传播的几个基本议题:"(1)主要从人际传播的角度看待不同文化背景的人与人相遇时的相互作用,所谓人际跨文化传播;(2)主要从文化规范的角度进行不同文化背景下的比较,所谓跨组织文化传播;(3)主要从国家官方层面的文化接触,也有称为国际关系的,所谓国际传播;(4)主要从不同文化背景下对大众传播媒体的使用进行的比较,所谓比较大众传播学。它们都共同置于跨文化传播研究的大的范畴之下,但又因为各自的侧重点差异而各自发展。这样的分野一直延续到当下,直到2008年。"②其实,从上面的引文中我们可以明确地看到,跨文化交流或者传播一直在人类学里以人际传播的方式默默地进行着,非但如此,正是因这种在不同文化间的人际交流或传播方式的不断生成,它对民族志写作的范式转型起到了巨大的推动作用。因为,人类学的本质目的和目标就在于通过对他者文化的了解和理解而达成对自己文化有深刻的反省和辨识。这也是跨文化传播最核心的议题:"对文化差异的辨识和确认为人们协调和管理双方互动提供了坐标系……(因为)文化差异是影响双方互动的障碍,了解两种文化在价值和行为上的差异有助减少传播过程中的障碍和不确定性。"③这些观点都直接切中了人类学民族志

---

① 关世杰:《谈传播学的分支——跨文化交流学》,《新闻与传播研究》1996年第1期。
② 姜飞:《美国跨文化传播研究形成发展的理论脉络》,《新闻与传播研究》2010年第3期。
③ 陈辉、陈力丹:《跨文化传播研究的知识结构与前沿热点:基于Cite Space的可视化图谱分析》,《国际新闻界》2017年第7期。

写作中"主位/客位"的转化问题以及我们如何在互动交流中书写出一种既充分尊重对方，又保持自己理解的一种新的民族志文本。这种新兴的民族志书写方式，就是"写文化"书写者们所极力倡导的。因此，跨文化传播和交流就一直没离开过人类学的正道，而恰恰与人类学"眼睛向下的世界观"保持着一致的步调。节日影像志的创作也不例外。这里，我们以陈学礼一个与节日有关的拍摄案例来充分说明之。

"进入村寨第二天，我拍摄村民杀牛分肉时，村民用'你是做什么来的'质问我，我以'我是云南大学的，专门来拍摄这个村子的'给出回应，并获得了'那就多拍几张嘛'的许可，以及'等过两天跳舞的时候再照啊'的邀请……"①

"当天下午，缅寺的小和尚要求我和一个布朗族小伙子掰手腕，我没有拒绝，小男孩岩勐布接过我的摄像机，拍下了掰手腕的过程……在接下来的拍摄过程中，摄像机前的村民出现了种种不同的表现：或者与我直接交流，或者为了我的拍摄而'专注'地做事情，或者在摄像机跟前展现他们自认为最理想的状态，或者提出让我参与到布朗族新年活动中并接过摄像机拍摄我和村民在一起的场景。"②

"我和村民之间的关系演进，摄像机刺激村民做出反应的过程和场景，尤其是摄像机在我的手上和在村民的手上刺激村民做出的不同反应，有助于观众理解为什么村民的生活在影片中会呈现为此等样貌。这样的做法能够促使观众思考：如果我和摄像机没有出现在这个村子，村寨的生活会是什么样子的？村民的欢度布朗族新年时会是什么样的状态？也正是基于这样的理解，我主张民族志电影的制作者应该进入自己的影片。"③

除了在拍摄过程中的关系演进之外，陈学礼还为我们指出了"应该在展

---

① 陈学礼：《论民族志电影制作者进入影片的必要性》，《江汉学术》2019 年第 5 期。
② 陈学礼：《论民族志电影制作者进入影片的必要性》，《江汉学术》2019 年第 5 期。
③ 陈学礼：《论民族志电影制作者进入影片的必要性》，《江汉学术》2019 年第 5 期。

现制作者和被拍摄者之间的对话方面做出努力。"尽管,陈学礼一再强调要在影片中展示这种关系,但笔者认为这种展示可以根据情况而定,也即并非所有的民族志电影为了证明自己所获得的影像是建立在互动基础之上而必须告知公众以得到他们对"真实的豁免权"。因为,一切纪录影像的真实性问题都与人的"良心"有关,而非技术与技巧所能主宰的,尽管技术与技巧会带来更多对于"真实性"问题的复杂性和变化性的考量。但跨文化实践却是我们进入田野所必须积极面对和谨慎对待的,因为"了解自己的最有效的方法之一是认真对待他人的文化。这会使你去注意一些细节,正是这些细节显示了他人与你的差异。"①

(二) 多种方式的跨文化传播

我们相信,在每一个节日影像志的创作实践中,田野的跨文化实践都是其绕不开的话题,这尤其体现在对少数民族节日的反映和诠释上。民族志的方法论与影像民族志的方法论都是我们应用的工具箱。在节日影像志生产过程中,除了基于创作实践的田野跨文化实践外,还有更多跨文化传播与交流的渠道。下面我们就来一一梳理之。

第一,节日影像志最富特色和具有学术价值的结项评审会和开题培训会。我们知道到目前为止,节日影像志已有 70 余部成果成片产出。在对这些节日影像志作品进行验收时,"中心"会组织专门的评审会。当然如果从一般项目的结项来说,开评审会是再自然不过的事了,但节日影像志的评审会所请的专家成员里必须有一位是节日发生地的民俗文化专家,甚至是来自节日发生地的村民,或者是节日影像志中的被拍摄对象,而且往往最后的统稿还由这些当地人来执行。这样一种从终审现场都要保持对节日文化持有者尊重的态度是国内其他学术项目结题时少有的现象。那么从这个意义上,我们可以说,这

---

① 〔美〕爱德华·霍尔:《无声的语言》,北京大学出版社 2010 年版,第 28 页。

70 余部节日影像志作品结项的过程,也是一次节日发生地代表与其他文化持有者的一种对话和交流,它有利于作品在最后完成阶段尽可能在最大程度上真实地还原节日本身的文化事象而不至于出现对节日的些许误读。除项目评审外,"中心"还对每一年中标的项目团队进行集中培训。在培训会上,展示和研讨作品本身又成为一次跨文化传播和交流的机会。笔者曾于 2013 年 7 月参加过一次培训会,当时放映的是刘湘晨的《献牲》。这是笔者第一次看到关于新疆节日题材的节日影像志,同时,笔者认为,这也是一部关于变迁中的柯尔克孜族较为深刻的纪录片。正如刘湘晨所说,他不仅仅想展示节日,更希望通过节日的这个节点带出现代化进程中的柯尔克孜族对变迁的感受和体悟,从而增进外界对这个民族现在所处状态的认识和了解。

第二,十年来,节日影像志产生过一批较为优秀的人类学纪录片。它们或通过国内外各种(人类学、民族志、纪录片)影像大赛,或通过非遗影像巡展等方式,进行了多方面的跨文化传播与交流活动。

1. 国际交流方面。刘湘晨的《献牲》获国际人类学民族学联合会第十七届大会代表中国主题展映,美国欧亚学会第十四届年会特邀展映,英国皇家人类学会第十四届民族志电影特邀展映;刘湘晨的《祖鲁》和刘磊的《家节》分别入围国际人类学民族学联合会第十八届大会,同时,刘湘晨的《祖鲁》被美国南加州大学 RAI 人类学第十五届国际纪录片电影节特邀展映。除此之外,刘湘晨和王宁彤还应澳大利亚墨尔本大学邀请前往展映和交流等。这些国际的展映与交流均代表了这一时期我国影视人类学创作实践所取得的阶段性成绩,它在一定程度上也体现了我们以节日影像志为代表的我国传统优秀文化对外交流和传播的积极作为。

2. 国内传播方面。节日影像志先后在国内参加了由中国影视人类学专业委员会的三次评奖活动,每次学术影展均有许多作品入围并获得了学会大奖。吴效群的《骂社火》曾获得二等奖,朱靖江、甯元乖的《七圣庙》、王宁彤的《魂归故里》、刘湘晨的《祖鲁》、张小军的《卯节》、王海飞的《北湾祭事》等均斩获过年度影视人类学作品前 10 的荣誉;而节日影像志也先后参与过两次由中国民族博物馆主办的中国民族志纪录片影像展映和收藏活动,也有像《咱当苗年》(苗族苗年子课题)、《觉颂》《邱家祠年事》等影片得到民族博物馆永久收藏的证书和通知书等;节日影像志还参与过两次广西民族博物馆举行的广西国际民族志影展及评奖活动。在这个活动中也有大批节日影像志作品先后获得各个层级的奖励等;除了参与这些带有评奖性质的活动外,节日影像志多部作品于 2018 年还入围进入中国非遗影像展国内高校的联展。这一活动是非遗进校园富有特色的学术举动。是年,大约有《觉颂》《祖鲁》《七圣庙》《渤烘桑康》《北湾祭事》《家节》《邱家祠年事》《祈年宏愿》等十几部优秀作品参与了高校巡展活动,该活动最大的特点是项目负责人带着影片到不同的高校进行放映和展开学术对话。上述这些公共性的学术影展和评奖活动,有力扩展了节日影像志在国内影视人类学界的声誉和地位,切实加大了以节日影像志为代表的影视人类学实践成果在人类学、民族学和民俗学乃至纪录片界的影响力,通过这些传播与交流,也让更多的学生和其他有志于人类学纪录片拍摄工作的年轻人加深了对影视人类学的认识和理解,让更广泛的人群通过了解中国传统节日而进一步加强和巩固了对我国优秀传统文化的感受和体认,并由此催生出对中国文化的自觉和自信。

在对节日影像志的传播与交流方面,还有两个事件需要提及,这就是以刘湘晨和陈坚为代表的两代学人和导演人对自己所拍的节日影像志作品展开的个人学术放映和学术讲座行为。到目前为止,刘湘晨已在北京、上海、成都、兰州等地的多所著名高校和院所就其前期所拍摄的《献牲》《开斋节》和《祖鲁》等影片进行了多场学术放映和学术讲座活动,起到了极好的传播效果。笔者就曾参与过几次在成都的活动。在活动中,刘湘晨以他特有的专业素养和对新疆民族文化特有的热爱和敬意所传达出的文化体验和文化使命意识令新疆之外的学子们深受感染和激励。而陈坚,一位长期扎根在藏区的青年导演则为我们呈现了西藏节日文化基于深厚信仰的多样性和丰富性。他以《田野至上》为题的学术影展为我们打开了另一个节日影像志传播与交流的窗口。目前，陈坚已经在成都、贵阳、上海、新疆、内蒙等地进行了多场学术放映。他给笔者的信函表示："经过一年的思考准备，决定每次从青藏高原田野出来，选择一两个临近省份中转，在当地高校做密集讲座，准备用5年的时间完成100所高校的巡讲，通过高校巡讲的方式，让更多的在校学生了解纪录片的意义和制作方法，同时和这些地区的影视人类学学者做更为广泛的学术交流，进一步提升自己。"①不仅如此，在信函的最后，陈坚还说道："我的田野在整个青藏高原，我热爱这片天地间浑然的景色，我热爱这片大地，我热爱这片土地上的人们，我在田野之上，才方知田野至上。"②

第三，我们把带着节日影像志作品参与各种展映和学术交流的活动，称为节日影像志跨文化传播实践的走出去行动，但与这种走出去相比，我们更愿意这些节日影像志作品"回家乡"。这也是人类学所极力倡导的，让人类学作品更多地与当地人分享，并在这种分享中不断地检视和完善我们对地方性知识的表述。应该说，这个工作目前还做得远远不够。就我们所搜集到的材料来看，有这样几个案例是可以与大家共享的。

巴胜超在景颇族目瑙纵歌子课题结项后就做了这样三个工作：一是把作品拿回节日所在村寨看。其目的是"让被拍摄者在观看影片时，对其中的节日信息进行检查与确认，也正好与节日影像志强调影像文献资料的准确性相一致。"③二是把作品拿给村寨中的年轻人看。其目的"就是为了进行影像教育和民族文化的传播。"④三是让作品面对广大的非景颇族群体。其目的"是考虑到在政治、经济、文化等全球化的当下语境中，促进多种类、多形式的跨文化沟通是打破文化壁垒、消除民族中心主义偏见的重要方式。"⑤巴胜超还把

---

① 陈坚：《田野之上》，未刊稿（2019年10月）。
② 陈坚：《田野之上》，未刊稿（2019年10月）。
③ 巴胜超：《影像圈：节日影像志创作与传播的另一种可能》，未刊稿（2019年9月）。
④ 巴胜超：《影像圈：节日影像志创作与传播的另一种可能》，未刊稿（2019年9月）。
⑤ 巴胜超：《影像圈：节日影像志创作与传播的另一种可能》，未刊稿（2019年9月）。

这种传播交流方式称为"影像圈"。

蔡富莲在彝族剪羊毛节子课题结项后,就把作品拿回田野点放映。在给笔者的微信中,她写道:"村民们第一次从电视机里看到自己的形象,激动万分,但是当看完片子后都十分惆怅和疑惑,大家都认为剪掉的内容太多了,在村子里拍摄了5天,怎么才搞了这么点内容的片子啊?好多镜头怎么都没有了,自己出现在片子里的镜头也只是很快地一闪而过,很不过瘾,还没有来得及好好看看就没有了,很是遗憾。"①而更为珍贵的是,在作品回放时,村民们对影片中的唱情歌感到很害羞:"因为在家里放片子的时候,兄弟姐妹们一起看片子,看到唱情歌,这使大家都感到害羞,很不好意思,不自在。(按照凉山彝族民间风俗,情歌只能在野外唱,特别忌讳在家里和在有兄弟姐妹的场合唱情歌。)"②而这些民俗禁忌也只有在回放时才能真切地发现出来。这涉及对作品表现空间与作品放映空间这些更加细微的因素的考究。

武小林在彝族彝子课题结项后,也将作品带回凉山彝族村寨请被拍摄对象阿牛史日一家人观看。这里笔者摘录一段被拍摄对象阿牛史日的微信留言:

"《彝年——苦思》比较真实、完整的记录和反映了美姑县彝族农村九口乡瓦乌村以阿牛家为主体的几户彝族群众过年的各种情景。感觉不论环境、过程、民俗、人物活动都非常清楚,是一部真实、难得的纪录片。

作为祭祀兼娱乐性的节日,彝历年间的各种民俗事项丰富多彩,记录较为精细。不论是年前准备、年间杀猪、串门喝酒、祭祀树神、唱年歌、背肉拜年,场景朴实、真实,是我们彝族的特有文化,尤其毕摩曲比古日给年猪祛秽,充分体现了彝族对年猪的重视和对祖先的敬畏心情,是难得一见的民俗文化。从毕

---

① 微信采访:被采访人:蔡富莲,西南民族大学教授;时间:2019年9月12日;采访人:刘广宇。

② 微信采访:被采访人:蔡富莲,西南民族大学教授;时间:2019年9月12日;采访人:刘广宇。

摩的诵经声中仿佛让人感受着一份虔诚、一份执着。"

通过微信，阿牛史日还把其他兄弟的观影感受也一并为笔者发送了过来：

"彝谚道'过年三天没吃错的，结婚三天没玩错的，祭祖三天没说错的。'片子真实而生动地反映了我们农村的彝年情景，砍年柴、磨制豆腐、杀年猪、占卜、唱年歌、喝串门酒、熏制腊肉、灌香肠等民俗是我们的年节传统，真实而不夸张，数百年来农村都这样过。村里的小伙子三五成群依长老有序的习惯帮忙杀年猪、喝串门酒、尝百家肉等场景十分生动，历历在目。"（阿牛马火语）

"片子很真实，都是来自彝族农村的镜头，记录也比较全面，尤其是围绕彝年的先后顺序和我奶奶这个核心来组织画面，各种情景、文化交代也很明了。"（阿牛拉火语）

人类学以及影视人类学民族志作品在用于学术研究和广泛传播前得到当地人或者被（描述）拍摄对象对其表述的高度认同应该是学科最基本的学术规范和学术伦理。尽管，节日影像志在最终结项时请当地文化持有者一同参与审片，这也可算是一种避免对地方知识误读的有效办法，但仅此仍是不够的。我们希望，每一部节日影像志作品在走出去之前都先回到"家乡"，回到节日原发地，请节日中的人们来做第一批观众，这不仅保证了学术品质，更重要的意义还在于，它是人类学和影视人类学的终极使命——在文化互动中，达至人类的"美美与共"。

（三）数据库建设与公共文化服务

写作至此，我们都严格按照本议题研究所规定的研究对象节日影像志成果之一，人类学纪录片的创作与传播在展开。但参考"中心"对节日影像志成果的界定来看，影片只是其中的一个重要元素，其重要性在于，通过创作以完成节日影像志综合成果的最后聚集与公共文化服务。因为，围绕节日影像志作品成果的"内容要素、形式要素、意义要素乃至模式探索等"的研究仅代表了各子课题组，在当下对某一个节日的理解和结构，它是一种作品化导向的成果,它必然会因影片视角、结构、叙事等因素,造成对节日的呈现只能是一个侧面的反映。从内容要素的角度来看,所有的展现都存在一定"缺失",而这些"缺失"有很多又存在于作品剪辑时未被使用的素材中,或未被完全使用的某段素材中。从项目最终成果的组成来看,子课题的所有素材和场记单与作品同样重要,那些因各种原因没有被结构进作品的大量素材,并不能说它们就没有存在的意义和价值。

习近平强调,优秀传统文化是一个国家、一个民族传承和发展的根本,如果丢掉了,就割断了精神命脉。中国传统节日文化作为中华优秀传统文化的重要组成部分,需要我们将其永久的保留下来,因此,针对节日影像志项目海量的素材和场记单,我们认为需要通过数据整备的方式,在确定的元数据标准框架下,将素材整理成一条条有效数据,再置入数据库中。在这个过程中最为关键的就是如何来确定节日影像志的元数据标准? 国际上较为通用的网络资源元数据标准是都柏林元数据标准,以都柏林元数据标准为蓝本,结合各自数据的特点进行相应元数据字段的改造和修改,通过工作人员依据元数据标准对每一条或每一组素材的标引,将其赋予相关的定义和描述。这样每一条节日视频素材,就像沙漠中一粒一粒的沙子被标记了符号,通过相关搜索条件检索,就检索到要想找到的某一粒沙子。比如我们想检索节日中的戏曲,通过戏曲关键词搜索,就能检索到所有收入数据库里的在节日中与戏曲有关的视频素材,这样的数据库对于公众开放使用,能够让公众通过它,了解到中国传统节日中的各类信息,并且是可视的影像资源,它们就成为中国传统节日的大数据。同时,我们认为在当今这个数据时代,这样的数据库节日影像志的资源只是一个开始,面对大数据技术、下一代移动通讯技术和云计算等新兴技术的出现,节日影像志数据库应当成为一个可以不断成长的数据库。用户使用它不是单纯的接受信息,而是可以与数据库形成互动关系,人们既可以从这里获取,也可以依据数据库的标准,向数据库平台上传他所记录的节日影像资源,经过一定程序审核通过后成为一条有效数据,这样每一个人都可以成为节日影像志的作者，真正印证那句古话——众人拾柴火焰高，让节日这把火越烧越旺。

而就节日影像志的传播来看，我们在本部分的前面文字中，曾对各种形式的传播与交流有过梳理，这里我们想就各种表现形式的作品传播做最后陈述。节日影像志成果与节日一样，拥有公共性的特点，它们来自于大众生活，最终也应回归到大众当中去，让大众能够看到这批以节日为主题的系列影像成果，但并不一定是单纯的使用以学术研究目的剪辑而成的作品。在面向大众传播时，我们认为应要充分考虑用户需求，从用户体验的角度出发，面对不同的受众群体，提供不同的作品版本和形式，采取精准投送的方式，利用好节日影像志每个子课题不低于 20 小时的素材内容，在形式上通过长片、短片、微视频等多种形式，甚至还可以将这些影像素材作为基础，进行动漫作品、衍生产品的再创作等。而在传播终端上，当下移动端的小屏幕已成为人们获取信息的主要方式，因此，我们认为"大屏+小屏"的传播方式已成为必然选择。通过多样态作品形式、多样化终端选择几率，将丰富多彩、且生生不息的中国传统节日文化传播给大众。因为，从近几年纪录片的市场来看，观众并非不喜欢这类承载着中国传统优秀文化基因的题材资源，而是大众能看到的优质资源太少。因此，作为节日影像志综合成果的聚集和展示，我们就必须利用好这批资源，让以节日为表征的中华优秀传统文化成为"网红"，用实际行动践行"不忘本来，吸收外来，面向未来"的理念，通过对传统节日文化的创造性转换、创新性发展，不断铸就中华民族优秀传统文化的新辉煌。

参 考 文 献

一、专著(国外)

[澳]大卫·马杜格:《迈向跨文化电影:大卫·马杜格的影像实践》,麦田出版社 2006 年版。

[丹麦]施蒂格·夏瓦:《文化与社会的媒介化》,复旦大学出版社 2018 年版。

[德]奥斯瓦尔德·斯宾格勒:《西方的没落》,商务印书馆 2001 年版。

[德]恩斯特·卡希尔:《人论》,上海译文出版社 1985 年版。

[德]伽达默尔:《伽达默尔集》,上海远东出版社 2003 年版。

[德]伽达默尔:《美的现实性:作为游戏、象征、节日的艺术》,远东出版社 2003 年版。

[德]伽达默尔:《真理与方法(上卷)》,上海译文出版社 2004 年版。

[德]哈贝马斯:《公共领域的结构转型》,学林出版社 1999 年版。

[德]卡尔·海德:《影视民族学》,中央民族学院出版社 1989 年版。

[德]扬·阿斯曼:《文化记忆:早期高级文化中的文字、回忆和政治身份》,北京大学出版社 2015 年版。

[法]爱弥尔·涂尔干:《宗教生活的基本形式》,商务印书馆 2011 年版。

[法]丹纳:《艺术哲学》,天津社会科学院出版社 2004 年版。

[法]葛兰言:《古代中国的节庆与歌谣》,广西师范大学出版社 2005 年版。

[法]亨利·列斐伏尔:《空间与政治》,李春译,上海人民出版社 2015 年版。

[法]吉尔·德勒兹、弗兰西斯·培根:《感觉的逻辑》,广西师范大学出版社 2007 年版。

[法]列维·斯特劳斯:《忧郁的热带》,三联书店2000年版。

[法]罗兰·巴尔特:《符号学原理》,三联书店1999年版。

[法]皮埃尔·布尔迪厄:《实践感》,译林出版社2003年版。

[法]乔治·古尔维奇:《社会时间的频谱》,北京师范大学出版社2010年版。

[法]乔治·萨杜尔:《电影艺术史》,中国电影出版社1957年版。

[法]亚历山大·科耶夫:《权威的概念》,译林出版社2011年版。

[荷兰]伊文思:《摄影机和我》,中国电影出版公司1980年版。

[美]欧文·戈夫曼:《日常生活中的自我呈现》,北京大学出版社2008年版。

[美]埃里克·巴尔诺:《世界纪录电影史》,中国电影出版社1992年版。

[美]保罗·霍金斯:《影视人类学原理》,云南大学出版社2001年版。

[美]达德利·安德鲁:《经典电影理论导论》,世界图书出版社2013年版。

[美]克利福德·格尔兹:《文化的解释》,上海人民出版社1999年版。

[美]詹姆斯·克利福德、乔治·E.马尔库斯:《写文化:民族志的诗学与政治学》,商务印书馆2006年版。

[美]劳勃·勒范恩:《时间地图:不同时代与民族对时间的不同解释》,商务印书馆1999年版。

[美]理查德·巴塞姆:《纪录与真实——世界非剧情片批评史》,台湾远流出版公司1996年版。

[美]乔治·E.马尔库斯、米开尔·M.J.费彻尔:《作为文化批评的人类学》,上海三联书店1998年版。

[美]马文·哈里斯:《好吃、食物与文化之谜》,山东画报出版社2001年版。

[美]塞缪尔·亨廷顿、劳伦斯·哈里森主编:《文化的重要作用:价值观如何影响人类进步》,新华出版社2010年版。

[前苏联]吉加·维尔托夫:《电影眼睛:一场革命》,三联书店2006年版。

[瑞士]索绪尔:《普通语言学教程》,商务印书馆1980年版。

[英]保尔·汤普逊:《过去的声音——口述史》,辽宁教育出版社1999年版。

[美]太史文:《幽灵的节日——中国中世纪的信仰与生活》,浙江人民出版社1999年版。

[美]维克多·特纳:《庆典》,上海文艺出版社1993年版。

[英]鲍伊:《宗教人类学导论》,中国人民大学出版社2004年版。

[英]戴维·米勒、韦农·波格、丹诺·布莱克威尔:《政治学百科全书》,中国政法大学出版社1992年版。

［英］卡尔·波普尔：《客观知识：一个进化论的研究》，上海译文出版社 2015 年版。

［英］马林诺夫斯基：《文化论》，中国民间文艺出版社 1987 年版。

［英］奈杰尔·拉波特：《社会文化人类学的关键概念》，华夏出版社 2005 年版。

［英］约翰·伯格：《观看之道》，广西师范大学出版社 2007 年版。

［德］约瑟夫·皮柏：《节庆、休闲与文化》，三联书店 1991 年版。

［德］约瑟夫·皮柏：《闲暇文化的基础》，新星出版社 2005 年版。

［英］詹·弗雷泽：《金枝》，煤炭工业出版社 2016 年版。

二、专著(国内)

白庚胜：《色彩与纳西族民俗》，社会科学文献出版社 2001 年版。

包新宇：《文献纪录片研究》，知识产权出版社 2016 年版。

陈国强：《简明文化人类学词典》，浙江人民出版社 1990 年版。

陈建华：《节日视阈下的戏曲演艺研究》，长江文艺出版社 2016 年版。

陈来：《中华文明的核心价值：国学流变与传统价值观》，三联书店 2015 年版。

陈连山：《春节风俗的历史渊源，社会功能和文化意义》，学苑出版社 2006 年版。

陈文华：《文化学概论》，上海文艺出版社 2004 年版。

陈学礼：《被隐藏的相遇·民族志电影制作者和被拍摄者关系反思》，社会科学文献出版社 2017 年版。

陈寅恪：《陈寅恪文集之三金明馆丛稿二编》，古籍出版社 1980 年版。

单万里：《中国纪录片简史》，中国电影出版社 2007 年版。

邓启耀：《我看与他观》，清华大学出版社 2013 年版。

东方桥：《孝经现代读》，上海书店出版社 2002 年版。

方志新：《节日与时代——北京高碑店村对传统民俗节日的记忆》，中国书画出版社 2007 年版。

费孝通：《文化与文化自觉》，群言出版社 2010 年版。

风笑天：《社会学研究方法》，中国人民大学出版社 2001 年版。

傅德岷：《唐诗宋词鉴赏辞典》，湖北辞书出版社 2005 年版。

高丙中：《民俗文化与民俗生》，中国社会科学出版社 1994 年版。

高丙中：《中国民俗概论》，北京大学出版社 2009 年版。

高维进：《中国新闻纪录电影史》，世界图书出版公司 2013 年版。

高占祥：《论节日文化》，文化艺术出版社 1991 年版。

郭于华：《仪式与社会变迁》，社会科学文献出版社 2000 年版。

郭净、杨光海:《中国民族志电影先行者口述史》,云南人民出版社 2015 年版。

韩晓莉:《革命与节日.华北根据地节日文化生活》,社会科学文献出版社 2019 年版。

韩养民、郭兴文:《中国古代节日风俗》,陕西人民出版社 2002 年版。

韩养民、郭兴文:《节俗史话》,社会科学文献出版社 2011 年版。

韩永青:《纪录片创作教程》,北京师范大学出版社 2019 年版。

金民卿:《文化全球化与中国大众文化》,人民出版社 2004 年版。

李德宽、田广:《饮食人类学》,宁夏人民出版社 2014 年版。

李露露:《中国节.图说民间传统节日》,福建人民出版社 2005 年版。

李松、张士闪:《节日研究(第 1—2 辑)》,山东大学出版社 2010 年版。

李松、张士闪:《节日研究(第 3—9 辑)》,泰山出版社 2011—2014 年版。

李松、张士闪:《节日研究(第 10—12 辑)》,学苑出版社 2015—2018 年版。

李鑫生,蒋宝德:《人类学辞典.》,华艺出版社 2002 年版。

李玉臻:《中华民俗节日风情大观》,黑龙江人民出版社 2006 年版。

李泽厚:《实用理性与乐感文化》,三联书店 2005 年版。

林少雄:《多元文化视阈中的纪实影片》,学林出版社 2003 年版。

刘广宇:《新中国成立以来农村电影放映研究》,文化艺术出版社 2015 年版。

刘湘晨:《垂直新疆》,新疆电子音像出版社 2008 年版。

聂欣茹:《纪录片概论》,复旦大学出版社 2010 年版。

欧阳宏生:《纪录片概论》,四川大学出版社 2004 年版。

彭兆荣:《人类学仪式的理论与实践》,民族出版社 2007 年版。

商玉祥:《个性心理学》,北京师范大学出版社 1989 年版。

石义彬:《单向度超真实内爆:批判视野中的当代西方传播思想研究》,武汉大学出版社 2003 年版。

宋林飞:《西方社会学理论》,南京大学出版社 2015 年版。

宋兆麟:《中国原始社会史》,文物出版社 1983 年版。

孙秉山:《为什么过节·中国节日文化之精神》,世界知识出版社 2007 年版。

孙红云:《真实的游戏:西方新记录电影》,文化艺术出版社 2013 年版。

孙立平:《"过程—事件分析"与当代中国国家农民关系的实践形态》,社会科学文献出版社 2005 年版。

《孙中山全集》(第 9 卷),中华书局 1986 年版。

谭桂林:《人与神的对话》,安徽教育出版社 2000 年版。

陶立璠:《民俗学》,学苑出版社 2003 年版。

童世骏:《政治文化和现代社会的集体认同:读哈贝马斯近著两种》,复旦大学当代国外马克思主义研究中心编 2000 年版。

王海龙:《人类学电影》,上海文艺出版社 2002 年版。

王铭铭:《村落视野中的文化与权力:闽台三村五论》,三联书店 1997 年版。

王铭铭:《人类学是什么》,北京大学出版社 2002 年版。

王文章:《非物质文化遗产概论》,文化艺术出版社 2006 年版。

王文章:《弘扬传统节日文化现状与对策》,文化艺术出版社 2012 年版。

韦荣慧:《二十一世纪中国少数民族服饰》,中国画报出版社 2004 年版。

乌丙安:《中国民俗学》,辽宁大学出版社 1985 年版。

吴国盛:《时间的观念》,中国社会科学出版社 1996 年版。

萧放:《岁时:传统中国民众的时间生活》,中华书局 2002 年版。

邢莉:《民族民间文化研究与保护(第二辑)——节日仪式卷》,世界图书出版公司 2012 年版。

熊术新:《中国电视纪录片论纲》,云南大学出版社 1999 年版。

徐贲:《知识分子:我的思想和我们的行为》,华东师范大学出版社 2005 年版。

张勃:《明代岁时民俗文献研究》,商务印书馆 2011 年版。

张勃:《唐代节日研究》,商务印书馆 2011 年版。

张红军:《中国影视纪录片产业链及产业政策研究》,中国广播影视出版社 2015 年版。

张宏梅:《唐代的节日与风俗》,山西人民出版社 2010 年版。

张江华、李德君、陈景源、杨光海、庞涛、李桐:《影视人类学概论》,社会科学文献出版社 2000 年版。

张泽咸:《唐代的节日》,中华书局 1993 年版。

赵东玉:《中华传统节庆文化研究》,人民出版社 2002 年版。

赵世瑜:《眼光向下的革命:中国现代民俗学思想史论》,北京师范大学出版社 1999 年版。

赵世瑜:《眼随心动》,北京师范大学出版社 2019 年版。

赵毅恒:《符号学原理与推演》,南京大学出版社 2016 年版。

中国民俗学会、北京民俗博物馆:《节日文化论文集》,学苑出版社 2006 年版。

钟大年:《纪录片创作论纲》,北京广播学院出版社 1997 年版。

钟敬文:《民俗学概论》,上海文艺出版社 1998 年版。

钟敬文:《钟敬文文集(民俗学卷)》,安徽教育出版社 1999 年版。

周星:《民俗学的历史,理论与方法》,商务印书馆 2006 年版。

朱靖江:《民族志纪录片创作》,北京联合出版社 2004 年版。

三、论文

[美]埃·莱塞:《合法的手段——纪录电影与历史》,《世界电影》1993 年第 3 期。

[美]芭芭拉·泰德拉克:《从参与观察到观察参与叙事民族志的出现》,《满族研究》2002 年第 2 期。

[美]戴维·麦克道尔:《影视人类学——人类学的扩展》,《南阳师范学院学报(社会科学版)》2003 年第 8 期。

[日]河野真:《Folklorism 和民俗的去向》,《中国民俗学会成立 20 周年学术研讨会论文集》2003 年。

[意]保罗·基奥齐:《民族志电影的起源》,《民族译丛》1991 年第 1 期。

[英]保罗·亨利:《叙事:民族志纪录片深藏的秘密》,《思想战线》2013 年第 2 期。

[英]保罗·亨利:《民族志电影.技术/实践与人类学理论》,《民间文化论坛》2016 年第 4 期。

鲍江:《本体论分权——影视人类学与文字人类学》,《中央民族大学学报(哲学社会科学版)》2018 年第 6 期。

蔡铁民:《理性思维的象征寓意——谈传统节日习俗象征符号//闽台岁时节日风俗》,《福建省民俗学会第二届学术研讨会论文集》1991 年。

蔡燕:《外国人中国传统节日认知与参与情况研究——以山东大学来华留学生为例》,《民俗研究》2015 年第 4 期。

陈炜、黄达远:《传统节日文化中的宗教文化因素及其在旅游开发中的运用》,《青海社会科学》2007 年第 3 期。

陈文敏:《媒介场域视角下传统节日的视像传播与多屏重构》,《郑州大学学报(哲学社会科学版)》2019 年第 1 期。

陈犀禾:《民族、国家和国家形象》,《北京电影学院学报》2009 年第 2 期。

陈学礼:《理解民族志电影真实性的三个维度》,《江汉学术》2018 年第 4 期。

陈学礼:《论民族志电影的真实》,《云南社会科学》2003 年第 6 期。

陈燕:《论云南民族节日旅游资源的开发》,《云南民族大学学报(哲学社会科学版)》2007 年第 5 期。

程勇:《三种中国形象:大众文化与民族国家认同建构》,《江苏社会科学》2014 年第 4 期。

迟燕琼：《少数民族传统节日的文化传承功能》，《民族艺术研究》2008 年第 3 期。

迟燕琼：《少数民族节庆文艺活动的符号建构——对云南新平县漠沙镇花腰傣"花街"文化旅游节的调查》，《云南艺术学院学报》2007 年第 4 期。

仇蓓蓓：《影视修史》，南京师范大学 2021 年博士学位论文。

戴盈的：《从文化支撑到民族认同和国家形象传播——纪录片舌尖上的中国》和《寿司之神》的比较》，《现代传播（中国传媒大学学报）》2014 年第 7 期。

单万里：《虚构真实——浅谈西方"新纪录电影"》，《当代电影》2000 年第 5 期。

单万里：《中国文献纪录片的演变》，《电影艺术》2005 年第 6 期。

邓可卉、周世基：《中国古代历法的星占学基础》，《自然辨证法通讯》2019 年第 3 期。

邓启耀：《视觉表达与图像叙事》，《广西民族学院学报》2004 年第 2 期。

邓启耀：《视觉人类学的三个维度》，《学术探索》2013 年第 1 期。

邓子君：《从〈舌尖上的中国〉看国产纪录片的成功之道》，《中国电视（纪录）》2012 年第 7 期。

董菁：《主题，人物，情节，细节——广播文艺创优的"点睛"之笔》，《中国广播》2012 年第 11 期。

董晓萍：《民俗学与非物质文化遗产保护》，《文化遗产》2009 年第 1 期。

范长风：《豫西"骂社火"的艺术人类学研究》，《文化遗产》2013 年第 3 期。

方秀莲：《新媒体环境下的纪录片创作》，扬州大学 2010 年硕士学位论文。

费孝通：《中华民族的多元一体格局》，《北京大学学报（哲学社会科学版）》1989 年第 4 期。

傅正元：《帕森斯的社会学理论》，《国外社会科学》1982 年第 11 期。

富晓星：《作为行动者的摄影机——影视人类学的后现代转向》，《民族研究》2018 年第 5 期。

甘代军、李银兵：《传统节日的总体性与人性反思》，《山西师大学报（社会科学版）》2015 年第 5 期。

高丙中：《节日传承与假日制度中的国家角色》，《绍兴文理学院学报（哲学社会科学版）》2009 年第 5 期。

高丙中：《妙峰山庙会的社会建构与文化表征》，《文化遗产》2017 年第 6 期。

高丙中：《民族国家的时间管理——中国节假日制度的问题及其解决之道》，《开放时代》2005 年第 1 期。

高丙中:《圣诞节与中国的节日框架》,《民俗研究》1997 年第 2 期。

高丙中:《在古今中外的格局中探讨民俗志的写法》,《节日研究》2014 年第 1 期。

高丙中:《中国民俗学三十年的发展历程》,《民俗研究》2008 年第 3 期。

高小康:《非遗保护的生态环境:他者空间》,《江苏行政学院学报》2014 年第 5 期。

高雅,刘彦青:《贵州的少数民族节日》,《初中生辅导》2014 年第 14 期。

龚浩群:《民族国家的历史事件:简析当代泰国的节日体系》,《开放时代》2005 年第 3 期。

巩宝平:《论两汉的节日及其历史走向》,山东大学 2006 年硕士学位论文。

关昕:《"文化空间·节日与社会生活的公共性"国际学术研讨会综述》,《民俗研究》2007 年第 2 期。

管文虎:《关于研究中国国际形象问题的几点思考》,《国际论坛》2007 年第 5 期。

郭净:《影视人类学在云南的实践》,《民族艺术》1988 年第 4 期。

郭明俊:《〈易〉之"生生"观念及其价值意蕴》,《兰州学刊》2010 年第 8 期。

韩健文:《真实电影和直接电影的异同》,《电影艺术》1991 年第 6 期。

郝跃骏:《人类学电影的信息传递方式》,《西南民族大学学报》2004 年第 1 期。

何明、陶琳:《国家在民族民间仪式中的"出场"及效力:基于僾尼人"嘎汤帕"节个案的民族志分析》,《开放时代》2007 年第 4 期。

何姝顠:《文化强国视阈下中国传统节日文化的价值研究》,西华师范大学 2017 年硕士学位论文。

何苏六、韩飞:《时代性互文互动:改革开放 40 年与中国纪录片的发展谱系》,《现代传播(中国传媒大学学报)》2018 年第 12 期。

何苏六、王大鹏:《文献纪录片的时代特征》,《艺术评论》2011 年第 7 期。

胡敬萍:《中国少数民族的服饰文化》,《民族历史与文化研究》2001 年第 1 期。

胡谱忠:《"民间"话语的文化指向——以人类学纪录片为例》,《艺术广角》2017 年第 1 期。

胡谱忠:《20 世纪 90 年代中国民族志纪录片的文化维度》,《北方民族大学学报(哲学社会科学版)》2012 年第 4 期。

黄典林、叶珲、王书斌:《身份凝视与"他者"想象:〈中国好声音〉的"少数民族"身份再现》,《现代传播》2015 年第 11 期。

黄龙光:《当代"泛节日化"社会语境下传统节日的保护》,《原生态民族文化学刊》2019 年第 3 期。

黄潇:《博大精深的中国古代历法——读〈中国古代历法〉有感》,《才智》2010 年第

25 期。

吉祥:《中西方文化语境中"方"与"志"的比较研究》,《史志学刊》2017 年第 5 期。

金毅:《试析民族节日文化的特征》,《黑龙江民族丛刊(季刊)》1998 年第 4 期。

景俊美:《中国传统节日在当代的精神价值》,中国艺术研究院 2013 年博士学位论文。

康澄:《文本——洛特曼文化符号学的核心概念》,《当代外国文学》2005 年第 4 期。

匡野、陆地:《20 世纪 80 年代以来我国岁时节日文化研究述略》,《民间文化论坛》2015 年第 5 期。

来新夏:《中国方志学理论的发展与现状》,《中国地方志》1995 年第 2 期。

赖国栋:《在历史和现实中穿行——读扬·阿斯曼文化记忆:早期高级文化中的文字》,《史学理论研究》2016 年第 1 期。

冷淞:《新思潮,新媒体,新技术语境下的纪录片突围》,《中国电视》2009 年第 11 期。

李保强:《中国传统节日:生命意义的生发及其教育价值》,《山东社会科学》2011 年第 2 期。

李德建:《民族节日符号的现代转型及动力探析——以贵州苗族节日为例》,《广西民族研究》2008 年第 3 期。

李峰:《节日的功能及其社会学隐喻》,《河南社会科学》2016 年第 4 期。

李娟:《春节节庆报道传播策略研究》,山西大学 2016 年硕士学位论文。

李军侠:《回顾与展望:中国纪录片事业 60 年发展探析(上)》,《中国电影市场》2019 年第 2 期。

李坤在:《中国独立纪录片导演生存状况研究》,《电视指南》2018 年第 14 期。

李翔:《用纪录片改造世界》,陕西师范大学 2014 年硕士学位论文。

李心峰:《非遗保护视野下传统节日文化的传承与弘扬》,《中国文化报》2018 年第 3 期。

李智:《产业视角下中国纪录片的历史进程和发展前瞻》,《当代电影》2018 年第 9 期。

梁君健:《人类学纪录片的符号学与诗学:论罗伯特·加德纳的电影创作》,《民族艺术》2019 年第 2 期。

梁黎、刘湘晨:《我用镜头思维》,《中国民族》2015 年第 4 期。

廖明君、萧放:《传统节日与非物质文化遗产保护》,《民族艺术》2009 年第 2 期。

廖维:《节日时间特性探微》,《民间文化论坛》2011 年第 5 期。

林继富:《"民俗认同"与"文化自愈机制":两个有用的概念》,《长江大学学报(社会科学版)》2018 年第 4 期。

刘彩清:《七夕节的文化透视》,《太原师范学院学报(社会科学版)》2007 年第 6 期。

刘刚:《论权威与权力的区分——从概念,观念,制度层面的考察》,《北大法律评论》2014 年第 2 期。

刘广宇、焦虎三:《口述与呈现,叙事与风格——尔苏藏族"还山鸡节"影像志创作后记》,《民族艺术研究》2014 年第 6 期。

刘广宇、刘星:《节日影像志创作实践初探——以〈达慕〉例》,《新闻界》2016 年第 7 期。

刘红梅:《回到未来——吉加·维尔托夫的先锋电影理论与实践》,《当代电影》2018 年第 11 期。

刘锦宏、阳杰:《新媒体时代文化纪录片传播效果影响因素浅析——以〈故宫修文物〉例》,《中国广播电视学刊》2017 年第 12 期。

刘军:《中国少数民族传统服饰的文化功能》,《黑龙江民族丛刊》2004 年第 4 期。

刘开:《传统节日文化特征探索》,《社会科学探索》1991 年第 1 期。

刘魁立、萧放、张勃、刘晓峰、周星:《传统节日与当代社会》,《民间文化论坛》2005 年第 3 期。

刘魁立:《传统节日与构建和谐社会》,《领导之友》2008 年第 2 期。

刘魁立:《文化内涵.传统节日的灵魂》,《节日文化论文集》2006 年。

刘礼堂、李文宁:《中国古代岁时民俗文献研究》,《武汉大学学报》2014 年第 3 期。

刘明新:《解读满族服饰习俗的文化内涵》,《中央民族大学学报》2006 年第 5 期。

刘涛:《参与式影像在我国乡村文化建设中的发展路径探索》,电子科技大学 2014 年硕士学位论文。

刘铁梁:《民俗文化的内价值与外价值》,《民俗研究》2011 年第 4 期。

刘锡诚:《重建国学与节日文化——继承与弘扬传统节日断想》,《民间文化论坛》2010 年第 4 期。

刘晓春:《从"民俗"到"语境中的民俗"——中国民俗学研究的范式转换》,《民俗研究》2009 年第 2 期。

刘晓峰:《二十四节气的形成过程》,《文化遗产》2017 年第 2 期。

刘晓峰:《论中国古代岁时节日体系的内在节奏特征》,《河南社会科学》2007 年第

6 期。

刘燕:《国家认同建构的现实途径——大众传媒与"想象社群"的形成》,《浙江学刊》2009 年第 6 期。

刘宗迪:《从节气到节日:从历法史的角度看中国节日系统的形成和变迁》,《江西社会科学》2006 年第 2 期。

刘宗迪:《二十四节气制度的历史及其现代传承》,《文化遗产》2017 年第 2 期。

罗旭永:《呈现新疆——影视人类学视域下刘湘晨纪录片研究》,西南交通大学2017 年硕士生毕业论文。

罗易扉:《从物的工具回到人的本身:安娜·格里姆肖的人类学"观看"》,《北京电影学院学报》2018 年第 9 期。

吕新雨:《纪录的历史与历史的纪录》,《新闻大学》2003 年第 1 期。

吕新雨:《中国纪录片:观念与价值》,《现代传播》1997 年第 3 期。

麻国庆:《乡村建设,实非建设乡村》,《旅游学刊》2019 年第 6 期。

马翀炜:《经济转型期的云南少数民族节日符号》,《云南民族大学学报(哲学社会科学版)》2001 年第 2 期。

马风书:《集体身份认同与统一国家的建构:关于多民族国家统一问题的思考》,《文史哲》2015 年第 6 期。

毛寿龙:《人类秩序,小区治理与公共参与的纯理论》,《江苏行政学院学报》2016年第 4 期。

苗瑞丹:《论社会主义核心价值观融入传统节日的理论意蕴与实践路径》,《内蒙古社会科学》2016 年第 5 期.

聂欣如:《思考纪录片的诗意》,《中国电视》2015 年第 9 期。

聂欣如:《直接电影:一种关于纪录片的理想》,《文艺研究》2014 年第 7 期。

牛光夏:《中国纪录片流派:地域 VS 风格》,《中国电视(纪录)》2011 年第 3 期。

欧阳宏生、梁英:《西部纪录片:光荣,迷茫与梦想》,《当代电视》2005 年第 3 期。

欧阳宏生、徐明明:《"好看"文献纪录片的若干创新理念》,《中国电视(纪录)》2011 年第 8 期。

庞涛、刘湘晨、庄孔韶、曹培鑫:《节日影像志的方法与实践——节日影像志的解释性结构》,《节日研究》2014 年第 6 期。

庞涛:《影像民族志本土化研究的两种路径》,《广西民族大学学报(哲学社会科学版)》2018 年第 6 期。

裴武军:《纪录片文化内涵传达与传播效果探析——以系列纪录片〈舌尖上的中

国〉为例》,《现代视听》2018 年第 5 期。

裴武军:《中国纪录片创作演变与美学表达》,《当代电视》2019 年第 9 期。

彭文斌、郭建勋:《人类学视野下的仪式分类》,《民族学刊》2011 年第 1 期。

彭兆荣:《民族志"书写".徘徊于科学与诗学间的叙事》,《世界民族》2008 年第 4 期。

彭兆荣:《人类学仪式研究评述》,《民族研究》2002 年第 1 期。

渠敬东:《涂尔干的遗产:现代社会及其可能性》,《社会学研究》1999 年第 1 期。

瞿明安:《中国饮食文化的象征符号——饮食象征文化的表层结构研究》,《史学理论研究》1995 年第 4 期。

任双霞:《庙,庙会,仪式与神圣感——以泰山王母池为例》,《民俗研究》2006 年第 4 期。

任远:《电视纪录片的界定与创作》,《中国广播电视学刊》1991 年第 5 期。

任远:《纪录片的模式在发展》,《电影艺术》1991 年第 3 期。

森茂芳:《"民族纪录片"的历史演进,"国家传统"与美学创新》,《民族艺术研究》2018 年第 3 期。

邵露虹:《从人类学纪录片到"真是电影"》,华东师范大学 2008 年硕士学位论文。

申端锋:《村庄权力研究:回顾与前瞻》,《中国农村观察》2006 年第 5 期。

施霞:《藏羌彝文化走廊的影视创作发展探讨》,《青年时代》2018 年第 1 期。

石磊、傅振伦:《方志理论研究》,宁波大学 2010 年硕士学位论文。

时间:《简论汇编性纪录片(文献纪录片)的创作》,《中国广播电视学刊》1997 年第 11 期。

宋颖:《论节日空间的生成机制》,《民俗研究》2017 年第 5 期。

苏静:《仪式中的礼物流动——以苏州上方山庙会为例》,《民俗研究》2018 年第 6 期。

苏晴:《声音在纪录片中的应用——基于纪实性影像声音的收录与编辑》,《中国广播电视学刊》2019 年第 7 期。

孙翠平:《VR 纪录片的视听语言探析》,《视听》2017 年第 2 期。

孙有中:《国家形象的内涵及功能》,《国际论坛》2007 年第 5 期。

覃琼:《从"非遗类型"到"研究视角":对"文化空间"理论的梳理与再认识》,《文化遗产》2018 年第 5 期。

覃章梁、覃潇:《关于恩施土家族传统节日"女儿会"品牌建设的思考》,《湖北民族学院学报(哲学社会科学版)》2010 年第 1 期。

谭天、于凡奇:《社会场域中的纪录片》,《媒体时代》2012 年第 1 期。

田耕:《社会学民族志的力量——重返早期社会研究的田野工作》,《社会》2019 年第 1 期。

田晓菲:《对比格里尔逊与弗拉哈迪的创作理念》,《传播力研究》2019 年第 10 期。

仝志辉、贺雪峰:《村庄权力结构的三层分析——兼论选举后村级权力的合法性》,《中国社会科学》2002 年第 1 期。

万彬彬:《试论 IP 与纪录片及其对中国纪录片产业发展的影响——从纪录片〈舌尖上的新年〉谈起》,《中国电视》2016 年第 4 期。

王安中、刘雪、龙明霞:《中国传统节日文化媒介呈现的实证分析——以〈中国青年报〉为例》,《新闻与传播研究》2008 年第 2 期。

王迟:《素材的含义——对动画纪录片争议的延伸思考》,《北京电影学院学报》2015 年第 6 期。

王迟:《"新纪录运动"理论献疑》,《纪录与方法》2019 年第 1 期。

王迟:《那一场"运动"过后——借鉴西方思路,中国纪录片本体理论检省》,《南方电视学刊》2013 年第 1 期。

王广荣:《试论我国方志学研究的历史和发展》,《广西地方志》1996 年第 1 期。

王加华:《传统节日的时间节点性与坐标性重建:基于社会时间视角的考察》,《文化遗产》2016 年第 1 期。

王加华:《节点性与生活化:作为民俗系统的二十四节气》,《文化遗产》2017 年第 2 期。

王杰文:《表现与重构——反思人类学电影的"真实性"》,《当代电影》2010 年第 9 期。

王景科:《中国传统节日诗词的特点》,《山东师范大学学报(人文社会科学版)》1994 年第 6 期。

王铭铭:《口述史·口承传统·人生史》,《西南民族大学学报(人文社科版)》2008 年第 2 期。

王强:《传统节日的电视媒体呈现——以央视〈新闻联播〉对重阳节的传播为例》,《青年记者》2018 年第 11 期。

王旺:《论人类学影片在传统文化保护和旅游发展中的作用——以〈傈僳族刀杆节影像志〉为例》,《保山学院学报》2013 年第 6 期。

王文章、李启荣:《中国传统节日的文化内涵》,《艺术百家》2012 年第 3 期。

王霄冰:《民俗主义论与德国民俗学》,《民间文化论坛》2006 年第 3 期。

王霄冰:《节日:一种特殊的公共文化空间》,《河南社会科学》2007 年第 4 期。

王霄冰:《文化记忆传统创新与节日遗产保护》,《中国人民大学学报》2007 年第 1 期。

王小鲁:《中国独立纪录片 20 年观察》,《电影艺术》2010 年第 6 期。

王咏:《从"玉龙雪山彝家火把节"思考民俗主义》,《民族艺术研究》2009 年第 4 期。

王长安:《民俗节庆格局与中国戏曲结构》,《戏曲研究》1994 年第 1 期。

韦婷婷:《民俗旅游冲击下的少数民族节日庆典——以广西融水苗族自治县苗族坡会为例》,《广西社会科学》2009 年(增刊)。

魏华仙:《官方节日:唐宋节日文化的新特点》,《四川师范大学学报(社科版)》2009 年第 3 期。

魏伟:《"我",见证人,叙事——从所谓的"VR 纪录片"谈当下纪录片真实观的变革》,《当代电影》2019 年第 5 期。

乌丙安:《民俗文化空间:中国非物质文化遗产保护的重中之重》,《民间文化论坛》2007 年第 1 期。

吴芙蓉:《民俗旅游语境中的民族节日表演艺术——以大理白族节日表演艺术为例》,《云南社会科学》2011 年第 6 期。

吴磊:《非物质文化遗产保护与国家文化形象的建构》,《前沿》2011 年第 21 期.

吴秋林:《信仰食物:祭品的神性"营养"》,《民族学刊》2017 年第 3 期。

吴威:《园林的场所精神初探》,华中农业大学 2005 年硕士学位论文。

武新宏、燕京:《〈舌尖上的中国〉成功因素分析》,《现代视听》2012 年第 12 期。

武新宏:《"旁观"与"介入"合力共塑:舌尖上的"中国形象"——纪录片〈舌尖上的中国〉评析》,《中国电视(纪录)》2012 年第 7 期。

夏循祥:《论传统节日的衰落:从时空设置的角度》,《西北民族研究》2009 年第 3 期。

向柏松:《民间信仰与非物质文化遗产保护》,《中南民族大学学报(人文社会科学版)》2006 年第 5 期。

向云驹:《再论"文化空间"——关于非物质文化遗产若干哲学问题之二》,《民间文化论坛》2009 年第 5 期。

萧放、董德英:《中国近十年岁时节日研究综述》,《民俗研究》2014 年第 2 期。

萧放、张勃:《中国民俗学会与国家文化建设——以传统节日的复兴重建为例》,《民间文坛》2015 年第 1 期。

萧放:《中国传统节日资源的开掘与利用//清明(寒食)文化的多样与保护——中国传统节日(清明·寒食)》,《论坛文集续编》2011年。

萧放:《传承二十四节气的价值与意义》,《民间文化论坛》2017年第1期。

萧放:《传统节日:一宗重大的民族文化遗产》,《北京师范大学学报(社会科学版)》2005年第5期。

萧放:《传统节日的复兴与重建之路》,《河南社会科学》2018年第2期。

萧放:《传统节日与非物质文化遗产》,《艺术评论》2012年第7期。

萧放:《传统节日与和谐社会》,《政工研究动态》2007年第5期。

萧放:《地域民众生活的时间表述——《荆楚岁时记》学术意义探赜》,《北京师范大学学报(人文社会科学版)》2000年第6期。

萧放:《古今节日文化的比较与思考》,《西藏民俗》1998年第3期。

萧放:《天时与人时——民众时间意识探源》,《湖北大学学报(哲社版)》2004年第5期。

萧放:《文化复兴与传统节日的回归》,《中国德育》2017年第2期。

萧放:《中国上古岁时观念论考》,《西北民族研究》2002年第2期。

谢保杰:《有多少"年味"可以重来》,《北京观察》2007年第2期。

熊高:《系统分类视阈下纪录片类型的探析(上)》,《河池学院学报》2019年第1期。

熊迅:《民俗影像的操作化与可能性——中美民俗影像记录田野工作坊三人谈》,《民族艺术》2019年第46期。

熊迅:《呈现"他者"的脉络——民族志影像的意义建构与传播潜力》,《民族艺术究》2016年第6期。

徐东:《中国民族服饰的符号特征分析》,《纺织学报》2007年第4期。

徐赣丽:《民俗旅游的表演化倾向及其影响》,《民俗研究》2006年第3期。

徐菡:《电影,媒介,感觉.试论当代西方影视人类学的转向与发展》,《思想战线》2013年第2期。

徐华龙:《现代都市的泛民俗化问题》,《民俗研究》2000年第4期。

徐杰舜、韦小鹏:《"中华民族多元一体格局"理论研究述评》,《民族研究》2008年第2期。

徐杰舜:《视觉人类学与图像时代——中山大学邓启耀教授访谈录》,《民族论坛》2015年第3期。

徐明:《西藏的民族节日与传统体育文化》,《西藏民族学院学报(哲学社会科学版)》2004年第3期。

许乔、李敏:《2011年纪录片网络新媒体传播研究报告》,《南方电视学刊》2012年第2期。

许雪莲:《差异求真——中国节日影像志和中国史诗影像志的理念与实践》,《民族学刊》2019年第5期。

薛艺兵:《对仪式现象的人类学解释(上)》,《广西民族研究》2003年第2期。

薛永武:《大乐与天地同和——〈论乐记〉天人相谐的和合神髓》,《理论导刊》2006年第1期。

杨大鹏:《我国岁时节日文化研究综述》,《长春师范学院学报》2014年第2期。

杨江涛:《中国传统节日的美学研究》,中国人民大学2008年硕士学位论文。

杨景震:《中国传统节日风俗的形成及其特征》,《中华文化论坛》1998年第3期。

杨利慧:《"民俗主义"概念的涵义,应用及其对当代中国民俗学建设的意义》,《民间文化论坛》2007年第1期。

杨利慧:《民俗生命的循环:神话与神话主义的互动》,《民俗研究》2017年第6期。

杨淑媛:《民族节日文化的当代变异》,《贵州师范大学学报(社科版)》2003年第6期。

杨雅、喻国明:《试论技术现象学视域下媒介技术的"在场效应"》,《当代传播》2018年第1期。

杨宇菲、雷建军:《在场与不在场的转换——围绕当地人对二维影像和VR影像观看体验的个案研究》,《北京电影学院学报》2019年第8期。

杨政银、戴泽仙:《发掘打造中国著名节日经济品牌——土家族"摆手节"》,《贵州民族学院学报(哲学社会科学版)》2009年第2期。

叶春生:《民俗主义视角下春节习俗的"真"与"伪"》,《河南社会科学》2007年第4期。

益希曲珍:《人,物与社会——读〈莫斯的礼物〉与〈献祭的性质与功能〉》,《西北民族研究》2012年第1期。

于桂敏、程绍华、马虹:《民族传统节日的特性及其交际功能探究》,《大连民族大学学报》2016年第4期。

于晓刚、王清华、郝跃骏:《影视人类学的历史,现状及理论框架》,《云南社会科学》1988年第4期。

俞可平:《权力与权威新的解释》,《中国人民大学学报》2016年第3期。

玉时阶:《民族传统节日文化及其传承与改革》,《中南民族学院学报(哲学社会科学版)》1990 年第 1 期。

袁丽媛、王灿发:《中国传统节日文化的网络传播创新》,《青年记者》2019 年第
24 期。

袁瑛:《中国传统节日,不该披戴"黄金甲"》,《政工研究动态》2008 年第 7 期。

岳永逸:《妙峰山的光——〈行香走会:北京香会的谱系与生态〉序》,《民族艺术》
2017 年第 1 期。

岳永逸:《村落生活中的庙会传说》,《民族艺术》2003 年第 2 期。

岳永逸:《精神性存在的让渡:旧京的庙会与庙市》,《民俗研究》2017 年第 1 期。

张勃:《端午龙舟竞渡习俗至迟出现于唐代考——兼谈民俗史研究中史料的搜集
与释读问题》,《民族艺术》2019 年第 4 期。

张勃:《建构时代的中国节日建设》,《民俗研究》2015 年第 1 期。

张勃:《节日的定义,分类与重新命名》,《节日研究》2018 年第 1 期。

张勃:《探求传统节日的真与善——评萧放教授〈传统节日与非物质文化遗产〉》,
《民俗研究》2012 年第 3 期。

张宏、李有兵:《视界融合视角下的文献纪录片创作》,《中国电视》2019 年第 1 期。

张骥、韩晓彬:《论美国"文化霸权"的历史渊源与现实基础》,《当代世界与社会主
义》2001 年第 2 期。

张洁:《仪式与仪式话语研究的发展与演变》,《现代交际》2018 年第 6 期。

张举文、周星、王宇琛:《中国非物质文化遗产实践的核心问题——中国传统的内
在逻辑和传承机制》,《民间文化论坛》2017 年第 4 期。

张举文:《文化自愈机制及其中国实践》,《北京师范大学学报(社会科学版)》2018
年第 4 期。

张露:《中国传统节日文化的网络传播研究》,南京师范大学 2014 年硕士学位
论文。

张书端:《〈舌尖上的中国〉——国家形象柔性传播中的一次成功尝试》,《电视研
究》2012 年第 10 期。

张同道、冯欣:《从〈舌尖上的中国〉看中国纪录片的品牌构建》,《艺术评论》2012
年第 7 期。

张同道、刘兰:《格里尔逊模式及其历史影响》,《电影艺术》2008 年第 4 期。

张同道:《"后舌尖"时代的中国纪录片产业图景》,《当代电影》2015 年第 5 期。

张同道:《2018 年中国纪录片发展研究报告》,《现代传播》2019 年第 5 期。

张同道:《纪录 40 年:当代中国的社会镜像》,《电影艺术》2018 年第 6 期。

张同道:《文献纪录片:比较视野与发展困境》,《艺术评论》2007 年第 12 期。

张婉、王隆:《浅析 VR 技术在纪录片中的应用——以〈西南石油大学 VR 印象〉为例》,《戏剧之家》2018 年第 25 期。

张文绞:《"必然的相遇":小川绅介对中国独立纪录片的影响研究》,安徽大学 2017 级硕士学位论文。

张鑫宇:《拿什么拯救你,我的"年"——以春节等传统节日为中心的讨论》,《社科纵横(新理论版)》2012 年第 1 期。

张雅欣、李玥:《近年来文献纪录片创作分析》,《中国电视》2013 年第 2 期。

张永慧:《中国人对节日的认知表征和行为研究》,曲阜师范大学 2014 年硕士学位论文。

张玉胜:《传统节日缘何越过越淡?》,《杭州(我们)》2013 年第 4 期。

张岳、陈刚、蔡华:《节日影像志的案例分析——〈纳人和他们的山神〉影片简介》,《节日研究》2014 年第 1 期。

赵谦:《精品化,泛纪录与视频电商——中国新媒体纪录片发展趋势分析》,《艺术评论》2018 年第 7 期。

赵谦:《中国新媒体十年发展趋势研究》,《艺术评论》2019 年第 5 期。

赵世林、田婧:《民族文化遗产的客位保护与主位传承——以傣族国家级非物质文化遗产保护为例》,《云南民族大学学报(哲学社会科学版)》2010 年第 5 期。

赵世林:《民族文化遗产的客位保护与主位传承——以傣族国家级非物质文化遗产保护为例》,《云南民族大学学报(哲学社会科学版)》2012 年第 5 期。

钟大年:《纪实不是真实》,《现代传播》1992 年第 3 期。

钟宗宪:《民俗节日氛围营造与文化空间存续——以台湾民俗节日与商业性文化游乐园区为例》,《河南社会科学》2007 年第 4 期。

周玲:《论戏剧艺术的基本特征》,《辽宁教育学院学报》2003 年第 3 期。

周萍:《新媒体环境下纪录片的特性研究——从〈我在故宫修文物〉谈起》,《西部广播电视》2017 年第 24 期。

周尚意、唐顺英、戴俊驰:《"地方"概念对人文地理学各分支意义的辨识》,《人文地理》2011 年第 6 期。

周文:《传统节日:文化,仪式与电视传播》,《中国地质大学学报(社会科学版)》2010 年第 5 期。

周翔:《拉枯扩节庆活动的权力符号建构与艺术样式研究》,云南大学 2011 级硕士学位论文。

朱江:《浅析电视纪录片频道化策略》,《现代营销(学苑版)》2011年第9期。

朱靖江:《人类学表述危机与"深描式"影像民族志》,《中南民族大学学报(人文社会科学版)》2011年第11期。

朱靖江:《影视、影像与视觉:视觉人类学的"三重门"》,《民族艺术研究》2015第3期。

朱靖江:《"中国节日影像志"的庙会拍摄实践省思——夏坊村七圣庙个案》,《民族艺术》2018年第1期。

朱靖江:《边界与融合:论影视人类学与艺术人类学的学科关系》,《民族艺术》2016年第2期。

朱靖江:《复原重建与影像真实——对"中国少数民族社会历史科学纪录电影"的再思考》,《西北民族研究》2013年第2期。

朱靖江:《景观,方法与主体文化表达:人类学与虚构电影的多元关系》,《电影艺术》2018年第3期。

朱靖江:《人类学表述危机与"深描式"影像民族志》,《中南民族大学学报(人文社会科学版)》2011年第6期。

朱靖江:《新世纪影像志十大代表项目》,《中国民族》2016年第7期。

朱凌飞、孙信药:《文化表演传媒语境中的理解与阐释》,《广西民族研究》2005年第1期。

朱舒杨:《论民俗活动田野调查的影视表达——以河南灵宝"骂社火"为例》,河南大学2016级硕士毕业论文。

朱思虎:《节日审美性刍议》,《湖北民族学院学报(哲社版)》2016年第5期。

朱羽君:《纪实:震感人心的美——几部外国纪录片的赏析》,《现代传播》1991年第3期。

朱羽君:《长城的呐喊》,《现代传播》1992年第2期。

庄萍萍:《论纪录片拍摄者与被拍者的"动机"关系》,中国美术学院2018年硕士学位论文。

附　录　"中国节日影像志"立项目录

序号	项目编号	项目名称	负责人	所在单位	所属民族	所属地区
1		姊妹节(苗族)	文化部民族民间文艺发展中心试点项目	文化部民族民间文艺发展中心	苗族	贵州
2		鼓藏节(苗族)	文化部民族民间文艺发展中心试点项目	文化部民族民间文艺发展中心	苗族	贵州
3	YXZ2010001	塔吉克肖贡巴哈尔节	王建民	中央民族大学	塔吉克族	新疆
4	YXZ2010002	马街书会	吴亚明、侯松建	河南文化艺术研究院	汉族	河南
5	YXZ2010003	怒族仙女节	张　跃	云南大学	怒族	云南
6	YXZ2010004	傣族月亮姑娘节	吴　乔	中国社科院社会学所	傣族	云南
7	YXZ2010005	傈僳族刀杆节	高志英	云南大学	傈僳族	云南
8	YXZ2010006	黎族三月三	刘红梅	中国传媒大学	黎族	海南
9	YXZ2010007	苦扎扎节	丁岩妍	中国传媒大学	哈尼族	云南
10	YXZ2010008	赛装节	仲星明	上海大学	彝族	云南
11	YXZ2011001	柯尔克孜族古尔邦节	刘湘晨	新疆师范大学	柯尔克孜族	新疆
12	YXZ2012001	那达慕	孙曾田　李丁	哈尔滨理工大学	蒙古族	内蒙古
13	YXZ2012002	摩梭人转山节	蔡　华	北京大学	纳西族	云南
14	YXZ2013001	还山鸡节(尔苏藏族)	刘广宇	西南交通大学	藏族	四川

序号	项目编号	项目名称	负责人	所在单位	所属民族	所属地区
15	YXZ2013002	河南灵宝"骂社火"	吴效群	河南大学	汉族	河南
16	YXZ2013003	羌年（羌族）	蒋　冰	西南民族大学	羌族	四川
17	YXZ2013004	苗年（苗族）	肖坤冰	西南民族大学	苗族	贵州
18	YXZ2013005	盘王节（瑶族）	吴　乔	中国社科院社会学所	瑶族	
19	YXZ2013006	哈尼族十月年	丁桂芳	云南民族大学	哈尼族	云南
20	YXZ2013007	花腰彝德培好	王明东	云南民族大学	彝族	云南
21	YXZ2013008	军坡节	焦勇勤	海南大学	黎族	海南
22	YXZ2013009	阿露节（阿昌族）	苏保华	云南省非物质文化遗产保护中心	阿昌族	云南
23	YXZ2013010	土族纳顿节	邢海珍	青海师范大学	土族	青海
24		诺鲁孜节	刘湘晨	新疆师范大学	柯尔克孜族	新疆
25		古尔邦节	刘湘晨	新疆师范大学	柯尔克孜族	新疆
26		肉孜节	刘湘晨	新疆师范大学	柯尔克孜族	新疆
27		皮里克节	刘湘晨	新疆师范大学	塔吉克族	新疆
28		肖贡巴哈尔节	刘湘晨	新疆师范大学	塔吉克族	新疆
29		乃孜尔	刘湘晨	新疆师范大学	塔吉克族	新疆
30		古尔邦节	刘湘晨	新疆师范大学	塔吉克族	新疆
31	YXZ2014001	泼水节	徐　菡	云南大学	傣族	云南
32	YXZ2014002	桑康节	张　海	云南大学	布朗族	云南
33	YXZ2014003	特懋克	朱映占	云南大学	基诺族	云南
34	YXZ2014004	蚂拐节	朱　晶	中央新影集团	壮族	广西
35	YXZ2014005	卯节	张小军	清华大学	水族	贵州
36	YXZ2014006	甘肃省环县红星村春节	刘　磊	西安工业大学	汉族	甘肃
37	YXZ2014007	北京郊区村落的春节	陈　刚	中国传媒大学	汉族	北京
38	YXZ2014008	女儿会	杨洪林	湖北民族学院	土家族	湖北

续表

序号	项目编号	项目名称	负责人	所在单位	所属民族	所属地区
39	YXZ2014009	藏历新年	陈 坚	东华大学	藏族	甘肃
40	YXZ2014010	卡雀哇节	高志英	云南大学	独龙族	云南
41	YXZ2014011	妙峰山庙会	范 华	法国远东学院（北京中心）	汉族	北京
42	YXZ2014012	高古斯台罕乌拉山敖包祭祀	陶格图	内蒙古师范大学	蒙古族	内蒙古
43	YXZ2014014	绕三灵	鲍 波	大理大学	白族	云南
44	YXZ2014015	胡集书会	王加华	山东大学	汉族	山东
45		敖包节	刘湘晨	新疆师范大学	蒙古族	新疆
46		春节	刘湘晨	新疆师范大学	蒙古族	新疆
47		点灯节（祖鲁节）	刘湘晨	新疆师范大学	蒙古族	新疆
48		昌邑烧大牛	刘绍芹	山东青年政治学院	汉族	山东
49	YXZ2015001	陕西宝鸡血社火	赵德利	宝鸡文理学院	汉族	陕西
50	YXZ2015002	河南上蔡重阳节	吴亚明	河南文化艺术研究院	汉族	河南
51	YXZ2015003	龙华庙会	田兆元	华东师范大学	汉族	上海
52	YXZ2015004	陕西省绥德定仙墕娘娘庙花会	黎小锋	同济大学	汉族	陕西
53	YXZ2015005	成都春节	李家伦	西南交通大学	汉族	四川
54	YXZ2015006	海南加乐武圣庙庙会	李 骞	海南大学	汉族	海南
55	YXZ2015007	彝族剪羊毛节	蔡富莲	西南民族大学	彝族	四川
56	YXZ2015008	荞菜节	谭晓霞	云南大学	彝族	云南
57	YXZ2015009	摆古节	李生柱	贵州师范学院	侗族	贵州
58	YXZ2015010	阔塔节	张锦鹏	云南大学	拉祜族	云南
59	YXZ2015011	霞节	李建明	云南民族大学	水族	贵州
60	YXZ2015012	云南省广南县者兔乡壮族三月三	陆双梅	云南师范大学	壮族	云南

序号	项目编号	项目名称	负责人	所在单位	所属民族	所属地区
61	YXZ2015013	白马藏族元宵节"池哥昼"	陈　亮	东北林业大学	藏族	甘肃
62	YXZ2015014	福建宁化县客家七圣庙会	朱靖江	中央民族大学	汉族（客家）	福建
63	YXZ2015015	土族青苗会	赵宗福	青海师范大学	土族	青海
64	YXZ2015016	彝年	武小林	西南交通大学	彝族	四川
65	YXZ2015017	羌族瓦尔俄足节	刘广宇	西南交通大学	羌族	四川
66	YXZ2015018	帕斯卡节（俄罗斯族）	唐　戈	黑龙江大学	俄罗斯族	黑龙江
67	YXZ2015019	花馍里的豫东春节	吴效群	河南大学	汉族	河南
68	YXZ2015020	水族端节	张小军	清华大学	水族	贵州
69	YXZ2015021	香浪节	陈坚	东华大学	藏族	青海
70	YXZ2015022	云南文山苗族花山节	王宁彤	中国传媒大学	苗族	云南
71	YXZ2016001	辽西喀左三月三"李龙王赶香烟"祭典	江帆、孙心乙	辽宁大学、大连工业大学	汉族	辽宁
72	YXZ2016002	赛马节	陈　坚	东华大学	藏族	甘肃
73	YXZ2016003	黄岗喊天节	栗文清	中央民族大学	侗族	贵州
74	YXZ2016004	云南大围埂村开斋节	苏　涛	云南民族大学	回族	云南
75	YXZ2016005	广西南宁壮族三月三	吴伟镈	广西民族博物馆	壮族	广西
76	YXZ2016006	湖北省秭归县端午节	黄永林	华中师范大学	汉族	湖北
77	YXZ2016008	曼厅寨的傣历新年	郝跃骏	昆明浩睿文化传播	傣族	云南
78	YXZ2016009	德昂族浇花节	毕　芳	云南大学	德昂族	云南
79	YXZ2016010	嘉绒藏族看花节	韩　洪	电子科技大学	藏族	四川
80	YXZ2016011	傣族"关门节"	金少萍	云南大学	傣族	云南
81	YXZ2016012	纳西族摩梭人春节	陈　柳	云南师范大学	纳西族	云南

序号	项目编号	项目名称	负责人	所在单位	所属民族	所属地区
82	YXZ2016013	景颇族春节	李伟华	云南大学	景颇族	云南
83	YXZ2016014	傈僳族"阔时节"	高志英	云南大学	傈僳族	云南
84	YXZ2016015	土家族春节	胡艳	西南民族大学	土家族	重庆
85	YXZ2016016	山东省曹县桃源集花供会	刁统菊	山东大学	汉族	山东
86	YXZ2016017	天津皇会	马知遥	天津大学	汉族	天津
87	YXZ2016018	热贡六月会	朱晶	北京奇观文化传播有限公司	藏族	青海
88	YXZ2016019	山东曲阜三峡移民春节	彭文斌	重庆大学	汉族	山东
89	YXZ2016020	二郎山花儿会	戚晓萍	甘肃省社科院民族文学所	回族	甘肃
90	YXZ2016021	禹州神垕镇窑神节	薛峰、周鼎	郑州轻工业学院、学苑出版社	汉族	河南
91	YXZ2016022	嘉兴端午节	张雅欣	中国传媒大学	汉族	浙江
92	YXZ2016023	畲江镇中元节(VR)	雷建军	清华大学	汉族(客家)	广东
93	YXZ2016024	番禺石楼镇"龙舟节"(VR)	叶风	北京电影学院	汉族	广东
94	YXZ2016025	西藏拉孜琼嘎村望果节	郝梦、骈树	昆明浩睿文化传播	藏族	西藏
95	YXZ2016026	新疆图瓦人春节	顾桃	北京和朴文化传播有限公司	蒙古族	新疆
96	YXZ2016027	龙岩市客家春耕节	张凤英	龙岩学院	汉族(客家)	福建
97	YXZ2016028	裕固族祭鄂博	王海飞	兰州大学	裕固族	甘肃
98	YXZ2016029	咸宁大屋雷村中秋节	孙正国	华中师范大学	汉族	湖北
99	YXZ2016030	彝族十月年	何定安(曲木约质)	楚雄彝族文化研究院	彝族	云南
100	YXZ2016031	小章竹马	张士闪	山东大学	汉族	山东
101	YXZ2017001	安徽绩溪县伏岭镇春节	杨达维	西南民族大学	汉族	安徽

续表

序号	项目编号	项目名称	负责人	所在单位	所属民族	所属地区
102	YXZ2017002	河北井陉县核桃园村元宵节	赵旭东	中国人民大学	汉族	河北
103	YXZ2017003	山西介休市南庄村清明节	刘 磊	西安工业大学	汉族	山西
104	YXZ2017004	朝鲜族流头节	张芳瑜	东北农业大学	朝鲜族	黑龙江
105	YXZ2017005	土山诚会	樊启鹏	北京师范大学	汉族	河北
106	YXZ2017006	山东曲阜孔子祭祀	王焕全	临沂大学	汉族	山东
107	YXZ2017007	山东院夼"谷雨节"	刘绍芹	山东青年政治学院	汉族	山东
108	YXZ2017008	老爷山花儿会	邢海珍	青海师范大学	回族	青海
109	YXZ2017009	甘肃西和县杜河村乞巧节	杨滨	兰州城市学院	汉族	甘肃
110	YXZ2017010	白云山四月八庙会	梁君健	清华大学	汉族	陕西
111	YXZ2017011	锡伯族西迁节	谷雪儿	深圳大学	锡伯族	新疆、辽宁
112	YXZ2017012	湖南花垣机司村苗族春节	龙杰		苗族	湖南
113	YXZ2017013	浙江平湖做社	毕雪飞	浙江农林大学	汉族	浙江
114	YXZ2017014	福建清流"赛宝节"	甯元乖	宁化格子影像文化中心	汉族（客家）	福建
115	YXZ2017015	广西融水苗族新禾节	村民	广西民族博物馆	苗族	广西
116	YXZ2017016	京族哈节	吕俊彪	广西民族大学	京族	广西
117	YXZ2017017	壮族侬峒节	熊迅	中山大学	壮族	广西
118	YXZ2017018	四川布拖县彝族火把节	陈顺强	西南民族大学	彝族	四川
119	YXZ2017019	贵州安顺屯堡人春节	瞿巍	成都体育学院	汉族	贵州
120	YXZ2017020	贵州德江炸龙节	徐浩	贵州大学	土家族	贵州
121	YXZ2017021	云南剑川白族火把节	和渊	云南省社会科学院	白族	云南
122	YXZ2017022	云南大理龙龛村中元节	张海超	云南大学	白族	云南

序号	项目编号	项目名称	负责人	所在单位	所属民族	所属地区
123	YXZ2017023	云南纳西族"恒究衬朵或妮"节	和红灿	云南省社会科学院	纳西族	云南
124	YXZ2017024	云南景颇族目瑙纵歌	巴胜超	昆明理工大学	景颇族	云南
125	YXZ2017025	西藏尼木县曲果节	加央平措	西南民族大学	藏族	西藏
126	YXZ2017026	吉林满族春节	孔朝蓬	吉林大学	满族	吉林
127	YXZ2017027	彝族"阿依蒙格"节	王美英	西南民族大学	彝族	四川
128	YXZ2017028	自贡灯会	刘广宇	四川理工学院	汉族	四川
129	YXZ2017029	畲族乌饭节	吴冬红	丽水学院	畲族	浙江
130	YXZ2017030	厦门集美大社侨乡元宵庙会	张恒艳	华侨大学	汉族	福建
131	YXZ2018001	云南永宁乡春节里的成年礼	蔡 华	电子科技大学	摩梭人	四川
132	YXZ2018002	辽宁大琵琶村春节	江帆、孙心乙	辽宁大学、大连工业大学	满族	辽宁
133	YXZ2018003	北山庙会	柴明明	吉林省艺术研究院	汉族	吉林
134	YXZ2018004	山西长旺村社火	刘 磊	西安工业大学	汉族	山西
135	YXZ2018005	山西贾村庙会	王潞伟	山西师范大学	汉族	山西
136	YXZ2018006	山东三德范村元宵"扮玩"	朱振华	齐鲁师范学院	汉族	山东
137	YXZ2018007	云南红坡村"格朵节"	章忠云	云南省社会科学院	藏族	云南
138	YXZ2018008	梓潼庙会	蒋 彬	西南民族大学	汉族	四川
139	YXZ2018009	四川雎水春社踩桥会	肖 芒	西南民族大学	汉族	四川
140	YXZ2018010	波罗诞	刘志伟	中山大学音像出版社	汉族	广东
141	YXZ2018011	六祖诞	郑 伟	暨南大学	汉族	广东
142	YXZ2018012	广西花婆节	谢仁敏	广西艺术学院	壮族	广西

序号	项目编号	项目名称	负责人	所在单位	所属民族	所属地区
143	YXZ2018013	江西石邮村春节跳傩	黄清喜	赣南师范大学	汉族	江西
144	YXZ2018014	浙江桐乡蚕花会	张　帅	浙江农林大学	汉族	浙江
145	YXZ2018015	湖南白沙村端午节	石光辉	怀化学院	汉族	湖南
146	YXZ2018016	福建湄洲妈祖庙会	刘　志	莆田学院	汉族	福建
147	YXZ2018017	江苏南京长芦街道方氏家族春节	蒋　俊	南京师范大学	汉族	江苏
148	YXZ2018018	甘肃永登县大营湾村六月六祭龙王节	王海飞	兰州大学	汉族	甘肃
149	YXZ2018019	四川迫夫村"结立局"节	蒋建华	成都理工学院	藏族	四川
150	YXZ2018020	河北前魏村正月"亮拳"	李海云	山东大学	汉族	山东
151	YXZ2018021	河北固义"捉黄鬼"	李瑞华	北京联合大学应用文理学院	汉族	河北
152	YXZ2018022	河北圈头村药王庙会	马兰	河北大学	汉族	河北
153	YXZ2018023	甘肃长巴村"史尼皇"节	韩雪梅	兰州大学	东乡族	甘肃
154	YXZ2018024	土家族舍巴节	李芳、向邦平	清华大学　龙山县民宗局	土家族	湖南
155	YXZ2018025	布依族"三月三"	武小林	西南交通大学	布依族	贵州
156	YXZ2018026	侗族萨岁节	吴定勇	西南民族大学	侗族	贵州
157	YXZ2018027	藏族雪顿节	陈坚	东华大学	藏族	西藏
158	YXZ2018028	福建汀州客家"游公太"	郭颖	厦门大学	汉族（客家）	福建
159	YXZ2018029	广西融水苗族坡会	杨正文	西南民族大学	苗族	广西
160	YXZ2019001	江南网船会	余国静	浙江农林大学	汉族	浙江

序号	项目编号	项目名称	负责人	所在单位	所属民族	所属地区
161	YXZ2019002	内蒙古阿巴嘎旗蒙古族祭火节	双　金	内蒙古师范大学	蒙古族	内蒙古
162	YXZ2019003	上海嘉定区春节	潘晓斌	上海大学	汉族	上海
163	YXZ2019004	浙江磐安赶茶场庙会	沈学政	浙江农林大学	汉族	浙江
164	YXZ2019005	湖南花垣苗族赶秋节	龙　圣	山东大学	苗族	湖南
165	YXZ2019006	秦淮灯会	张兴宇	南京农业大学	汉族	江苏
166	YXZ2019007	广东潮汕赤水村营老爷	蒋正和	韩山师范学院	汉族（客家）	广东

后　记

这注定是一个较为沉重的尾声。

2022年8月25日上午10时许，国家社科基金特别委托项目"中国节日影像志"和"中国史诗百部影像工程"的策划者、组织者和领导者，文化和旅游部民族民间文艺发展中心原主任李松先生因病不幸与世长辞。而就在主任辞世前的二十多天，他还专门电话我，询问关于给本书撰写序言的细节问题。甚至细节到写多少字才不浪费版面。

我的学术转向离不开主任的关心、关爱和帮助。记得2013年的寒冬，我与主任在成都天邑宾馆第一次见面，当时他来成都对几个"中国节日影像志"子课题进行中期考察。作为影视人类学的新兵，以及第一次做中国节日影像志课题的新人，我始终保持着一个学生的姿态来聆听他的教诲。一次、两次、三次……十几次，十年来，我们每年至少见面一至两次。最后一次线下的见面也是在一个寒冬，2021年12月，主任临时来成都赴约，叫上我和正文、蒋彬，在成都香格里拉酒店喝了蒋彬平生最贵的一壶茶。温情温暖、幽默畅叙和意犹未尽的场面被永远定格在了那一刻。这一夜，主任已抽很少的烟了，他说他正在戒烟。

我对主任的尊重因学术而起，尽管他还不完全是学界中人，但我想每一个学界中的兄弟姐妹跟他的友谊都会因他那些敏锐的洞见而加固和升华。

　　针对《觉颂——尔苏藏族"还山鸡节"》,我永远都记得是主任在评审会上为我在拍摄现场没能避开许多的"长枪短炮"而"庇护"。这符合他一贯的立场和主张——希望得到一个真实的传统节日,而非"清场"后干净的节日表演,也即"此地、此时、此人、此节"。当时我带着传媒人固有的"传播属性"开始了第一个节日影像志作品的创制,其中难免有"田野"不充分的痕迹。但主任却在许多场合一再肯定我捕捉到的关于这个村寨被"起源传说"所镌刻的某种稳定的"社会结构";在《萨朗颂——羌族"瓦尔俄足节"》里,由于一开始我就设定了从女性视角去表达这个节日的特殊韵味。同时,从某种意义上说,该片也带有较为强烈的审美感染力,从而获得了学界的普遍认可。但主任却认为,节日背后的组织关系未能得到充分展开,最终让该片缺少了某些厚重和深度;申报"自贡灯会"子课题的初衷就是想回到我最熟悉的地方、最熟悉的人和最熟悉的语言来进入传统节日,以弥补因"陌生"而难以探究传统节日中的那些更深层次的问题。记得在终评会上,主任就被开篇的音乐所打动。他对我说,这个音乐选得好。也许他觉得片头的这种"躁辣"和"直白"就已经能让人感受到自贡人的性情以及养育这种性情的地理及人文环境,尽管同时他也指出过该片可以在历史沿革上再多些笔墨。自此之后,主任便对我这个人有了一定的认同。他知道,我是全力以赴的;《列车上的春节》这个题目的来源是主任之前一直念叨的传统节日在城市里是如何被体现的,这也是《中国节日影像志》编辑部设置的一类开放选项。但遗憾的是,由于新冠疫情的猝不及防,该成果只开了一个头。三年中,我只把我拍摄到的一个铁路世家怎么过春节的花絮与他汇报和交流过。主任是永远无法再看到我的成片了,而我唯一的想法就是等到影片完成的时候,对着云和风说说我的甘苦与收获。

　　以上仅是我本人在参与"中国节日影像志"子课题承制中从主任那里得到的点滴"恩惠"。随着交往的增多,以及我本人对"中国节日影像志"思考的深入,我有幸被邀请参与了许多子课题的结项评审工作。每一次与主任的会面和长聊,对我来说都是一次及时的脑补。他眼睛向下,体恤民众,尊重人民的创造力,敬畏优秀的传统文化,见解深刻;他包容豁达、开阔坦荡和两袖清风的秉性与情怀为所有与之交道、交往的人所默认和倾心。对此,一些学者称他为有人格魅力的人。

回想起今年 7 月中旬,最后一次线上评审会结束时主任喑哑的嗓音、消瘦的脸颊,其实已是重病在身的征兆。而谁也不曾想到这么一个富有热情和韧性的我国民俗文化战线上的杰出指挥者、耕耘者走得竟是如此的突然,这令很多认识他的人都无法接受和心痛。

该书成稿 3 年,被一再打磨,下面简述一下具体的参与人员及其所对应的章节。刘广宇撰写了第一章、第二章(其中第三节为张翰尹撰写)、第三章、第五章(其中第二节、第四节,张译丹、王成莉、徐龙参与了部分目次的撰写)、第六章(其中第一节、第三节为赵丽婷撰写,第四节、第五节为李怡文撰写)、第八章(其中高冬娟、薛蕾参与了部分小节的撰写);马秋晨、刘星分别撰写了第四章和第七章。

在该书付梓之际,除了向李松主任表达我内心的特别怀念和追忆之情外,还有许多学界、业界的良师益友需要特别的感谢。他们是:中央民族大学朱靖江教授,新疆师范大学刘湘晨教授,文旅部民族民间文艺发展中心张刚主任、荣书琴副主任和许雪莲研究员,清华大学雷建军和梁君健教授,中国社会科学院庞涛、鲍江和邓卫荣研究员,中国传媒大学王宁彤博士,北京电影学院叶风教授,北京寰宇通桥国际教育投资有限公司王学文先生,兰州大学王海飞教授,河南大学吴效群教授,华东政法大学石屹教授,同济大学黎小锋教授,东华大学陈坚教授,山东大学张士闪和刁统菊教授,山东大学张诗尧博士,福建宁化鬼叔中导演,云南大学张跃、高志英、徐菡、陈学礼和张海教授等,云南社会科学院郭净和王清华研究员,云南电视台郝跃骏导演,中山大学熊迅教授,西南交通大学李家伦和武小林教授,西南民族大学杨正文、蒋彬和肖坤彬教授,四川大学李锦教授,电子科技大学韩鸿教授,四川师范大学陈佑松和骆平教授,成都电视台彭辉导演等,以及帮我收集和整理资料的温德川、李娴同学。

感谢人民出版社柴晨清博士，其用心用情的工作节奏，让该书得以顺利与读者见面。最后我还要特别感谢我的夫人杨贵琴女士，是她的陪伴、支持和付出，才让我能安心地沉浸于思考和写作之中。

　　未来已来。从中年进入学术，一晃已近"耳顺"。那就让我们从"辨是非"开始，怀揣恩泽，安贫乐道，继续前行吧。

刘广宇

2022 年 10 月 10 日于成都犀浦兰枫园

责任编辑:柴晨清
封面设计:石笑梦
版式设计:胡欣欣

图书在版编目(CIP)数据

中国节日影像志:静观与诠释/刘广宇 等著. —北京:人民出版社,2023.11
ISBN 978－7－01－025313－8

I.①中… Ⅱ.①刘… Ⅲ.①节日-风俗习惯-中国-摄影集 Ⅳ.①K892.1-64

中国版本图书馆 CIP 数据核字(2022)第 233676 号

中国节日影像志:静观与诠释
ZHONGGUO JIERI YINGXIANGZHI JINGGUAN YU QUANSHI

刘广宇 等 著

人 民 出 版 社 出版发行
(100706 北京市东城区隆福寺街 99 号)

中煤(北京)印务有限公司印刷 新华书店经销

2023 年 11 月第 1 版 2023 年 11 月北京第 1 次印刷
开本:710 毫米×1000 毫米 1/16 印张:25.5
字数:361 千字

ISBN 978－7－01－025313－8 定价:87.00 元

邮购地址 100706 北京市东城区隆福寺街 99 号
人民东方图书销售中心 电话 (010)65250042 65289539